GW00630943

le Temps retrouvé

MÉMOIRES
DE LA
MARQUISE
DE LA TOUR
DU PIN

JOURNAL D'UNE FEMME
DE CINQUANTE ANS

(1778-1815)

SUIVI D EXTRAITS
DE SA CORRESPONDANCE

(1815-1846)

*Présenté par son descendant
le comte Christian de Liedekerke Beaufort*

MERCURE DE FRANCE

PRÉFACE

Depuis la première parution du Journal *d'une femme de cinquante ans en 1907 et après plusieurs éditions en français, anglais et allemand, la plupart des historiens et écrivains qui se sont intéressés à la période couverte par le récit (1770-1815) de la marquise de La Tour du Pin de Gouvernet l'ont citée ou ont usé de son ouvrage. La qualité accordée à sa référence a deux raisons. D'abord sa personnalité. À ce sujet, deux citations, parmi d'autres: «Au jugement de Sismondi, elle fut une des femmes les plus courageuses de l'Émigration[1].» — «Elle était dure à la douleur, dure à la peine. Et avec cela, une ardeur incroyable au travail... Cette ardeur au travail, ce besoin de connaître, elle les conservera toute sa vie[2].» Par ailleurs, son* Journal *a la résonance d'une véracité certaine dans la mesure où, comme elle le dit elle-même en commençant son récit: «Quand on écrit un livre, c'est presque toujours avec l'intention qu'il soit lu avant ou après votre mort. Mais je n'écris pas un livre[3].»*

Qui fut la marquise de La Tour du Pin, ce qu'elle fit, c'est au lecteur de le découvrir au fil des pages du Journal. *Le rédacteur de la préface n'a certainement pas pour vocation de résumer ou d'analyser ce qu'elle*

---

1. Les notes sont groupées à la fin du volume.

a eu à dire elle-même, mais simplement peut-être doit-il jeter deux lumières, une sur la famille dont elle était issue, une autre sur celle dont elle assuma, en se mariant, le nom.

*

Henriette-Lucy Dillon naquit à Paris, rue du Bac, le 25 février 1770. Elle appartenait à une famille dont l'illustration est à l'image même de la noblesse la plus ancienne, fidèle non à des patries étroites, mais à des souverains et aux principes que ces monarques incarnaient. Pour ce motif principalement, Frédéric Masson a pu écrire: «Le cas des Dillon est à part dans l'aristocratie européenne[4].»

L'origine de cette maison irlandaise remonte à sir Henry le Dillon, autrement dit le chevalier Henri Delion d'Aquitaine qui, en 1185, fut envoyé par Henri II d'Angleterre sous les ordres du prince Jean en Irlande, où il s'établit finalement, ayant reçu en apanage, pour services rendus, d'immenses domaines. Par ailleurs, les alliances de la Maison Dillon (notamment avec les Stuarts et les Plantagenets) ne cèdent point le pas à son ancienneté.

C'est précisément pour défendre la cause des Stuarts qu'après l'exécution de Charles Ier par Cromwell (1649), Thomas, cinquième vicomte Dillon, recruta dans ses domaines de Roscommon et de Mayo plusieurs milliers de paysans pour défendre la cause de la monarchie légitime, l'ensemble de la verte Erin — comme l'Écosse — s'étant soulevée contre le dictateur.

En 1660 la royauté est restaurée. Charles II (ancêtre d'Henriette-Lucy) devient roi. En 1685, son frère Jacques II lui succède. Mais dès 1688, ce dernier souverain de la dynastie des Stuarts est attaqué et battu par son propre gendre, Guillaume d'Orange, le protes-

tant. Réfugié en France, Jacques II tente de reconquérir son trône et débarque en Irlande et, de même que quarante ans auparavant, fidèle à son roi, comme l'avait été son prédécesseur, Théobald, septième vicomte Dillon, appelle aux armes les enfants des soldats-paysans de 1649.

Lorsque, battu par les Anglais, le général irlandais Patrick Sarsfield dut signer la paix de Limerick (1691), sur les treize mille soldats qu'il commandait, onze mille s'embarquèrent pour rejoindre en France Jacques II qui s'y était à nouveau réfugié. Ces exilés définitifs, l'Irlande les nomme « les Oies sauvages » (the Wilde Geese). Dès lors au service de S.M. Très Chrétienne, les régiments qu'ils formaient portèrent le nom de leurs colonels-propriétaires successifs. À l'exception du régiment de Dillon, qui ne changea jamais de nom, car comme l'écrit Jacques Weygand[5] : « Pendant cent ans, cette unité appartint à la famille Dillon et fut commandée par un de ses membres. Les pertes au combat étaient si élevées qu'il ne fut pas toujours possible d'assurer cette continuité. En 1745, James Dillon est tué à Fontenoy. En 1747, Édouard Dillon, qui lui a succédé, meurt des blessures reçues à Lawfeld. Il reste bien encore un Dillon[6], mais il n'a que seize ans et les courtisans français assaillent Louis XV pour lui démontrer qu'il ne peut laisser ce beau régiment aux mains d'un enfant et qu'il doit en donner le commandement à l'un d'entre eux. Le roi, pour une fois, demeure inflexible et, malgré sa jeunesse, confirme Arthur Dillon dans son emploi[7]. » À ce propos, Louis XV aurait dit : « Je ne puis consentir à voir sortir de cette famille la propriété d'un régiment cimenté par tant de sang et de bons services tant que je puis espérer de la voir se renouveler. »

*

Une famille. Un régiment. Dillon. Il ne faut pas songer à alourdir ces quelques lignes par les biographies des étonnants personnages qui forgèrent pour leur régiment un siècle de gloire au service de la France.

Il serait également hors de propos de relater, ici, les campagnes du régiment de Dillon. Mais peut-être faut-il tout de même citer quelques appréciations des ennemis de ce valeureux corps de troupe qu'aujourd'hui on dénommerait «Légion étrangère». Impétuosité, don de la surprise, endurance, telles sont ses qualités. Un maréchal de camp espagnol écrit (siège de Lérida, 1709): «À l'assaut, les Irlandais paraissaient vouloir dévorer les rochers qui les empêchaient de se mêler à l'ennemi.» Bien avant, en 1692, Victor-Amédée duc de Savoie s'écrie: «Si j'avais, moi aussi, quelques milliers de ces bougres, Louis XIV n'aurait qu'à bien se tenir.» Plus tard, un aide de camp de Marlborough s'exclame: «Ces Irlandais sont impossibles. Sur le champ de bataille, ils apparaissent toujours où on ne les attend pas. Ils ne se comportent jamais conformément aux règles de la guerre.» Enfin, c'est Jacques Weygand qui rapporte, dans son article déjà cité, le mot de George II d'Angleterre au soir de la bataille de Dettingen: «Maudites soient les lois absurdes qui me privent de tels soldats et les tournent contre moi[8].»

De règne en règne, de guerre en guerre, de bataille en bataille, nous arrivons non seulement à la Révolution, mais aussi et avant elle à Arthur, comte Dillon, sixième et dernier colonel-propriétaire du régiment, père d'Henriette-Lucy.

Avant de lui consacrer quelques lignes, je voudrais ne pas oublier un des membres les plus extraordinaires de cette famille extraordinaire, le grand-oncle d'Henriette-Lucy, qui joua dans la vie de celle-ci (le lecteur du Journal *s'en apercevra) un rôle important,*

Monseigneur Richard Dillon, archevêque, duc de Narbonne. Je souhaite simplement par quelques anecdotes compléter le portrait que trace sa petite-nièce de ce prélat grand seigneur, homme de cœur, attaché à ses prérogatives face à ses supérieurs, affable, prévenant vis-à-vis de ses inférieurs. À propos du régiment Dillon, le roi Louis XV lui dit un jour : « J'apprends que les hommes du régiment de votre frère causent bien des ennuis et qu'ils sont bien batailleurs. » — « C'est vrai, Sire, et je sais surtout que les ennemis de Votre Majesté s'en plaignent hautement. » Plus tard, c'est Louis XVI qui l'interpelle : « On dit, monsieur l'archevêque, que vous avez de grandes dettes ? » — « Sire, je donnerai des ordres à mon intendant pour qu'il s'en informe. » Un dernier mot : « Il m'a été rapporté, dit le roi, que vous chassez beaucoup à courre. N'est-ce pas d'un mauvais exemple pour vos curés ? » — « En effet, Sire, pour mes curés ce serait une faute grave de chasser ; pour moi, c'est la satisfaction d'un goût hérité de mes ancêtres. »

En 1767, Arthur Dillon, le neveu de l'archevêque de Narbonne, devient à dix-sept ans le sixième et dernier[9] colonel-propriétaire du régiment qui porte son nom, grâce — comme il a été dit plus haut — à l'obstination de Louis XV. Un an plus tard, il épouse, en premières noces, Thérèse-Lucy de Rothe, sa nièce. De ce mariage naissent deux enfants : Georges, mort en bas âge, et Henriette-Lucy, future marquise de La Tour du Pin. En secondes noces, il épouse Marie de Girardin, veuve du comte de La Touche et cousine germaine de l'impératrice Joséphine. De ce deuxième mariage, il a trois filles. Deux meurent très jeunes. L'aînée, Frances (dite Fanny), épousera le général comte Bertrand, aide de camp, puis grand-maréchal du Palais de Napoléon Ier.

Arthur Dillon porte, en France, le titre de comte[10] donné en 1711 par Louis XIV à son grand-père, le pre-

mier colonel du régiment. Dès qu'il se trouve à la tête
de celui-ci, le jeune Arthur se distingue. Il participe
à la guerre de l'Indépendance des États-Unis. Son
régiment occupe l'île de Grenade, conquiert l'île de
Saint-Eustache, prend les îles Tabago et Saint-Christophe. À trente-quatre ans (1784) il est nommé général. Puis il occupe le poste de gouverneur de Tabago.
En 1789, revenu à Paris, il est député de la Martinique aux États généraux. Sa réputation militaire lui
vaut d'être appelé à prendre le commandement d'un
corps d'armée en 1792. Il combat avec succès en
Champagne, dans l'Argonne. Alors qu'il se trouve au
camp de Fomars, près de Valenciennes, il apprend les
événements du 10 août, la chute de la monarchie. Sa
fille raconte dans le Journal son attitude dans ces
circonstances, lorsqu'il prescrivit à ses troupes de
renouveler leur serment de fidélité au roi. Après avoir
été destitué pour acte d'indépendance, il finit — grâce
à Dumouriez — par conserver son commandement et
prit une part brillante à la campagne de la bataille de
Valmy.

Rentré à Paris, s'étant abouché avec les Girondins
pour tenter de sauver le roi, il fut arrêté pendant la
Terreur, incarcéré au Luxembourg et condamné à
mort. Il monta sur l'échafaud le 13 avril 1794. Parmi
ceux qui, ce jour-là, faisaient partie de la «charretée»,
se trouvait une dame[11]. L'infortunée, terrifiée au
moment où la main du bourreau s'abattit sur son
épaule, se tourna vers Arthur Dillon et murmura : «Je
vous en prie, monsieur Dillon, passez avant moi.» Il
salua gravement et répondit courtoisement : «Je n'ai
rien à refuser à une dame.» Ayant gravi les marches
de l'échafaud, il cria ensuite d'une voix forte et assurée : «Vive le roi!» Quelques instants plus tard, sa tête
tombait.

*

Par son mariage en 1787, Henriette-Lucy Dillon devint comtesse de Gouvernet, puis, à la mort de son beau-père, comtesse de La Tour du Pin de Gouvernet, enfin marquise de La Tour du Pin lorsque son mari, également pair de France, reçut ce titre de Louis XVIII.

De cette union naquirent six enfants, trois fils et trois filles, dont il sera question au fil de son Journal : *Humbert, Séraphine, Alix dite Charlotte, Édouard, Cécile, Aymar. Tous lui furent enlevés de son vivant à l'exception du benjamin.*

Certains ont dit, après avoir lu les Mémoires, que son mari Frédéric Séraphin apparaissait comme un personnage quelque peu falot, surtout par rapport à la personnalité de son épouse. Je ne me ferai pas son biographe puisque tous les événements marquants de sa vie se retrouvent dans les Mémoires et les lettres de Mme de La Tour du Pin. Mais, en signalant d'abord qu'il a laissé une abondante correspondance diplomatique qui pourrait sans honte voir le jour, je voudrais tout de même redresser cette éventuelle fausse image du diplomate, de l'ambassadeur qu'il fut, ne serait-ce qu'en me référant aux lignes que lui a consacrées Henri Contamine dans son livre, Diplomatie et diplomates sous la Restauration (1814-1830) : «*La Tour du Pin n'était gêné par rien du passé ou du présent... Écrivant, souvent de sa main, d'une écriture parfois folle, il ne cessa jamais de batailler.*»

«*J'aimerais bien mieux pouvoir, disait-il, tenir un autre langage, mais c'est la vérité dont l'État a besoin, c'est pour la lui dire que nous sommes nommés, et c'est par là seulement que nous pouvons nous montrer dignes de la confiance dont le roi nous honore.*»

M. de La Tour du Pin et son épouse jugent person-nages et événements de la même façon. Elle a des mots sévères pour une partie de la noblesse française. Par exemple : «[...] le duc de Duras avait conservé tous les préjugés, toutes les haines, toutes les petitesses, toutes les rancunes d'autrefois, comme s'il n'y avait pas eu de révolution...» Lui, de son côté, affirme: «[...] de même que nos rois affranchirent autrefois les communes pour les opposer à une noblesse trop puissante, de même aujourd'hui doivent-ils obtenir que la noblesse devienne populaire pour s'opposer d'un commun accord aux révolutionnaires ennemis des uns et des autres».

Autant M. de La Tour du Pin était ennemi des révolutions qui imposent des constitutions chimériques, qui provoquent les réactions absolutistes, autant il était ami des chartes octroyées. Contamine, à ce sujet, le cite à nouveau: «C'est parce que nous nourrissons l'arrière-pensée de nous donner des moyens contre la liberté et contre la Charte que nous secondons l'animosité de ceux qui ne veulent que le pouvoir absolu, même hors de chez eux.»

Prévoyant les dangers que la politique réactionnaire de Villèle faisait courir à la royauté et voyant s'approcher la catastrophe, le marquis ne pouvait s'empêcher d'évoquer le souvenir d'une ancienne fidélité: «Si ma place doit en être le prix, je n'en demanderai qu'une, c'est l'honneur d'être encore à la tête des gardes du corps à côté de M. le duc de Gramont, comme j'y ai été le 5 octobre à Versailles, de 3 heures de l'après-midi à 9 heures du soir.»

Lorsque en 1830 éclate la révolution de Juillet, emprisonné, puis banni par Louis-Philippe, il ne cesse de proclamer la légitimité des mots qu'il répétait depuis seize mois: «Franchise absolue, fidélité égale.»

*

La famille de M. de La Tour du Pin était issue des Dauphins du Viennois, souverains du Dauphiné.

Au XIVe siècle, Humbert II, dont la puissance s'étendait de la Bresse à la Provence, ayant eu la douleur de perdre son fils unique et voulant, d'autre part, «à jamais assurer le bonheur de ses sujets», donna le Dauphiné à la France (1343). En mémoire de cette cession, les fils aînés des rois de France portèrent désormais le titre de Dauphin.

Plus tard, parmi tous ceux qui illustrèrent le nom de La Tour du Pin, on trouve une femme: Phylis. En l'absence des troupes régulières françaises qui combattaient dans d'autres régions, elle prit la tête de bandes armées et repoussa du Dauphiné l'armée du duc de Savoie en 1692. Louis XIV la récompensa de cette brillante conduite et la tenait en haute estime.

Voici quelques autres personnages de la maison de La Tour du Pin dignes d'être mentionnés: René (1543-1609), un des chefs du parti calviniste dans le Dauphiné, maréchal de camp sous Henri IV, puis gouverneur de Dié et de Montélimar; Hector, dernier chef des protestants, soumis en 1626, gouverneur de Montélimar; René (1620-1687), qui prit part avec distinction à toutes les campagnes de son époque et fut gouverneur de la Franche-Comté; un autre René, en 1747, héros de Lawfeld.

*

De génération en génération, oubliant à regret de citer bien des membres de cette famille, j'arrive au beau-père d'Henriette-Lucy, Jean-Frédéric comte de La Tour du Pin, dernier ministre de la Guerre de Louis XVI, qui dut se réfugier à Londres dès 1792. Mais il revint bientôt à Paris après avoir écrit à son fils: «Tu auras lu le décret qui enjoint aux émigrés de rentrer sous peine de confiscation de leurs biens. Je ne puis me résoudre à vous ruiner; je vais repartir.» En 1793, il comparut comme témoin au procès de la reine Marie-Antoinette et déposa en sa faveur avec la plus grande fermeté,

continuant à lui témoigner les égards dus à une souve-
raine. Il souleva la colère de Fouquier-Tinville en per-
sistant à l'appeler « la reine » ou « Sa Majesté » et en
refusant de la nommer « la femme Capet » comme le
voulait l'accusateur public. Il monta sur l'échafaud
le 28 avril 1794.

*

Ce survol de l'histoire des Dillon et des La Tour du
Pin peut contribuer à expliquer en partie les réactions,
les attitudes morales, intellectuelles, même physiques
face aux événements rapportés dans le Journal, surtout si l'on tient compte de l'importance des facteurs
héréditaires, si souvent niés aujourd'hui mais dont
l'importance, récemment encore, a été soulignée par
M. Poniatowski dans un chapitre de son livre L'avenir
n'est écrit nulle part. C'est la raison pour laquelle
j'ai cru nécessaire d'inviter le lecteur à ce retour aux
sources familiales.

Mais vis-à-vis du Journal qui est interrompu à partir de 1815, une question se pose : Et sa suite ? Bien
des lecteurs ont rêvé depuis la première publication
au destin réservé à l'attachante héroïne qui les abandonnait après — hélas — ne leur avoir narré que la
moitié de ses aventures.

Et pourtant les quarante dernières années de sa vie
ne furent pas moins mouvementées que les précédentes :
les ambassades à La Haye et à Turin, la retraite forcée
en 1830, le triste et ultime soulèvement de la Vendée en
1832, la prison, l'exil en Suisse et en Italie, les deuils,
la gêne, maintes tribulations jusqu'à sa mort, à Pise,
en 1853.

Outre le manuscrit des Mémoires, les archives familiales de Noisy-Vêves contiennent sept dossiers qui
livrent la correspondance inédite de la marquise de
1815 à 1846 avec Félicie comtesse de La Rochejaque-

lein, son amie intime, avec son petit-fils Hadelin, comte de Liedekerke Beaufort (1816-1890) et avec quelques correspondants épisodiques (dont Mme de Staël). Cette volumineuse correspondance apprend tout de la suite de sa vie... ses pensées, ses jugements. Et aussi elle révèle les portraits esquissés et les événements décrits (dans les nouveaux bouleversements de la France et de l'Europe) par cette narratrice brillante, cette grande dame si riche d'expérience, si habituée comme elle le dit elle-même to move in a high circle, connaissant familièrement toute la haute aristocratie internationale, tout le personnel diplomatique de l'époque — et douée de la psychologie la plus fine.

Mais les lettres montrent également que le cœur, l'esprit restent les mêmes que ceux découverts dans le Journal *(l'aspect physique aussi peut-être : pas un cheveu blanc à soixante-quatorze ans !).*

Enfin, sa curiosité inlassable à la Genlis : « Il faut tâcher de ne pas passer un jour sans acquérir une idée nouvelle ; il ne faut dire de rien : "À quoi bon ?", car tout est bon et utile à savoir dans le monde. »

Malheureusement, les limites de la présente publication, quoique sensiblement augmentée par rapport aux éditions antérieures, ne permettent de reproduire que très partiellement même les lettres les plus intéressantes.

Il a fallu laisser de côté bien des pages fascinantes, bien des traits, bien des observations du genre de celle-ci, par exemple : « J'ai toujours remarqué que la fainéantise est l'orgueil des domestiques. »

Cependant, je reste très reconnaissant aux éditions du Mercure de France de m'avoir permis de donner une idée de cette abondante correspondance ; je remercie de tout cœur Mme Bend'or Drummond d'avoir parfaitement ordonné, à force de travail et de patience, l'ensemble des quelque mille lettres qui la composent et des notes qui les accompagnent, ainsi que mon fils

Rasse-Arnould qui a contribué avec persévérance à préparer cette nouvelle édition des Mémoires.

*

Jaillissant de son écrin de hautes futaies environnantes, le château féodal de Vêves [12] à la fois conserve et offre aux visiteurs bien des souvenirs de la marquise de La Tour du Pin et contribue à mieux faire connaître celle dont il a été dit que son Journal *« la place au premier rang des mémorialistes français ». La restauration de ma demeure ancestrale et la réédition des Mémoires de mon aïeule sont deux œuvres qui se complètent et se rejoignent. Je souhaite qu'ainsi chacun puisse trouver ou retrouver cette femme qui, si elle était notre contemporaine, dans l'actuelle époque d'aise et de confort mais à l'aspect amer, aurait indéniablement le courage de flageller tout ce qui est facilité et de montrer comment faire face à l'adversité éventuelle qui menace notre monde. Voilà d'ailleurs toute l'histoire et toute la leçon du* Journal *et les lettres*.*

CHRISTIAN DE LIEDEKERKE BEAUFORT
Noisy-Vêves, mai 1979.

* Comme les précédentes (parues sous le titre de *Journal d'une femme de cinquante ans*), cette nouvelle édition des Mémoires de la marquise de La Tour du Pin comporte, en plein accord avec le comte Christian de Liedekerke Beaufort, un certain nombre de coupures.

Comme il était naturel qu'elle le fît en rédigeant des Mémoires qu'elle ne destinait pas expressément à la publication, la marquise de La Tour du Pin avait ajouté des notes personnelles concernant sa famille, sa vie privée ; elle s'est même trouvée conduite à des répétitions qui allongeaient la trame du récit. Ce sont là les passages retranchés dans cette édition qui garde des anciens tirages le même intérêt de fond et la même richesse d'expression.

Pour ce qui est des lettres jusqu'à présent inédites, il faut encore souligner qu'il s'agit de simples extraits d'une volumineuse correspondance dont la publication aurait nécessité l'édition d'au moins un volume supplémentaire. *(Note de l'éditeur.)*

PRINCIPAUX PERSONNAGES
DES MÉMOIRES ET DES LETTRES

L'auteur:

Henriette-Lucy DILLON (1770-1853). Sa biographie est retracée dans ses Mémoires et dans ses lettres. Voir également annexes I et II, tableaux généalogiques.

Son père:

Arthur comte DILLON (1750-1794). Voir résumé biographique *in* préface et annexe I.

Sa mère:

Lucie de ROTHE (1751-1782), fille du général Edward de Rothe et de Lucy Cary, dame d'honneur de la reine Marie-Antoinette. Voir annexe I.

Sa grand-mère:

Lucy CARY (?-1804), fille de Laura Dillon et du vicomte Falkland, épousa le général Edward de Rothe dont elle eut une fille, Lucie (voir ci-dessus). Après la mort de sa fille, elle éleva sa petite-fille, Henriette-Lucy Dillon, auteur des Mémoires. Voir annexe I.

Son grand-oncle:

Richard-Arthur DILLON, archevêque de Narbonne

(1721-1806). Voir résumé biographique *in* préface et annexe I.

Son mari :

Frédéric-Séraphin, comte de GOUVERNET, puis comte de LA TOUR DU PIN, enfin marquis de LA TOUR DU PIN DE GOUVERNET (1759-1837). Voir résumé biographique *in* préface et annexe II.

Ses beaux-parents :

Son beau-père était Jean-Frédéric de LA TOUR GOUVERNET, comte de PAULIN, dit comte de LA TOUR DU PIN, marquis de LA ROCHECHALAIS, comte de CHASTELARD, vicomte TESSON, d'AMBLEVILLE, baron de CUBZAC, etc. (1727-1794), successivement colonel des Grenadiers de France, des régiments de Guyenne et Piémont, lieutenant-général des armées du roi, dernier ministre de la Guerre de Louis XVI. Voir également la préface et annexe II.

Sa belle-mère était née Cécile-Marguerite-Séraphine GUINOT DE MONCONSEIL (1733-1821), fille d'Étienne Guinot, marquis de Monconseil, et de Cécile-Thérèse de Rioult de Curzay. Elle se maria en 1777. Elle avait pour sœur cadette la princesse d'Hénin (voir ci-dessous).

Quelques années après avoir été mariée, ses écarts de conduite provoquèrent une rupture entre elle et son mari. Celui-ci, par égard pour la famille de sa femme, et dans l'intérêt de ses enfants, ne voulut pas de séparation judiciaire. Il se contenta de la quitter et exigea qu'elle se retirât dans un couvent. Elle ne sortit de cette retraite, qui se prolongea pendant quarante-cinq ans, que pour aller deux ou trois fois, avec l'autorisation de son mari, passer quelques mois auprès de son père, dans sa terre de Tesson. On lui permit également d'assister aux cérémonies du mariage de son fils avec Mlle Dillon, en mai 1787.

Sa tante, la princesse d'Hénin :

Adélaïade-Félicité-Henriette GUINOT de MONCON-SEIL (1750-1825), seconde fille de Louis-Étienne-Antoine Guinot, marquis de Monconseil, et de Cécile-Thérèse de Rioult de Curzay, était la sœur cadette de la comtesse de La Tour du Pin, mère du marquis de La Tour du Pin.

Elle épousa à quinze ans, en 1765, Charles-Alexandre-Marc-Marcellin d'Alsace, prince d'Hénin et du Saint-Empire romain, lui-même âgé de dix-sept ans seulement, plus tard capitaine des gardes du comte d'Artois, maréchal de camp, exécuté en 1794, dont elle vécut presque constamment séparée et dont elle n'eut pas d'enfants.

Elle fut élevée en partie au château de Bagatelle, construit en 1721 par le maréchal duc d'Estrées et acheté, le 26 mai 1747, par la marquise de Monconseil, sa nièce.

Enfant encore, elle participa à la plupart des fêtes organisées par sa mère à Bagatelle. Dans une des plus fameuses, donnée le 5 septembre 1757 en l'honneur du roi de Pologne, Stanislas Leczinski, vêtue en jardinière, elle présenta au roi des fruits et des fleurs, lui faisant un compliment sous forme d'un charmant petit poème.

Adulée par sa mère, gâtée par tous les amis de la maison, on lui attribua, dans l'intimité, le surnom de *Bijou*.

Après avoir été délicieusement jolie et adorablement espiègle dans son enfance, elle devint, avec l'âge, belle et très à la mode, et jusqu'à la fin de sa vie conservera une figure noble et agréable.

Douée d'une chaleur et d'une vivacité extraordinaires, la princesse d'Hénin était par cela même un peu irascible et impétueuse, mais cependant bonne et généreuse et entièrement dévouée à ses amis. De plus, spirituelle et très originale, elle sut exciter autour d'elle l'affection, l'admiration et la gaieté.

Elle fut dame du palais de la reine Marie-Antoinette.

Très attachée à son neveu le marquis de La Tour du Pin, elle intervint à maintes reprises pour tâcher de l'aider dans le rétablissement de sa fortune, compromise par la crise révolutionnaire. Le 21 avril 1818, elle racheta même la terre familiale du Bouilh, qu'elle laissa à sa mort à son petit-neveu, Aymar de La Tour du Pin, seul survivant alors du marquis et de la marquise de La Tour du Pin.

La princesse d'Hénin était intimement liée au marquis de Lally-Tollendal (v. ci-dessous). Voir également annexe II et sa description par l'auteur des Mémoires, p. 98-99.

Un cousin :

Trophime-Gérard, marquis de LALLY-TOLLENDAL (1751-1830), était le fils naturel de Thomas-Arthur, comte de Lally, baron de Tollendal, et, selon l'auteur des Mémoires, d'une comtesse de Maulde, née de Saluces ; selon d'autres, d'une demoiselle Félicité Crafton. Il fut reconnu par son père dans le testament laissé à sa mort. Il était cousin des Dillon.

Il fit ses études au collège des jésuites à Paris, où, placé sous un nom supposé, il apprit d'une façon dramatique sa véritable origine et l'exécution de son père qui avait été gouverneur des Indes françaises et accusé de trahison.

Il porta dès lors le nom de Lally-Tollendal, et, jeune encore, à l'âge de dix-huit ans, entreprit de réhabiliter la mémoire de son père ; il obtint cette réhabilitation après plus de vingt années d'efforts. Ce fut le commencement de sa célébrité.

Il fut nommé député de la noblesse de Paris aux États généraux de 1789, se déclara partisan de réformes, mais aussi le soutien de la monarchie. Il se tint à l'écart jusqu'à la fin du régime impérial.

Après la Restauration, il fut créé pair de France en 1815 et nommé membre de l'Académie française en 1816. Il siégea, dans la haute Chambre, parmi les fidèles de la monarchie, mais resta partisan des idées libérales.

Il avait été élevé par Mlle Mary Dillon — grand-tante de Mme de La Tour du Pin —, qui le fit son héritier. Il fut aussi l'un des amis les plus dévoués de la princesse d'Hénin.

Il avait eu des relations intimes avec une demoiselle Élizabeth Halkett, nièce de lord Loughborough, plus tard earl of Rosslyn, et eut une fille, Élisabeth, dite Élisa de Lally-Tollendal, mariée plus tard à Henri-Raymond, comte d'Aux de Lescaut.

Ses six enfants :

Séraphine (1793-1795) et Edward (né et mort en 1798) moururent en bas âge.

Voici des résumés biographiques concernant les quatre autres :

Comte Humbert DE LA TOUR DU PIN DE GOUVERNET (1790-1816). À dix-sept ans, en 1807, il fut envoyé à Anvers pour être employé dans les bureaux de M. Malouet, préfet maritime de cette ville, avec le projet de se préparer aux examens d'auditeur au Conseil d'État.

Humbert de La Tour du Pin passa cet examen dans le courant de l'été 1810. L'empereur Napoléon Ier présidait en personne le jury d'examen et interrogea le jeune candidat. À la suite de cette épreuve, admis comme auditeur au Conseil d'État et nommé sous-préfet du chef-lieu du département de l'Arno, à Florence, il rejoignit son poste au commencement de 1811 puis, au début de l'année 1813, fut transféré à la sous-préfecture de Sens.

En février 1814, à l'approche des forces alliées, il dut abandonner précipitamment son poste et se retira auprès de ses parents, à Amiens, en arborant la cocarde blanche et en annonçant le rétablissement de la monarchie par le cri de «Vive le Roi». Après la Restauration, il abandonna les services administratifs et entra dans la maison militaire du roi Louis XVIII, en qualité de lieutenant des mousquetaires noirs.

Pendant les Cent-Jours il accompagna le roi à Gand et rentra avec lui à Paris, le 8 juillet 1815.

Humbert de La Tour du Pin devint ensuite aide-de-camp du maréchal Victor, duc de Bellune. Une discussion d'ordre futile l'amena à se battre en duel au pistolet avec l'un de ses camarades de l'état-major du maréchal. Il fut tué d'une balle au cœur par son adversaire. (Voir annexe III : récit de ce duel.)

Alix dite Charlotte DE LA TOUR DU PIN DE GOU-VERNET (1796-1822). La marquise de la Tour du Pin dans ses écrits loue ses talents, son esprit avide de tout savoir et ses agréments.

Quand M. de La Tour du Pin fut envoyé à Bruxelles, au mois de mai 1808, comme préfet de la Dyle, Charlotte accompagna ses parents en Belgique. C'est là qu'elle fit la connaissance et attira sur sa personne l'attention du jeune Auguste de Liede-kerke Beaufort, qui sollicita sa main. Cette demande ayant été agréée, le mariage eut lieu à Bruxelles le 20 avril 1813 et fut célébré religieusement dans la chapelle particulière de l'hôtel du duc d'Ursel.

De ce mariage naquirent trois enfants : Marie, née à Amiens au commencement de l'année 1814, morte à Paris vers la fin du mois de septembre de la même année; Hadelin-Stanislas-Humbert (1816-1890); Cécile-Claire-Séraphine (1818-1893).

La comtesse de Liedekerke Beaufort mourut au château de Faublanc près de Lausanne. Sur la demande qu'elle fit à ses derniers moments, sa fille Cécile fut confiée à M. et Mme de La Tour du Pin pour son éducation et elle resta avec eux jusqu'à son mariage en 1841 avec le baron de Beecman de Vieusart.

On peut également tracer une courte biographie du mari de Charlotte, Florent-Charles-Auguste comte de LIEDEKERKE BEAUFORT (1789-1855).

Né à Avesne le 4 septembre 1789, fils unique de Marie-Ferdinand-Hilarion, comte de Liedekerke Beaufort, maréchal de la cour du roi des Pays-Bas et de Julie-Caroline Desandrouin, fille de Pierre-Benoit, vicomte Desandrouin, il fut nommé secrétaire du cabinet particulier de M. de La Tour du Pin quelque temps après que ce dernier eut été appelé, en 1808, au poste de préfet de la Dyle, à Bruxelles.

Admis le 16 mai 1811 comme auditeur au Conseil d'État, puis nommé sous-préfet d'Amiens le 23 juillet 1813, il quitta ce poste après la première Restauration, en 1814.

Au mois d'août 1814, Auguste de Liedekerke Beaufort accompagna en Autriche, en qualité de secrétaire particulier, M. de La Tour du Pin, nommé un des représentants de la France au Congrès de Vienne. À l'époque des Cent-Jours, en 1815, il suivit jusqu'à Gênes son beau-père, envoyé en mission dans le midi de la France.

Lieutenant en premier à l'état-major général dans les Pays-Bas et, le 14 janvier 1817, envoyé extraordinaire et ministre plénipotentiaire du roi des Pays-Bas près de la Confédération helvétique, en 1829, il fut transféré, avec la même qualité, près du Saint-Siège et occupa, quelques années plus tard, en 1843, concurremment avec ce poste, celui de ministre près de la Cour de Turin.

Il s'installa à Rome, qui resta sa résidence principale et qu'il ne quitta plus, si on excepte des séjours à Turin et quelques voyages de courte durée en Belgique.

Il mourut du choléra à Rocca-di-Papa.

Cécile-Élisabeth-Charlotte de La Tour du Pin de Gouvernet (1800-1817). Fiancée en septembre 1816 à Charles, comte de Mercy-Argenteau, elle mourut sans avoir été mariée, le 20 mars 1817, à Nice.

Dans son introduction au *Journal d'une femme de cinquante* ans (1re édition), le colonel comte Aymar de Liedekerke Beaufort écrit :

« Cécile de la Tour du Pin était séduisante par son joli visage, par la douceur de son caractère, par de nombreuses qualités que les traditions de famille ont unanimement rapportées jusqu'à nous. Le comte Charles de Mercy-Argenteau s'éprit d'elle, et du côté du futur, certainement on peut affirmer que le mariage projeté était ce qu'on appelle un mariage d'inclination. Sa fiancée tomba malade à ce moment. Tous les soins qu'on lui prodigua demeurèrent sans effet. Envoyée de La Haye à Nice, dans un climat moins rude et plus clément, elle ne devait plus recouvrer la santé et mourut dans cette ville. Sa tombe existe encore dans le cimetière de Nice. »

Son fiancé était le fils de François-Joseph-Charles-Marie, comte d'Argenteau d'Ochain et de la comtesse de Paar. Le comte d'Argenteau devint comte de Mercy-Argenteau, ayant été institué légataire du nom et de la fortune de son cousin Florimond-Claude de Mercy-Argenteau.

Charles de Mercy-Argenteau fut fiancé en 1816 à Cécile de La Tour du Pin.

À l'époque des fiançailles, il servait depuis dix ans dans l'armée française, avec grande distinction. Il avait pris part aux campagnes de l'Empire et s'était particulièrement fait remarquer à la bataille de Hanau, à la suite de laquelle il reçut pour récompense la croix, si enviée alors, de la Légion d'honneur.

La mort de sa fiancée en 1817 désespéra Charles de Mercy-Argenteau. Renonçant aux ambitions brillantes que ses débuts dans l'armée paraissaient satisfaire, il quitta la carrière militaire et entra dans les ordres. Il devint archevêque de Tyr et mourut le 16 novembre 1879 à Liège, où il s'était retiré, âgé de près de quatre-vingt-treize ans.

Toute sa vie, il demeura très lié avec la famille de sa fiancée.

Comte Frédéric-Claude-Aymar DE LA TOUR DU PIN DE GOUVERNET (1806-1867). Dernier enfant (et le seul qui survécut à ses parents), à la mort de son père, il prit le titre de marquis de La Tour du Pin.

En 1830, entraîné par son enthousiasme pour la cause de la légitimité, il s'affilia au mouvement insurrectionnel qui éclata en Vendée en 1831, fut arrêté et détenu pendant quatre mois à Bourbon-Vendée (maintenant La Roche-sur-Yon) et à Fontenay.

Mis en liberté au mois d'avril 1832 et ayant repris aussitôt le chemin de la Vendée pour rejoindre la duchesse de Berry, après l'arrestation de celle-ci, Aymar de La Tour du Pin fut de nouveau poursuivi, recherché et, comme conséquence de sa participation au soulèvement vendéen, condamné par contumace à la peine de mort. Il avait heureusement pu se réfugier à Jersey dès le mois de novembre 1832.

De Jersey, il se rendit en Angleterre, puis à Nice, où M. et Mme de La Tour du Pin le rejoignirent.

Il suivit ses parents dans leurs déplacements suc
cessifs, allant d'abord à Turin, puis à Pignerol et,
vers la fin de novembre 1835, après un séjour de
quelques semaines à Suze, à Lausanne.

À la mort de son père, le 26 février 1837, il resta
le fidèle et inséparable compagnon de sa mère, l'accompagna en Italie et s'établit en dernier lieu avec
elle à Pise, où il devait la perdre le 2 avril 1853.

En 1854, il épousa Caroline-Louise-Claire de La
Bourdonnaye-Blossac, veuve du vicomte d'Honinc-
thum, dont il eut entre autres enfants : Humbert-
Hadelin-Marie, marquis de La Tour du Pin et
marquis de Gouvernet, né à Chaumont-sur-Yonne le
15 mai 1855, marié à Achy, le 10 octobre 1883 à
Louise-Eugénie-Marie-Gabrielle de Clermont-Ton-
nerre (sans postérité mâle).

Ses petits-enfants :

Hadelin (1816-1890). Fils d'Auguste, comte de
Liedekerke Beaufort et de Charlotte de La Tour du
Pin Gouvernet, il fit ses études en partie à Bruxelles
et en partie à Paris.

Il se consacra ensuite à la politique et en 1847 fut
nommé membre de la Chambre des Représentants
de Belgique. Son mandat fut ensuite renouvelé,
sans interruption, jusqu'à sa mort.

Occupant une place distinguée dans le monde
politique de la Belgique et dans la haute société de
Bruxelles, il s'était également créé des relations sui-
vies avec un grand nombre de personnages haut
placés des États pontificaux, d'Angleterre, d'Autriche
et de France.

Il épousa à Maëstricht (Hollande), le 1er février
1842, Marie-Isabelle, baronne de Dopff, fille de Ferdi-
nand-Jean-Guillaume-Marie, baron de Dopff, major
d'infanterie, membre du corps équestre de la province de Limbourg, chambellan du roi des Pays-

Bas, et de Marie-Thérèse-Élisabeth, baronne de Matha.

De ce mariage naquirent quatre fils parmi lesquels Aymar-Marie-Ferdinand, auteur par naturalisation du rameau français de la famille et premier éditeur du *Journal d'une femme de cinquante ans* en 1909.

Cécile (1818-1893). Fille d'Auguste, comte de Liedekerke Beaufort et de Charlotte de La Tour du Pin de Gouvernet, le 28 décembre 1841, elle épousa à Bruxelles le baron de Beeckman de Vieusart dont elle eut trois fils qui ne laissèrent pas de postérité.

Voici ce que son neveu le comte Aymar de Liedekerke Beaufort écrit à son sujet : «Ayant perdu sa mère le 1er septembre 1822, le soin de son éducation fut confié à sa grand-mère, la marquise de La Tour du Pin. Femme des plus distinguées par l'intelligence, l'esprit et le caractère, ses salons à Bruxelles, à Ryde (en Angleterre), puis à Paris, furent fréquentés par les hommes les plus distingués. Dans ces réunions, que de gaîté de pensée, que de traits d'esprit lancés, que de propos joyeux échangés. Tous les habitués, ou presque tous, de ce salon ont, avec le temps, disparu. Je reste à peu près seul aujourd'hui à pouvoir en rappeler le souvenir...»

Sa meilleure amie, la comtesse de La Rochejaquelein :

Félicie de DURFORT DE DURAS (1798-1883), principale correspondante de Mme de La Tour du Pin, à l'âge de quinze ans, épousa Charles-Léopold-Henri de La Trémoille, prince de Talmont, qui la laissa deux ans plus tard, en 1815, veuve et sans enfants.

Moins de quatre ans plus tard, Félicie épousa le comte Auguste de La Rochejaquelein, malgré l'opposition de sa mère qui n'assista pas à la cérémonie. Le duc de Duras, quoique très récalcitrant, accompagna sa fille à l'autel.

Le plus grand mérite d'Auguste de La Rochejaquelein aux yeux de Félicie était son nom vendéen.
Admiratrice fervente depuis l'enfance de tous les
héros de la cause royale sous la Révolution, elle ne
cessa de s'efforcer d'être capable de les imiter. Elle
participa à l'ultime soulèvement de la Vendée après
1830. De même, on retrouve Mme de La Rochejaquelein aux côtés de son mari, faisant la guerre au
Portugal au service de Don Miguel qui avait appelé
à son secours la noblesse française. Mme Swetchine
écrira un jour de Félicie : « Des luttes guerrières et
politiques, voilà décidément l'atmosphère où elle
semble vivre à l'aise. »

Félicie resta toujours fidèle à la grande amitié qui
la liait à Mme de La Tour du Pin. Après la mort de
cette dernière en 1853, elle continua à correspondre
assidûment avec le petit-fils de la marquise, Hadelin, comte de Liedekerke Beaufort et cette amicale
tradition fut même poursuivie par sa nièce et héritière, la comtesse Xavier de Blacas, née Chastellux
de Rauzan. (Voir fin de la note 190 du *Journal*.)

Félicie de La Rochejaquelein ne laissa pas de postérité.

On peut aussi dire quelques mots de son mari :
Auguste du Vergier comte de La Rochejaquelein
(1784-1868), frère du célèbre héros vendéen Henry
de La Rochejaquelein tué au combat en 1794, et de
Louis, marquis de La Rochejaquelein, il entra au
service de l'Angleterre comme midshipman pendant
l'Émigration.

À la fin de celle-ci, il revint en France et fut incor-
poré dans l'armée impériale. Sous-lieutenant de
carabiniers, au cours de la bataille de la Moskowa,
il reçut un coup de sabre dans le côté et deux sur la
figure, ce qui lui valut le surnom de « Balafré ».
Sauvé par miracle de la mort mais fait prisonnier et

conduit à Saratow, son sort fut adouci par la recommandation de Louis XVIII qui écrivit en sa faveur
au tsar.

De retour en France en 1814, il entra dans la
garde royale.

Durant les Cent-Jours, il se réfugia en Vendée et
aida son frère Louis à organiser la résistance contre
Napoléon. Sous la deuxième Restauration, il fut
nommé colonel des grenadiers à cheval, puis maréchal de camp (1818).

En 1828, il combattit dans les rangs de l'armée
russe contre les Turcs.

Mis en non-activité par refus de serment après la
révolution de 1830, il s'associa, comme son épouse,
à la tentative de la duchesse de Berry en 1832.
Condamné à mort par contumace, il fut acquitté
deux ans plus tard par la cour d'assises de Versailles.

Il fit aussi la guerre au Portugal au service de Don
Miguel.

Les parents de Félicie,
comtesse de La Rochejaquelein.

Claire DE KERSAINT (1778-1828), mère de Félicie,
fille de l'amiral comte de Kersaint, membre de l'Assemblée législative et de la Convention, mort sur
l'échafaud en 1793, et de Claire-Louise-Françoise
d'Alesso d'Éragny, émigra avec sa mère en 1793.
C'est à Londres qu'elle épousa le 22 novembre 1797
le duc de Duras.

Pendant son séjour en Angleterre et dès avant son
mariage, Claire de Kersaint se lia avec la marquise
de La Tour du Pin qui, par ailleurs, était une amie
d'enfance du duc de Duras.

Rentrée en France après le 18 Brumaire — 9 novembre 1799 —, la duchesse de Duras devint l'amie
de Mme de Staël qu'elle chercha d'ailleurs plus tard
à imiter.

Citons Mme de Boigne :

«Elle s'occupait dès lors à écrire les romans qui ont depuis été imprimés, et auxquels il me semble impossible de refuser de la grâce, du talent et une véritable connaissance des mœurs de nos salons. Peut-être faut-il les avoir habités pour en apprécier tout le mérite.»

«*Ourika* retrace les sentiments intimes de Mme de Duras. Elle a peint sous cette peau noire les tourments que lui avait fait éprouver une laideur, qu'elle s'exagérait, et qui, à cette époque de sa vie, avait même disparu.»

«Ses occupations littéraires ne la calmaient pas sur ses chagrins de cœur, ne suffisaient pas à la distraire de son ambition de situation... »

En fait, il est, ici, fait allusion à M. de Chateaubriand, ce qui impose une dernière citation :

«Elle ne se consolait pas de l'exclusion donnée à M. de Chateaubriand au retour de Gand. Son crédit l'y avait fait ministre de l'Intérieur du roi fugitif, et elle ne comprenait pas comment le roi rétabli ne confirmait pas cette nomination. Il en résultait un vernis d'opposition dans son langage dont je m'accommodais très bien.» Et plus loin :

«Mme de Duras s'aperçut enfin de la supériorité qu'elle avait sur son mari et le lui fit sentir avec une franchise qui amena des dissensions. Au temps de sa passion, innocente autant qu'extravagante, pour M. de Chateaubriand, elle cherchait une distraction à ses ennuis domestiques.»

Le père de Félicie, Amédée-Bretagne-Malo DE DURFORT, duc DE DURAS, (1770-1838) fils de Emmanuel-Céleste-Auguste de Durfort, duc de Duras et de Louise-Henriette-Charlotte-Philippine de Noailles, était un ami d'enfance de l'auteur du *Journal d'une femme de cinquante ans*.

Il succéda à son grand-père dans les fonctions de

premier gentilhomme de la chambre du roi, émigra
en Angleterre, revint en France après le 18 brumaire (9 novembre 1799). Il continua néanmoins
à remplir auprès du roi Louis XVIII, pendant son
exil, les fonctions de premier gentilhomme de la
cour, quand son tour de service l'y appelait, et les
conserva après la Restauration. Il fut alors nommé
pair de France, devint maréchal de camp et se
retira dans la vie privée après la révolution de 1830.

De son mariage avec Claire de Kersaint, naquirent deux filles :

Claire-Augustine-Maclovie-*Félicie* de Duras, comtesse de La Rochejaquelein, et *Clara*-Henriette-Phi-
lippine de Duras, duchesse de Rauzan.

Étant veuf, il épousa, en secondes noces, en 1829,
Marie-Émilie Knüssli, morte en 1862 sans postérité.

JOURNAL
D'UNE FEMME
DE
CINQUANTE ANS

(1778-1815)

CHAPITRE PREMIER

Le 1ᵉʳ janvier 1820.

Quand on écrit un livre, c'est presque toujours avec l'intention qu'il soit lu avant ou après votre mort. Mais je n'écris pas un livre. Quoi donc ? Un journal de ma vie simplement. Pour n'en relater que les événements, quelques feuilles de papier suffiraient à un récit assez peu intéressant ; si c'est l'histoire de mes opinions et de mes sentiments, le journal de mon cœur que j'entends composer, l'entreprise est plus difficile, car, pour se peindre, il faut se connaître et ce n'est pas à cinquante ans qu'il aurait fallu commencer. Peut-être parlerai-je du passé et raconterai-je mes jeunes années, par des fragments seulement et sans suite. Je ne prétends pas écrire mes confessions ; mais quoique j'eusse de la répugnance à divulguer mes fautes, je veux pourtant me montrer telle que je suis, telle que j'ai été.

Je n'ai jamais rien écrit que des lettres à ceux que j'aime. Il n'y a pas d'ordre dans mes idées. J'ai peu de méthode. Ma mémoire est déjà fort diminuée. Mon imagination surtout m'emporte quelquefois si loin du sujet que je voudrais poursuivre, que j'ai peine à rattacher le fil rompu bien souvent par ses écarts. Mon cœur est encore si jeune que j'ai besoin de me regarder au miroir pour m'assurer que je n'ai plus vingt ans. Profitons donc de cette chaleur qui me reste et que les infirmités de l'âge peuvent détruire d'un moment à l'autre, pour raconter quelques faits d'une vie agitée, mais bien moins malheureuse, peut-être, par les événements dont le public a été instruit, que par les peines secrètes dont je ne devais compte qu'à Dieu.

Mes plus jeunes années ont été témoin de tout ce qui aurait dû me gâter l'esprit, me pervertir le cœur, me dépraver et détruire en moi toute idée de morale et de religion. J'ai assisté, dès l'âge de dix ans, aux conversations les plus libres, entendu exprimer les principes les plus impies. Élevée dans la maison d'un archevêque, où toutes les règles de la religion étaient journellement violées, je savais et je voyais qu'on ne m'en apprenait les dogmes et les doctrines que comme l'on m'enseignait l'histoire ou la géographie.

Ma mère[1] avait épousé Arthur Dillon[2], dont elle était la cousine issue de germain. Elle avait été élevée avec lui et ne le regardait que comme un frère. Elle était belle comme un ange et la douceur angélique de son caractère la faisait généralement aimer. Les hommes l'adoraient, et les femmes n'en étaient pas jalouses. Quoique dépourvue de coquetterie, elle ne mettait peut-être pas assez de réserve dans ses relations avec les hommes qui lui plaisaient et que le monde disait amoureux d'elle.

Un d'eux surtout passait sa vie entière dans la maison de ma grand'mère[3] et de mon oncle[4] l'archevêque, où ma mère demeurait. Il nous accompagnait aussi à la campagne. Le prince de Guéménée, neveu du trop célèbre cardinal de Rohan, passait donc, aux yeux du monde, pour être l'amant de ma mère. Mais je ne crois pas que ce fût vrai, car le duc de Lauzun, le duc de Liancourt, le comte de Saint-Blancard étaient aussi assidus chez elle. Le comte de Fersen, que l'on disait être l'amant de la reine Marie-Antoinette, venait de même presque tous les jours chez nous. Ma mère plut à la reine, qui se laissait toujours séduire par tout ce qui était brillant, Mme Dillon était très à la mode ; elle devait par cela seul entrer dans sa maison. Ma mère devint dame du Palais. J'avais alors sept ou huit ans.

Ma grand'mère, du caractère le plus altier, de la méchanceté la plus audacieuse, allant parfois jusqu'à la fureur, jouissait néanmoins de l'affection de sa fille. Ma mère était subjuguée, anéantie par ma grand'mère, sous son empire absolu. Entièrement dans sa dépendance quant à la fortune, elle n'avait jamais osé représenter que, fille unique d'un père — le comte de Rothe — mort quand elle avait dix ans, elle devait au moins posséder sa fortune. Ma grand'mère s'était emparée de vive force de la terre de Haute-Fontaine qui avait été achetée des deniers de son mari. Fille d'un pair d'Angleterre, très peu riche, à peine avait-elle eu une faible légitime. Mais ma mère, mariée à dix-sept ans à un homme de dix-huit, élevé avec elle et qui ne possédait que son seul régiment, n'aurait jamais trouvé le courage de parler d'affaires d'argent à ma grand'mère. La reine lui ouvrit les yeux sur ses intérêts et l'encouragea à demander des comptes. Ma grand'mère devint furieuse et une haine inconcevable, telle que les romans ou les tragédies en ont décrites, prit en elle la place de la tendresse maternelle.

Mes premières idées, mes premiers souvenirs, se rattachent à cette haine. Continuellement témoin des scènes affreuses que ma mère subissait, obligée de ne pas avoir l'air de m'en apercevoir, je compris, tout en arrangeant une poupée ou en étudiant une leçon, la difficulté de ma situation. La réserve, la discrétion me devinrent d'une nécessité absolue. Je contractai l'habitude de dissimuler mes sentiments et de juger par moi-même des actions de mes parents. Lorsque à cinquante ans je me retrace mes jugements de dix ans, je les trouve si justifiés que je vois la vérité de l'assertion, répétée par plusieurs philosophes, que nous apportons en naissant l'esprit et le jugement plus ou moins justes ou plus ou moins sains.

Ces réflexions d'une tête de dix ans y développèrent des idées et une expérience trop précoces, d'un bien grand danger. Je n'ai pas eu d'enfance. Je n'ai pas joui de ce bonheur sans mélange, de cet état d'imprévoyance si doux que j'ai vu depuis dans les enfants. Toutes les idées tristes, toutes les perversités du vice, toutes les fureurs de la haine, toutes les noirceurs de la calomnie se sont développées librement devant moi, quand mon esprit n'était pas assez formé pour en sentir toute l'horreur.

Une seule personne m'a peut-être préservée de cette contagion, a redressé mes idées, m'a fait voir le mal où il était, a encouragé mon cœur à la vertu ; et cette personne... ne savait ni lire ni écrire !

Une bonne paysanne des environs de Compiègne avait été mise auprès de moi. Elle était jeune. Elle ne me quittait pas. Elle m'aimait avec passion. Elle avait reçu du ciel un jugement sain, un esprit juste, une âme forte. Les princes, les ducs, les grands de la terre, étaient jugés dans le conseil d'une fille de douze ans et d'une paysanne de vingt-cinq, qui ne connaissait que le hameau où elle était née et la maison de mes parents.

Les mœurs et la société ont tellement changé depuis la Révolution que je veux retracer avec détail ce que je me rappelle de la manière de vivre de mes parents.

Mon grand-oncle, l'archevêque de Narbonne, allait peu ou point dans son diocèse. Président, par son siège, des États du Languedoc, il se rendait dans cette province uniquement pour présider les États qui ne duraient que six semaines pendant les mois de novembre et de décembre. Dès qu'ils étaient terminés, il revenait à Paris sous prétexte que les intérêts de sa province réclamaient impérieusement sa présence à la Cour, mais, en réalité, pour vivre en grand seigneur à Paris et en courtisan à Versailles.

Outre l'archevêché de Narbonne, qui valait 250 000 francs, il avait l'abbaye de Saint-Étienne de Caen, qui en valait 110 000, une autre petite encore qu'il échangea plus tard pour celle de Cigny, qui en valait 90 000. Il recevait plus de 50 000 à 60 000 francs pour donner à dîner tous les jours pendant les États. Il semble qu'avec une pareille fortune, il aurait pu vivre honorablement et ne pas se déranger; et malgré tout il en était toujours aux expédients. Le luxe pourtant n'était pas grand dans la maison. Il tenait à Paris un état noble, mais simple. L'ordinaire était abondant, mais raisonnable.

Il n'y avait jamais à cette époque de grands dîners, parce que l'on dînait de bonne heure, à 2 heures et demie ou à 3 heures au plus tard. Les femmes étaient quelquefois coiffées, mais jamais habillées pour dîner. Les hommes au contraire l'étaient presque toujours et jamais en frac ni en uniforme, mais en habits habillés, brodés ou unis, selon leur âge ou leur goût. Ceux qui n'allaient pas dans le monde, le soir, ou le maître de la maison, étaient en frac et en négligé, car la nécessité de mettre son chapeau dérangeait le fragile édifice du toupet frisé et poudré à frimas. Après le dîner on causait; quelquefois on faisait une partie de trictrac. Les femmes allaient s'habiller, les hommes les attendaient pour aller au spectacle, s'ils devaient y assister dans la même loge. Restait-on chez soi, on avait des visites tout l'après-dîner et à

9 heures et demie seulement arrivaient les personnes qui venaient souper.

À cette époque il y avait moins de bals qu'il n'y en a eu depuis. Le costume des femmes devait naturellement transformer la danse en une espèce de supplice. Des talons étroits, hauts de trois pouces, qui mettaient le pied dans la position où l'on est quand on se lève sur la pointe pour atteindre un livre à la plus haute planche d'une bibliothèque ; un panier de baleine lourd et raide, s'étendant à droite et à gauche ; une coiffure d'un pied de haut surmontée d'un bonnet nommé *Pouf*, sur lequel les plumes, les fleurs, les diamants étaient les uns sur les autres, une livre de poudre et de pommade que le moindre mouvement faisait tomber sur les épaules : un tel échafaudage rendait impossible de danser avec plaisir. Mais le souper où l'on se contentait de causer, quelquefois de faire de la musique, ne dérangeait pas cet édifice.

Revenons à mes parents. Nous allions à la campagne de bonne heure, au printemps, pour tout l'été. Il y avait dans le château de Hautefontaine vingt-cinq appartements à donner aux étrangers, et ils étaient souvent remplis. Cependant le beau voyage avait lieu au mois d'octobre seulement. Alors les colonels étaient revenus de leurs régiments, où ils passaient quatre mois, moins le nombre d'heures qu'il leur fallait pour revenir à Paris, et ils se dispersaient dans les châteaux où les attiraient leurs familles et leurs amis.

Il y avait à Hautefontaine un équipage de cerf dont la dépense se partageait entre mon oncle, le prince de Guémenée et le duc de Lauzun. J'ai ouï dire qu'elle ne montait pas à plus de 30 000 francs. Mais il ne faut pas comprendre dans cette somme les chevaux de selle des maîtres, et seulement les chiens, les

gages des piqueurs qui étaient anglais, leurs chevaux et la nourriture de tous. L'équipage chassait
l'été et l'automne dans les forêts de Compiègne et de
Villers-Cotterets. Il était si bien mené que le pauvre
Louis XVI en était sérieusement jaloux et, quoiqu'il
aimât beaucoup à parler de chasse, on ne pouvait
le contrarier davantage qu'en racontant devant lui
quelque exploit de la meute de Hautefontaine.

À sept ans je chassais déjà à cheval une ou deux
fois par semaine, et je me cassai la jambe, à dix ans,
le jour de la Saint-Hubert. On dit que je montrai un
grand courage. On me rapporta de cinq lieues sur un
brancard de feuillage et je ne poussai pas un soupir.
Dès ma plus tendre enfance j'ai toujours eu horreur
de l'affectation et des sentiments factices. On ne pouvait obtenir de moi ni un sourire ni une caresse pour
ceux qui ne m'inspiraient pas de sympathie, tandis
que mon dévouement était sans bornes pour ceux
que j'aimais. Il me semble qu'il y a des vices, comme
la duplicité, la ruse, la calomnie, dont la première
vue m'est aussi douloureuse que le serait le moment
où j'aurais reçu une blessure laissant après elle une
profonde cicatrice

Mon premier séjour à Versailles fut à la naissance
du premier Dauphin[5] en 1781. Combien le souvenir
de ces jours de splendeur pour la reine Marie-Antoinette est souvent revenu à ma pensée, au récit des
tourments et des ignominies dont elle a été la trop
malheureuse victime! J'allai voir le bal que les
gardes du corps lui donnèrent dans la grande salle
de spectacle du château de Versailles. Elle l'ouvrit
avec un simple jeune garde, vêtue d'une robe bleue,
toute parsemée de saphirs et de diamants, belle,
jeune, adorée de tous, venant de donner un Dauphin à la France, ne croyant pas à la possibilité d'un
pas rétrograde dans la carrière brillante où elle était

entraînée; et déjà elle était près de l'abîme. Que de réflexions un pareil rapprochement ne fait-il pas naître!

Je ne prétends pas retracer les intrigues de la Cour que ma grande jeunesse m'empêchait de juger ou même de comprendre. J'avais déjà entendu parler de Mme de Polignac, pour qui la reine commençait à avoir du goût. Elle était très jolie, mais elle avait peu d'esprit. Sa belle-sœur, la comtesse Diane de Polignac, plus âgée, femme très intrigante, la conseillait dans les moyens de parvenir à la faveur. Le comte de Vaudreuil, leur ami, et que ses agréments faisaient rechercher de la reine, travaillait aussi à cette fortune devenue, par la suite, si grande. Je me rappelle que M. de Guémenée tâchait d'alarmer ma mère sur cette faveur naissante de Mme de Polignac. Mais ma mère se laissait aimer de la reine, tranquillement, et sans songer à profiter de cette faveur pour augmenter sa fortune ou pour faire celle de ses amis. Elle se sentait déjà attaquée du mal qui la fit périr moins de deux ans après. Tourmentée à tous les moments par ma grand'mère, elle succombait sous le poids du malheur sans avoir la force de s'y soustraire. Quant à mon père, il était en Amérique où il faisait la guerre à la tête du premier bataillon de son régiment.

Le régiment de Dillon était entré au service de France en 1690, lorsque Jacques II eut perdu toute espérance de remonter sur le trône, après la bataille de la Boyne. Mon arrière grand-père, Arthur Dillon[6], le commandait.

CHAPITRE II

Ma mère avait eu un fils, qui mourut à deux ans, et depuis cette couche elle avait toujours souffert. Une humeur laiteuse la tourmentait. Fixée sur le foie, elle lui ôtait tout appétit et son sang, desséché par le chagrin continuel que lui causait ma grand' mère, s'alluma et se porta avec violence à la poitrine. Elle ne se ménageait pas. Elle montait à cheval, courait le cerf, chantait avec le célèbre Piccini qui était passionné pour sa voix. Enfin, à trente et un ans, vers le mois d'avril 1782, elle cracha le sang avec violence.

Ma grand'mère, quoique portée à ne pas croire aux maux de sa fille, fut pourtant forcée de convenir alors qu'elle était sérieusement malade. Mais son indomptable haine, son caractère soupçonneux, la disposaient d'un autre côté à voir dans toutes les actions de ma pauvre mère un calcul tendant à la soustraire à son autorité. Aussi fut-elle convaincue que ma mère avait feint ces crachements de sang pour ne pas aller à Hautefontaine. Elle n'aurait pas consenti à retarder son départ d'une heure. Ma mère consulta, pour son malheur, un médecin nommé Michel, jouissant alors de beaucoup de célébrité. Il déclara que le sang qu'elle avait craché venait de l'estomac et lui ordonna d'aller à Spa. Il serait difficile de peindre les fureurs inconcevables de ma grand'mère, à l'idée que sa fille pouvait aller à ces eaux. Elle ne voulait pas l'y accompagner. Elle refusait de l'argent pour le voyage. Je crois que la reine vint au secours de ma mère dans cette occasion. Nous partîmes de Hautefontaine pour Bruxelles où nous passâmes un mois.

Mon oncle Charles Dillon avait épousé miss Phipps, fille de lord Mulgrave. Il résidait à Bruxelles, n'osant habiter l'Angleterre à cause de ses nombreuses dettes. À cette époque, il était encore catholique. Ce ne fut que plus tard qu'il eut l'impardonnable faiblesse de changer de religion et de se faire protestant pour hériter de son grand-oncle maternel, lord Lichfield[7], lequel subordonna à cette condition son héritage de quinze mille livres sterling. Mme Charles Dillon était belle comme le jour. Elle était venue à Paris l'année d'auparavant avec lady Kenmare, sœur de mon père, qui était aussi d'une grande beauté. Elles allaient au bal de la reine avec ma mère et ces trois belles-sœurs étaient généralement admirées. Un an s'était à peine écoulé et elles étaient toutes trois au tombeau. Elles moururent à une semaine l'une de l'autre.

Comme je l'ai dit plus haut, je n'ai pas eu d'enfance. À douze ans mon éducation était très avancée. J'avais lu énormément, mais sans choix. Dès l'âge de sept ans on m'avait donné un instituteur. C'était un organiste de Béziers, nommé Combes. Il vint pour me montrer à jouer du clavecin, car il n'y avait pas encore alors de pianos, ou du moins ils étaient très rares. Ma mère en avait un pour accompagner la voix, mais on ne me permettait pas d'y toucher. M. Combes avait fait de bonnes études ; il les continua et m'a avoué depuis qu'il avait souvent retardé les miennes à dessein, de crainte que je ne le dépassasse dans celles qu'il faisait lui-même.

J'ai toujours eu une ardeur incroyable pour apprendre. Je voulais savoir toutes choses, depuis la cuisine jusqu'aux expériences de chimie que j'allais voir faire par un petit apothicaire demeurant à Hautefontaine. Le jardinier était anglais et ma bonne Marguerite me menait tous les jours chez sa femme qui me montrait à lire dans sa langue : le plus souvent dans *Robinson* ; j'étais passionnée pour ce livre.

L'état d'hostilité constante qui existait dans la maison me tenait dans une contrainte continuelle. Si ma mère voulait que je fisse une chose, ma grand' mère me le défendait. Chacun m'aurait voulue pour espion. Mais ma probité naturelle se révoltait à la seule pensée de la bassesse de ce rôle. Je me taisais, et l'on m'accusait d'insensibilité, de taciturnité. J'étais le but de l'humeur des uns et des autres, d'accusations injustes. J'étais battue, enfermée, en pénitence pour des riens. Mon éducation se faisait sans discernement. Quand j'étais émue de quelque belle action dans l'histoire, on se moquait de moi. Tous les jours, j'entendais raconter quelque trait licencieux ou quelque intrigue abominable. Je voyais tous les vices, j'entendais leur langage, on ne se cachait de rien en ma présence. J'allais trouver ma bonne, et son simple bon sens m'aidait à apprécier, à distinguer, à classer tout à sa juste valeur.

À onze ans, ma mère trouvant que je parlais moins bien l'anglais, me donna une femme de chambre élégante que l'on fit venir exprès d'Angleterre. Son arrivée me causa un chagrin mortel. On me sépara de ma bonne Marguerite et, quoiqu'elle restât dans la maison, elle ne vint presque plus dans ma chambre. Ma tendresse pour elle s'en augmenta. Je m'échappais à tous moments pour aller la retrouver ou pour la rencontrer dans la maison, et ce fut une cause nouvelle de gronderies et de pénitences. Combien l'on doit songer, quand on élève des enfants, à ne pas les blesser dans leurs affections ! Que l'on ne compte pas sur l'apparente légèreté de leur caractère. En écrivant, à cinquante-cinq ans, les humiliations que l'on fit éprouver à ma bonne, tout mon cœur se soulève d'indignation, comme il le fit alors. Cependant cette Anglaise était agréable. Elle ne me plut que trop. Elle était protestante, avait eu une conduite plus que légère et n'avait jamais lu que des romans. Elle me fit beaucoup de mal...

Revenons à mon récit. Nous allâmes à Bruxelles, dans la maison de ma tante. Elle était au dernier degré d'une consomption qui n'avait rien changé à l'agrément et à la beauté de sa figure vraiment céleste. Elle avait deux enfants charmants, un garçon de quatre ans — le présent lord Dillon[8] — et une fille qui fut depuis lady Webb. Je m'amusais beaucoup de ces enfants. Mon plus grand bonheur était de les soigner, de les endormir, de les bercer. J'avais déjà un instinct maternel. Je sentais que ces pauvres enfants allaient être privés de leur mère. Je ne me croyais pas si près du même malheur.

Ma mère me menait chez l'archiduchesse Marie-Christine qui gouvernait les Pays-Bas avec son mari, le duc Albert de Saxe-Teschen. Pendant les conversations de ma mère avec l'archiduchesse, on me conduisait dans un cabinet où l'on me montrait des portefeuilles d'estampes. J'ai pensé depuis que c'était sans doute le commencement de cette superbe collection de gravures, la plus belle de l'Europe, que le duc Albert a laissée à l'archiduc Charles.

Nous allâmes à Spa.

Ce fut à Spa que je goûtai pour la première fois le dangereux poison de la louange et des succès. Ma mère me menait à la redoute les jours où l'on y dansait, et la danse de la petite Française devint bientôt une des curiosités de Spa.

Le comte et la comtesse du Nord venaient d'y arriver du fond de la Russie, et n'avaient jamais vu de filles de douze ans danser *la gavotte*, *le menuet*, etc. On leur montra cette espèce de phénomène. La même princesse, devenue impératrice de Russie[9], n'avait pas, trente-sept ans plus tard, oublié la petite fille d'alors, qu'elle retrouvait une grave mère de famille. Elle m'a dit beaucoup de choses obligeantes sur le souvenir qu'elle avait conservé de mes grâces et surtout de la finesse de ma taille.

Tout concourait sans cesse à me corrompre l'esprit et le cœur. Ma femme de chambre anglaise ne m'entretenait jamais que de frivolités, de toilettes, de succès. Elle me parlait des conquêtes qu'elle avait faites et de celles que je pourrais faire dans quelques années. Elle me donnait des romans anglais; mais, par une singularité dont j'ai peine maintenant à me rendre compte, je ne voulais pas lire de mauvais livres; je savais qu'il y en avait qu'une demoiselle ne devait pas avoir lus et que, si on en parlait devant moi et que je les connusse, je ne pourrais pas m'empêcher de rougir. Aussi trouvais-je plus facile de m'en abstenir. D'ailleurs les romans de sentiment ne me plaisaient pas.

Cependant les eaux de Spa avançaient les jours de ma pauvre mère. Elle répugnait néanmoins à revenir à Hautefontaine, dans la certitude où elle était que ma grand'mère la recevrait, comme à l'ordinaire, avec des scènes et des fureurs. Elle ne se trompait pas. Mais son état empirant à tous moments, la pensée, commune à tous ceux qui sont attaqués de cette cruelle maladie de poitrine, lui vint de changer d'air. Elle voulut aller en Italie et demanda d'abord à revenir à Paris. Ma grand'mère y consentit et commença alors seulement à envisager le véritable état de sa malheureuse fille, ou du moins elle en parla dès lors comme d'un état sans espoir, ainsi qu'il l'était en effet.

Ma mère fut fort soignée dans ses derniers moments. La reine vint la voir et tous les jours un piqueur ou un page était envoyé de Versailles pour prendre de ses nouvelles. Elle s'affaiblissait à chaque instant. Mais, j'éprouve du chagrin à l'écrire après quarante-cinq ans, personne ne parla de sacrements ni de lui faire voir un prêtre. À peine avais-je appris mon catéchisme. Il n'y avait pas de chapelain dans cette maison d'un archevêque. Les femmes de chambre, quoiqu'il y en eût de pieuses, craignaient trop ma grand'mère pour oser parler. Ma mère ne croyait pas toucher à son dernier moment. Elle mourut étouffée, dans les bras de ma bonne, le 7 septembre 1782.

On m'apprit le matin ce triste événement. Ce fut une bonne vieille amie de ma mère, Mme Nagle, que je vis près de mon lit en me réveillant, qui m'annonça sa mort. Elle m'informa que ma grand'mère avait quitté la maison, que je devais me lever, aller la trouver et lui demander sa protection et ses soins ; que désormais, je dépendais d'elle pour mon sort à venir ; qu'elle était très mal avec mon père, en ce moment en Amérique ; qu'elle me déshériterait certainement si elle me prenait en aversion, comme elle n'y était que trop disposée. Mon jeune cœur déchiré se révolta contre la dissimulation que cette bonne dame prétendait m'imposer. Elle eut beaucoup de peine à me persuader de me laisser conduire auprès de ma grand'mère.

Mme Nagle joua une grande scène de désespoir qui me glaça d'épouvante et me laissa la plus pénible impression. On me trouva froide et insensible. On insinua que je ne regrettais pas ma mère, et cette inculpation si fausse resserra mon cœur en m'indignant. J'entrevis en un moment toute l'étendue de la carrière de duplicité dans laquelle on me forçait d'entrer. Mais je rappellerai que j'avais douze ans seulement et que, quoique mon esprit fût beaucoup plus développé qu'il ne l'est habituellement à cet âge et que je fusse déjà très avancée dans mon éducation, jamais je n'avais reçu aucune instruction morale ou religieuse.

Je ne prétends pas au talent de décrire l'état de la société en France avant la Révolution. Cette tâche serait au-dessus de mes forces. Mais, lorsque dans ma vieillesse je rassemble mes souvenirs, je trouve que les symptômes du bouleversement qui s'est produit en 1789 avaient déjà commencé à se manifester depuis le temps où mes réflexions ont laissé quelques traces dans ma mémoire.

Le règne dévergondé de Louis XV avait corrompu la haute société. La noblesse de la Cour donnait l'exemple de tous les vices. Le jeu, la débauche, l'immoralité, l'irréligion, s'étalaient ouvertement. Le haut clergé, attiré à Paris pour les assemblées du clergé, que le besoin d'argent et le désordre des finances forçaient le roi, afin d'obtenir le *don gratuit*, à rendre à peu près annuelles, était corrompu par les mœurs dissolues de la Cour. Presque tous les évêques étaient choisis dans la haute noblesse. Ils retrouvaient à Paris leurs familles et leur société, leurs liaisons de jeunesse, leurs premières habitudes. Ils avaient fait leurs études, pour la plupart, dans les séminaires de Paris : à Saint-Sulpice, à Saint-Magloire, aux Vertus, à l'Oratoire ; et lorsqu'ils étaient nommés évêques, ils considéraient cette nomination comme un honorable exil qui les éloignait de leurs amis, de leurs familles et de toutes les jouissances du monde.

Les ecclésiastiques du second ordre, membres de l'assemblée du clergé, étaient presque tous désignés parmi les grands vicaires des évêques, ou parmi les jeunes abbés propriétaires d'abbayes appartenant à

la classe dans laquelle on choisissait les évêques. Ils
venaient puiser à Paris les principes et les habitudes
qu'ils rapportaient ensuite dans les provinces, où ils
donnaient trop souvent des exemples funestes.

Ainsi la dissolution des mœurs descendait des
hautes classes dans les classes inférieures. La vertu
chez les hommes, la bonne conduite chez les femmes,
étaient tournées en ridicule et passaient pour de
la rusticité. Je ne saurais entrer dans les détails
pour prouver ce que j'avance ici. Le grand nombre
d'années qui s'est écoulé depuis le temps que je voudrais peindre transforme cette époque, pour moi, en
une généralité purement historique, dans laquelle le
souvenir des individus s'est effacé pour ne laisser
dans mon esprit qu'une impression d'ensemble. Plus
j'avance en âge, cependant, plus je considère que la
Révolution de 1789 n'a été que le résultat inévitable
et, je pourrais même dire, la juste punition des vices
des hautes classes, vices portés à un excès tel qu'il
devenait infaillible, si on n'avait pas été frappé du
plus funeste aveuglement, que l'on serait consumé
par le volcan que de ses propres mains on avait
allumé.

Après la mort de ma mère, ma grand'mère et mon
oncle allèrent, au mois d'octobre 1782, à Hautefontaine et m'y emmenèrent avec eux, accompagnés de
mon instituteur, M. Combes, qui s'occupait exclusivement de mon éducation.

J'aimais beaucoup cette habitation que je savais
devoir un jour m'appartenir. C'était une belle terre,
toute en domaines, à vingt-deux lieues de Paris,
entre Villers-Cotterets et Soissons.

Pendant la vie de ma mère, l'habitation de Hautefontaine avait été très brillante. Mais, après sa mort,
tout changea complètement. Ma grand'mère s'était
emparée, en l'absence de mon père, de tous les

papiers de ma mère, et de toutes les correspondances qu'elle avait conservées.

De même qu'on ne lui avait pas laissé voir un prêtre, de même on ne lui avait pas permis de songer à ses affaires temporelles, auxquelles ma grand'mère avait trop d'intérêt qu'aucun homme entendu ne fût initié. Il me fallut me résoudre à subir journellement tous les inconvénients du caractère terrible auquel j'étais soumise. Je puis dire que pendant cinq ans, je n'ai pas été un jour sans verser des larmes amères.

Toutefois plus j'ai avancé en âge et moins j'en ai souffert, soit que j'eusse pris l'habitude des mauvais traitements, soit que mon esprit, mûri avant le temps, la force de mon caractère, le sang-froid avec lequel je supportais les fureurs de ma grand-mère, le silence imperturbable que j'opposais aux calomnies qu'elle déversait sur tout le monde et surtout la reine, lui en imposassent un peu. Peut-être aussi craignait-elle qu'en entrant dans le monde, je ne divulgasse tout ce que j'avais enduré. Quoi qu'il en soit, quand j'eus atteint l'âge de seize ans, et qu'elle vit ma taille dépasser la sienne, elle mit un certain frein à ces fureurs. Mais elle se dédommagea bien de cette contrainte, comme on le verra par la suite.

Vers la fin de l'automne de 1782, mon oncle partit pour aller à Montpellier présider les États du Languedoc, comme il faisait chaque année, l'archevêché de Narbonne donnant cette prérogative qu'il a exercée pendant vingt-huit ans.

Nous restâmes à Hautefontaine où ma grand'mère s'ennuya beaucoup.

Lorsqu'elle se sentit seule à Hautefontaine, dans ce grand château naguère si animé et si brillant, lorsqu'elle vit les écuries vides, qu'elle n'entendit plus les aboiements des chiens, les trompes des chasseurs, lorsque les allées réservées à la promenade des chevaux de chasse, que l'on voyait des fenêtres du château, ne présentèrent plus qu'une solitude que rien ne venait diversifier, elle comprit la nécessité de changer de vie, et d'amener l'archevêque, préoccupé exclusivement jusque-là d'assurer ses plaisirs et de maintenir son rang dans la société, à devenir maintenant ambitieux et à songer aux affaires de sa province et à celles du clergé.

La place de président de cet ordre était à la nomination du Roi. Mon oncle eut la pensée de l'obtenir. Il promit sans doute plus de facilité pour le *don gratuit*, à chaque assemblée du clergé, que n'en avait montré la rigide vertu du cardinal de La Rochefoucauld, alors président, conseillé et mené par l'abbé de Pradt, son neveu.

Mon oncle venait d'obtenir l'abbaye commendataire de Cigny qui valait près de 100 000 francs de rente. Il prétexta de cette augmentation de revenu pour s'abandonner au goût de bâtir et de meubler, qui avait remplacé chez lui celui des chevaux et de la chasse, auquel il ne pouvait plus se livrer. Il dépensa de grosses sommes pour l'arrangement de sa nouvelle maison qui était en fort mauvais état.

Dans le même temps, ma grand'mère, dégoûtée de Hautefontaine où elle s'était ennuyée pendant deux mois, acheta, pour 52 000 francs, une maison à Montfermeil, près de Livry, à cinq lieues de Paris. Elle la payait un prix très modique pour le terrain qui était de 90 arpents. Cette maison, dans une situation charmante, était surnommée la *Folie-Joyeuse*. Elle avait été bâtie par un M. de Joyeuse, qui en avait commencé la construction par où l'on finit ordinairement. Après avoir tracé une belle cour et l'avoir fermée par une grille, il éleva à droite et à gauche deux ailes terminées par de jolis pavillons carrés. L'argent lui avait alors manqué pour bâtir le corps de logis, de sorte que ces deux pavillons ne communiquaient entre eux que par un corridor long de 100 pieds au moins. Les créanciers avaient saisi et vendu la maison. Le parc était ravissant, entouré de murs, chaque allée terminée par une grille, et toutes ces issues donnaient sur la forêt de Bondy, charmante dans cette partie.

On fit venir de Hautefontaine des chariots de meubles, et l'on s'établit tant bien que mal, au printemps de 1783, à la *Folie-Joyeuse*. On n'y fit aucune réparation la première année. Il existait alors un droit seigneurial de retrait, par lequel tout seigneur dans la terre duquel on vendait une maison pouvait, pendant l'année qui s'écoulait à dater du jour, même de l'heure de la signature du contrat de vente, se mettre au lieu et place de l'acquéreur, et le frustrer, par une simple notification, de son acquisition. Quoique ce procédé ne fût pas à craindre de M. de Montfermeil, qui venait d'hériter de son père, le président Hocquart, néanmoins, mon oncle et ma grand'mère crurent plus prudent de laisser écouler l'année, et l'on se borna à faire des plantations et à travailler au jardin.

J'étais très grande pour mon âge, d'une bonne santé, d'une extrême activité physique et morale. Je voulais tout voir et tout savoir ; apprendre tous les ouvrages des mains, depuis la broderie et la confection des fleurs jusqu'au blanchissage et aux détails de la cuisine. Je trouvais le temps de ne rien négliger, ne perdant jamais un instant, classant dans ma tête tout ce qu'on m'enseignait et ne l'oubliant jamais. Je profitais avec fruit du savoir spécial de toutes les personnes qui venaient à Montfermeil. C'est ainsi qu'avec la mémoire j'ai acquis une multitude de connaissances qui m'ont été singulièrement utiles dans le reste de ma vie.

CHAPITRE III

Vers le mois de novembre 1783, j'appris que ma grand'mère accompagnerait désormais mon oncle l'archevêque aux États de Languedoc. Cette résolution me causa une grande joie. Dans ce temps-là, la session annuelle des États était une époque très brillante. La paix venait de se conclure, et les Anglais, privés pendant trois ans de la possibilité de venir sur le continent, s'y précipitaient en foule, comme ils le firent plus tard en 1814. On allait alors beaucoup moins en Italie. Les belles routes du mont Cenis et du Simplon n'existaient pas. Il n'y avait pas de bateaux à vapeur. La communication par la corniche était à peu près impraticable. Le climat du midi de la France, celui du Languedoc surtout et particulièrement celui de Montpellier, était encore en vogue.

Je dirai ici, une fois pour toutes, comment se fit le voyage de Montpellier, puisque tous se ressemblèrent à peu près jusqu'en 1786, où j'y allai pour la dernière fois.

Nos préparatifs de voyage, les achats, les emballages étaient déjà pour moi une occupation et un plaisir dont j'ai eu le temps de me lasser dans la suite de ma vie agitée. Nous partions dans une grande berline à six chevaux : mon oncle et ma grand'mère assis dans le fond, moi sur le devant avec un ecclésiastique attaché à mon oncle ou un secrétaire, et deux domestiques sur le siège de devant. Ces derniers se trouvaient plus fatigués en arrivant que ceux qui allaient à cheval, car alors les sièges, au lieu d'être suspendus sur les ressorts, reposaient sur deux montants en bois s'appuyant sur le lisoir, et étaient par conséquent aussi durs qu'une charrette. Une seconde berline, également attelée de six chevaux, contenait la femme de chambre de ma grand'mère et la mienne, miss Beck, deux valets de chambre et, sur le siège, deux domestiques. Une chaise de poste emmenait le maître d'hôtel et le chef de cuisine.

Il y avait aussi trois courriers, dont un en avant d'une demi-heure et les deux autres avec les voitures. M. Combes, mon instituteur, partait quelques jours avant nous par la diligence, nommée alors la *Turgotine*, ou par la malle. Celle-ci ne prenait qu'un seul voyageur. C'était une sorte de charrette longue, sur brancards.

Nous courions à dix-huit chevaux, et l'ordre de l'administration des postes nous précédait de quelques jours pour que les chevaux fussent prêts. Nous faisions de longues journées. Partis à 4 heures du matin, nous nous arrêtions pour dîner. La chaise de poste et le premier courrier nous devançaient d'une heure. Cela permettait de trouver la table prête, le feu allumé, et quelques bons plats préparés ou améliorés par notre cuisinier. Il emportait de Paris, dans sa voiture, des bouteilles de coulis, de sauces toutes préparées, tout ce qu'il fallait pour obvier aux mauvais dîners d'auberge. La chaise de poste et le premier courrier repartaient dès que nous arrivions, et lorsque nous faisions halte pour la nuit, nous trouvions, comme le matin, tous les préparatifs terminés.

Je reprends la route du Languedoc. Dans ce temps-là celle qui suit le cours du Rhône jusqu'à

Pont-Saint-Esprit était tellement mauvaise, qu'on y courait le risque de verser à tout moment. Les postillons demandaient une récompense à chaque relais, prétendant qu'ils ne nous avaient pas menés par la route, mais par de petits chemins où les rouliers ne pouvaient passer. Nous couchions à Montélimar où il y avait une auberge fort bien tenue et en grande réputation parmi les Anglais se rendant dans le midi de la France. Tous s'y arrêtaient pour passer la nuit.

Dans les corridors et l'escalier de cette auberge, des médaillons où on voyait inscrits les noms des personnages de distinction qui y étaient passés, couvraient entièrement les murailles. La lecture de ces noms, surtout ceux des derniers arrivés, personnages que nous espérions retrouver à Montpellier, m'amusait beaucoup.

À la poste de La Palud, on entrait sur le territoire du Comtat Venaissin, qui appartenait au Pape. J'avais du plaisir à voir ce poteau sur lequel étaient peints la tiare et les clefs. Il me semblait entrer en Italie. On quittait la grande route de Marseille et l'on prenait un excellent chemin que le gouvernement papal avait permis aux États de Languedoc de construire, et qui menait plus directement à Pont-Saint-Esprit.

À La Palud mon oncle faisait sa toilette. Il mettait un habit de campagne de drap violet, lorsqu'il faisait froid une redingote ouatée doublée de soie de même couleur, des bas de soie violets, des souliers à boucle d'or, son cordon bleu et un chapeau de prêtre à trois cornes orné de glands d'or.

Dès que la voiture avait dépassé la dernière arche du pont Saint-Esprit, le canon de la petite citadelle conservée à la tête de ce pont tirait vingt et un coups. Les tambours battaient aux champs, la garnison sortait, les officiers en grande tenue et toutes les autorités civiles et religieuses se présentaient à la portière de la berline. S'il ne pleuvait pas, mon oncle descendait pendant qu'on attelait les huit chevaux destinés à sa voiture.

Il écoutait les harangues qu'on lui adressait, y répondait avec une affabilité et une grâce incomparables. Il avait la plus noble figure, une haute taille, une belle voix, un air à la fois gracieux et assuré. Il s'informait de ce qui pouvait intéresser les habitants, répondait en peu de mots aux pétitions qu'on lui présentait, et n'avait jamais rien oublié des demandes qu'on lui avait adressées l'année précédente. Cela durait à peu près un quart d'heure. Après quoi, nous partions comme le vent, car non seulement les guides des postillons étaient doublées, mais l'honneur de mener la voiture d'un si grand personnage était vivement apprécié.

Le président des États passait bien avant le roi dans l'esprit des Languedociens. Mon oncle était extrêmement populaire, quoiqu'il fût très hautain; mais sa hauteur ne se manifestait jamais qu'envers ceux qui étaient ou qui se croyaient ses supérieurs. C'est ainsi qu'à l'époque où il était archevêque de Toulouse et le cardinal de La Roche-Aymon archevêque de Narbonne, celui-ci renonça à aller présider les États, prétendant qu'il n'y avait pas moyen d'être le supérieur de M. Dillon, et qu'il fallait lui céder malgré soi.

Nous couchions à Nîmes, où mon oncle avait toujours affaire.

Mon oncle s'arrangeait pour n'arriver à Montpellier qu'après le coucher du soleil, afin d'éviter qu'on ne tirât le canon pour lui, et de ménager ainsi l'amour-propre de M. le comte de Périgord, commandant de la province et commissaire du roi pour l'ouverture des États, qui ne jouissait pas du même privilège. Cette faiblesse dans un si grand seigneur, à l'occasion d'une étiquette sans caractère personnel et

toute de cérémonie, est bien pitoyable. L'archevêque
de Narbonne, auquel ces prérogatives étaient attachées, se trouvait accidentellement être l'égal de
M. de Périgord en naissance, mais n'eût-il été qu'un
manant, le canon n'en aurait pas moins été tiré en
son honneur.

La question, devant les États, se réduisait en
somme à ceci : déterminer la contribution en argent
qu'on parviendrait à en obtenir, et la Cour avait
toujours en vue une augmentation du *don gratuit*,
que les États auraient eu le droit de refuser si on
avait enfreint leurs privilèges. Le commissaire du
roi traitait des intérêts de la province avec les syn-
dics des États, au nombre de deux, de mon temps
MM. Romme et de Puymaurin, l'un et l'autre de
grande capacité. Ils allaient chaque année à Paris à
tour de rôle, avec la députation des États, porter au
roi le *don gratuit* de la province.

Revenons à Montpellier. Après avoir parcouru
160 lieues de chemins détestables et défoncés, après
avoir traversé des torrents sans ponts où l'on courait risque de la vie, on entrait, une fois le Rhône
franchi, sur une route aussi belle que celle du jardin le mieux entretenu. On passait sur de superbes
ponts parfaitement construits ; on traversait des
villes où florissait l'industrie la plus active, des campagnes bien cultivées. Le contraste était frappant,
même pour des yeux de quinze ans.

La maison que nous habitions à Montpellier était
belle, vaste, mais fort triste, et située dans une rue
étroite et sombre. Mon oncle la louait toute meublée, et elle l'était fort convenablement, en damas
rouge.

Ma grand'mère et moi nous habitions le rez-de-
chaussée, où il ne faisait plus clair à 3 heures. Nous
ne voyions jamais mon oncle le matin. Nous déjeu-

nions à 9 heures, après quoi j'allais me promener avec ma femme de chambre anglaise.

Il fallait être habillée et même parée à 3 heures précises pour le dîner. Nous montions dans le salon, où nous trouvions cinquante convives tous les jours, excepté le vendredi.

Dans ce temps-là, toute personne ayant un domestique décemment vêtu se faisait servir à table par lui. On ne mettait ni carafes ni verres sur la table. Mais, dans les grands dîners, on posait sur un buffet des seaux en argent contenant des bouteilles de vin d'entremets, avec une verrière d'une douzaine de verres, et ceux qui désiraient un verre de vin d'une espèce ou d'une autre l'envoyaient chercher par leur domestique. Celui-ci se tenait toujours debout derrière la chaise de son maître, une assiette garnie d'un couvert à la main, prêt à changer ceux dont on se servait.

J'avais un domestique attaché à ma personne, qui était en même temps mon coiffeur. Il portait ma livrée, que nous étions obligés d'avoir en rouge, bien qu'elle fût gros bleu en Angleterre, parce que nos galons étaient absolument semblables à ceux de Bourbon. Si nos habits eussent été bleus, notre livrée aurait ressemblé à celle du roi, ce qui n'était pas permis.

Après le dîner, qui ne durait pas plus d'une heure, on rentrait dans le salon, que l'on trouvait rempli de membres des États venus *au café*. On ne s'asseyait pas, et au bout d'une demi-heure ma grand'mère et moi nous redescendions dans nos appartements. Souvent nous sortions alors pour faire des visites, en chaise à porteurs, seul moyen de transport utilisé dans les rues de Montpellier. Le beau quartier qu'on a bâti depuis n'existait pas à cette époque. La place du Peyrou était hors de la ville, et dans les grands fossés qui l'entouraient on cultivait des jardins où le froid ne se faisait jamais sentir.

À notre retour à Paris, au commencement de 1784, mon père était revenu d'Amérique. Il avait été gouverneur de Saint-Christophe jusqu'à la paix. Après avoir rendu cette île aux Anglais, il avait fait un séjour à la Martinique, où il s'était vivement attaché à Mme la comtesse de La Touche, veuve à trente ans d'un officier de marine qui lui avait laissé deux enfants, un fils et une fille. Elle était très agréable et fort riche. Sa mère, Mme de Girardin, avait pour sœur Mme de La Pagerie. Celle-ci venait de marier sa fille[10] au vicomte de Beauharnais, qui avait amené sa femme en France avec lui. Mme de La Touche vint également en France accompagnée de ses deux enfants[11]. Mon père l'y suivit et l'on commença dès lors à parler de leur mariage. Ma grand'mère en conçut une colère que rien ne put calmer. On pouvait considérer pourtant comme fort naturel que mon père eût le désir de se remarier dans l'espoir d'avoir un garçon. Il avait trente-trois ans et était propriétaire d'un des plus beaux régiments de l'armée. Amené en France par son grand-père, Arthur Dillon, ce régiment n'avait pas changé de nom comme les autres régiments de la brigade irlandaise. Il avait une belle capitulation qui lui donnait la faculté de sortir de France *tambours battants et enseignes déployées*, lorsque son propriétaire le jugerait bon. Mon père devait donc désirer un garçon. Sans doute il eût été préférable qu'il choisît sa nouvelle épouse dans une des familles catholiques titrées en Angleterre, mais il n'aimait pas les Anglaises et il aimait Mme de La Touche. D'un caractère bon et aimable, quoique très faible, elle avait la négligence et le laisser-aller propres aux créoles.

Le mariage eut lieu malgré ma grand'mère, qui fit des scènes terribles. Mon père désirait que je fusse présentée à ma belle-mère. L'unique visite que je fis à ma belle-mère eut lieu en 1786, quand mon père partit pour son gouvernement de l'île de Tabago, auquel il venait d'être appelé.

Il fut fort mécontent de n'avoir pas été nommé gouverneur de la Martinique ou de Saint-Domingue, quoiqu'il eût des droits acquis à l'un ou l'autre de ces postes. Il s'était comporté, pendant la guerre, avec la plus grande distinction. Son régiment avait emporté le premier succès de la campagne en enlevant d'assaut l'île de la Grenade, dont le gouverneur, lord Macartny, fut son prisonnier. Son intervention avait puissamment contribué à la prise des îles de Saint-Eustache et de Saint-Christophe. Gouverneur de cette dernière île pendant deux ans, les habitants lui prodiguèrent, quand elle fut rendue aux Anglais à la paix de 1783, des témoignages d'estime et de reconnaissance dont l'écho se propagea jusqu'en Angleterre, où mon père en reçut les preuves les plus flatteuses lors du voyage qu'il entreprit dans ce pays à son retour en Europe.

Mais notre oncle l'archevêque, dominé par ma grand'mère et poussé par elle, au lieu de prêter à son neveu l'appui de son crédit pour obtenir l'un de ces deux gouvernements de la Martinique ou de Saint-Domingue, ne le soutint pas, si même il ne l'a pas desservi. Mon père accepta donc ce gouvernement de Tabago, où il résida jusqu'à sa nomination de député de la Martinique aux États généraux. Il quitta la France accompagné de sa femme et de ma petite sœur Fanny[12], et emmena avec lui, comme greffier de l'île, mon instituteur, M. Combes, ce qui me fut un vif chagrin. Mlle de La Touche entra au couvent de l'Assomption avec une gouvernante, et son frère au collège avec un instituteur.

En 1785, notre séjour en Languedoc fut beaucoup plus long que de coutume. Après les États, nous allâmes passer près d'un mois à Alais, chez l'aimable évêque, depuis cardinal de Bausset, de cette ville. Ce voyage m'intéressa beaucoup.

C'est à mon séjour à Alais que j'attribue le commencement de mon goût pour les montagnes. Cette petite ville, située dans une charmante vallée, entourée d'une délicieuse prairie parsemée de châtaigniers séculaires, est au milieu des Cévennes.

Nous en partîmes, à mon grand regret, pour aller passer deux mois à Narbonne, où je n'avais jamais été.

Un grand nombre de personnes prirent part à ce voyage, que mon oncle voulut rendre splendide.

Nous partîmes de Narbonne pour Toulouse, en passant par Saint-Papoul, où nous restâmes quelques jours. Mon oncle alla visiter le beau collège de Sorèze, à la tête duquel était alors un bénédictin d'un grand mérite, dom Despaulx. Je ne l'accompagnai pas dans cette visite, et l'on ne nous mena, ma grand'mère et moi, qu'au bassin de Saint-Ferréol, la prise d'eau du canal du Languedoc.

C'est à Saint-Papoul que je fis connaissance des Vaudreuil, qui habitaient près de là. Ils avaient trois filles et un fils. Ce dernier, que j'ai retrouvé en Suisse cinquante ans plus tard, était alors âgé de dix-sept ou de dix-huit ans et se serait fort bien arrangé de l'élégante nièce du puissant archevêque métropolitain.

Je ne sais pourquoi Bordeaux m'intéressa plus que les autres villes que nous avions traversées. La belle salle de spectacle venait d'être inaugurée. J'y allai plusieurs fois avec ma grand'mère, dans la loge des Jurats. Ces magistrats tenaient dans cette ville la place qu'occupe maintenant le maire.

Quelques jours avant mon départ de Bordeaux, peut-être même la veille, mon domestique, en me coiffant, me demanda la permission d'aller, ce soir-là, dans un château situé non loin de la route, où il serait bien aise de revoir d'anciens camarades avec lesquels il avait servi dans cette maison. Il rejoindrait les voitures à la poste la plus rapprochée du château, au passage de la Dordogne, à Cubzac. Je lui demandai le nom du château. Il se nommait, me répondit-il, le *Bouilh*, et appartenait à M. le comte de La Tour du Pin[13], qui s'y trouvait en ce moment. Son fils était le jeune homme[14] que mon père voulait me faire épouser et que ma grand'mère avait refusé. Cette réponse me troubla bien plus que je n'aurais cru devoir l'être par l'évocation de quelqu'un qui jusque-là m'était indifférent et que je n'avais jamais vu. Je questionnai sur la position du château, et j'appris avec contrariété qu'on ne le découvrait pas de la route. Mais je m'assurai du lieu où l'on en approchait le plus et de l'aspect des environs.

Je fus très préoccupée en traversant la rivière à Cubzac, dont le passage, comme je le savais, appartenait à M. de La Tour du Pin. En mettant pied à terre sur le rivage, et jusqu'à Saint-André, je me répétais intérieurement que je pourrais être dame de tout ce beau pays. Je me gardai bien, toutefois, de communiquer ces réflexions à ma grand'mère, qui ne les aurait pas accueillies avec bienveillance. Cependant elles me restèrent dans l'esprit.

CHAPITRE IV

J'avais seize ans à notre retour à Paris, et ma grand'
mère m'apprit que l'on traitait de mon mariage avec
le marquis Adrien de Laval. Il venait de devenir
l'aîné de sa famille par la mort de son frère, qui laissait veuve, à vingt ans, Mlle de Voyer d'Argenson,
dont il n'avait pas eu d'enfants. La duchesse de Laval,
mère d'Adrien, avait été la grande amie de la mienne.
Elle désirait ce mariage, qui me convenait également.
Le nom de Laval-Montmorency résonnait agréablement à mon oreille aristocratique. Le jeune Laval
était sorti du séminaire pour entrer au service, à la
mort de son frère. Nos pères étaient intimement liés,
mais la meilleure raison qui me portait à goûter ce
mariage, c'est que j'aurais quitté la maison de ma
grand'mère. Je n'étais plus une enfant. Mon éducation avait commencé de si bonne heure que j'étais à
seize ans comme d'autres à vingt-cinq. Je menais
auprès de ma grand'mère une vie misérable.

J'étais reconnue comme l'héritière unique de ma
grand'mère, qui, aux yeux de tous, cherchait à se
donner l'apparence d'être dévouée à mes intérêts et
de s'en occuper exclusivement ; son caractère présentait les deux dispositions les plus diamétralement
opposées : la violence et la duplicité. Elle passait pour
riche et elle l'était en effet. La belle terre de Hautefontaine, supérieurement bien située à 22 lieues de

Paris, toute en domaines avec 50 000 francs de fermes, sans compter le bois, les étangs et les prés ; une jolie maison qu'elle venait d'acheter à 5 lieues de Paris et où mon oncle faisait d'immenses réparations ; des rentes sur l'Hôtel de Ville de Paris qu'elle devait me donner à mon mariage ; un mobilier immense ; tout cela m'était assuré, puisque ma grand'mère avait soixante ans quand j'en avais seize.

Tous ceux qui voulaient m'épouser étaient aveuglés par ces belles apparences. La place de dame du Palais de la Reine, je devais l'occuper, on le savait, en me mariant. Cela pesait alors d'un très grand poids dans la balance des unions du grand monde. *Être à la Cour* résonnait comme une parole magique. Les dames du Palais étaient au nombre de douze seulement. Ma mère l'avait été parce que la reine l'aimait personnellement tendrement, parce qu'elle était belle-fille d'un pair d'Angleterre et petite-fille d'un autre — lord Falkland, — enfin, parce que mon père, militaire distingué, comptait parmi le très petit nombre de ceux qui pouvaient devenir maréchaux de France.

Des trois régiments de la brigade irlandaise, Dillon et Berwick étaient les seuls qui eussent conservé leurs noms. Je me souviens que lorsque M. Walsh fut nommé colonel du régiment qui prit son nom, M. de Fitz-James et mon père en témoignèrent beaucoup de mécontentement, prétextant qu'il ne tenait à aucune grande famille irlandaise ou anglaise. La duchesse de Fitz-James — Mlle de Thiard — était dame du Palais comme ma mère, et de son âge. Mais le duc[15], son mari, petit-fils du maréchal de Berwick, et dont le père[16] avait été aussi maréchal de France, jouissait d'une réputation militaire médiocre, tandis que mon père s'était fort distingué pendant la guerre qui venait de finir. Aussi l'avait-on nommé brigadier à vingt-sept ans. Ce grade, depuis supprimé, représentait l'échelon intermédiaire entre le grade de colonel et celui de lieutenant général.

À propos de ces grades, je raconterai une anecdote qui montrera le ridicule des étiquettes de la Cour. Lors de la prise de l'île de Grenade, dont le fort fut emporté par la compagnie de grenadiers du régiment de Dillon, M. Sheldon, mon cousin, alors âgé de vingt-deux ans seulement, s'y distingua de telle façon que M. d'Estaing, commandant l'armée, le chargea de rapporter en France et de présenter au roi les premiers drapeaux pris à la guerre, mission qui représentait une très grande distinction. En débarquant à Brest, il prit une chaise de poste et arriva à Versailles, chez le ministre de la guerre, où se trouvait mon oncle à qui il avait envoyé un courrier. Il s'était arrêté à la dernière poste pour faire une belle toilette militaire et mettre son meilleur uniforme de capitaine. Mais en arrivant chez le ministre, désireux de le mener au même instant auprès du roi, quelle ne fut pas leur surprise d'apprendre *que M. Sheldon ne serait pas reçu en uniforme !* L'habit qui avait conquis les drapeaux n'était pas bon pour les présenter ! Le gentilhomme de la Chambre ne voulut pas en démordre, et M. Sheldon se trouva dans l'obligation d'emprunter à l'un un habit habillé, à un autre un chapeau sous le bras, une épée de cour à un troisième, et c'est seulement quand il eut pris un air bien bourgeois qu'on lui permit de mettre aux pieds du roi des drapeaux qu'il avait contribué à conquérir au péril de sa vie. Et l'on s'étonne que la Révolution ait renversé une Cour où se passaient de semblables puérilités ! On paraissait en uniforme à la Cour dans une seule circonstance : le jour où l'on prenait congé, avant le 1er juin, pour rejoindre son régiment.

Revenons à moi. J'étais donc ce qu'on pouvait appeler, de toutes manières, un bon parti, et puisque je suis sur le chapitre de mes avantages personnels, je pense que c'est ici la place de faire mon portrait. Il ne sera guère avantageux sur le papier, car je n'ai dû ma réputation de beauté qu'à ma tournure, à mon air, et pas du tout à mes traits.

Une forêt de cheveux blond cendré était ce que j'avais de plus beau. J'avais de petits yeux gris, très peu de cils, une petite vérole très grave, dont je fus atteinte à quatre ans, les ayant en partie détruits; des sourcils blonds clairsemés, un grand front, un nez que l'on disait être grec, mais qui était long et trop gros du bout. Ce qui ornait le mieux mon visage, c'était la bouche, avec des lèvres découpées à l'antique d'une grande fraîcheur, et de belles dents. Je les conserve encore intactes à soixante et onze ans. On disait que ma physionomie était agréable, que j'avais un sourire gracieux, et malgré cela, le tout ensemble pouvait être trouvé laid. Je dois croire que beaucoup de personnes avaient cette impression, puisque moi-même je considérais comme affreuses plusieurs femmes qui passaient pour me ressembler. Cependant, une grande et belle taille, un teint clair, transparent, d'un vif éclat, me donnaient une supériorité marquée dans une réunion, surtout au jour, et il est certain que j'effaçais les autres femmes douées en apparence d'avantages bien supérieurs.

Je n'ai jamais eu la moindre prétention de me trouver la plus belle, et j'ai toujours ignoré ce sentiment de basse jalousie dont j'ai vu tant de femmes tourmentées.

Mon mariage avec Adrien de Laval manqua, parce que le maréchal de Laval, son grand-père, fit choix pour son petit-fils de sa cousine, Mlle de Luxembourg. Il l'épousa alors qu'elle était presque une enfant et que lui-même avait dix-huit ans à peine. Je le regrettai à cause du nom.

Ma grand'mère me proposa le vicomte de Fleury, dont je ne voulus pas. Sa réputation était mauvaise ; il n'avait ni esprit ni distinction ; il était de la branche cadette d'une maison sans grand renom. Je le refusai.

Le prétendant qui suivit fut Espérance de l'Aigle, que j'avais beaucoup vu dans notre enfance à l'un et à l'autre. Je ne le trouvais pas d'un nom qui me semblât assez illustre. Ma décision fut peu raisonnable peut-être. C'était, en effet, un très bon sujet, qui avait un intérieur fort agréable ; il était lié avec les Rochechouart, que je devais retrouver en entrant dans le monde ; enfin nous appartenions l'un et l'autre à la même société. La terre de son père, Tracy, était à 6 ou 7 lieues de Hautefontaine. Ma grand'mère ne voulait plus aller à Hautefontaine et elle aurait consenti sans doute à me céder en partie cette propriété, à me donner au moins la faculté de l'habiter. Tout était donc avantage dans cette union, dont on ne me parlait qu'en bien, et cependant je la repoussai.

Les mariages sont écrits dans le ciel. J'avais en tête M. de La Tour du Pin [17]. On m'en disait du mal. Je ne l'avais jamais vu. Je savais qu'il était petit et laid, qu'il avait contracté des dettes, joué, etc., toutes choses qui m'auraient à l'instant éloignée de tout autre. Et pourtant ma résolution était prise : je disais à Sheldon que je n'épouserais que lui. Il me raisonnait sans fin sur ce qu'il appelait ma manie, mais ne me persuadait pas.

Au mois de novembre 1786, nous allions partir pour le Languedoc, lorsqu'un matin ma grand'mère me dit : « Ce M. de Gouvernet revient encore avec ses propositions de mariage. Mme de Monconseil [18], sa grand'mère, nous fait circonvenir de tous les côtés. Son père est commandant de province et sera maréchal de France. C'est un homme qui jouit de la plus grande considération dans le militaire. Son cousin, l'archevêque d'Auch[19] presse beaucoup votre oncle. Mme de Blot, sa cousine, nous en fait parler tous les jours par son neveu, l'abbé de Chauvigny» depuis évêque de Lombez. — «La reine elle-même le désire, car la princesse d'Hénin[20], fille de Mme de Monconseil, lui en a parlé. Pensez-y et décidez-vous.» À quoi je répondis sans hésiter: «*Je suis toute décidée. Je ne demande pas mieux.*»

Ma grand'mère fut stupéfaite. Elle espérait, je crois, que je le refuserais. Elle ne pouvait concevoir comment je le préférais à M. de l'Aigle. En vérité, je n'aurais su le dire moi-même. C'était un instinct, un entraînement venant d'en Haut. Dieu m'avait destinée à lui! Et depuis cette parole, échappée comme malgré moi de ma bouche, à seize ans, j'ai senti que je lui appartenais, que ma vie était son bien. Je bénis le ciel de ma décision, en écrivant ces lignes, à soixante et onze ans, après avoir été sa compagne pendant cinquante années.

L'abbé de Chauvigny servait d'intermédiaire entre Mme de Monconseil et mon oncle. Étant un soir dans le salon, il tournait entre ses doigts l'enveloppe d'une lettre dont je venais de lui voir remettre le contenu à mon oncle. Il regardait le cachet et en admirait la gravure. Je tendis machinalement la main pour le voir, mais il retint l'enveloppe dans la sienne en me regardant fixement, et me dit: «Non. Pas encore.» Je compris tout de suite que c'était une lettre de Mme de Monconseil, ou du moins de quelqu'un qui parlait de mon mariage. L'abbé s'amusa malignement de ma rougeur et de mon trouble, et nous ne nous parlâmes plus de la soirée.

Le lendemain matin, ma grand'mère m'annonça que mon oncle avait reçu une lettre charmante de

Mme de Monconseil; qu'elle désirait extrêmement mon mariage avec son petit-fils, pour qui elle avait la plus vive tendresse, qu'elle ferait tout pour le faire réussir; mais qu'elle ne jouissait pas d'un grand crédit sur son gendre, le comte de La Tour du Pin, avec qui elle avait eu des démêlés fort désagréables. Ce fut alors que j'appris que Mme de La Tour du Pin[21], fille de Mme de Monconseil, aînée de quinze ans de la princesse d'Hénin, sa sœur, avait eu la plus mauvaise conduite. Elle était enfermée dans un couvent d'où elle ne sortait presque jamais depuis vingt ans. Son mari lui payait une modique pension, mais ne la voyait pas. Ils n'étaient pas séparés juridiquement. On avait voulu éviter le scandale d'une enquête légale par égard pour sa sœur, qui venait d'épouser à quinze ans le prince d'Hénin, frère cadet du prince de Chimay, et en considération aussi de sa fille[22], sœur aînée de trois ans de M. de Gouvernet, placée en pension dans un couvent à Paris. Je parlerai plus loin de cette charmante personne.

Mme la marquise de Monconseil, fille du marquis de Curzay, avait alors quatre-vingt-cinq ans. On m'a souvent dit que, même à cet âge, elle était encore belle. M. de Monconseil l'épousa fort jeune. Il était militaire, comme presque tous les gentilshommes à cette époque. Il avait eu une jeunesse très dissipée, très vive, et avait été page de Louis XIV. Il racontait qu'éclairant un soir ce monarque, comme il sortait de chez Mme de Maintenon, il avait mis, avec les deux flambeaux qu'il tenait allumés dans une seule main, selon l'usage d'alors..., il avait mis, dis-je, le feu à la perruque du roi. En contant cette histoire à sa fille, soixante-dix ans après, il était repris d'une peur telle qu'il en tremblait.

M. de Monconseil[23], à l'âge de quarante ans, par une circonstance que je regrette vivement de ne pas savoir, quitta le service et se retira dans sa terre de Tesson, en Saintonge. Il s'y établit et n'en sortit plus jusqu'à l'âge de quatre-vingt-dix ans qu'il y mourut, après une vie édifiante et admirable, laissant des établissements de charité bien plus considérables qu'on n'aurait pu l'attendre de sa fortune, qui, quoique fort aisée, n'était pas immense. Il possédait une belle maison à Saintes, où il passait trois mois d'hiver. Le reste de l'année, il habitait Tesson, créé par lui et dont il avait planté le parc et les jardins. Il allait rarement à Paris voir sa femme qui y avait une bonne et agréable maison. Grâce à ses instances, son gendre, M. de La Tour du Pin, avait permis que Mme de La Tour du Pin sortît de son couvent de loin en loin pour s'installer pendant quelques mois à Tesson auprès de son père. Mais cela n'est arrivé que deux ou trois fois en quarante-cinq ans.

M. de Monconseil aima beaucoup son petit-fils, qui se rendait souvent à Tesson et en revenait toujours la bourse pleine. Ses visites à son grand-père lui valaient un bien plus précieux encore que l'argent qu'il lui donnait : c'étaient les bons principes de gentilhomme chevaleresque, les lois de l'honneur qu'il gravait dans son jeune cœur et qui ne se sont jamais effacés.

CHAPITRE V

On n'aura pas de peine à croire que j'avais un désir très vif de retourner à Paris, où mon sort devait se décider. Nous nous mîmes en route plus tôt même que je ne le pensais. Mon oncle m'avait promis de passer cette année par Marseille et Toulon en revenant à Paris.

Je me réjouissais donc de cette combinaison, lorsque arriva un courrier avec la nouvelle de la convocation de la première assemblée des notables. Mon oncle en faisait partie. Il fallut repartir le lendemain de la clôture des États pour retourner à Paris et renoncer à voir Marseille et Toulon.

Mon oncle, se sentant un peu souffrant, voulut coucher à Fontainebleau, pour ne pas arriver trop fatigué à Paris et pouvoir aller le lendemain matin à Versailles. Nous trouvions toujours la maison préparée comme si on ne l'avait pas quittée.

Le soir, il vint des visites. La première fut un vieux comte de Bentheim, gros Allemand, dont la femme, qu'on nommait *la Souveraine*, était amie de ma grand' mère. Après les lieux communs sur la mauvaise saison, la fatigue et les chemins, mon oncle dit au comte : « Eh bien ! monsieur le comte, quelles nouvelles à Paris ? — Oh ! répond le gros Allemand, il y en a une pour la société : Mme de Monconseil est morte. » L'effet que me fit ce peu de paroles ne saurait se peindre. Je pâlis, et mon oncle, craignant que mon émotion ne me trahît, dit que j'étais fatiguée et qu'il valait mieux que je me retirasse, ce que je fis à l'instant. Mais lorsque je pris la main de mon oncle pour la baiser, comme je faisais tous les soirs, il me dit en anglais que cela ne dérangerait rien à nos projets.

M. de Gouvernet, en l'absence de son père pour le moment éloigné de Paris, s'empressa de faire savoir à mon oncle que la perte de sa grand'mère n'influait en rien sur le désir qu'il avait de lui appartenir, et qu'il sollicitait la permission de le voir en particulier. Il vint en effet un soir, et mon oncle fut fort satisfait de ses manières. M. de Gouvernet insista pour être autorisé à aller informer de vive voix et personnellement son père que la demande de la main de Mlle Dillon, qu'il se proposait de faire, serait agréée par elle et par ma grand'mère et, sur la réponse affirmative de mon grand-oncle, il prit congé de lui. J'entre dans tous ces détails pour peindre les mœurs de la haute société dans ce temps-là, si éloigné de celui où j'écris. Mon oncle monta chez ma grand'mère, j'étais seule avec elle, et il m'embrassa en me disant: «Bonsoir, madame de Gouvernet.»

Quelques jours s'écoulèrent, et avant que la semaine fût passée, on vint un soir dire à mon oncle que M. de Gouvernet l'attendait dans son cabinet. «Mais cela n'est pas possible», s'écria-t-il. Rien n'était plus vrai néanmoins. Il avait été au Bouilh, avait parlé à son père, lui avait fait écrire la lettre de demande, avait pris ses instructions sur toutes choses, était remonté dans sa voiture et était revenu à Paris. Cet empressement me parut du meilleur goût. Il fut convenu qu'il viendrait le lendemain matin chez ma grand'mère, mais qu'il ne me verrait qu'après les articles signés, comme c'était l'usage alors, à moins d'une rencontre fortuite, chose peu probable, puisque je ne sortais jamais à pied, que je n'allais dans aucune promenade publique ni au spectacle.

Ce lendemain mémorable, je me mis derrière un rideau, et je vis descendre M. de Gouvernet d'un fort joli cabriolet attelé d'un beau cheval gris très fougueux. Si l'on veut bien se souvenir que je n'avais pas encore dix-sept ans, on concevra que cette arrivée me plut davantage que s'il fût venu dans un bon carrosse, escorté de son laquais qui lui eût présenté le bras pour en sortir. En deux sauts, il fut au haut de l'escalier. Il était en costume du matin fort soigné : un frac noir ou gris fer très foncé, nuance imposée par son grand deuil ; un col militaire et un chapeau de même, chapeau porté pour ainsi dire exclusivement par les colonels, parce qu'il était de très bon air d'afficher ce grade élevé avec un visage jeune. Je ne le trouvais pas laid, comme on me l'avait annoncé. Sa tournure assurée, son air décidé me plurent au premier coup d'œil. J'étais placée de manière à le voir lorsqu'il entra chez ma grand'mère. Elle lui tendit la main, qu'il baisa d'un air fort respectueux. Je ne pouvais entendre les paroles qu'ils échangeaient et je tâchais de me les imaginer. Il resta un quart d'heure, et on convint de signer les articles, aussitôt qu'ils auraient été rédigés par les notaires, afin de permettre à M. de Gouvernet de venir tous les jours chez mon oncle.

Cela ne fut terminé qu'au bout de huit jours. Mais auparavant, Mme d'Hénin fit une visite à ma grand'mère. Elle me demanda ; je m'y attendais. J'avais une telle peur de cette belle dame, si élégante et si imposante, qui allait m'examiner des pieds à la tête, que je pouvais à peine me tenir sur mes jambes en entrant dans la chambre, et qu'à la lettre je ne

voyais pas où j'allais. Elle se leva, me prit la main et
m'embrassa. Puis, avec cette hardiesse des dames
de son temps, elle m'éloigna d'elle à la longueur de
son bras, en s'écriant: «Ah! la belle taille! Elle est
charmante. Mon neveu est bien heureux!» J'étais au
supplice. Elle se rassit, et me fit beaucoup de questions auxquelles je suis sûre de n'avoir répondu que
des bêtises. En s'en allant, elle m'embrassa encore,
et me fit deux ou trois beaux compliments sur le
plaisir qu'elle aurait à me mener dans le monde.

Cette visite eut lieu, je crois, la veille du jour où
l'on signa les articles. Il n'était pas d'usage que la
demoiselle assistât à la lecture de cet acte prépara-
toire, que signaient seuls les parents et les notaires.
Mais, ceux-ci sortis, on me fit entrer. Ma grand'
mère vint à la porte me prendre par la main et je
traversai le salon plus morte que vive. Je sentais
tous les regards fixés sur moi, et surtout ceux de
M. de Gouvernet, que je prenais bien soin de ne
pas regarder. On me mit à côté de Mme d'Hénin et
de ma tante lady Jerningham[24], qui prenait pitié
de mon embarras.

Ma toilette était très simple. J'avais conjuré ma
grand'mère de la laisser à mon choix. On portait
alors des robes lacées par derrière qui marquaient
beaucoup la taille, et que l'on nommait des *four-
reaux*. J'en avais une de gaze blanche, sans aucun
ornement, et une ceinture gros bleu de beau ruban
avec des bouts effilés en soie brillante, qui venait
d'Angleterre. On trouva que j'étais mise à peindre.
On regarda mes cheveux, que j'avais très beaux. Un
tel examen était insoutenable en présence du *haut
et puissant seigneur futur époux*, comme on l'avait
nommé vingt fois de suite en lisant les articles.

À partir de ce moment, M. de Gouvernet venait
tous les jours dîner ou passer l'après-dîner, ou souper, soit à Paris, soit à Versailles, mon oncle, depuis

le commencement de l'assemblée des notables, étant établi dans cette ville.

Ma grand'mère et moi nous restâmes à Paris. Tous les jours de la semaine nous partions à une heure et demie pour Versailles. Nous y arrivions pour dîner à trois heures. Mon oncle n'était presque jamais sorti du bureau dont il faisait partie, celui, il me semble, présidé par Monsieur, frère du roi, depuis Louis XVIII. Il paraissait au moment de se mettre à table et amenait avec lui quelques personnes. M. de Gouvernet venait de Paris et dînait chaque jour avec nous. Il était en habit habillé avec l'épée au côté, car on n'avait pas encore adopté l'usage d'être en frac et en chapeau rond à dîner, surtout à Versailles. Jamais un homme comme il faut n'aurait voulu y être vu autrement qu'avec son épée et habillé, à moins qu'il ne fût sur le point de monter à cheval ou de partir pour Paris dans son cabriolet. Il prenait soin alors de descendre dans les cours par les petits escaliers, et de ne passer, ni dans les appartements, ni dans les galeries, ni dans les salles des gardes. On n'avait pas encore perdu le respect. Il eût été du plus mauvais goût de manquer, je ne dis pas à l'étiquette, mais à la moindre nuance de politesse que l'on observait strictement dans la société.

Je crois me rappeler que cette assemblée des notables prit fin vers le milieu d'avril. Elle me fatiguait de toutes manières ainsi que M. de Gouvernet, que sa galanterie ou un sentiment plus tendre amenaient tous les jours à Versailles. Nous avions trouvé le moyen de causer beaucoup ensemble et de nous convaincre de plus en plus que nous étions faits l'un pour l'autre.

Nous retournâmes, ou, pour mieux dire, mon oncle retourna à Paris, et le jour de la signature du contrat fut fixé aux premiers jours de mai. Cette cérémonie se fit avec toute la solennité d'usage. Les parents, les témoins, les notaires, les toilettes, tout était très convenable. Je ne saurais plus décrire ma toilette, mais je pense qu'elle devait être rose ou bleue, car on réservait la robe blanche pour le jour du mariage. Mmes de La Tour du Pin, d'Hénin, de Lameth, étaient en noir, à cause du deuil de leur mère et grand'mère.

J'avais fait connaissance, peu de jours auparavant, avec mon futur beau-père. C'était un petit homme tout droit, fort bien fait, et qui avait été beau dans sa jeunesse. Il avait conservé les plus admirables dents que l'on pût voir, de beaux yeux, un air assuré et un charmant sourire, expression vivante de sa belle âme et de son extrême bonté. Il ne m'en imposait pas, et je faisais mon possible pour lui plaire. Homme de mœurs simples, scrupuleusement occupé des devoirs que lui imposait sa place de commandant des provinces de Saintonge, Poitou et pays d'Aunis, il occupait tous les moments qu'il avait de libres à bâtir et à planter au Bouilh, son séjour de prédilection. Séparé de sa femme, il n'avait pas d'établissement à Paris, où il ne venait qu'en passant, pour faire sa cour au roi et conférer avec les ministres des affaires publiques. Il n'était pas ambitieux ; son fils trouvait même qu'il ne l'était pas assez et qu'il se tenait trop à l'écart pour son mérite. C'était un caractère antique, du temps de saint Louis. Il avait servi dans la guerre de sept ans comme colonel d'un régiment composé de l'élite de tous les autres, et qu'on nommait les *Grenadiers de France*. Il s'était fort distingué, et ses grades, jusqu'à celui qu'il occupait, lui avaient été donnés sans qu'il les eût sollicités. Son désintéressement déconcertait l'esprit d'intrigue de sa belle-mère, Mme de Monconseil. Celle-ci ne l'aimait pas. Elle l'avait trouvé plus sévère qu'elle ne l'aurait voulu envers sa femme, dont les désordres avaient été si publics que, tout en étant le plus doux des hommes, il s'était vu forcé d'user de rigueur. Très juste et très vertueux, il avait estimé avec raison devoir la retirer d'un monde où elle donnait de si scandaleux exemples. Mme de La Tour du Pin avait été autorisée par lui à paraître quelquefois chez son père, et, à l'occasion du mariage de son fils, M. de La Tour du Pin voulut bien aussi qu'elle fût présente. Elle éprouva un grand plaisir à se retrouver, parée, dans un beau salon. M. de Gouvernet et Mme de Lameth lui témoignaient beaucoup d'égards et de respects.

La reine, qui approuvait mon mariage, exprima le désir de me voir. Elle annonçait hautement la protection qu'elle voulait bien m'accorder, et pria mon oncle de m'amener chez elle avec Mme d'Hénin, qui m'en imposait déjà extrêmement. J'étais très timide, et lorsque cette disposition, qui rend si gauche, s'emparait de moi, elle me frappait comme d'immobilité : mes jambes ne me portaient plus, mes membres étaient en catalepsie. J'avais beau me raisonner, essayer de me vaincre, tout était inutile. Outre cette espèce de poltronnerie, probablement semblable à celle qui paralyse le soldat qui se déshonore dans une bataille, une autre particularité de mon caractère qui a duré toute ma vie, c'est l'horreur insurmontable que j'ai toujours éprouvée pour la fausseté et pour l'expression de sentiments que l'on ne ressent pas. J'avais l'intuition que la reine allait jouer une scène d'attendrissement, et je savais qu'elle n'avait regretté ma mère qu'un seul jour. Mon cœur tout entier se révoltait à la seule pensée de l'obligation où j'allais me trouver de jouer, dans mon intérêt, un rôle dans cette scène combinée. Tout en traversant les appartements pour me rendre dans cette chambre à coucher où je suis entrée si souvent depuis, Mme d'Hénin, fort maladroitement, me répétait d'être *bien aimable* avec la reine, de ne pas être froide, que la reine serait très émue, etc., recommandations qui ne faisaient qu'accroître mon embarras.

Je me trouvai en présence de la reine sans savoir comment j'étais entrée. Elle m'embrassa et je lui baisai la main. Elle me fit asseoir à côté d'elle et m'adressa mille questions sur mon éducation, sur mes talents, etc., mais, malgré l'effort prodigieux que je faisais, je restais sans voix pour répondre. Enfin, voyant de grosses larmes couler de mes yeux, mon embarras finit par l'apitoyer et elle causa avec mon oncle et Mme d'Hénin. Ma timidité laissa dans l'esprit de la reine une mauvaise impression qui ne s'est peut-être jamais effacée complètement. J'ai eu lieu de regretter vivement depuis que, m'ayant mal jugée sans doute alors, elle ne crut pas devoir mettre mon dévouement à l'épreuve, dans une circonstance où, ma jeunesse aidant, et j'ose dire grâce à mon courage, les destinées de la France auraient peut-être été changées.

Nous allâmes à Montfermeil vers le 8 ou le 10 du mois de mai 1787. Comme il était d'étiquette que le futur ne couchât pas sous le même toit que la demoiselle qu'il allait épouser, M. de Gouvernet venait tous les jours de Paris pour dîner, et il restait jusqu'après souper. La veille du 21 mai, il coucha au château de Montfermeil, que ses aimables maîtres avaient mis à la disposition de mes parents. Plusieurs hommes y trouvèrent asile, et les femmes furent établies dans les appartements de la charmante maison[25] de ma grand'mère. On m'installa moi-même dans un délicieux appartement, parfaitement meublé, tapissé d'un superbe tissu ou toile de coton de l'Inde, fond

chamois, parsemé d'arbres et de branchages chargés de fleurs, de fruits et d'oiseaux, le tout doublé
d'une belle étoffe de soie verte.

On y avait réuni, dans de vastes armoires, le beau
trousseau que m'avait offert ma grand'mère et dont
le prix s'élevait à 45 000 francs. Il n'était composé
que de linge, de dentelles et de robes de mousseline.
Il n'y avait pas une seule robe de soie. La corbeille
que m'avait donnée M. de Gouvernet comprenait
des bijoux, des rubans en pièces, des fleurs, des
plumes, des gants, des blondes, des étoffes — on ne
portait pas alors de *shawls*[26], — plusieurs chapeaux
et bonnets habillés, des mantelets en gaze noire ou
blanche ornés de blonde.

Mme d'Hénin m'avait fait cadeau d'une charmante
table à thé garnie d'un service : théière, sucrier, etc.,
en vermeil, avec toute la porcelaine venant de Sèvres.
C'est l'objet qui m'a causé le plus de plaisir. Il avait,
je crois, coûté 6 000 francs. M. l'abbé de Gouvernet,
oncle de M. de Gouvernet, m'offrit un beau nécessaire de voyage qui avait sa place dans ma voiture
de campagne ; mon grand-père[27], une belle paire de
boucles d'oreilles de 10 000 francs.

En arrivant dans ce joli appartement, je trouvai
une charmante table jardinière au milieu de ma
chambre, contenant les plantes les plus rares, et des
vases remplis de fleurs. Dans le petit cabinet à côté,
où je me tenais habituellement, on avait placé une
petite bibliothèque garnie de livres anglais, entre
autres la jolie collection in18 des poètes anglais en
70 volumes, et de livres italiens. De belles gravures
anglaises bien encadrées ornaient le reste du cabinet. Tout cela venait de M. de Gouvernet, et je lui en
témoignai une vive reconnaissance.

CHAPITRE VI

Je voudrais pouvoir peindre les mœurs du temps de ma jeunesse, dont beaucoup de détails s'effacent dans mon souvenir, et, à l'occasion de ce mariage dans la haute société, présenter ces personnages, hommes et femmes, graves et pourtant aimables, gracieux, conservant l'envie de plaire sous leurs cheveux blancs, chacun selon la place qu'il occupait dans le monde.

Le jour de mon mariage, on se réunit dans le salon à midi. La société se composait, de mon côté, de ma grand'mère[28], de mon grand-oncle[29], de ma tante lady Jerningham, de son mari[30], de sa fille[31] et de son fils aîné[32], maintenant lord Stafford; de MM. Sheldon, de leur frère aîné, M. Constable, mon premier témoin, et du chevalier Jerningham[33], ami de ma mère et le mien, mon second témoin. C'était toute ma famille. Les invités comprenaient tous les ministres, l'archevêque de Paris, celui de Toulouse, quelques évêques du Languedoc présents à Paris; M. de Lally-Tollendal[34], dont je parlerai plus loin et plusieurs autres personnes dont je ne me rappelle pas les noms.

La famille de M. de Gouvernet se composait de son père et de sa mère; de son oncle, l'abbé de Gouvernet[35], chanoine du chapitre noble de Mâcon; de sa sœur, la marquise de Lameth, de son mari[36] et

des frères [37] de celui-ci ; de Mme d'Hénin, sa tante ;
de M. le chevalier de Coigny et de M. le comte de
Valence, ses témoins ; de la comtesse de Blot et
de nombre d'autres personnages, en tout cinquante
ou soixante personnes.

On traversa la cour pour aller à la chapelle. Je
marchais la première, donnant la main à mon cousin, le jeune Jerningham. Ma grand'mère venait
ensuite avec M. de Gouvernet, et le reste suivit, je
ne sais comment. On trouva à l'autel mon oncle et
monseigneur l'archevêque de Paris, M. de Juigné.
Le curé de Montfermeil, M. de Riencourt, bon gentilhomme de Picardie, dit une messe basse, et mon
oncle, avec la permission de l'archevêque de Paris
qui l'assistait, nous donna la bénédiction nuptiale,
après avoir prononcé un très joli discours, débité de
cette belle voix vibrante qui allait au cœur. Le poêle
fut tenu par le jeune Alfred de Lameth [38], âgé de sept
ans, et par mon cousin Jerningham, qui en avait
seize, et à qui je donnai une belle épée en rentrant
au salon.

Toutes les femmes m'embrassèrent par ordre de
parenté et d'âge. Après quoi un valet de chambre
apporta une grande corbeille remplie de nœuds
d'épée, de dragonnes, d'éventails et de cordons de
chapeaux d'évêque, verts et or, destinés à être distribués aux assistants. Cet usage était fort dispendieux.
Les nœuds d'épée, faits des plus beaux rubans, coû-
taient 25 ou 30 francs pièce ; les dragonnes militaires
en or, ainsi que les cordons de chapeaux d'évêque
auxquels on joignait les glands de ceinture, 50 francs,
et les éventails des femmes, de différents prix, de 25
à 100 francs.

N'omettons pas la toilette de la mariée. Elle était
fort simple. J'avais une robe de crêpe blanc ornée
d'une belle garniture de point de Bruxelles et les
barbes pendantes — on portait alors un bonnet et

pas de voile —; un bouquet de fleurs d'oranger sur la tête et un autre au côté. Pour le dîner, je mis une belle toque, rehaussée de plumes blanches, et sur laquelle était attaché le bouquet de fleurs d'oranger.

On causa, on s'ennuya, jusqu'au dîner, qui eut lieu à 4 heures. On alla ensuite faire le tour des tables dressées dans la cour pour les gens et les paysans. Il y en avait une de cent couverts pour les gens de livrée, et la diversité de couleur des habits et des galons offrait un effet très pittoresque. Les paysans et les ouvriers, une table leur avait été aussi réservée, burent de bon cœur à ma santé. J'étais fort populaire parmi ces gens; tous me témoignaient beaucoup de confiance. Plusieurs m'avaient vue naître. Je m'étais dans maintes circonstances occupée de leurs intérêts, de leurs désirs, bien des fois j'avais excusé leurs fautes, ou adouci ma grand'mère dans ses mécontentements qui étaient fréquents et souvent injustes. Ils me souhaitèrent du bonheur dans l'union que je venais de contracter. Leurs vœux me touchèrent plus que les compliments du salon. Dans la soirée, un joli concert termina la journée.

Le lendemain, la plupart des convives de la veille nous quittèrent. J'avais pris un élégant petit deuil, ayant encore un mois à porter celui de Mme de Monconseil. Mme d'Hénin nous fit part du désir de la reine que ma présentation eût lieu le dimanche suivant. Je m'étais mariée un lundi, et ce fut le mardi que ma tante prévint ma grand'mère qui n'avait pas été consultée. Mme d'Hénin ajouta que je devais l'accompagner à Paris le jeudi matin pour prendre deux leçons de *révérences* de mon maître à danser, essayer mon habit de présentation et aller voir Mme la marquise de La Tour du Pin [39] qui, seule de son nom, ma belle-mère n'allant plus à la Cour, devait me présenter.

Je partis donc le lendemain pour Paris en compagnie de ma tante, Mme d'Hénin, et je passai les deux matinées suivantes avec M. Huart, mon maître à danser. On ne saurait rien imaginer de plus ridicule que cette répétition de la présentation. M. Huart, gros homme, coiffé admirablement et poudré à blanc, avec un jupon bouffant, représentait la reine et se tenait debout au fond du salon. Il me dictait ce que je devais faire, tantôt personnifiant la dame qui me présentait, tantôt retournant à la place de la reine pour figurer le moment où, ôtant mon gant et m'inclinant pour baiser le bas de sa robe, elle faisait le mouvement de m'en empêcher. Rien n'était oublié ou négligé dans cette répétition qui se renouvela pendant trois ou quatre heures de suite. J'avais un grand habit, le grand panier, le bas et le haut du corps vêtus d'une robe du matin, et les cheveux simplement relevés. C'était une véritable comédie.

Le dimanche matin, après la messe, ma présentation eut lieu. J'étais en *grand corps*, c'est-à-dire avec un corset fait exprès, sans épaulettes, lacé par derrière, mais assez étroit pour que la laçure, large de quatre doigts en bas, laissât voir une chemise de la plus fine batiste à travers laquelle on aurait aisément distingué une peau qui n'eût pas été blanche. Cette chemise avait des manches de trois doigts de haut seulement, pas d'épaulettes, de manière à laisser l'épaule nue. La naissance du bras était recouverte de trois ou quatre rangs de blonde ou de dentelle tombant jusqu'au coude. La gorge était entièrement découverte. Sept ou huit rangs de gros diamants que la reine avait voulu me prêter cachaient en partie la mienne. Le devant du corset était comme lacé par des rangs de diamants. J'en avais encore sur la tête une quantité, soit en épis, soit en aigrettes.

Grâce aux bonnes leçons de M. Huart, je me tirai fort bien de mes trois révérences. J'ôtai et je remis mon gant sans trop de gaucherie. J'allai ensuite recevoir l'accolade du roi et des princes, ses frères[40], de M. le duc de Penthièvre[41], de MM. les princes de Condé, de Bourbon[42] et d'Enghien[43]. Par un bonheur dont j'ai mille fois remercié le ciel, M. le duc d'Orléans n'était pas à Versailles le jour de ma présentation, et j'ai évité ainsi d'être embrassée par ce monstre. Souvent depuis cependant je l'ai vu, et même chez lui, aux soupers du Palais-Royal.

C'était une journée fort embarrassante et fatigante que celle de la présentation. On était sûre d'attirer les regards de toute la Cour, de passer à l'examen de toutes les malveillances. On devenait le sujet de toutes les conversations de la journée, et quand on retournait le soir au jeu, à 7 heures ou à 9 heures, mon souvenir est incertain quant à l'heure exacte, tous les yeux se fixaient sur vous.

Mon habit de présentation était très beau : tout blanc, à cause de mon petit deuil, garni seulement de quelques belles pierres de jaïet mêlées aux diamants que la reine m'avait prêtés ; la jupe entièrement brodée en perles et en argent.

Le dimanche suivant, je retournai à Versailles, encore en deuil, et dès lors j'y allai presque tous les huit jours avec ma tante. Bien que la reine eût décidé que j'exercerais au bout de deux ans seulement ma place de dame du palais, j'étais dès lors considérée comme telle. J'entrais donc désormais dans sa chambre avec le service, le dimanche.

Il est peut-être intéressant de décrire le cérémonial de la cour du dimanche où brillait alors la malheureuse reine, car les étiquettes étant changées, ces détails sont entrés dans le domaine de l'histoire. Les femmes se rendaient, quelques minutes avant midi, dans le salon qui précédait la chambre de la reine. On ne s'asseyait pas, à l'exception des dames âgées, fort respectées alors, et des jeunes femmes soupçonnées d'être grosses. Il y avait toujours au moins quarante personnes, et souvent beaucoup plus. Quelquefois nous étions très pressées les unes contre les autres, à cause de ces grands paniers qui tenaient beaucoup de place. Ordinairement, Mme la princesse de Lamballe, surintendante de la maison, arrivait et entrait immédiatement dans la chambre à coucher où la reine faisait sa toilette. Le plus souvent elle était arrivée avant que Sa Majesté la commençât. Mme la princesse de Chimay, belle-sœur de ma tante d'Hénin, et Mme la comtesse d'Ossun, l'une dame d'honneur et l'autre dame d'atours, étaient aussi entrées dans la chambre. Au bout de quelques minutes, un huissier s'avançait à la porte de la chambre et appelait à haute voix: «Le service!» Alors les dames du palais de semaine, au nombre de quatre, celles venues pour faire leur cour dans l'intervalle de leurs semaines, ce qui était de coutume constante, et les jeunes dames appelées à faire plus tard partie du service du palais, comme la comtesse de Maillé, née Fitz-James, la comtesse Mathieu de Montmorency et moi, entraient également. Aussitôt que la reine nous avait dit bonjour à toutes individuellement avec beaucoup de grâce et de bienveillance, on ouvrait la porte, et tout le monde était introduit. On se rangeait à droite et à gauche de l'appartement, de manière que la porte restât libre et qu'il n'y eût personne dans le milieu de la chambre. Bien des fois, quand il y avait beaucoup de dames, on était sur deux ou trois rangs. Mais les premières arrivées se retiraient adroitement vers la porte du salon de jeu, par où la reine devait passer pour aller à la messe. Dans ce salon étaient admis souvent quelques hommes privilégiés, déjà reçus en audience particulière auparavant ou qui présentaient des étrangers.

Ce fut ainsi qu'un jour la reine, s'étant retournée à l'improviste pour dire un mot à quelqu'un, me vit, dans le coin de la porte, donnant un *shake hands*[44] au duc de Dorset, ambassadeur d'Angleterre. Elle ne connaissait pas ce signe de bienveillance anglais, qui la fit beaucoup rire; et comme les plaisanteries ne meurent pas à la cour, elle n'a jamais cessé de répéter au duc, quand nous étions là tous les deux, ce qui arrivait très souvent: «Avez-vous bien *shake hands* avec Mme de Gouvernet?»

Cette malheureuse princesse conservait encore alors quelques petites jalousies de femme. Elle avait un très beau teint et beaucoup d'éclat, et se montrait un peu jalouse de celles des jeunes femmes qui apportaient au grand jour de midi un teint de dix-sept ans, plus éclatant que le sien. Le mien était du nombre. Un jour, en passant dans la porte, la duchesse de Duras, qui me protégeait beaucoup, me dit à l'oreille: «Ne vous mettez pas en face des fenêtres». Je compris la recommandation, et me le tins pour dit à l'avenir. Ce qui n'empêchait pas la reine de m'adresser quelquefois des mots presque piquants sur mon goût pour les couleurs brillantes, et pour les coquelicots et les scabieuses brunes que je portais souvent. Cependant elle se montrait généralement très aimable à mon égard, et me faisait de ces compliments à brûle-pourpoint que les princes ont l'habitude de lancer aux jeunes personnes d'un bout de la chambre à l'autre, de manière à les faire rougir jusqu'au blanc des yeux.

Continuons notre détail sur l'audience du dimanche matin. Elle se prolongeait jusqu'à midi quarante minutes. La porte s'ouvrait alors et l'huissier annonçait: «Le roi!» La reine, toujours vêtue d'un habit de cour, s'avançait vers lui avec un air charmant, bienveillant et respectueux. Le roi faisait des signes de tête à droite et à gauche, parlait à quelques femmes qu'il connaissait, mais jamais aux jeunes. Il avait la vue si basse qu'il ne reconnaissait personne à trois pas. C'était un gros homme, de cinq pieds six à sept pouces de taille, avec les épaules hautes, ayant la plus mauvaise tournure qu'on pût voir, l'air d'un paysan marchant en se dandinant à la suite de sa charrue, rien de hautain ni de royal dans le maintien. Toujours embarrassé de son épée, ne sachant que faire de son chapeau, il était très magnifique dans ses habits, dont à vrai dire il ne s'occupait guère, car il prenait celui qu'on lui donnait sans seulement le regarder. Le sien était toujours en étoffe de saison, très brodé, orné de l'étoile du Saint-Esprit en diamants. Il ne portait pas le cordon par-dessus l'habit, excepté le jour de sa fête, les jours de gala et de grande cérémonie.

À une heure moins un quart, on se mettait en mouvement pour aller à la messe. Le premier gentilhomme de la chambre d'année, le capitaine des gardes de quartier et plusieurs autres officiers des gardes ou grandes charges prenaient les devants, le capitaine des gardes le plus près du roi. Puis venaient le roi et la reine marchant l'un à côté de l'autre, et assez lentement pour dire un mot en passant aux nombreux courtisans qui faisaient la haie tout le long de la galerie. Souvent la reine parlait à des étrangères qui lui avaient été présentées en particulier, à des artistes, à des gens de lettres. Un signe de tête ou un sourire gracieux était compté et ménagé avec discernement. Derrière, venaient les dames selon leur rang. Les jeunes cherchaient à se placer aux ailes du bataillon, car on était quatre ou cinq de front, et celles d'entre elles qu'on disait être *à la mode* et dont j'avais l'honneur de faire partie, prenaient grand soin de marcher assez près de la haie pour recueillir les jolies choses qui leur étaient adressées bien bas au passage.

C'était un grand art que de savoir marcher dans ce vaste appartement sans accrocher la longue queue de la robe de la dame qui vous précédait. Il ne fallait pas lever les pieds une seule fois, mais les glisser sur le parquet, toujours très luisant, jusqu'à ce qu'on eût traversé le salon d'Hercule. Après quoi on jetait son bas de robe sur un côté de son panier, et, après avoir été vue de son laquais qui attendait avec un grand sac de velours rouge à crépines d'or, on se précipitait dans les travées de droite et de gauche de la chapelle, de manière à tâcher d'être le plus près possible de la tribune où étaient le roi, la reine, et les princesses qui les avaient rejoints, soit à la chapelle, soit dans le salon de jeu. Mme Élisabeth[45] était toujours là, et quelquefois Madame[46]. Votre laquais déposait le sac devant vous ; on prenait son livre dans lequel on ne lisait guère, car avant qu'on ne se fût placé, qu'on eût rangé la queue de sa robe et qu'on eût fouillé dans cet immense sac, la messe était déjà à l'Évangile.

Celle-ci finie, la reine faisait une profonde révérence au roi et l'on se remettait en marche dans l'ordre même où l'on était venu. Seulement le roi ou la reine s'arrêtaient alors plus longtemps à parler à quelques personnes. On retournait dans la chambre de la reine, et les habituées restaient dans le salon de jeu, en attendant qu'on passât au dîner, ce qui arrivait quand le roi et la reine s'étaient entretenus pendant un quart d'heure avec les dames venues de Paris. Nous autres, jeunes impertinentes, nous nommions ces dernières *les traîneuses*, parce qu'elles avaient les jupes de leurs grands habits plus longues et qu'on ne leur voyait pas la cheville du pied.

On servait le dîner dans le premier salon, où se trouvait une petite table rectangulaire avec deux couverts, et deux grands fauteuils verts placés l'un à côté de l'autre, se touchant, et dont les dos étaient assez hauts pour cacher entièrement les personnes qui les occupaient. La nappe tombait à terre autour de la table. La reine se mettait à la gauche du roi. Ils tournaient le dos à la cheminée, et en avant à dix pieds étaient placés, disposés en cercle, une rangée de tabourets sur lesquels s'asseyaient les duchesses, princesses ou grandes charges ayant le privilège du *tabouret*. Derrière elles se tenaient les autres femmes, le visage tourné vers le roi et la reine. Le roi mangeait de bon appétit, mais la reine n'ôtait pas ses gants et ne déployait pas sa serviette, en quoi elle avait grand tort. Lorsque le roi avait bu, on s'en allait après avoir fait la révérence. Aucune obligation ne retenait plus les dames venues pour faire leur cour.

Beaucoup de personnes qui, sans être *présentées*, étaient pourtant connues du roi et de la reine, et pour lesquelles Leurs Majestés étaient fort affables, restaient jusqu'à la fin du dîner. Il en était de même ordinairement pour les hommes de la maison du roi.

Alors commençait une véritable course pour aller faire sa cour aux princes et aux princesses de la famille royale, qui dînaient beaucoup plus tard. C'était à qui arriverait le plus vite. On allait chez Monsieur[47] — depuis Louis XVIII —, chez M. le comte d'Artois, chez Mme Élisabeth, chez Mesdames[48], tantes du roi, et même chez le petit dauphin[49], quand il eut son gouverneur, le duc d'Harcourt. Ces visites duraient chacune trois ou quatre minutes seulement, car les salons des princes étaient si petits qu'ils se trouvaient dans la nécessité de congédier les premières venues pour faire place aux autres.

L'audience de M. le comte d'Artois était celle qui plaisait le plus aux jeunes femmes. Il était jeune lui-même, et avait cette charmante tournure qu'il a conservée toute sa vie. On tenait beaucoup à lui plaire, car c'était un brevet de célébrité. Il était sur

un ton de familiarité avec ma tante, et l'appelait
chère princesse quand elle entrait.

On regagnait ses appartements assez fatiguée, et
comme on devait aller le soir au jeu, à 7 heures, on se
tenait tranquille dans sa chambre pour ne pas déranger sa coiffure, surtout quand on avait été coiffée
par Léonard, le plus fameux des coiffeurs. Le dîner
chez soi avait lieu à 3 heures. C'était à cette époque
l'heure élégante. On causait après dîner jusqu'à
6 heures, et quelques hommes intimes venaient vous
raconter les nouvelles, les caquets ou les intrigues
appris par eux dans la matinée. Puis on remettait le
grand habit, et on retournait dans le même salon du
palais où on s'était tenu le matin. Mais on y trouvait
alors également des hommes.

Il fallait être arrivé avant que 7 heures n'eussent
sonné, car la reine entrait avant que le timbre de la
pendule ne frappât. Elle trouvait près de sa porte un
des deux curés de Versailles qui lui remettait une
bourse, et elle faisait la quête à chacun, hommes et
femmes, en disant : *Pour les pauvres, s'il vous plaît.*
Les femmes avaient chacune leur écu de six francs
dans la main et les hommes leur louis. La reine per-
cevait ce petit impôt charitable, suivie du curé, qui
rapportait souvent jusqu'à cent louis à ses pauvres,
et jamais moins de cinquante.

J'ai entendu souvent des jeunes gens, parmi les
plus dépensiers, se plaindre indécemment d'être
forcés à cette charité, tandis qu'ils ne regardaient
pas à risquer au jeu une somme cent fois plus forte
ou à dépenser le matin inutilement bien davantage.

Mais il était de bon ton de se plaindre de tout. On
était ennuyé, fatigué d'aller faire sa cour. Les officiers des gardes du corps de quartier, qui logeaient
tous au château, se lamentaient de l'obligation
d'être toute la journée en uniforme. Les dames du
palais de semaine ne pouvaient se passer de venir

souper à Paris deux ou trois fois dans les huit jours de leur service à Versailles. Il était du meilleur air de se plaindre des devoirs qu'on avait à remplir envers la Cour, tout en profitant et en abusant même souvent des avantages que procuraient les places. Tous les liens se relâchaient, et c'étaient, hélas! les hautes classes qui donnaient l'exemple. Les évêques ne résidaient pas dans leurs diocèses et prenaient tous les prétextes pour venir à Paris. Les colonels, qui n'étaient astreints qu'à quatre mois de présence à leur régiment, n'y seraient pas restés cinq minutes de plus. Sans qu'on s'en fût rendu compte, un esprit de révolte régnait dans toutes les classes.

M. le maréchal de Ségur, ministre de la guerre, qui avait assisté à mon mariage, accorda un mois de congé à mon mari. Aussi, au lieu de partir pour Saint-Omer, où son régiment[50] tenait garnison, il resta avec moi à Montfermeil. Il m'emmena souvent suivre les chasses à cheval.

M. de La Tour du Pin vint passer huit jours à Montfermeil vers le milieu d'août, M. le maréchal de Ségur ayant consenti à cette escapade, à la condition qu'il ne se montrerait pas à Paris. Les colonels en garnison dans les Flandres étaient alors menacés de passer plusieurs mois de l'automne et de l'hiver à leurs régiments, à cause des troubles de la Hollande, dans lesquels il semblait que nous devions intervenir, ce qui eût été bien heureux. Mais l'indécision du roi et la faiblesse du gouvernement ne permirent pas de prendre un parti, qui aurait pu peut-être, en donnant un dérivatif à l'opinion, détourner le cours des idées révolutionnaires en germe dans les têtes françaises.

CHAPITRE VII

Ma belle-sœur, Mme de Lameth, pour qui j'avais conçu la plus tendre amitié, avait été retenue à Paris par la maladie de son fils cadet qui avait été à la mort, jusqu'au mois d'octobre 1787. Comme les colonels de la division de M. Esterhazy avaient ordre de rester à leurs régiments et que, par conséquent, M. de La Tour du Pin, subissant le même sort, ne pouvait revenir, ma belle-sœur me proposa, le 1er octobre, de l'accompagner à la campagne. Son frère pourrait alors nous y rejoindre, puisque son régiment était en garnison à Saint-Omer, à une petite journée d'Hénencourt, situé entre Amiens et Arras.

J'ai conservé le plus doux souvenir de ce voyage. Accoutumée à la contrainte dans laquelle le terrible caractère de ma grand'mère tenait tous les habitants de Montfermeil, il me sembla que mon existence s'était transformée lorsque je me vis entre mon mari et son aimable sœur. Ils étaient l'un et l'autre extrêmement gais et spirituels. Nous allâmes à Lille voir le marquis de Lameth, mon beau-frère, qui y était avec son régiment de la Couronne. Jamais je ne me suis autant amusée que pendant ce petit voyage.

Nous revînmes à Hénencourt où nous trouvâmes le bon curé, âgé de quatre-vingt-dix ans, qui demeu-

rait au château. Il avait dit sa première messe
devant Mme de Maintenon et se rappelait parfaitement tous les détails de Saint-Cyr. J'avais moi-
même visité cet admirable établissement, dans mon
enfance, avec Mme Élisabeth, qui avait la bonté de
me prendre avec elle à la promenade ou à la chasse,
lorsque j'étais avec ma mère à Versailles.

La permission de revenir à Paris ayant été donnée
aux colonels, nous reprîmes, mon mari et moi, la
route de Montfermeil, ma belle-sœur devant rester à
la campagne jusqu'au commencement de l'hiver. Il
était alors d'usage élégant que les colonels voyageas-
sent en redingote uniforme avec leurs deux épaulettes, et les femmes en très élégant habit de cheval, la
jupe moins longue, cependant, que celle avec laquelle
on montait à cheval. Il fallait que cet habillement, y
compris le chapeau, arrivât de Londres, car la fureur
des modes anglaises était alors poussée à l'excès.

Bientôt après, je me trouvai grosse, ce qui nous
empêcha d'accompagner mon oncle et ma grand'
mère à Montpellier, comme nous nous l'étions promis, puis de revenir de là par Bordeaux et le Bouilh
pour y voir mon beau-père. Il fut arrangé que pendant l'absence de mes parents, nous irions demeurer
chez notre tante, Mme d'Hénin. Comme elle me
menait dans le monde, cela était plus agréable et
plus commode. Il n'était pas d'usage alors qu'une
jeune femme parût seule dans le monde, la première
année de son mariage. Lorsqu'on sortait le matin
pour aller chez ses jeunes amies ou chez des marchands, on prenait une femme de chambre avec soi
dans sa voiture. Certaines vieilles dames poussaient
même le rigorisme jusqu'à blâmer qu'on allât, avec
son mari, se promener aux Champs-Élysées ou aux
Tuileries, et voulaient, dans ce cas, qu'on fût suivie
d'un laquais en livrée. Mon mari trouvait la coutume

insupportable, et nous ne nous sommes jamais soumis à cette étiquette.

Une fois établis chez ma tante, nous allâmes presque chaque jour au spectacle. Il finissait alors d'assez bonne heure pour qu'on pût ensuite souper dehors. Ma tante et moi avions la permission d'occuper les loges de la reine. C'était une faveur qu'elle n'accordait qu'à six ou huit femmes des plus jeunes de son palais. Elle en avait à l'Opéra, à la Comédie-Française et au théâtre alors nommé la Comédie-Italienne, où l'on jouait l'opéra-comique en français. Nous n'avions qu'à lire le *Journal de Paris* pour décider de notre choix entre les différents théâtres.

Ces loges, toutes trois aux premières d'avant-scène, étaient meublées comme des salons très élégants. Un grand cabinet, bien chauffé et éclairé, les précédait. On y trouvait une toilette toute montée, garnie des objets nécessaires pour refaire sa coiffure si elle était dérangée, une table à écrire, etc. Un escalier communiquait avec une antichambre où restaient les gens. À l'entrée se tenait un portier à la livrée du roi. On n'attendait pas un moment sa voiture. Le plus souvent on arrivait à la Comédie-Italienne pour la première pièce, qui était toujours la meilleure, et à l'Opéra pour le ballet.

Puisque me voici établie chez ma tante, c'est le moment de parler de sa société, la plus élégante et considérée de Paris, et par laquelle je fus adoptée dès mon premier hiver dans le monde. Elle se composait de quatre femmes très distinguées, liées ensemble dès leur jeunesse par une amitié qui, à leurs yeux, représentait comme une sorte de religion, peut-être, hélas ! la seule qu'elles eussent. Elles se soutenaient, se défendaient les unes les autres, adoptaient leurs liaisons mutuelles, les opinions, les goûts, les idées de chacune ; protégeaient, envers et contre tous, les

jeunes femmes qui se liaient à quelqu'une d'entre
elles. Considérables par leurs existences et leur rang
dans le monde, Mme d'Hénin, la princesse de Poix,
née Beauvau, la duchesse de Biron, qui venait de
perdre sa grand'mère, la maréchale de Luxembourg
et la princesse de Bouillon, née princesse de Hesse-
Rothenbourg, étaient ce qu'on nommait alors des
esprits forts, des philosophes. Voltaire, Rousseau,
d'Alembert, Condorcet, Suard, etc., ne faisaient pas
partie de cette société, mais leurs principes et leurs
idées y étaient acceptés avec empressement, et plusieurs hommes, amis de ces dames, fréquentaient ce
cénacle de gens de lettres, à cette époque complètement séparé de la haute classe des gens de la cour.

Le ministère de M. Necker fut ce qui contribua le
plus à mêler les classes diverses qui s'étaient tenues
éloignées l'une de l'autre jusqu'alors. Mme Necker,
Genevoise pédante et prétentieuse, amena au contrôle
général, quand elle s'y établit avec son mari, tous les
admirateurs de son esprit et... de son cuisinier.
Mme de Staël, sa fille, appelée par son rang d'ambassadrice à vivre dans la société de la Cour, attira
de son côté chez M. Necker toutes les personnes
ayant des prétentions à l'esprit. Ma tante et ses amies
furent du nombre. M. le maréchal de Beauvau, père
de Mme de Poix, était ami de M. Necker. Sa femme
était une des *grands juges* de la société de Paris. Il
fallait en être reçue et approuvée pour acquérir
quelque distinction. Elle attirait chez elle, tout en les
protégeant avec assez de hauteur, toute la tourbe des
anciens partisans de M. Turgot, qu'on nommait *la
secte des Économistes*.

Mais revenons à ma tante. Mme d'Hénin avait
trente-huit ans lorsque je me mariai. Elle avait épousé,
à quinze ans, le prince d'Hénin, frère cadet du prince
de Chimay, qui n'en avait que dix-sept. On les admira
comme le plus beau couple qui eût jamais paru à la

cour. Mme d'Hénin eut la petite vérole la seconde
année de son mariage, et cette maladie, dont on ne
connaissait pas bien alors le traitement, laissa sur
son visage une humeur qui ne se guérit jamais.

Cependant elle était encore très belle lorsque je
la connus, avait de beaux cheveux, des yeux charmants, des dents comme des perles, une taille
superbe, l'air supérieurement noble. Son contrat
de mariage avait établi le régime de la séparation de
biens, et jusqu'à la mort de sa mère elle vécut avec
elle. M. d'Hénin, tout en ayant un appartement dans
la maison de Mme de Monconseil, et quoiqu'il ne
fût pas séparé juridiquement de sa femme, vivait
néanmoins de son côté, comme cela se voyait trop
souvent à la honte des bonnes mœurs, avec une
actrice de la Comédie-Française, Mlle Raucourt,
qui le ruinait. La cour justifiait par son indifférence
ces sortes de liaisons. On en riait, comme d'une
chose toute simple. La première fois que j'allai à
Longchamp avec ma tante, nous croisâmes plusieurs
fois, dans la file des voitures, celle de cette actrice,
absolument semblable à la voiture dans laquelle
nous étions nous-mêmes. Chevaux, harnais, habillement des gens, tout était si parfaitement pareil, qu'il
semblait que nous nous vissions passer dans un
miroir.

Les femmes de la haute société se distinguaient par
l'audace avec laquelle elles affichaient leurs amours.
Ces intrigues étaient connues presque aussitôt que
formées, et quand elles étaient durables, elles acqué-
raient une sorte de considération. Dans la société
des *princesses combinées*, comme on les appelait, il y
avait pourtant des exceptions à ces coutumes blâ-
mables. Mme de Poix, contrefaite, boiteuse, impo-
tente une grande partie de l'année, n'avait jamais été
accusée d'aucune intrigue. Elle avait encore, lorsque
je la connus, un charmant visage, quoique âgée de

quarante ans. C'était la plus aimable personne du monde.

Mme de Lauzun, nommée ensuite la duchesse de Biron quand mourut le maréchal de ce nom, était un ange de douceur et de bonté. Après la mort de la maréchale de Luxembourg, sa grand'mère, avec qui elle demeurait, et qui tenait la plus grande maison de Paris, elle avait acheté un hôtel rue de Bourbon, donnant sur la rivière, et l'avait arrangé avec une simple élégance, proportionnée à sa belle fortune aussi bien qu'à la modestie de son caractère. Elle y habitait seule, car son mari, à l'exemple de M. d'Hénin, vivait avec une actrice de la Comédie-Française. Depuis la mort de ma mère, dont l'amitié et l'heureuse influence le retenaient dans la bonne compagnie, il s'était mêlé aux habitués du duc d'Orléans — Égalité — qui corrompait tout ce qui l'approchait.

La duchesse de Lauzun avait une bibliothèque très curieuse et beaucoup de manuscrits de Rousseau, entre autres celui de *la Nouvelle Héloïse*, tout entier écrit de sa main, ainsi qu'une quantité de lettres et de billets de lui à Mme de Luxembourg. Je me rappelle particulièrement la lettre qu'il lui écrivit pour expliquer l'envoi de ses enfants aux *Enfants trouvés* et pour justifier une si inconcevable résolution. Les sophismes qu'il produit à l'appui de cette action barbare sont mêlés aux phrases les plus sensibles et les plus compatissantes sur le malheur que Mme de Luxembourg venait d'éprouver en perdant... son chien. Je crois que tous ces manuscrits précieux, ainsi que toutes les éditions rares de cette collection, ont été portés à la Bibliothèque du roi, après la mort funeste de Mme de Biron.

Mme la princesse de Bouillon avait été mariée très jeune au dernier duc de Bouillon, qui était imbécile et cul-de-jatte. Elle vivait avec lui à l'hôtel de Bouillon, sur le quai Malaquais. On ne le voyait jamais, comme

de raison, et il restait toujours dans son appartement, en compagnie des personnes qui le soignaient.
Cependant on l'apportait tous les jours pour dîner
avec sa femme, et j'ai vu quelquefois leurs deux couverts mis en face l'un de l'autre. Grâce au ciel, je
n'ai jamais eu le malheur de rencontrer ce paquet
humain informe porté sur les bras de ses gens. L'été,
il s'installait chez lui, à Navarre, dans ce beau lieu
qui a appartenu depuis à l'impératrice Joséphine.
Mais Mme de Bouillon, je crois, y allait peu ou point.

C'était une personne de prodigieusement d'esprit
et d'agrément, et, à mon gré, ce que j'ai connu de
plus distingué. À aucun moment elle n'avait été jolie.
Elle était d'une excessive maigreur, presque un
squelette, avait le visage allemand, plat, avec un nez
retroussé, de vilaines dents, des cheveux jaunes.
Grande et dégingandée, elle se blottissait dans le
coin d'un canapé, retroussait ses jambes sous elle,
croisait ses longs bras décharnés sous son mantelet,
et de cet assemblage d'ossements sans chair il sortait
tant d'esprit, des idées si originales, une conversation si amusante, que l'on était entraîné et enchanté.
Sa bonté pour moi était fort grande, ce dont je me
sentais très fière. Elle permettait à mes dix-huit ans
d'aller écouter ses quarante ans, comme si nous
eussions été du même âge. Le grand intérêt que je
prenais à sa conversation lui plaisait. Elle disait à
ma tante : « La petite Gouvernet est venue s'amuser
de moi ce matin. » Je n'ignorais pas qu'à 2 heures
moins un quart il fallait se sauver, de peur de rencontrer son cul-de-jatte, chose qui l'aurait désespérée, car depuis vingt ans et plus qu'elle avait ce
spectacle sous les yeux, elle n'y était pas encore
accoutumée.

Pourtant cette laide et spirituelle princesse avait
eu un ou plusieurs amants. Elle élevait même une
petite fille qui lui ressemblait à frapper, ainsi qu'au

prince Emmanuel de Salm-Salm. Celui-ci passait pour l'amant qu'elle avait adopté pour la vie, mais certes il était alors seulement son ami. Homme de grande taille, aussi maigre que sa maîtresse, il m'a toujours paru insipide. On le disait instruit. Je veux le croire, mais il enfouissait ses trésors, et l'on ne se rappelait jamais rien de sa conversation.

Le chevalier de Coigny, frère du duc[51] premier écuyer du roi, était reconnu, jusqu'à mon mariage, pour être l'amant de ma tante, ou du moins il en avait la réputation. À supposer même qu'il l'eût jamais été, il y avait assurément bien longtemps que le titre seul lui en restait, car un autre attachement le liait à Mme de Monsauge, veuve d'un fermier général, et mère de la charmante comtesse Étienne de Durfort. Il l'a épousée depuis.

J'aimais beaucoup ce gros chevalier, de nature gaie et aimable. Comme il avait cinquante ans, je causais avec lui le plus que je pouvais. Il me disait mille anecdotes que je retenais et qui amuseraient peut-être si je les racontais. Destinée à vivre dans le plus grand monde et à la cour, j'écoutais ses récits avec intérêt, car la connaissance des temps passés m'était très utile.

Les gens de l'âge du chevalier de Coigny, du comte de Thiard, du duc de Guines, figuraient au nombre de mes amis, sensibles qu'ils étaient au plaisir que je témoignais à causer avec eux. La société de ma tante avait décidé que je devais être une femme *à la mode*. De mon côté, j'avais résolu, chose très facile, puisque j'aimais passionnément mon mari, de ne jamais écouter, d'un jeune homme, une conversation qui ne me conviendrait pas. Je les traitais sans austérité, sans pruderie, mais avec cette sorte de familiarité qui déconcerte la coquetterie. Archambault de Périgord disait : «Mme de Gouvernet est insupportable; elle se comporte avec tous les jeunes gens comme s'ils étaient ses frères. »

Les femmes ne devenaient pas mes ennemies. Ne portant envie à personne, je faisais valoir leurs avantages, leur esprit, leurs toilettes, jusqu'à impatienter ma tante qui, malgré la supériorité de son esprit, avait eu beaucoup de petites jalousies dans sa jeunesse, et les recommençait maintenant pour moi.

Je savais aussi combien il était important de se concilier les vieilles femmes, alors toutes-puissantes. Ma grand'mère s'en était fait des ennemies avant de quitter le monde, ou, pour mieux dire, après que le monde l'eut abandonnée. C'était pour moi un désavantage que d'avoir été élevée par elle. Il me fallait remonter le torrent auprès de beaucoup de personnes qui avaient aimé ma mère, et aux yeux desquelles la protection de ma grand'mère constituait un grief, presque un tort.

J'avais renoué mon amitié d'enfance avec mes amies de Rochechouart. Leur société était toute différente de celle de ma tante, mais elle ne désapprouvait pas que je la cultivasse. Je voyais aussi les personnes amies de ma belle-sœur, qui, tout en fréquentant comme moi l'entourage de ma tante, avait quelques relations distinctes des siennes.

Une maison où nous allions toutes, et où on me recevait avec la plus affectueuse familiarité, était celle de Mme de Montesson. Elle aimait M. de La Tour du Pin comme un fils. Installé chez elle depuis la mort de Mme de Monconseil, il y était resté jusqu'à son mariage. Elle m'avait accueillie avec une bonté extrême, et je m'étais liée d'amitié avec sa nièce[52], fille de Mme de Genlis, Mme de Valence, plus âgée que moi de trois ans, et considérée alors comme le modèle des jeunes femmes. Elle était prête d'accoucher de son second enfant, ayant perdu le premier.

Les méchants prétendaient que Mme de Montesson, entraînée par une passion très vive pour M. de Valence, l'avait décidé à épouser sa nièce, afin d'avoir un prétexte de se dévouer entièrement à lui. Je ne sais pas ce qu'il en faut croire. Elle aurait pu être sa mère, mais on ne peut nier que son empire sur Mme de Montesson était tel qu'il fut la cause de sa ruine, par les mauvais arrangements qu'il lui conseilla dans l'administration de la belle fortune qu'elle tenait de M. le duc d'Orléans[53].

Il est de notoriété qu'elle était la femme très légitime de ce prince, et qu'elle avait été mariée par l'archevêque de Toulouse, Loménie, en présence du curé de Saint-Eustache, et dans son église, à Paris. Le roi ne voulut pas reconnaître le mariage et Mme de Montesson cessa d'aller à la cour. M. le duc d'Orléans quitta son habitation du Palais-Royal pour s'établir dans une maison, rue de Provence, communiquant avec celle que venait d'acheter Mme de Montesson, dans la Chaussée-d'Antin. On abattit toutes les séparations intérieures, et les deux jardins furent réunis en un seul. M. le duc d'Orléans conserva toutefois son entrée sur la rue de Provence, avec un suisse à sa livrée, et Mme de Montesson la sienne avec son suisse particulier en livrée grise; mais les cours restèrent communes.

Lorsque j'entrai dans le monde, Mme de Montesson venait de quitter son deuil de veuve, pendant lequel elle s'était retirée au couvent de l'Assomption, la cour ne lui ayant pas permis de porter publiquement et de mettre ses gens en noir. Sa maison avait bonne réputation. Elle voyait la meilleure compagnie de Paris et la plus distinguée, depuis les plus vieilles femmes jusqu'aux plus jeunes. Elle ne donnait plus alors ni fêtes ni spectacles, comme du vivant du duc d'Orléans, ce que je regrettais beaucoup. Elle m'adopta tout de suite comme si j'eusse été sa fille, et grâce à son grand usage du monde, sa conversation et ses conseils me furent fort utiles.

J'avais donc pris mon essor pendant ce séjour que je fis chez Mme d'Hénin. Mes parents ayant prolongé leur séjour en Languedoc, lorsqu'ils revinrent, vers le mois de février 1788, je me trouvai à mon tour dans l'impossibilité de quitter ma tante pour aller les rejoindre.

Une fausse couche m'alita. Elle fut provoquée par trop de sang, je crois ; peut-être n'était-elle que la conséquence d'une imprudence que je commis à Versailles.

Ma grand'mère me fit visite en arrivant à Paris. J'étais encore retenue dans mon lit par une extrême faiblesse ; mais elle feignit de croire que c'était un jeu joué pour rester chez ma tante. Bientôt, par nos conversations, elle apprit mes succès dans le monde, le bon accueil que je recevais d'un grand nombre de personnes qu'elle détestait, la prévenance et l'amabilité que me témoignaient les amis de ma mère. Elle en conçut un dépit mortel, et dès ce moment, je l'imagine, elle résolut de saisir le premier motif qui se présenterait pour nous obliger à quitter la maison de mon oncle. Je retournai néanmoins à l'hôtel Dillon. On m'y avait arrangé un charmant appartement dans les mansardes, auquel on accédait, malheureusement, par un petit escalier vilain et tortueux, qui passait près du cabinet de toilette de ma grand'mère.

Le souvenir de la suite des circonstances qui amenèrent la rupture avec mes parents ne m'est pas resté. La haine indomptable de ma grand'mère pour M. de La Tour du Pin, une jalousie effrénée motivée par le goût que mon oncle lui témoignait, la crainte que ce dernier ne se laissât aller à parler de ses affaires à mon mari, et par conséquent à divulguer celles de ma grand'mère et tous les engagements

qu'elle avait pris pour lui, furent pour la plus grande
partie la cause de cette catastrophe dans notre intérieur. Après plusieurs mois de conflits répétés, ma
grand'mère, poussée et excitée par de mauvais
conseillers, nous signifia de sortir de chez elle.

Malgré mes larmes, malgré l'intervention de mon
oncle l'archevêque, dont nous avions su gagner l'affection, mais qui craignait trop ma grand'mère pour
oser lui résister, nous dûmes quitter l'hôtel Dillon
pour n'y plus rentrer, vers le mois de juin 1788.

CHAPITRE VIII

Ma tante, Mme d'Hénin, nous recueillit, en 1788, dans sa maison de la rue de Verneuil. Elle me logea au rez-de-chaussée, qui donnait sur un petit jardin excessivement triste. Nous ne voulions pas lui être à charge. Une cuisinière à notre service nourrissait nos gens et préparait nos repas quand ma tante dînait dehors ou était de semaine.

Nous allâmes passer l'été de 1788 à Passy, dans une maison que Mme d'Hénin louait de concert avec Mmes de Poix, de Bouillon et de Biron. Ma tante et moi y étions à demeure. Ces dames y venaient tour à tour. Je commençais une grossesse et je me ménageais beaucoup, dans la crainte d'un nouvel accident. Cependant je continuai à me rendre à Versailles jusqu'au jour où je fus grosse de trois mois. Après cette époque il n'était pas d'usage d'aller à la cour.

La reine avait la bonté de me dispenser de l'accompagner à la messe, craignant que je ne glissasse sur le parquet en marchant un peu vite. Je restais dans sa chambre pendant qu'on était à la chapelle, et je connus ainsi tous les détails du service des femmes de garde-robe. Il consistait à faire le lit, à emporter les vestiges de toilette, à essuyer les tables et les meubles. Ce qui paraîtrait bien singulier dans les mœurs actuelles, les femmes de garde-robe ouvraient d'abord les immenses rideaux doubles qui entouraient le lit, puis ôtaient les draps et les oreillers que l'on jetait dans d'immenses corbeilles doublées de taffetas vert. Alors quatre valets en livrée venaient retourner les matelas, que des femmes n'auraient pas eu la force de remuer. Après quoi, ils se retiraient, et quatre femmes venaient mettre des draps blancs et arranger les couvertures. Le tout était fait en cinq minutes, et quoique la messe ne durât pas, aller et retour compris, plus de vingt-cinq à trente minutes, je restais encore seule un assez long moment, installée dans un fauteuil près de la fenêtre. Quand il y avait beaucoup de monde, la reine, toujours prévenante, me disait en passant d'aller m'asseoir dans le salon de jeu, pour m'épargner la fatigue de rester trop longtemps sur mes jambes.

M. de La Tour du Pin venait d'être nommé colonel du régiment de Royal-Vaisseaux. Ce corps était très indiscipliné, non pas par la conduite des soldats et des sous-officiers, qui était excellente, mais par l'attitude des officiers, gâtés par leur précédent colonel, M. d'Ossun, mari de la dame d'atours de la reine. Lorsque mon mari, d'une grande sévérité sur la discipline, arriva à son régiment, il trouva que ces messieurs, quoiqu'ils se vantassent d'avoir vingt-deux chevaliers de Malte parmi eux, ne faisaient pas leur service. Ayant constaté qu'aux exercices journaliers le régiment était commandé par les sous-officiers et par le lieutenant-colonel, M. de Kergaradec, M. de La Tour du Pin déclara, qu'allant lui-même chaque jour à l'exercice, au soleil levant, il entendait que tous les officiers y fussent aussi présents. Cet ordre déchaîna des fureurs inouïes. Un camp devait être formé cette année à Saint-Omer sous le commandement de M. le prince de Condé. On désigna le régiment de Royal-Vaisseaux comme régiment de modèle, afin de mettre à exécution de nouvelles ordonnances de tactique qui venaient de paraître. Cette distinction, loin de flatter les officiers, comme cela aurait dû être, les mécontenta, parce qu'elle les obligeait à renoncer aux habitudes de paresse et de négligence qu'on leur avait laissé prendre. Ils ne craignirent pas la honte de se coaliser pour résister à toutes les objurgations de leur chef. Punitions, arrêts, prison, rien ne put les déterminer à remplir leurs devoirs. La résolution fut même prise par les officiers de ne voir leur colonel que lorsqu'ils ne pourraient s'en dispenser officiellement. Toutes les invitations à dîner qu'il leur envoya furent déclinées. C'était presque une révolte ouverte. L'été se passa ainsi. Le camp se forma, et le régiment s'y rendit. La première manœuvre, qu'il devait exécuter comme modèle, alla mal. M. de La Tour du Pin était furieux. Il rendit compte à M. le prince de Condé du mauvais esprit du régiment, ou plutôt du corps d'officiers. Le prince déclara que si, à la première manœuvre, les officiers ne faisaient pas mieux, il les enverrait tous aux arrêts, pour tout le temps de la durée du camp, et que les sous-officiers commanderaient les compagnies. Cette menace fit effet. De plus, à la sortie du camp, l'inspecteur, le duc de Guines, laissa savoir qu'il n'y aurait pour les officiers de Royal-Vaisseaux aucune récompense, ni croix de Saint-Louis, ni semestre, et que le colonel resterait l'hiver à la garnison. Ces messieurs se soumirent alors, firent des excuses à M. de La Tour du Pin, et depuis ce temps se conduisirent bien. Malheureusement ils avaient donné un mauvais exemple, qui ne fut que trop suivi un an après.

Pendant que ces choses se passaient à Saint-Omer, je vivais très agréablement à Passy avec ma tante et une ou deux de ses amies. J'allais souvent à Paris, et aussi passer quelque temps à Berny, chez Mme de

Montesson, toujours pleine de bontés pour moi. J'y rencontrais très fréquemment le vieux prince Henri de Prusse, frère du grand Frédéric. C'était un homme de beaucoup de capacité militaire et littéraire, grand admirateur de tous les philosophes que son frère avait attirés à sa cour, et particulièrement de Voltaire. Il connaissait notre littérature mieux qu'aucun Français. Il savait par cœur toutes nos pièces de théâtre, et en répétait les tirades avec le plus effroyable accent allemand qu'on pût entendre, et une fausseté d'intonation si ridicule que nous avions bien de la peine à nous empêcher de rire.

Au mois de décembre, j'eus une couche affreuse, dont je fus sur le point de mourir. Après vingt-quatre heures de grandes douleurs, je mis au monde un enfant, mort étranglé en naissant. Je ne le sus pas sur le moment, car j'avais perdu connaissance, et deux heures après, la fièvre puerpérale, qui régnait alors à Paris sur les femmes accouchées, me mettait à l'agonie.

Aucun soin ne me manqua. Auprès de moi se relayaient, pour me tenir compagnie, soit mes amies, soit les amies de ma tante, et, vers la fin de l'hiver, je reprenais ma vie dans le monde et retournai faire de la musique à l'hôtel de Rochechouart.

Il me semble que ce fut vers le printemps de cette année que le duc de Dorset, ambassadeur d'Angleterre, fit place à lord Gower et à sa charmante femme, lady Sutherland. Avant de quitter Paris, il donna un beau bal. Le souper, organisé par petites tables, eut lieu dans une galerie tout entière garnie de feuillages. Au bas des billets d'invitation, il avait mis fort cavalièrement ces mots : *Les dames seront en blanc.* Cette sorte d'ordre me déplut. Je protestai en me commandant une charmante robe de crêpe bleu, ornée de fleurs de la même couleur. Mes gants étaient garnis de rubans bleus, mon éventail de nuance semblable. Dans ma coiffure, arrangée par Léonard, se trouvaient des plumes bleues. Cette petite folie eut son succès. On ne manqua pas de me répéter à satiété : *Oiseau bleu, couleur du temps.* Le duc de Dorset lui-même s'amusa de la plaisanterie en disant que les Irlandais avaient mauvaise tête.

Vers le commencement du printemps de 1789, succédant au terrible hiver qui avait été si dur aux pauvres, le duc d'Orléans — Égalité — était très populaire à Paris. Il avait vendu, l'année précédente, une grande partie des tableaux de la belle galerie du palais, et on rapportait généralement que 8 millions provenant de cette vente avaient été consacrés à soulager les misères du peuple pendant l'hiver rigoureux qui venait de s'écouler. Par contre, on ne disait rien, à tort ou à raison, des charités des princes de la famille royale, de celles du roi et de la reine. Cette malheureuse princesse était tout entière livrée à la famille Polignac. Elle ne venait plus au spectacle à Paris. Le peuple ne voyait jamais ni elle, ni ses enfants. Le roi, de son côté, ne se laissait jamais apercevoir. Enfermé à Versailles ou chassant dans les bois environnants, il ne soupçonnait rien, ne prévoyait rien, ne croyait à rien.

La reine détestait le duc d'Orléans, qui avait mal parlé d'elle. Il souhaitait le mariage de son fils, le duc de Chartres, avec Madame Royale. Mais le comte d'Artois, depuis Charles X, prétendait aussi à la main de cette princesse pour son fils, le duc d'Angoulême, parti que préférait la reine. La demande du duc d'Orléans fut donc écartée, et il en conçut un dépit mortel. Ses séjours à Versailles étaient peu fréquents, et je ne me rappelle pas l'avoir jamais rencontré chez la reine à l'heure où les princes y venaient, c'est-à-dire un moment avant la messe.

Comme, d'un autre côté, on ne le trouvait jamais dans son appartement à Versailles, je ne lui avais pas été présentée officiellement. Aussi était-ce sa plaisanterie habituelle avec Mme d'Hénin, quand il me rencontrait avec elle chez Mme de Montesson, de lui demander mon nom. Cela ne m'empêchait pas d'assister aux soupers du Palais-Royal qui furent assez brillants cet hiver.

CHAPITRE IX

Au printemps de 1789, après un hiver qui avait été si cruel pour les pauvres et avant l'ouverture des États généraux, jamais on ne s'était montré aussi disposé à s'amuser, sans s'embarrasser autrement de la misère publique. Des courses eurent lieu à Vincennes, où les chevaux du duc d'Orléans coururent contre ceux du comte d'Artois. C'est en revenant de la dernière de ces courses avec Mme de Valence et dans sa voiture que, passant rue Saint-Antoine, nous tombâmes au milieu du premier rassemblement populaire de cette époque: celui où fut détruit l'établissement de papiers de tenture du respectable manufacturier Réveillon. J'eus longtemps après seulement l'explication de cette émeute, qui avait été payée.

Comme nous traversions le groupe de quatre cents ou cinq cents personnes qui encombraient la rue, la vue de la livrée d'Orléans portée par les gens de Mme de Valence, M. de Valence occupant l'emploi du premier écuyer de M. le duc d'Orléans, excita l'enthousiasme de cette canaille. Ils nous arrêtèrent un moment en criant: «Vive notre père! vive notre roi d'Orléans!» Je fis peu d'attention alors à ces exclamations. Elles me revinrent à l'esprit quelques mois plus tard, lorsque j'eus acquis la certitude des projets de ce misérable duc d'Orléans. Le mouvement populaire qui ruina Réveillon avait été combiné, je n'en doute pas, pour se défaire de ce brave homme, qui employait trois à quatre cents ouvriers et jouissait d'un grand crédit dans le faubourg Saint-Antoine.

Voici son histoire, comme il la racontait lui-même. Étant très jeune, il travaillait, je ne sais plus à quel métier, dans ce faubourg où il avait toujours habité. Un jour, en se rendant à sa journée, il rencontra un pauvre père de famille, ouvrier comme lui, que l'on conduisait en prison pour mois de nourrice. Il se désespérait de laisser sa femme et ses enfants dans une affreuse misère, que sa détention allait aggraver. Réveillon, animé par le sentiment que la Providence lui avait procuré cette rencontre à dessein, court chez un brocanteur, vend ses outils, ses habits, tout ce qu'il possède, paye la dette et rend ce père à sa famille. «Depuis ce moment, disait-il, tout m'a réussi. J'ai fait fortune, je dirige quatre cents ouvriers et je puis faire la charité à mon aise.» C'était un homme simple, juste, adoré de ses ouvriers. Depuis le soir de ce jour funeste, où l'on brûla et détruisit toutes ses planches, ses machines et ses magasins, je ne sais ce qu'il est devenu.

Les élections terminées, chacun prit ses dispositions pour s'établir à Versailles. Tous les membres des États généraux cherchèrent des appartements dans la ville. Ceux d'entre eux qui étaient attachés à la cour transportèrent leurs maisons et leurs ménages dans les locaux qui leur étaient réservés au château. Ma tante y avait alors le sien, où je logeais avec elle. Il était situé très haut au-dessus de la galerie des Princes[54]. La chambre que j'occupais avait jour sur les toits, mais celle de ma tante donnait sur la terrasse et avait une très belle vue. Nous ne couchions dans ce logement que le samedi soir. M. de

Poix, comme gouverneur de Versailles, disposait, à
la Ménagerie[55], d'une charmante petite maison attenant à un joli jardin. Il la prêta à ma tante, qui s'y
installa avec tous ses gens, son cuisinier, ses chevaux et les miens, c'est-à-dire mes chevaux de selle,
et mon palefrenier anglais. Cette habitation était très
agréable. Tout ce que l'on connaissait s'établissait
à Versailles, et l'on attendait avec gaieté et sans
inquiétude, du moins apparente, l'ouverture de cette
assemblée qui devait régénérer la France.

Je n'ai pas conservé le souvenir du motif pour
lequel je n'accompagnai pas la reine avec toute sa
maison à la procession qui eut lieu après la messe du
Saint-Esprit. J'allai voir passer cette procession, qui
traversa, comme c'était l'usage, la place d'Armes,
pour se rendre d'une des paroisses de Versailles à
l'autre[56]. Nous occupions, avec Mme de Poix, l'une
des fenêtres de la grande écurie. La reine avait l'air
triste et irrité. Était-ce un pressentiment?

M. de La Tour du Pin était si contrarié de n'avoir
pas été élu député aux États généraux qu'il ne voulut
même pas assister à la séance d'ouverture. Le spectacle était magnifique, et a été si souvent décrit dans
les mémoires du temps que je n'en ferai pas le récit
Le roi portait le costume des cordons bleus, tous les
princes de même, avec cette différence que le sien
était plus richement orné et très chargé de diamants.
Ce bon prince n'avait aucune dignité dans la tournure. Il se tenait mal, se dandinait; ses mouvements
étaient brusques et disgracieux, et sa vue, extrêmement basse, alors qu'il n'était pas d'usage de porter
des lunettes, le faisait grimacer. Son discours, fort
court, fut débité d'un ton assez résolu. La reine se
faisait remarquer par sa grande dignité, mais on
pouvait voir, au mouvement presque convulsif de
son éventail, qu'elle était fort émue. Elle jetait souvent les yeux sur le côté de la salle où le tiers état

était assis, et avait l'air de chercher à démêler une figure parmi ce nombre d'hommes où elle avait déjà tant d'ennemis. Quelques minutes avant l'entrée du roi, il s'était passé une circonstance que j'ai vue de mes propres yeux avec tous ceux qui étaient présents, mais que je ne me rappelle pas avoir lue dans aucune des relations de cette mémorable séance.

Tout le monde sait que le marquis de Mirabeau, n'ayant pu se faire élire par l'assemblée de la noblesse de Provence, à cause de l'épouvantable réputation qu'il s'était justement acquise, avait été élu par le tiers état. Il entra seul dans la salle et alla se placer vers le milieu des rangs de banquettes dépourvues de dossiers et disposées les unes derrière les autres. Un murmure fort bas — *un susurro* — mais général se fit entendre. Les députés déjà assis devant lui s'avancèrent d'un rang, ceux de derrière se reculèrent, ceux de côté s'écartèrent, et il resta seul au centre d'un vide très remarqué. Un sourire de mépris passa sur son visage et il s'assit. Cette situation se prolongea pendant quelques minutes, puis, la foule des membres de l'assemblée augmentant, ce vide se combla peu à peu par le rapprochement forcé de ceux qui s'étaient d'abord écartés. La reine avait été probablement instruite de cet incident, qui a peut-être eu plus d'influence sur sa destinée qu'elle ne le soupçonnait alors, et c'est ce qui motivait les regards curieux qu'elle dirigeait du côté des députés du tiers état.

Le discours de M. Necker, ministre des Finances, me parut accablant d'ennui. Il dura plus de deux heures. Mes dix-neuf ans le trouvèrent éternel. Les femmes étaient assises sur des gradins assez larges. On n'avait aucun moyen de s'appuyer, si ce n'était sur les genoux de la personne placée au-dessus et derrière soi. La première travée avait été naturellement réservée aux femmes attachées à la cour et qui n'étaient pas de service. Cela les obligeait à conserver un maintien irréprochable et qui était très fatigant. Je crois n'avoir jamais éprouvé autant de lassitude que pendant ce discours de M. Necker, que ses partisans portèrent aux nues.

Toutes les phases du commencement de l'Assemblée constituante sont connues. L'histoire les rapporte, et je n'écris pas l'histoire. Mon mari rejoignit, le 1er juin, son régiment, ainsi que les autres colonels. Il était en garnison à Valenciennes, et, par conséquent, il ne fit pas partie des troupes qu'on rassembla aux portes de Paris, sous le commandement du maréchal de Broglie, et dont on ne servit pas en temps opportun, par suite de cette fatale faiblesse qui se manifestait toujours au moment où la fermeté eût été nécessaire.

Mme de Montesson était à Paris et se proposait de partir pour Berny, où elle devait passer l'été. Aimant le monde comme elle l'aimait, elle eût sans doute préféré s'établir, pour cette saison, à Versailles, alors le centre de la société et des affaires, et dont tendaient à se rapprocher tous ceux qui le pouvaient. Mais sa position envers la cour ne le lui permettait pas. D'un autre côté, le séjour de Paris, où l'on cherchait à provoquer de l'inquiétude pour les subsistances, un des moyens employés par les révolutionnaires pour soulever le peuple, n'était plus tenable. Berny étant peu éloigné de Versailles, où elle pouvait se rendre en deux heures par la route de Sceaux, elle prit le parti de s'y établir avec Mme de Valence, et m'engagea à y venir passer un mois ou six semaines.

Je fis donc partir, le 13 juillet, mes chevaux de selle avec mon palefrenier anglais qui parlait à peine français, et lui ordonnai de passer par Paris pour se procurer quelques objets qui lui étaient nécessaires.

Je cite cette petite circonstance comme preuve que l'on n'avait pas la moindre idée de ce qui devait arriver à Paris le lendemain. On parlait seulement de troubles partiels à la porte de quelques boulangers accusés par le peuple de falsifier la farine. La petite armée qui était rassemblée dans la plaine de Grenelle et au Champ de Mars rassurait la cour, et quoique la désertion y fût journalière, on ne s'en inquiétait pas.

Si l'on réfléchit que ma position personnelle me mettait à portée de tout savoir; que M. de Lally, membre influent de l'Assemblée, demeurait, avec ma tante et moi, dans la petite maison de la Ménagerie; que j'allais tous les jours souper à Versailles, chez Mme de Poix, dont le mari, capitaine des gardes, et membre de l'Assemblée, voyait le roi tous les soirs à son coucher ou à l'ordre, on sera bien surpris de ce que je vais conter.

Notre sécurité était si profonde que le 14 juillet à midi, ou même à une heure plus avancée de la journée, nous ne nous doutions, ni ma tante ni moi, qu'il y eût le moindre tumulte à Paris, et je montai dans ma voiture, avec une femme de chambre et un domestique sur le siège, pour m'en aller à Berny par la grande route de Sceaux qui traverse les bois de Verrières. Il est vrai que cette route, — celle de Versailles à Choisy-le-Roi, — ne rencontre aucun village et est fort solitaire. Je me rappelle encore que j'avais dîné de bonne heure à Versailles, de manière à arriver à Berny assez à temps pour être établie dans mon appartement avant le souper, servi à 9 heures à la campagne. Cette réflexion rend l'ignorance où nous étions encore plus extraordinaire. En arrivant à Berny, je fus surprise, après avoir pénétré dans la première cour, de ne voir aucun mouvement, de trouver les écuries désertes, les portes fermées; même solitude dans la cour du château. La concierge, qui

me connaissait bien, entendant une voiture, s'avança
sur le perron et s'écria d'un air troublé et effaré :
« Eh ! mon Dieu, madame ! Madame n'est pas ici.
Personne n'est sorti de Paris. On a tiré le canon de la
Bastille. Il y a eu un massacre. Quitter la ville est
impossible. Les portes sont barricadées et gardées
par les gardes françaises, qui se sont révoltées avec
le peuple. » L'on conçoit mon étonnement, plus grand
encore que mon inquiétude. Mais, comme malgré
mes dix-neuf ans, les choses imprévues ne me décon-
certaient guère, j'ordonnai à la voiture de rebrousser
chemin et me fis conduire à la poste aux chevaux de
Berny, dont je connaissais le maître comme un
brave homme, fort dévoué à Mme de Montesson et
à ses amis. Je lui témoignai le désir de retourner à
l'instant à Versailles. il me confirma le récit de la
concierge, qui n'était composé que de suppositions,
puisque personne n'était sorti de Paris. Seulement
on distinguait les couleurs de la ville arborées sur les
barrières, et les sentinelles que l'on apercevait dans
l'intérieur criaient : « Vive la nation ! » et avaient une
cocarde aux trois couleurs à leur chapeau.

Le lendemain matin, nous étions de bonne heure à
Versailles. Ma tante alla aux nouvelles. Je me rendis,
dans le même but, chez mon beau-père, où j'appris
tout ce qui s'était passé : la prise de la Bastille ; la
révolte du régiment des gardes françaises ; la mort
de MM. de Launay et Flesselles, et de tant d'autres
plus obscurs, la charge intempestive et inutile d'un
escadron de Royal-Allemand, commandé par le prince
de Lambesc, sur la place Louis-XV. Le lendemain,
une députation du peuple força M. de La Fayette de
se mettre à la tête de *la garde nationale*, qui s'était
instituée. Puis, peu de jours après, la nouvelle arriva
que MM. Foulon et Bertier avaient également été
massacrés. Le régiment des gardes chassa tous ceux
de ses officiers qui ne voulurent pas adhérer à sa

nouvelle organisation. Les sous-officiers prirent leurs places, et cette coupable insubordination, dont l'exemple fut depuis suivi par toute l'armée française, présenta néanmoins cet avantage pour Paris, qu'il y eut, au premier moment de l'insurrection, un corps organisé qui empêcha la lie du peuple de se livrer aux excès qui se seraient produits sans son intervention.

La petite armée de la plaine de Grenelle fut dissoute. Les régiments, dont la désertion avait éclairci les rangs, importèrent dans les provinces où on les envoya en garnison le funeste esprit d'indiscipline qui leur avait été inculqué à Paris, et rien dans la suite ne put l'effacer.

Sept ou huit jours après le 14 juillet, M. de La Tour du Pin arriva en secret de sa garnison à Versailles, tant il était inquiet de son père et de moi. À Valenciennes, où son régiment était renfermé, les récits les plus mensongers et les plus contradictoires s'étaient succédé toutes les heures. Le ministre de la guerre, comte de Puységur[57], et le duc de Guines, son inspecteur, ne désapprouvèrent pas cette légère infraction, et un congé lui fut délivré, à la demande de son père, qui, dans ce temps où il prévoyait déjà une élévation que sa modestie l'empêchait de désirer, était bien aise de conserver son fils auprès de lui. Néanmoins, après la visite du roi à Paris, exigée par la Commune, et le retour de M. Necker, rappelé dans l'espoir de calmer les esprits, mon mari, qui n'était pas d'avis que son père acceptât le ministère de la guerre qu'on lui offrait, voulut s'éloigner de Versailles pour ne pas influer sur sa détermination.

On m'avait ordonné les eaux de Forges, en Normandie, pour me fortifier, car ma dernière couche, où j'avais été si malade, m'avait laissé une grande faiblesse dans les reins, et l'on craignait même que je n'eusse plus d'enfants, ce qui me mettait au désespoir. Nous allâmes donc à Forges, et le séjour d'un mois que nous y fîmes est un des moments de ma vie que je me rappelle avec le plus de bonheur.

Le 28 juillet est l'un des jours de la Révolution où il arriva la chose la plus extraordinaire et qui a été la moins expliquée, puisque, pour la comprendre, il faudrait supposer qu'un immense réseau ait couvert la France, de manière qu'au même moment et par l'effet d'une même action, le trouble et la terreur fussent répandus dans chaque commune du royaume. Voici ce qui arriva à Forges ce jour-là, comme partout ailleurs, et ce dont j'ai été témoin oculaire. Nous occupions un modeste appartement à un premier étage très bas, donnant sur une petite place traversée par la grande route qui conduit à Neufchâtel et à Dieppe. Sept heures du matin sonnaient, et j'étais habillée et prête à monter à cheval, attendant mon mari, parti seul pour la fontaine ce jour-là, parce que, à la suite de je ne sais quelle circonstance, je n'avais pas voulu l'accompagner. Je me tenais debout devant la fenêtre, et je regardais la grande route, par laquelle il devait revenir, lorsque j'entendis arriver du côté opposé une foule de gens qui couraient et qui débouchèrent sur la place au-dessous de ma fenêtre — notre maison était située à un coin — en donnant des signes de crainte désespérés. Des femmes se lamentaient et pleuraient, des hommes en fureur, juraient, menaçaient, d'autres levaient les mains au ciel en criant : « Nous sommes perdus ! » Au milieu d'eux, un homme à cheval les haranguait. Il était vêtu d'un mauvais habit vert, à l'apparence déchiré, et n'avait pas de chapeau. Son cheval gris-pommelé était couvert de sueur et portait sur la croupe plusieurs coupures qui saignaient un peu. S'arrêtant sous ma fenêtre, il recommença une sorte de discours sur le ton des charlatans parlant sur les places publiques, et disait : « Ils seront ici dans trois heures, ils pillent tout à Gaillefontaine[58], ils mettent le feu aux granges, etc., etc. » Et, après ces deux ou trois phrases, il mit les éperons dans le ventre de son cheval et s'en alla du côté de Neufchâtel au grand galop.

Comme je ne suis pas peureuse, je descendis ; je montai à cheval, et je me mis à parcourir au pas cette rue où affluaient peu à peu des gens qui croyaient que leur dernier jour était arrivé, leur parlant, tâchant de leur persuader qu'il n'y avait pas un mot de vrai dans tout ce qu'on leur avait dit ; qu'il était impossible que les Autrichiens, dont cet imposteur venait de leur parler, et avec qui nous n'étions pas en guerre, fussent arrivés jusqu'au milieu de la Normandie sans que personne eût entendu parler de leur marche. Parvenue devant l'église, je trouvai le curé qui s'y rendait pour faire sonner le tocsin. À ce moment arriva à cheval M. de La Tour du Pin, que mon palefrenier avait été chercher à la fontaine.

Ils me trouvèrent tenant, de dessus mon cheval, le collet de la soutane du curé, et lui représentant la folie d'effrayer son troupeau par le tocsin, au lieu de lui prouver, en unissant ses efforts aux miens, que ses craintes étaient chimériques.

Alors mon mari, prenant la parole, dit à tous ces gens rassemblés que rien de ce qui leur avait été annoncé n'avait le moindre fondement ; que, pour les rassurer, nous allions aller à Gaillefontaine et leur en apporter des nouvelles, mais qu'en attendant ils ne sonnassent pas le tocsin et rentrassent dans leurs maisons. Nous partîmes, en effet, au petit galop tous trois, suivis de mon palefrenier qui, depuis le 14 juillet où il s'était trouvé à Paris, croyait que les Français, dont il n'entendait pas la langue, étaient tous fous. Il s'approchait respectueusement de moi en soulevant son chapeau, et me disait: «*Please, milady, what are they all about*[59]?»

Au bout d'une heure, nous arrivâmes au bourg où nous devions trouver les Autrichiens. En descendant un chemin creux qui conduisait à la place, un homme armé d'un mauvais pistolet rouillé nous arrêta par les mots: «Qui vive!» puis, s'étant avancé au-devant de nous, il nous demanda si les Autrichiens n'étaient pas à Forges. Sur notre réponse négative, il nous mena sur la place en criant à toute la population qui y était rassemblée: «Ce n'est pas vrai! ce n'est pas vrai!» À ce moment un gros homme, espèce de bourgeois, s'étant approché de moi, poussa l'exclamation: «Eh! citoyen, c'est la reine!» Alors, de toutes parts, on s'écria qu'il fallait me mener à la commune, et quoique je ne fusse pas du tout effrayée de cette conjoncture, je l'étais beaucoup du danger que couraient une foule de femmes et d'enfants qui se jetaient dans les jambes de mon cheval, animal très vif. Heureusement, un garçon serrurier, étant sorti de sa boutique, vint me regarder, puis il se mit à rire comme un fou, en leur disant que la reine avait au moins deux fois l'âge de *la jeune demoiselle* et était deux fois aussi grosse, qu'il l'avait vue deux mois auparavant et que ce n'était pas elle. Cette assurance me rendit la liberté, et nous repartîmes aussitôt pour retourner à Forges, où déjà se répandait le bruit que nous étions pris par l'ennemi. Nous retrouvâmes les hommes armés de tout ce qu'ils avaient pu se procurer et la garde nationale organisée. C'était là le but que l'on s'était proposé d'atteindre, et dans toute la France, au même jour et presque à la même heure, la population se trouva armée.

CHAPITRE X

Quelques jours après les événements que je viens de raconter, mon mari reçut un courrier lui annonçant la nomination de son père au ministère de la guerre. Nous repartîmes aussitôt pour Versailles. Alors commença ma vie publique. Mon beau-père m'installa au département de la Guerre[60] et me mit à la tête de sa maison pour en faire les honneurs, de concert avec ma belle-sœur, également logée au ministère, mais qui, au bout de deux mois, devait nous quitter. J'occupai le bel appartement du premier avec mon mari. J'avais été si accoutumée, à Montpellier et à Paris, aux grands dîners, que ma nouvelle situation ne m'embarrassait aucunement. D'ailleurs, je ne me mêlais de rien que de faire les honneurs. Il y avait par semaine deux dîners de vingt-quatre couverts, auxquels l'on priait tous les membres de l'Assemblée constituante, à tour de rôle. Les femmes n'étaient jamais invitées. Mme de Lameth et moi étions assises vis-à-vis l'une de l'autre, et nous prenions à côté de nous les quatre personnages les plus considérables de la société, en observant de les choisir toujours dans tous les partis. Tant qu'on a été à Versailles, les hommes assistaient sans exception à ces dîners en habit habillé, et j'ai souvenir de M. de Robespierre en habit vert pomme et supérieurement coiffé avec une forêt de cheveux blancs.

Mirabeau seul ne vint pas chez nous et ne fut jamais invité. J'allais souvent souper dehors, soit chez mes collègues, soit chez les personnes établies à Versailles pendant le temps de l'Assemblée nationale, comme on la nommait.

Le jour même du 14 juillet[61], M. le comte d'Artois quitta la France avec ses enfants et se rendit à Turin chez son beau-père[62]. Plusieurs personnes de sa maison l'accompagnèrent, entre autres M. d'Hénin, son capitaine des gardes. La reine, craignant que quelque émotion populaire ne compromît la sûreté de la famille de Polignac, les engagea à quitter aussi la France. Mme de Polignac donna donc sa démission de gouvernante des enfants de France et emmena avec elle la duchesse de Gramont, sa fille. Je vis cette pauvre jeune femme la veille de son départ. Il y avait quinze jours seulement qu'elle était accouchée de son fils Agénor. Elle le laissa à son mari, qui était de quartier comme capitaine des gardes.

Tout est de mode en France ; celle de l'émigration commença alors. On se mit à lever de l'argent sur ses terres pour emporter une grosse somme. Ceux, en grand nombre, qui avaient des créanciers, envisagèrent ce moyen de leur échapper. Les plus jeunes y voyaient un motif de voyage tout trouvé, ou bien un prétexte d'aller rejoindre leurs amis et leur société. Personne ne se doutait encore des conséquences que cette résolution pouvait avoir.

Cependant la nuit du 4 août, qui détruisit les droits féodaux sur la motion du vicomte de Noailles, aurait dû prouver aux plus incrédules que l'Assemblée nationale n'en resterait pas à ce commencement de spoliation. Mon beau-père y fut ruiné, et nous ne nous sommes jamais relevés du coup porté à notre fortune dans cette séance de nuit, qui fut une véritable orgie d'iniquités. La terre de La Roche-Chalais, près de Coutras, était tout entière en cens et rentes ou en moulins ; elle avait un passage de rivière, et le tout rapportait annuellement 30 000 francs, avec la seule charge de payer un régisseur pour recevoir les grains, qui se remettaient à jour marqué, ou que l'on pouvait payer en argent d'après la cote du marché. Cette espèce de propriété, qui instituait deux propriétaires pour le même fonds, était fort en usage dans la partie sud-ouest de la France. On ne décréta pas d'abord la spoliation entière, on arrêta seulement à quel taux on pourrait se racheter. Mais, avant l'expiration du délai fixé pour le versement de la somme due, on décida que l'on ne paierait pas. En sorte que tout fut perdu.

Outre ces 30 000 francs de rentes de La Roche-Chalais, nous perdîmes le passage de Cubzac, sur la Dordogne, 12 000 francs ; les rentes du Bouilh, d'Ambleville, de Tesson, de Cénevières, belle terre dans le Quercy, dont mon beau-père fut obligé de vendre le domaine l'année suivante. Voilà comment un trait de plume nous ruina. Depuis nous n'avons plus vécu que d'expédients, du produit de la vente de ce qui restait, ou d'emplois dont les charges ont presque toujours été plus fortes que le revenu qu'ils procuraient. Et c'est ainsi que nous sommes descendus pendant de longues années, pas à pas, dans le fond de l'abîme où nous resterons jusqu'à la fin de notre vie.

Toutes les conséquences de la ruine qui venait de nous atteindre ne se firent pas sentir tout d'abord. Mon beau-père, au ministère, touchait 300 000 francs de traitement, outre celui de lieutenant général et de commandant de province. À vrai dire, il était tenu à un grand état, et, outre les deux dîners de vingt-quatre couverts par semaine, nous avions encore deux beaux et élégants soupers où j'invitais vingt-cinq ou trente femmes vieilles et jeunes, réunions dont nous jouissions uniquement ma belle-sœur et moi ; car, le plus souvent, mon beau-père, qui se levait de très bonne heure, allait se coucher en sortant du conseil. Cela n'empêchait toutefois pas ses collègues et leurs femmes de venir chez nous.

Malgré ma jeunesse, toutes ces dames me traitaient très bien. Mme la comtesse de Montmorin, femme du ministre des Affaires étrangères, se montrait particulièrement bonne et aimable à mon égard, et j'étais liée avec la baronne de Beaumont, sa fille. La comtesse de Saint-Priest et son excellent mari, ministre de la maison du roi, m'avaient adoptée comme une vieille connaissance, se souvenant m'avoir vue en Languedoc, dans ma première jeunesse, et même à Paris, chez mon oncle, dans mon enfance. J'en dirai autant de l'archevêque de Bordeaux, M. de Cicé, qui était garde des sceaux.

Mme de Saint-Priest était grecque par sa mère. Fille du ministre de Prusse à Constantinople et d'une dame du *Fanar*[63], elle n'en était sortie que pour épouser M. de Saint-Priest, alors ambassadeur de France auprès de la Porte. Quoique vivant dans son salon comme une dame française, elle conservait dans son intérieur toutes les manies et souvent le vêtement d'une Grecque, ce qui m'amusait beaucoup. Elle avait plusieurs enfants et était de nouveau grosse au moment dont je parle. Arrivée de Constantinople depuis un an au plus, elle avait encore tout le charme de la nouveauté et des surprises que lui causait l'indépendance des femmes, tant soit peu libres, de France.

Je ne voyais presque pas Mme de La Luzerne, dont le mari[64] était ministre de la Marine. Elle était fille de M. Angran d'Alleray, lieutenant civil, et se trouvait très déplacée à Versailles, où la noblesse de robe ne venait jamais. Il ne m'est resté aucun souvenir de cette maison, si ce n'est que c'étaient des gens très respectables et généralement estimés.

Mme Necker, femme du contrôleur général, ou, pour mieux dire, du premier ministre, tenait un état à peu près semblable au nôtre. Mais, comme elle ne sortait presque pas, elle recevait tous les jours à souper des députés, des savants, mêlés aux admirateurs de sa fille, qui tenait bureau d'esprit dans le salon de sa mère et était alors dans toute la fougue de sa jeunesse, menant de front la politique, la science, l'esprit, l'intrigue et l'amour. Mme de Staël vivait chez son père, au contrôle général, à Versailles, et ne faisait sa cour que le mardi, jour de l'audience des ambassadeurs. Elle était alors plus que liée avec Alexandre de Lameth, encore ami de mon mari à cette époque. Cette amitié, qui datait de leur jeunesse, m'inquiétait. J'avais une très mauvaise opinion de la moralité de ce jeune homme ; je craignais surtout son ascendant en politique. Ma belle-sœur partageait mon sentiment à l'égard de son beau-frère, et, lorsque, quelques mois plus tard, mon mari se sépara ouvertement de lui et de son frère Charles, nous en fûmes charmées.

N'ayant jamais eu la moindre prétention à l'esprit, je me bornais à user avec prudence du bon sens dont la Providence m'avait douée. J'étais sur le pied de relations intimes avec Mme de Staël, mais elles n'allaient pas jusqu'à la confidence. Mon mari, en qui elle avait assez de confiance pour tout lui dire, m'avait donné les plus grands détails sur sa vie. J'en fis mon profit en me tenant en familiarité avec elle, mais non pas en amitié.

Les gardes nationales s'organisèrent dans tout le royaume à l'instar de celle de Paris, dont M. de La Fayette était le généralissime. Le roi lui-même désira que celle de Versailles se formât et que tous les commis et employés des ministères y entrassent, espérant que l'esprit en deviendrait meilleur, et que toutes ces personnes, dont l'existence dépendait de la cour, se montreraient disposées à ne pas l'abandonner. On fit un mauvais choix pour la commander. Le comte d'Estaing, qui avait acquis une sorte de réputation qu'il était loin de mériter, fut appelé à sa tête. Je savais par mon père ce qu'il fallait en penser. M. Dillon avait servi sous ses ordres au commencement de la guerre d'Amérique et avait eu les preuves les plus positives que M. d'Estaing manquait, non seulement d'habileté, mais aussi de courage. Cependant, à son retour, on le combla de faveurs, tandis que mon père, auquel il devait son premier succès, puisque ce fut le régiment de Dillon qui prit la Grenade, n'eut, après la guerre, que des dégoûts et des passe-droits. C'est grâce aux sollicitations de la reine que M. d'Estaing fut nommé commandant en chef de la garde nationale de Versailles. Mais mon beau-père, espérant qu'on pourrait conserver de l'ascendant sur cette troupe, ce qu'il désirait, désigna son fils pour en être le commandant en second. Cela équivalait à en avoir le commandement réel, car M. d'Estaing, dont la morgue et la hauteur répugnaient à se mêler à cette troupe de bourgeois, ne s'en occupait jamais que les jours où il ne pouvait s'en dispenser. Aussi n'eut-il aucune part à l'organisation, ni à la nomination des officiers. Berthier, depuis prince de Wagram, officier d'état-major très distingué, en fut nommé major[65]. C'était un brave homme, qui avait du talent comme organisateur ; mais la faiblesse de son caractère le laissa en butte à toutes les intrigues. Il proposa, comme officiers, des marchands de Versailles déjà enrôlés dans le parti révolutionnaire et qui semèrent la discorde dans la troupe.

On commençait déjà, avant la fin d'août, à découvrir des menées coupables pour faire naître une disette dans les subsistances, et plusieurs agents furent surpris et arrêtés. Deux d'entre eux furent jugés et condamnés, sur leurs propres aveux, à être pendus. Le jour de l'exécution, le peuple s'assembla sur la place. La maréchaussée, insuffisante pour maintenir l'ordre et empêcher que la populace ne délivrât les condamnés, crut prudent de les faire rentrer dans la prison, et l'exécution fut remise au lendemain. Le peuple brisa la potence et pilla les boulangers, qu'on accusa d'avoir dénoncé ceux qui avaient voulu les séduire. Cependant, force devait rester à la loi, et le jour désigné pour l'exécution des condamnés, M. de La Tour du Pin, à défaut de M. d'Estaing, qui n'avait pas voulu se rendre à Versailles, assembla la garde nationale et lui ordonna de prêter main-forte pour l'exécution des coupables. De violents murmures s'élevèrent, mais sa fermeté inébranlable en imposa. Sur sa déclaration aux gardes que tous ceux qui refuseraient de marcher seraient à l'instant rayés des contrôles, et que lui-même allait se mettre à leur tête, ils n'osèrent pas résister. Le peuple ainsi averti que le chef de la garde nationale n'était pas homme à se laisser épouvanter par des clameurs, ne s'opposa plus à l'exécution. Les hommes furent pendus, et la garde nationale crut avoir fait une campagne appelée à la couvrir de gloire. M. de La Tour du Pin, qui n'avait jamais fait office d'exécuteur des hautes œuvres, revint chez lui très affecté du triste spectacle dont il venait d'être témoin.

Le jour de la Saint-Louis, il était d'usage que les échevins et les officiers de la ville de Paris vinssent souhaiter la bonne fête au roi. Cette année, la garde nationale voulut aussi être admise à cette distinction, et le généralissime M. de La Fayette se rendit à Versailles avec tout son état-major, en même temps que M. Bailly, maire de Paris, et toute la municipalité. Les poissardes vinrent aussi, comme c'était la coutume, porter un bouquet au roi. La reine les reçut, les uns et les autres, en cérémonie, dans le salon vert, attenant à sa chambre à coucher. L'étiquette de ces sortes de réceptions fut suivie comme à l'ordinaire. La reine était en robe ordinaire, très parée et couverte de diamants. Elle était assise sur un grand fauteuil à dos, avec une sorte de petit tabouret sous ses pieds. À droite et à gauche, quelques duchesses étaient en grand habit sur des tabourets, et derrière, toute la maison, femmes et hommes.

Je m'étais placée assez en avant pour voir et entendre. L'huissier annonça : « La ville de Paris ! » La reine s'attendait à ce que le maire mît un genou en terre, comme il l'eût fait les années précédentes ; mais M. Bailly, en entrant, ne fit qu'une très profonde révérence, à laquelle la reine répondit par un signe de tête qui n'était pas assez aimable. Il prononça un petit discours fort bien écrit, où il parla de dévouement, d'attachement, et aussi un peu des craintes du peuple sur le défaut de subsistances dont on était tous les jours menacé.

M. de La Fayette s'avança ensuite et présenta son état-major de la garde nationale. La reine rougit, et je vis que son émotion était extrême. Elle balbutia quelques mots d'une voix tremblante et leur fit le signe de tête qui les congédiait. Ils s'en allèrent fort mécontents d'elle, comme je le sus depuis, car cette malheureuse princesse ne mesurait jamais l'importance de la circonstance où elle se trouvait ; elle se laissait aller au mouvement qu'elle éprouvait sans en calculer la conséquence. Ces officiers de la garde nationale, qu'un mot gracieux eût gagnés, se retirèrent de mauvaise humeur et répandirent leur mécontentement dans Paris, ce qui augmenta la malveillance que l'on attisait contre la reine, et dont le duc d'Orléans était le premier auteur. Les poissardes aussi furent mal accueillies et résolurent de s'en venger.

Enfin l'été s'avançait. Je commençais une grossesse qui semblait devoir être heureuse. Je me portais bien, et comme mon beau-père avait douze chevaux de carrosse dont il ne faisait pas usage, nous nous en servions, ma belle-sœur et moi, pour nous promener dans les beaux bois qui entourent Versailles.

On parlait tous les jours de petites émeutes dans Paris à l'occasion des subsistances, qui devenaient de plus en plus rares, sans que personne pût assigner de raison à cette disette. Elle était certainement causée par les menées des révolutionnaires.

La cour, atteinte d'un prodigieux aveuglement, ne prévoyait aucun événement funeste. La garde nationale de Paris ne se conduisait pas mal. Le régiment des gardes françaises, moins les officiers, en avait formé le noyau et avait, pour ainsi dire, inoculé aux bourgeois qui étaient entrés dans sa composition quelques habitudes militaires. Les sergents et les caporaux des gardes françaises, appelés aux emplois d'officiers, en avaient été les instructeurs, et cette garde fut tout de suite constituée. M. de La Fayette se pavanait sur son cheval blanc, et ne se doutait pas, dans sa niaiserie, que le duc d'Orléans conspirait et rêvait de monter sur le trône. C'est une absurde injustice de croire que M. de La Fayette ait été l'auteur des affaires des 5 et 6 octobre 1789. Il croyait régner à Paris, et son règne cessa le jour où le roi et l'Assemblée y vinrent résider. On le chargea alors d'une responsabilité qu'il ne désirait pas. Il fut débordé par les révolutionnaires et entraîné par eux malgré lui. Je relaterai plus loin mes souvenirs sur ces journées où la faiblesse du roi fit tout le mal.

On avait appelé à Versailles le régiment de Flandre-Infanterie, dont le marquis de Lusignan, député, était colonel. Les gardes du corps — c'était la compagnie du duc de Gramont qui était de quartier — voulurent offrir un dîner de corps aux officiers du régiment de Flandre et à ceux de la garde nationale. Ils demandèrent qu'on leur prêtât à cet effet la grande salle du théâtre du château[66], au bout de la galerie de la Chapelle.

Nous allâmes ma belle-sœur et moi vers la fin du dîner, pour voir le coup d'œil, qui était magnifique. On portait des santés, et mon mari, venu à notre rencontre pour nous faire entrer dans une des loges des premières de face, eut le temps de nous dire tout bas qu'on était fort échauffé et que des propos inconsidérés avaient été prononcés.

Tout à coup on annonça que le roi et la reine allaient se rendre au banquet : démarche imprudente et qui fit le plus mauvais effet. Les souverains parurent effectivement dans la loge du milieu avec le petit dauphin, qui avait près de cinq ans. On poussa des cris enthousiastes de : « Vive le roi » ! Je n'en ai pas entendu proférer d'autres, au contraire de ce qu'on a prétendu. Un officier suisse s'approcha de la loge et demanda à la reine de lui confier le dauphin pour faire le tour de la salle. Elle y consentit, et le pauvre petit n'eut pas la moindre peur. L'officier mit l'enfant sur la table, et il en fit le tour, très hardiment, en souriant, et nullement effrayé des cris qu'il entendait autour de lui. La reine n'était pas si tranquille, et quand on le lui rendit elle l'embrassa tendrement. Nous partîmes après que le roi et la reine se furent retirés. Comme tout le monde sortait, mon mari craignant la foule pour moi, vint nous rejoindre. Le soir on nous rapporta que quelques dames qui se trouvaient dans la galerie de la Chapelle, entre autres la duchesse de Maillé, avaient distribué des rubans blancs de leurs chapeaux à quelques officiers. C'était une grande étourderie, car le lendemain les mauvais journaux, dont plusieurs existaient déjà, ne manquèrent pas de faire une description de l'*orgie* de Versailles, à la suite de laquelle, ajoutaient-ils, on avait distribué des cocardes blanches à tous les convives. J'ai vu depuis ce conte absurde répété dans de graves histoires, et cependant cette plaisanterie irréfléchie s'est bornée à un nœud de ruban que Mme de Maillé, jeune étourdie de dix-neuf ans, détacha de son chapeau.

Le 4 octobre, le pain manqua chez plusieurs boulangers de Paris, et il y eut beaucoup de tumulte. Un de ces malheureux fut pendu, sur la place, malgré les efforts de M. de La Fayette et de la garde nationale. Cependant on ne s'alarma pas à Versailles. On crut que cette révolte serait semblable à celles qui avaient déjà eu lieu, et que la garde nationale, dont on se croyait sûr, suffirait pour contenir le peuple. Plusieurs messages, venus au roi et au président de la Chambre, avaient si bien rassuré que le 5 octobre, à 10 heures du matin, le roi partit pour la chasse dans les bois de Verrières, et que moi-même, après mon déjeuner, je fus rejoindre Mme de Valence, qui s'était établie à Versailles pour y accoucher. Nous allâmes nous promener en voiture au jardin de Mme Élisabeth, au bout de la grande avenue. Comme nous descendions de voiture pour traverser la contre-allée, nous vîmes un homme à cheval passer ventre à terre près de nous. C'était le duc de Maillé, qui nous cria : « Paris marche ici avec du canon. » Cette nouvelle nous effraya fort, et nous retournâmes aussitôt à Versailles, où déjà l'alarme était donnée.

Mon mari s'était rendu à l'Assemblée sans rien savoir. On n'ignorait pas qu'il y avait beaucoup de bruit dans Paris ; mais on ne pouvait rien apprendre de plus, puisque le peuple s'était porté aux barrières, tenait les portes fermées et ne permettait à personne de sortir. M. de La Tour du Pin, en cherchant dans les couloirs de la salle une personne à qui il voulait parler, passa derrière un gros personnage qu'il ne reconnut pas d'abord, et qui disait au prince Auguste d'Arenberg, que l'on nommait alors le comte de La Marck : « Paris marche ici avec douze pièces de canon. » Ce personnage était Mirabeau, alors fort lié avec le duc d'Orléans. M. de La Tour du Pin courut chez son père, déjà en conférence avec les autres ministres. La première chose que l'on fit fut d'envoyer dans toutes les directions où l'on pensait que la chasse avait pu conduire le roi, pour l'avertir de revenir. Mon beau-père accepta les services de plusieurs personnes venues à Versailles pour leurs affaires, et qui s'offrirent comme aides de camp. Mon mari s'occupa d'assembler sa garde nationale, à laquelle il était loin de se fier. On ordonna au régiment de Flandre de prendre les armes et d'occuper la place d'Armes. Les gardes du corps sellèrent leurs chevaux. Des courriers furent expédiés pour appeler les suisses de Courbevoie. À tous moments, on envoyait sur la route pour avoir des nouvelles de ce qui se passait. On apprenait qu'une tourbe innombrable d'hommes et beaucoup plus de femmes marchaient sur Versailles ; qu'après cette sorte d'avant-garde venait la garde nationale de Paris avec ses canons, suivie d'une grande troupe d'individus marchant sans ordre. Il n'était plus temps de défendre le pont de Sèvres. La garde nationale de cette ville l'avait déjà livré aux femmes pour aller fraterniser avec la garde de Paris. Mon beau-père voulait que l'on envoyât le régiment de Flandre et des ouvriers pour couper la route de Paris. Mais l'Assemblée nationale s'était déclarée en permanence, le roi était absent, personne ne pouvait prendre l'initiative d'une démarche hostile.

Mon beau-père, désespéré ainsi que M. de Saint-Priest, s'écriait : « Nous allons nous laisser prendre ici et peut-être massacrer, sans nous défendre. » Pendant ce temps, le rappel battait pour rassembler la garde nationale. Elle se réunissait sur la place d'Armes et se mettait en bataille le dos à la grille de la cour royale. Le régiment de Flandre avait sa gauche à la grande écurie et sa droite à la grille. Le poste de l'intérieur de la cour royale et celui de la voûte de la Chapelle étaient occupés par les Suisses, dont il y avait toujours un fort détachement à Versailles. Les grilles furent partout fermées. On barricada toutes les issues du château, et des portes qui n'avaient pas tourné sur leurs gonds depuis Louis XIV se fermèrent pour la première fois.

Enfin, vers 3 heures, arrivèrent au galop, par la grande avenue, le roi et sa suite. Ce malheureux prince, au lieu de s'arrêter et d'adresser quelque bonne parole à ce beau régiment de Flandre, devant lequel il passa et qui criait : « Vive le roi ! », ne lui dit pas un mot. Il alla s'enfermer dans son appartement d'où il ne sortit plus. La garde nationale de Versailles, qui faisait sa première campagne, commença à murmurer et à dire qu'elle ne tirerait pas sur le peuple de Paris. Il n'y avait pas de canon à Versailles.

L'avant-garde de trois à quatre cents femmes commença à arriver et à se répandre dans l'avenue. Beaucoup entrèrent à l'Assemblée et dirent qu'elles étaient venues chercher du pain et emmener les députés à Paris. Un grand nombre d'entre elles, ivres et très fatiguées, s'emparèrent des tribunes et de plusieurs des bancs dans l'intérieur de la salle. La nuit arrivait, et plusieurs coups de fusil se firent entendre. Ils partaient des rangs de la garde nationale et étaient dirigés sur mon mari, leur chef, à qui elle refusait d'obéir en restant à son poste. Une balle

atteignit M. de Savonnières et lui cassa le bras au
coude. Je vis rapporter ce malheureux chez Mme de
Montmorin[67], car je ne quittai pas la fenêtre d'où
j'assistais à tous ces événements. Mon mari échappa
par miracle, et, ayant constaté que sa troupe l'abandonnait, il alla prendre place en avant des gardes
du corps rangés en bataille près de la petite écurie.
Mais ils étaient si peu nombreux — ils comprenaient la compagnie de Gramont seulement — que
l'on jugea, au conseil, toute idée de défense impossible. Sur le compte rendu fait par mon mari des
mauvaises dispositions de la garde nationale, on fut
d'accord pour reconnaître qu'elle fraterniserait
avec celle de Paris dès que celle-ci paraîtrait et que
le mieux, par conséquent, était de ne pas la rassembler de nouveau.

À ce moment, mon beau-père et M. de Saint-Priest
ouvrirent l'avis que le roi se retirât à Rambouillet
avec sa famille, et qu'il attendît là les propositions
qui lui seraient faites par les insurgés de Paris et par
l'Assemblée nationale. Le roi accepta tout d'abord ce
projet. Vers 8 ou 9 heures, on appela donc la compagnie des gardes du corps dans la cour royale, où
elle pénétra par la grille de la rue de l'Orangerie[68].
Elle passa ensuite sur la terrasse[69], traversa le petit
parc[70] et gagna, par la Ménagerie[71], la grande route
de Saint-Cyr. Il ne resta de cette troupe, à Versailles,
que ce qui était nécessaire pour relever les postes
dans l'appartement du roi et dans celui de la reine.
Les Suisses et les Cent-Suisses conservèrent les leurs.

C'est alors que deux à trois cents femmes qui tournaient depuis une heure autour des grilles, découvri-
rent une petite porte[72] donnant accès à un escalier
dérobé qui aboutissait, au-dessous du corps de logis
où nous demeurions, dans la cour royale[73]. Quelque
affidé, probablement, leur montra cette issue. Elles
s'y précipitèrent en foule, et renversant à l'impro-

viste le garde suisse de faction au haut de l'escalier,
se répandirent dans la cour et entrèrent chez les
quatre ministres logés dans cette partie des bâtiments. Il en pénétra un si grand nombre chez nous
que le vestibule, les antichambres et l'escalier en
furent encombrés. Mon mari rentrait à ce moment
pour nous apporter des nouvelles, à sa sœur et à
moi. Très inquiet de nous voir en si mauvaise compagnie, il résolut de nous emmener dans le château.
Ma belle-sœur avait pris la précaution d'envoyer ses
enfants chez un député de nos amis qui logeait dans
la ville. Guidées par M. de La Tour du Pin, nous
montâmes dans la galerie[74] où se trouvaient déjà
réunies une quantité de personnes habitant le château, qui, sous le coup d'une inquiétude mortelle
quant à la suite des événements, venaient dans les
appartements pour être plus près des nouvelles.

Pendant ce temps-là, le roi, toujours hésitant devant
un parti à prendre, ne voulait plus s'en aller à Rambouillet. Il consultait tout le monde. La reine, tout
aussi indécise, ne pouvait se résoudre à cette fuite
nocturne. Mon beau-père se mit aux genoux du roi
pour le conjurer de mettre sa personne et sa famille
en sûreté. Les ministres seraient restés pour traiter
avec les insurgés et l'Assemblée. Mais ce bon prince,
répétant toujours : «*Je ne veux compromettre personne*», perdait un temps précieux. À un moment, on
crut qu'il allait céder, et l'ordre fut donné de faire
monter les voitures qui, attelées depuis deux heures,
attendaient à la grande écurie. On s'imaginera sans
doute difficilement que, de tous les écuyers du roi
qui l'entouraient, aucun n'eût la pensée que le
peuple de Versailles pourrait s'opposer au départ de
la famille royale. Ce fut pourtant ce qui arriva. Au
moment où la foule du peuple de Paris et de Versailles, qui était rassemblée sur la place d'armes, vit
ouvrir la grille de la cour des grandes écuries, il

s'éleva un cri unanime de frayeur et de fureur: «Le roi s'en va!» En même temps on se jette sur les voitures, on coupe les harnais, on emmène les chevaux, et force fut de venir dire au château que le départ était impossible. Mon beau-père et M. de Saint-Priest offrirent alors nos voitures, qui étaient attelées hors de la grille de l'Orangerie. Mais le roi et la reine repoussèrent cette proposition, et chacun, découragé, épouvanté, et prévoyant les plus grands malheurs, resta dans le silence et dans l'attente.

On se promenait de long en large, sans échanger une parole, dans cette galerie témoin de toutes les splendeurs de la monarchie depuis Louis XIV. La reine se tenait dans sa chambre avec Mme Élisabeth[75] et Madame[76]. Le salon de jeu, à peine éclairé, était rempli de femmes qui se parlaient bas, les unes assises sur les tabourets, les autres sur les tables. Pour moi, mon agitation était si grande que je ne pouvais rester un moment à la même place. À tout instant j'allais dans l'œil-de-bœuf, d'où l'on voyait entrer et sortir de chez le roi, dans l'espoir de rencontrer mon mari ou mon beau-père, et d'apprendre par eux quelque chose de nouveau. L'attente me semblait insupportable.

Enfin, à minuit, mon mari, qui était depuis longtemps dans la cour, vint m'annoncer que M. de La Fayette, arrivé devant la grille de la cour royale[77] avec la garde nationale de Paris, demandait à parler au roi; que la partie de cette garde composée de l'ancien régiment des gardes manifestait beaucoup d'impatience et que le moindre délai pouvait avoir de l'inconvénient et même du danger.

Le roi dit alors: «Faites monter M. de La Fayette.» M. de La Tour du Pin fut en un instant à la grille, et M. de La Fayette, descendant de cheval et pouvant à peine se soutenir, tant il était fatigué, monta chez le roi, accompagné de sept à huit personnes, tout au

plus, de son état-major. Très ému, il s'adressa au roi
en ces termes : « Sire, j'ai pensé qu'il valait mieux
venir ici, mourir aux pieds de Votre Majesté, que de
périr inutilement sur la place de Grève. » Ce sont
ses propres paroles. Sur quoi le roi demanda : « Que
veulent-ils donc ? » M. de La Fayette répondit : « Le
peuple demande du pain, et la garde désire reprendre
ses anciens postes auprès de Votre Majesté. » Le roi
dit : « Eh ! bien, qu'ils les reprennent ! »

Ces paroles me furent répétées au moment même.
Mon mari redescendit avec M. de La Fayette, et la
garde nationale de Paris, pour ainsi dire exclusivement composée de gardes françaises, reprit sur
l'heure même ses anciens postes. C'est ainsi qu'à
chaque porte extérieure où il y avait un factionnaire
suisse, on en posa un de la garde de Paris, et le reste
composa une grand'garde de plusieurs centaines
d'hommes qu'on envoya bivouaquer, comme c'était
l'usage, sur la place d'Armes, dans un long bâtiment comprenant quelques grandes salles peintes et
construites en forme de tentes.

Pendant ce temps, le peuple de Paris quittait les
abords du château et s'écoulait dans la ville et dans
les cabarets. Une multitude d'individus harassés de
fatigue et mouillés jusqu'aux os, avaient cherché un
refuge dans les écuries et les remises. Les femmes
qui avaient envahi le ministère, après avoir mangé
ce qu'on avait pu leur procurer, dormaient couchées
par terre dans les cuisines. Un grand nombre pleuraient, disaient qu'on les avait fait marcher de force
et qu'elles ne savaient pas pourquoi elles étaient
venues. Il paraît que les chefs féminins s'étaient réfu-
giées dans la salle de l'Assemblée nationale, où elles
restèrent toute la nuit pêle-mêle avec les députés qui
se relayaient pour établir la permanence.

Le roi, à qui l'on rendit compte que le calme le
plus absolu régnait dans Versailles, comme c'était

effectivement vrai, congédia toutes les personnes encore présentes dans l'œil-de-bœuf ou dans son cabinet. Les huissiers vinrent dans la galerie dire aux dames qui y étaient encore que la reine était retirée. Les portes se fermèrent, les bougies s'éteignirent, et mon mari nous reconduisit dans l'appartement de ma tante[78], ne voulant pas nous ramener au ministère, à cause des femmes couchées dans les antichambres et qui nous causaient un grand dégoût.

Après nous avoir mises en sûreté dans cet appartement, il redescendit chez son père et le conjura de se coucher, disant qu'il veillerait toute la nuit. En effet, il entra chez lui pour mettre une redingote par-dessus son uniforme, car la nuit était froide et humide, puis, prenant un chapeau rond, il descendit dans la cour et se mit à visiter les postes, à parcourir les cours, les passages, le jardin, pour s'assurer que le calme régnait bien partout. Il n'entendit pas le moindre bruit, ni autour du château ni dans les rues adjacentes. Les différents postes se relevaient avec vigilance et la garde, qui s'était réinstallée dans la grande tente sur la place d'Armes et avait mis ses canons en batterie devant la porte, faisait le service avec la même régularité qu'avant le 14 juillet.

Telle est la relation exacte de ce qui se passa le 6 octobre à Versailles. Le tort de M. de La Fayette, s'il en eut un, n'a pas été dans cette heure de sommeil qu'il prit sur un canapé et tout habillé, dans le salon de Mme de Poix, et qu'on lui a tant reprochée, mais dans la complète ignorance où il a été de la conspiration du duc d'Orléans, dont les fauteurs se dirigeaient sur Versailles en même temps que lui, sans qu'il s'en doutât. Ce misérable prince, après avoir siégé dans l'Assemblée, à plusieurs reprises, le 5 octobre, était reparti le soir pour Paris, ou du moins il eut l'air d'y aller.

En effet, comme on le verra plus loin, j'acquis la certitude de sa présence à Versailles pendant la tentative qui fut faite pour assassiner la reine.

M. de La Tour du Pin, après la ronde nocturne qu'il venait de faire, n'ayant rien entendu de nature à laisser craindre le moindre désordre, revint au ministère[79]. Cependant, au lieu de se rendre dans son cabinet ou dans sa chambre, donnant, ainsi que la mienne, sur la rue du Grand-Commun, il resta dans la salle à manger et se mit à la fenêtre, au grand air, de peur de s'endormir. Il est bon d'expliquer ici que la cour des princes était alors fermée par une grille, près de laquelle se tenait en faction un garde du corps, parce que c'était là que commençait la garde de la personne du roi, service particulièrement dévolu aux gardes du corps et aux Cent-Suisses. Dans l'intérieur de cette petite cour existait un passage qui communiquait avec la cour royale, afin d'éviter aux gardes du corps du poste installé près de la voûte de la chapelle, dans la cour royale, au coin de la cour de marbre, d'être obligés, lorsqu'ils allaient relever les factionnaires, de sortir par la grille du milieu de la cour royale pour rentrer par celle de la cour des princes. On verra tout à l'heure combien la connaissance de ce passage était nécessaire aux assassins.

Le jour commençait à paraître. Il était plus de 6 heures, et le silence le plus profond régnait dans la cour. M. de La Tour du Pin, appuyé sur la fenêtre, crut entendre comme les pas de gens nombreux semblant monter la rampe qui, de la rue de l'Orangerie[80], menait dans la grande cour[81]. Puis quelle fut sa surprise de voir une foule de misérables déguenillés entrer par la grille alors que celle-ci était fermée à clef. Cette clef avait donc été livrée par trahison. Ils étaient armés de haches et de sabres. Au même moment, mon mari entendit un coup de fusil. Pendant le temps qu'il mit à descendre l'escalier et à se faire ouvrir la porte du ministère, les assassins avaient tué M. de Vallori[82], le garde du corps de faction à la grille de la cour des princes, et avaient franchi le passage dont je viens de parler pour se diriger sur le corps de garde de la cour royale. Une partie d'entre eux — ils n'étaient pas deux cents — se précipita dans l'escalier de marbre, tandis que l'autre se jeta sur le garde du corps[83] de faction, que ses camarades avaient abandonné sans défense en dehors du corps de garde, dans lequel ils s'étaient enfermés, et que les assassins n'essayèrent pas de forcer. Pourtant ces gardes du corps étaient là dix ou douze. Ils auraient pu tirer, sabrer quelques-uns de ces misérables, secourir leur camarade. Ils n'en firent rien. Aussi le malheureux factionnaire, après avoir tiré son coup de mousqueton, dont il tua le plus rapproché de ses assaillants, fut écharpé à l'instant par les autres. Puis, cette lâche besogne accomplie, les envahisseurs coururent rejoindre l'autre partie de la bande qui, à ce moment, avait forcé la garde des Cent-Suisses, placée au haut de l'escalier de marbre. On a beaucoup blâmé ces colosses de ne pas avoir défendu cet escalier avec leurs longues hallebardes. Mais il est probable qu'il n'y en avait qu'un seul de garde à l'escalier, comme de coutume, tant on était certain qu'il n'arriverait rien, et que les fortes grilles, toutes hermétiquement fermées, opposeraient une résistance assez longue pour qu'on pût se mettre en défense.

La preuve que l'on n'avait pris aucune précaution extraordinaire, c'est que les assassins, parvenus au haut de l'escalier de marbre, et conduits certainement par quelqu'un qui connaissait le chemin à suivre, tournèrent dans la salle des gardes de la reine, où ils tombèrent à l'improviste sur le seul garde

aposté en ce lieu. Ce garde se précipita à la porte de
la chambre à coucher, qui était fermée en dedans, et
ayant frappé à plusieurs reprises avec la crosse de
son mousqueton, il cria : « Madame, sauvez-vous, on
vient vous tuer. » Puis, résolu à vendre chèrement
sa vie, il se mit le dos contre la porte ; il décharge
d'abord son mousqueton, se défend ensuite avec son
sabre, mais est bientôt écharpé sur place par ces
misérables qui, heureusement, n'avaient pas d'armes
à feu. Il tombe contre la porte, et son corps empê-
chant les assassins de l'enfoncer, ceux-ci le poussè-
rent dans l'embrasure de la fenêtre, ce qui le sauva.
Abandonné là sans connaissance jusqu'après le départ
du roi pour Paris, il fut alors recueilli par des amis.
Ce brave, nommé Sainte-Marie[84], vivait encore à la
Restauration.

Pendant ce temps, nous dormions, ma belle-sœur
et moi, dans une chambre de l'appartement de ma
tante, Mme d'Hénin. Ma fatigue était très grande, et
ma belle-sœur eut de la peine à me réveiller pour me
dire qu'elle croyait entendre du bruit au dehors et
pour me prier d'aller écouter à la fenêtre, qui donnait sur les plombs, d'où il provenait. Je me secouai,
car j'étais très endormie, puis étant montée sur la
fenêtre, je m'avançai sur le plomb, dont la saillie
trop grande m'empêchait de voir la rue[85], et j'entendis distinctement un nombre de voix qui criaient :
« À mort ! à mort ! tue les gardes du corps ! » Mon
saisissement fut extrême. Comme je ne m'étais
déshabillée, non plus que ma belle-sœur, nous nous
précipitâmes toutes deux dans la chambre de ma
tante, qui donnait sur le parc[86], et d'où elle ne pouvait rien entendre. Sa frayeur fut égale à la nôtre.
Aussitôt nous appelâmes ses gens. Avant qu'ils ne
soient réveillés, nous voyons accourir ma bonne et
dévouée Marguerite, pâle comme la mort, qui, se
laissant tomber sur la première chaise à sa portée,

s'écrie : « Ah ! mon Dieu ! nous allons tous être massacrés. » Cette exclamation fut loin de nous rassurer. La pauvre femme était tellement hors d'haleine
qu'elle pouvait à peine parler. Au bout d'un instant,
cependant, elle nous dit « qu'elle était sortie de ma
chambre, au ministère, dans l'intention de venir me
retrouver afin de savoir si je n'avais pas besoin de ses
services, mon mari lui ayant dit la veille que je resterais dans le château ; qu'en descendant les marches
du perron, elle avait découvert une troupe nombreuse de gens, de la lie du peuple, dont un [87], avec sa
longue barbe — connu comme un modèle de l'Académie — était occupé à couper la tête d'un garde du
corps [88] qu'on venait de massacrer ; qu'en passant
devant la grille de la rue de l'Orangerie [89], elle avait
vu arriver un *monsieur*, en bottes très crottées et un
fouet à la main, qui n'était autre que le duc d'Orléans, qu'elle connaissait parfaitement pour l'avoir
vu bien souvent ; que d'ailleurs, les misérables qui
l'entouraient témoignaient leur joie de le voir en
criant : "Vive notre roi d'Orléans !" tandis qu'il leur
faisait signe, avec la main, de se taire ». Ma bonne
Marguerite ajoutait « qu'à la pensée que son tablier
blanc et sa robe très propre, au milieu de cette
canaille, pouvaient la faire remarquer, elle s'était
enfuie en enjambant le corps d'un garde [90] tombé en
travers de la grille de la cour des princes ».

À peine finissait-elle cet émotionnant récit, que
mon mari arriva. Il nous décida à quitter l'appartement de ma tante, trop rapproché, à son avis, de ceux
du roi et de la reine, et nous conseilla de rejoindre
Mme de Simiane, chez une de ses anciennes femmes
de chambre, qui demeurait près de l'Orangerie.

Au bout de deux heures, qui me parurent des
siècles, mon mari m'envoya son valet de chambre
pour m'apprendre que l'on emmenait le roi et la
reine à Paris, que les ministres, les administrations

et l'Assemblée nationale quittaient Versailles, où lui-même avait ordre de rester pour empêcher le pillage du château, après le départ du roi; qu'on lui laissait dans ce but un bataillon suisse, la garde nationale de Versailles, dont le commandant en chef, M. d'Estaing, avait donné sa démission, et un bataillon de la garde nationale de Paris.

Vers 3 heures, Mme d'Hénin revint me chercher et m'annonça que le triste cortège était parti pour Paris, la voiture du roi précédée des têtes des gardes du corps que leurs assassins portaient au bout d'une pique. Les gardes nationaux de Paris, entourant la voiture, et ayant échangé leurs chapeaux et leurs baudriers avec ceux des gardes du corps et des Suisses, marchaient pêle-mêle avec les femmes et le peuple. Cette horrible mascarade alla au petit pas jusqu'aux Tuileries, suivie de tout ce qu'on avait pu trouver de véhicules pour transporter l'Assemblée nationale.

Cependant, en montant en voiture, Louis XVI avait dit à M. de La Tour du Pin : « Vous restez maître ici. Tâchez de me sauver mon pauvre Versailles. » Cette injonction représentait un ordre auquel il était fermement résolu d'obéir. Il se concerta avec le commandant du bataillon de garde nationale de Paris qu'on lui avait laissé, homme très déterminé et qui montra la meilleure volonté... c'était Santerre !

Je quittai mon asile avec ma tante et revins au ministère. Une affreuse solitude régnait déjà à Versailles. On n'entendait d'autre bruit dans le château que celui des portes, des volets, des contrevents que l'on fermait et qui ne l'avaient plus été depuis Louis XIV. Mon mari disposait toutes choses pour la défense du château, persuadé que, la nuit venue, les figures étrangères et sinistres que l'on voyait errer dans les rues et dans les cours, jusque-là encore ouvertes, se réuniraient pour livrer le château au

pillage. Effrayé pour moi du désordre qu'il prévoyait, il exigea que je partisse avec ma tante.

Nous ne voulions pas aller à Paris, dans la crainte
qu'on n'en fermât les portes et que je ne me trou-
vasse séparée de mon mari sans pouvoir le rejoindre.
Mon désir eût été de rester à Versailles. Près de lui
je n'avais peur de rien. Mais il se préoccupait des
conséquences funestes que pourraient avoir pour
mon état de grossesse de nouvelles frayeurs semblables à celles que je venais d'éprouver. Ma présence paralysait, disait-il, les efforts qu'il était de son
devoir de faire pour répondre à la confiance du roi.
Enfin, il me décida à partir pour Saint-Germain et à
aller attendre les événements dans l'appartement de
M. de Lally, au château. C'était celui de ma famille,
que ma grand'tante, Mlle Dillon, lui avait laissé tout
meublé.

Nous fîmes la route dans une mauvaise carriole,
ma tante et moi, accompagnées d'une femme de
chambre originaire de Saint-Germain. Les chevaux
et les voitures de mon beau-père étaient partis pour
Paris, et on n'aurait pas trouvé, pour quelque somme
que ce fût, un moyen de transport à Versailles. Le
trajet dura trois longues heures. Les cahots du pavé
de la route, plus les 180 marches que je dus gravir
pour arriver au logement où la vieille concierge fut
bien surprise de me voir, achevèrent de m'épuiser.
Je me trouvai très mal et, avant la fin de la nuit, tous
les symptômes d'une fausse couche devinrent mena-
çants. Une terrible saignée que l'on me fit empêcha
cet accident, mais me réduisit à un état de faiblesse
tel que je fus plusieurs mois à me rétablir.

CHAPITRE XI

Au bout de quinze jours je partis pour Paris, où je m'installai chez ma tante, rue de Verneuil, en attendant que l'hôtel de Choiseul, affecté au département de la guerre, fût prêt.

Mon beau-père était provisoirement campé dans une maison qui appartenait, je crois, aux *Menus plaisirs*[91], près du Louvre. J'allais tous les jours dîner chez lui et faire les honneurs de son salon. Mais j'étais restée d'une pâleur si effrayante, quoique je ne souffrisse pas beaucoup, qu'à ma vue des gens qui ne me connaissaient pas prenaient un air épouvanté. J'avais entièrement perdu l'appétit. Mon mari et mon beau-père se désolaient de voir que l'on ne pouvait rien trouver que je voulusse manger. Cependant j'avançais dans ma grossesse, qui ne paraissait pas et que tout le monde contestait.

Au commencement de l'hiver, nous allâmes nous établir à l'hôtel de Choiseul, superbe maison où j'avais un charmant appartement, entièrement distinct de celui de mon beau-père, avec lequel il communiquait cependant par une porte donnant accès dans un des salons. Un joli escalier séparé ne menait que chez moi. C'était comme une jolie maison à part, ayant vue sur des jardins, aujourd'hui tous bâtis. Mon mari, chargé par son père de beaucoup d'affaires importantes, était très occupé. Je ne le voyais guère qu'au déjeuner, que nous faisions tête à tête, et au dîner.

Mon beau-père cessa de donner de grands dîners quand on fut à Paris. Mais il avait tous les jours une table de douze à quinze personnes, soit des députés, soit des étrangers, ou des personnages marquants. On dînait à 4 heures. Une heure après le dîner et après s'être entretenu dans le salon avec les quelques personnes qui venaient au *café*, selon l'usage de Versailles, mon beau-père rentrait dans son cabinet. Je retournais alors chez moi ou je sortais pour aller dans le monde.

La reine avait rendu ses loges en arrivant à Paris, et ce mouvement de dépit bien naturel, mais fort maladroit, avait encore plus indisposé les Parisiens contre elle. Cette malheureuse princesse ne connaissait pas les ménagements, ou ne voulait pas les employer. Elle témoignait ouvertement de l'humeur à ceux dont la présence lui déplaisait. En se laissant aller ainsi à des mouvements dont elle ne calculait pas les conséquences, elle nuisait aux intérêts du roi. Douée d'un grand courage, elle avait fort peu d'esprit, aucune adresse, et surtout une défiance, toujours mal placée, envers ceux qui étaient le plus disposés à la servir. Après le 6 octobre, ne voulant pas reconnaître que l'affreux danger qui l'avait menacée était l'ouvrage d'un complot ourdi par le duc d'Orléans, elle faisait peser son ressentiment sur tous les habitants de Paris indistinctement et évitait toutes les occasions de paraître en public.

Je regrettai beaucoup l'habitude d'aller dans les loges de la reine et, craignant la foule, je n'assistai à aucun spectacle pendant l'hiver de 1789 à 1790. Souvent je réunissais huit ou dix personnes dans mon appartement pour des petits soupers auxquels mon beau-père ne prenait jamais part, car il se couchait de très bonne heure et se levait de grand matin.

C'est pendant les premiers mois de 1790 que le parti démagogique employa tous les moyens pour corrompre l'armée. Chaque jour, il arrivait quelque fâcheuse nouvelle. Tel régiment avait pillé sa caisse, tel autre avait refusé de changer de garnison. Ici les officiers avaient émigré ; là une ville envoyait un député à l'Assemblée pour demander le déplacement du régiment qui s'y trouvait, sous prétexte que les officiers étaient *aristocrates* et ne fraternisaient pas avec les bourgeois. Mon pauvre beau-père périssait sous l'accablant labeur provoqué par ces mauvaises nouvelles. Beaucoup d'officiers partaient sans congé pour sortir de France, et cet exemple d'indiscipline, dont les sous-officiers profitaient, encourageait la révolte.

Le 19 mai, j'accouchai d'un garçon bien portant et qui a fait mon bonheur pendant vingt-cinq ans. Mme d'Hénin, venue de Suisse pour mes couches, en fut la marraine et mon beau-père le parrain. On le nomma Humbert-Frédéric[92]. Les prêtres célébraient encore le culte sans serment, et mon fils reçut le baptême dans la paroisse de Saint-Eustache. On ne me permit pas de le nourrir, comme je le souhaitais, ma santé ayant été trop éprouvée dans les premiers mois de ma grossesse, et ma faiblesse étant encore très grande. Une bonne nourrice venue de Villeneuve-Saint-Georges se chargea donc de lui, et bientôt il prit un embonpoint qui lui manquait en naissant, car il n'avait que la peau et les os.

La cour, à Paris, se tenait toujours selon la coutume de Versailles, à l'exception de la messe, où l'on n'alla plus dès que le décret qui ordonnait le serment aux prêtres fut promulgué. Le dîner avait lieu comme à Versailles. Lorsque je relevai de couches, je me rendis chez la reine, en grand habit. Elle m'accueillit avec la plus grande obligeance. Mme d'Hénin avait donné sa démission en partant pour la Suisse, et il fut question de moi pour la remplacer dans son service. Mais la reine s'y opposa. On parlait déjà de nommer mon mari ministre en Hollande, et comme je devais naturellement l'y accompagner, la reine émit l'avis qu'il ne valait pas la peine de commencer mon service pour l'interrompre aussitôt. « D'ailleurs, ajouta-t-elle, qui sait si je ne l'exposerais pas encore à des dangers comme ceux du 5 octobre ? »

Je ne me souviens plus des causes qui inspirèrent l'idée de faire *fraterniser*, comme on disait alors, tous les corps militaires de l'État, en envoyant à Paris le plus ancien de chaque grade, pour s'y trouver le 14 juillet, anniversaire de la prise de la Bastille. Le *Moniteur* rend compte de la séance où cette résolution fut prise.

Les gardes nationales, qui s'étaient organisées dans tout le royaume pendant l'année qui venait de s'écouler, envoyèrent aussi des députations composées de leurs officiers les plus élevés en grade et de simples gardes les plus âgés. On commença les travaux préparatoires dès la fin de juin.

Le Champ de Mars, en face de l'École militaire, présentait à cette époque l'aspect d'une pelouse bien nivelée, où s'exerçaient les élèves de l'école et où le régiment des gardes françaises manœuvrait.

Il n'y avait alors de garnison ni à Paris ni aux environs. Les gardes françaises étaient la seule troupe qui fût dans la ville. Leur nombre se montait, je crois, à 2 000 hommes tout au plus. Ils fournissaient un détachement à Versailles, lequel se renouvelait toutes les semaines. À Courbevoie était cantonné le régiment des gardes suisses, qu'on ne voyait jamais à Paris. Les gardes du corps comprenaient quatre compagnies. Une seule était de service à Versailles. Les autres occupaient des villes voisines : Chartres, Beauvais, Saint-Germain. Aucune autre troupe ne paraissait jamais ni à Versailles, ni à Paris, où l'on ne voyait d'uniformes que ceux des sergents recruteurs de divers régiments. Ces sergents se tenaient ordinairement soit au bas du Pont-Neuf, soit sur le quai de la Ferraille, attendant l'occasion de racoler quelque jeune ouvrier mécontent ou quelque mauvais sujet dont ils débarrassaient Paris.

Mon mari fut chargé par son père de passer en revue toutes les députations et de s'occuper de leur logement, de leur nourriture et même de leurs plaisirs ; car tous les théâtres eurent ordre de réserver des places gratis pour les vieux soldats et des loges pour les officiers. Un grand nombre logèrent aux Invalides et à l'École militaire. Le peuple de Paris s'employa avec transport aux travaux à entreprendre au Champ de Mars. Tout fut terminé en quinze jours. Le grand cirque ou amphithéâtre en terre qu'on y voit maintenant fut élevé par deux cent mille personnes de toute condition et de tout âge, hommes et femmes. Un spectacle aussi extraordinaire ne se reverra jamais. On commença par tracer le cirque et à l'élever avec quatre pieds de terre prise au milieu de l'arène. Mais cela n'ayant pas suffi, on en transporta de la plaine de Grenelle et des terrains, d'un relief assez élevé, compris entre l'École militaire et les Invalides, et qui furent aplanis. Des milliers de brouettes étaient poussées par des gens de toutes qualités. Il existait encore, à Paris, plusieurs couvents de moines portant leur habit. Aussi voyait-on des filles publiques, bien reconnaissables à leur costume, attelées à de petits tombereaux à bras, nommés camions, avec des capucins ou des récollets ; à côté, des blanchisseuses avec des chevaliers de Saint-Louis, et dans ce rassemblement de toutes les classes de la société, pas le moindre désordre, pas la plus petite dispute. Chacun était mû par une seule et même pensée de confraternité. Tout possesseur de chevaux d'attelage les envoyait pendant quelques heures de la journée pour transporter des terres. Il n'y avait pas un garçon de boutique dans Paris qui ne fût au Champ de Mars. Tous les travaux étaient suspendus, tous les ateliers vides. On travaillait jusqu'à la nuit, et à la pointe du jour l'ouvrage reprenait. Un grand nombre des travailleurs bivouaquaient dans les allées latérales. Des petits cabarets ambulants, des tables chargées de comestibles grossiers, des tonneaux de vin remplissaient les grands fossés bâtis qui entourent le Champ de Mars. Enfin, le 13 juillet au soir, nous allâmes, ma belle-sœur, arrivée depuis peu à Paris, et moi, nous établir à l'École militaire, dans un petit appartement qui donnait sur le Champ de Mars, afin d'être toutes portées le lendemain matin. Mon beau-père y avait fait envoyer un beau repas et des vivres, pour offrir un copieux déjeuner aux militaires qui pourraient avoir l'intention de venir nous voir pendant la cérémonie. Cette précaution fut d'autant plus utile qu'on avait oublié, aux Tuileries, de rien apporter pour les enfants du roi, et, l'heure ordinaire de leur dîner étant arrivée avant la fin de cette représentation mensongère destinée à unir à jamais le roi à son peuple, M. le Dauphin fut fort heureux de profiter de notre collation.

Le pauvre prince avait un petit uniforme de garde national. En passant devant un groupe d'officiers de ce corps, réunis au bas de l'escalier pour recevoir le roi, la reine leur dit gracieusement, en montrant son fils : « Il n'a pas encore le bonnet. — Non, madame, répondit l'un des officiers, mais il en a beaucoup à son service. » Cette première garde nationale, il est vrai, était composée de tous les éléments sages de la population de Paris. On avait considéré que c'était le moyen d'élever une digue contre l'esprit révolutionnaire. Tous les négociants, les gros marchands, les banquiers, les propriétaires, les membres des hautes classes qui n'avaient pas encore quitté la France, en faisaient partie. Dans la société, tous les hommes au-dessous de cinquante ans y étaient inscrits et faisaient très exactement leur service. M. de La Fayette lui-même, que l'on a tant attaqué, ne songeait pas alors à la République pour la France, quelles que fussent les idées qu'il avait rapportées d'Amérique sur ce genre de gouvernement. Il désirait autant qu'aucun de nous l'établissement d'une sage liberté et l'abolition des abus. Mais je suis certaine qu'il n'avait pas alors la moindre pensée ni le désir de renverser le trône et qu'il ne les a jamais eus. La haine sans bornes que la reine lui portait et qu'elle lui témoignait chaque fois qu'elle l'osait, l'aigrit cependant autant que le comportait son caractère, doux jusqu'à la niaiserie. Toutefois, il n'était pas faible, et sa conduite sous l'Empire l'a bien prouvé. Il a résisté à toutes les démarches, les offres, les cajoleries de Napoléon. La Restauration s'est montrée injuste envers lui. Mme la Dauphine [93] avait hérité de la haine que lui portait la reine. Elle avait accueilli tous les contes absurdes inventés à son sujet, depuis le sommeil du 6 octobre 1789 jusqu'au reproche d'avoir été le geôlier du roi après la fuite de la famille royale à Varennes. Mais revenons à la fédération de 1790.

Un autel avait été élevé dans le Champ de Mars et une messe y fut célébrée par le moins recommandable des prêtres français. L'abbé de Périgord, depuis prince de Talleyrand, avait été nommé évêque d'Autun, lorsque M. de Marbœuf avait passé au siège de Lyon. Quoiqu'il eût été l'agent du clergé, ce qui assurait l'épiscopat après cinq ans d'exercice de cette place, le roi, mécontent, à juste titre, de sa conduite ecclésiastique, s'était refusé à lui conférer l'épiscopat. Ce prince avait mis, à ce refus, une fermeté bien éloignée de son caractère ordinaire, mais provoquée dans l'occasion par sa conscience religieuse. Cependant, lorsque le comte de Talleyrand, père de l'abbé, aux sollicitations de qui le roi avait résisté jusqu'alors, fut sur son lit de mort et qu'il demanda cette faveur comme la dernière, le roi ne put résister plus longtemps. Il nomma l'abbé de Périgord à l'évêché d'Autun.

Ce fut lui qui célébra la messe à la fédération de 1790. Son frère Archambauld la servit, et quoiqu'il eût fortement nié le fait quand il rejoignit les princes à Coblentz, je l'ai vu de mes yeux, en habit doré et l'épée au côté, au pied de l'autel.

Rien au monde ne peut donner l'idée de ce rassemblement. Les troupes rangées en bon ordre au milieu de l'arène ; cette multitude d'uniformes différents se mêlant à celui de la garde nationale, brillant de nouveauté ; debout sur le talus du cirque une foule compacte, qui, au moment d'une pluie assez abondante, déploya des milliers de parapluies de toutes les couleurs imaginables ; tout cela constituait le spectacle le plus surprenant qu'on pût voir, et j'en jouissais des fenêtres de l'École militaire, où j'étais installée.

On avait construit, en avant du balcon du milieu, une belle tribune très ornée. Elle s'avançait jusqu'auprès de la coupure ménagée dans le cirque, et rapprochait la famille royale de l'autel ainsi que des spectateurs. L'infortunée famille royale comprenait ce jour-là le roi, la reine, leurs deux enfants[94], Mme Élisabeth[95], Monsieur et Madame[96]. Relevée de couches depuis deux mois seulement, j'étais encore très faible. Je ne descendis pas sur la tribune. Je me trouvai cependant sur le passage de la reine et, accoutumée depuis longtemps aux impressions de son visage, je vis qu'elle se faisait grande violence pour cacher sa mauvaise humeur, sans y parvenir néanmoins assez pour son intérêt et pour celui du roi.

Vers la fin de juillet 1790, j'étais assez bien remise de mes couches. Ma tante voulut retourner à Lausanne, et mon mari, connaissant mon désir de voir la Suisse, me permit d'y faire un voyage de six semaines.

En arrivant à Lausanne, M. de Lally, qui nous avait précédées, me remit plusieurs lettres écrites par mon mari, depuis son retour à Paris. Il me racontait tout ce qui s'était passé à Nancy. Ces détails sont du domaine de l'histoire. Je relaterai néanmoins ceux qui ont rapport à M. de La Tour du Pin. Il était parti de Paris ayant reçu du roi l'ordre d'agir avec la plus grande sévérité envers la garnison révoltée, si, après avoir été sommée à plusieurs reprises de se soumettre, elle persistait dans sa rébellion.

M. le marquis de Bouillé, qui avait acquis une grande réputation militaire pendant la guerre d'Amérique, exerçait le commandement général en Lorraine et en Alsace. On lui prescrivit d'assembler ceux des régiments d'infanterie et de cavalerie sur lesquels il pouvait compter, et de s'approcher de Nancy. M. de La Tour du Pin, envoyé par lui en parlementaire dans la ville, se rendit chez M. de Malseigne, commandant de la place, retenu prisonnier par les révoltés, ainsi que les officiers restés fidèles à leurs devoirs. Mon mari, ayant épuisé tous les moyens de conciliation, ressortit pour communiquer au général la mauvaise nouvelle de la résistance obstinée des trois régiments. Ceux-ci n'osèrent pas le retenir, soit qu'ils eussent été embarrassés de sa personne, soit que, plus prudents, ils espérassent pouvoir obtenir plus tard son intervention pour faire leur soumission, au cas où ils ne seraient pas vainqueurs. M. de La Tour du Pin rejoignit M. de Bouillé à Toul, et l'on se disposa à marcher sur Nancy. La

détention de M. de Malseigne dans cette ville donnait lieu à une vive appréhension. Je ne me souviens
plus comment il trouva le moyen de se procurer son
cheval tout sellé, sans que ses gardiens s'en aper-
çussent. Le fait que s'étant présenté à la porte,
tranquillement, comme un paisible promeneur, la
sentinelle le laissa passer. Une fois dehors, il prit un
chemin de traverse qu'il connaissait et gagna la
route de Nancy à Lunéville, où se trouvait en garnison son ancien régiment de cuirassiers. Cinq lieues
de poste séparent Nancy de Lunéville. Il fit les trois
premières au petit galop, mais s'apercevant alors
qu'on le poursuivait, il mit les éperons dans le ventre
de son cheval. Arrivé près de Lunéville, la crainte lui
vint d'être arrêté au passage du pont. Découvrant
à ce moment, de l'autre côté de la rivière qu'il
côtoyait, les cuirassiers sur le champ de manœuvres,
il poussa son cheval dans l'eau et traversa la rivière à
la nage. Ceux qui le poursuivaient n'osèrent pas en
faire autant et s'en retournèrent fort confus à Nancy.

M. de Bouillé, débarrassé de la crainte de compromettre la vie de M. de Malseigne, marcha le
lendemain sur Nancy. Un régiment suisse — Salis-
Samade — formait l'avant-garde. En approchant de
la porte, constituée par un simple arc avec une
grille, la troupe de tête aperçut une compagnie du
régiment du Roi qui gardait une pièce de canon placée au milieu de la porte. En avant se tenait un
jeune officier criant aux siens: «Ne tirez pas», et
faisant signe qu'il voulait parler. M. de La Tour du
Pin s'avança. Mais, au même instant, les soldats
insurgés tirèrent, et les canonniers mirent le feu à
leur pièce, chargée à mitraille. La décharge, en prenant la colonne du régiment suisse dans sa longueur, tua beaucoup de monde, principalement des
officiers qui se trouvaient presque tous en avant.
M. de La Tour du Pin eut son cheval tué, et fit une

chute terrible. Tout d'abord on le crut mort, jusqu'au moment où son valet de chambre, qui était là
en amateur, l'eut rejoint dans le champ où son cheval l'avait emporté avant de tomber. Pendant ce
temps le reste de la colonne forçait la porte et entrait
dans la ville. Le jeune officier, M. Desilles, qui cherchait à empêcher les mutinés de tirer, fut criblé de
coups par la décharge des siens. Il resta sur place,
atteint de dix-sept blessures. Cependant, il ne mourut que six semaines après, des suites d'une seule de
ces blessures, dont on n'avait pu extraire la balle.

Le régiment de Châteauvieux, soumis, demanda
à se faire justice lui-même, ainsi qu'il était spéci-
fié dans les capitulations des régiments suisses. Un
conseil de guerre, composé d'officiers de trois de ces
corps, se tint en plein air le lendemain de l'affaire, et
vingt-sept des plus mutins furent condamnés et exécutés sans désemparer. Les deux régiments français
furent cassés et disséminés dans d'autres corps.
Quelques-uns des soldats révoltés furent fusillés, un
plus grand nombre envoyés aux galères, et tout cela
n'arrêta pas le mouvement insurrectionnel des
troupes. L'armée fut perdue pour la royauté le jour
où la pensée de l'émigration entra dans la tête des
officiers, et lorsqu'ils crurent pouvoir, sans déshonneur, abandonner leurs drapeaux au lieu de faire
tête à l'orage. Les sous-officiers se trouvèrent là tout
prêts à prendre leur place, et ainsi se constitua le
noyau de l'armée qui a conquis l'Europe.

Mon mari, aussitôt que la garnison de Nancy eut
mis bas les armes, revint en porter la nouvelle à
Paris. Son père le mena tout crotté chez le roi, et on
dérogea, pour cette fois-là, à l'étiquette qui défendait aux uniformes de se montrer à la cour[97].

Il y avait beaucoup d'émigrés à Lausanne. Comme
je ne me plaisais pas dans leur société, à cause de

leur exagération, dès que Mme de Montesson fut établie aux Pâquis, près de Genève, je m'empressai de l'y rejoindre, et j'allai loger, avec Mme de Valence, dans une petite maison distincte de celle de Mme de Montesson.

Heureusement je ne restai que trois ou quatre semaines à Genève ou, pour mieux dire, aux Pâquis. Mon mari vint me chercher et me ramena à Paris. Comme il était pressé et qu'il voulait passer par l'Alsace pour y rencontrer M. de Bouillé, nous quittâmes Genève et traversâmes la Suisse, en partant de grand matin, afin d'avoir quelques heures de jour pour visiter Berne, Soleure et Bâle.

M. de Bouillé vint au-devant de nous entre Huningue et Neuf-Brisach, et j'attendis patiemment dans la voiture pendant que mon mari s'entretenait avec lui en se promenant sur la route. Après une matinée consacrée à Strasbourg, nous allâmes coucher à Saverne, et de là à Nancy. En parcourant cette ville au clair de lune, nous passâmes devant le logis du malheureux M. Desilles, qui était mourant. On avait placé une sentinelle à la porte pour empêcher qu'on parlât sous sa fenêtre. Quelques jours après il succombait. Nous fîmes, sans nous arrêter, le trajet de Nancy à Paris, où je retrouvai mon cher enfant très bien portant et très embelli. Il avait une excellente nourrice, et ma bonne Marguerite veillait sur celle-ci et sur l'enfant avec une sollicitude incomparable, qui ne s'est jamais démentie chez cette brave fille.

CHAPITRE XII

Je repris ma vie de Paris, à l'hôtel de la guerre. Presque tous les matins je montais à cheval. Mon cousin Dominique Sheldon m'accompagnait. J'allais souvent au spectacle avec la jeune Mme de Noailles, dont la mère, Mme de Laborde, ne sortait pas. D'ailleurs la fierté des Mouchy, des Poix et des Noailles ne se serait pas arrangée d'un pareil chaperon. On avait bien voulu des écus de Mlle de Laborde, mais on reniait un peu ses parents. Le prince de Poix, son beau-père, qui m'aimait beaucoup, trouvait très agréable de m'avoir pour accompagner sa belle-fille, dont les seize ans s'inclinaient avec une sorte de considération devant mes vingt ans. La princesse de Poix, de son côté, me témoignait beaucoup d'amitié et de bonté, et voyait avec plaisir la femme de son fils sortir avec moi dans le monde. J'ai toujours été complètement étrangère à cette petitesse d'âme qui rend jalouse du succès des autres jeunes femmes, et je jouissais très sincèrement de celui de Mme de Noailles. Nathalie était pour moi comme une jeune sœur, et nous étions souvent coiffées et mises de même.

Je ne puis me rappeler, cependant, pourquoi je ne suis jamais allée à Méréville, magnifique habitation de M. de Laborde, dans la Beauce. Mais je soupais souvent à l'hôtel de Laborde, rue d'Artois, avec

Mme de Poix. On y entendait toujours de très bonne musique, exécutée par tous les meilleurs artistes de Paris. Quant à mes amis de l'hôtel Rochechouart, ils ne rentraient qu'assez tard à Paris de leur beau château de Courteilles.

Mon beau-père se dégoûtait chaque jour davantage du ministère. Tous les régiments de l'armée, à peu de chose près, s'étaient soulevés. La plus grande partie des officiers, au lieu d'opposer une fermeté constante aux efforts des révolutionnaires, envoyaient leur démission et sortaient de France. L'émigration se transformait en un point d'honneur. Les officiers restés dans leurs régiments ou dans leurs provinces recevaient des officiers émigrés des lettres leur reprochant leur lâcheté, leur peu d'attachement pour la famille royale. On envoyait par la poste aux vieux gentilshommes réfugiés dans leurs manoirs des paquets renfermant de petites quenouilles, des caricatures insultantes. On cherchait à leur imposer comme un devoir l'abandon de leur souverain. On leur promettait l'intervention des innombrables armées de l'étranger. Le roi, dont la faiblesse égalait la bonté, se serait fait un scrupule d'arrêter ce torrent. Aussi tous les jours pouvait-il constater le départ de quelque personne de son parti, et même de sa maison.

Mon beau-père, impuissant devant les intrigues de l'Assemblée et ne trouvant pas dans le roi la fermeté qu'il était en droit d'en attendre, résolut de quitter le ministère[98]. On proposa à mon mari de lui succéder. Il venait de terminer un plan d'organisation de l'armée qui était entièrement son ouvrage. Le roi lui-même trouvait que l'auteur du plan était capable de le mettre à exécution. Mon mari refusa. Il ne voulut pas succéder à son père, craignant que la chose ne fût mal interprétée.

C'est alors qu'on lui donna la place de ministre

plénipotentiaire en Hollande. On était dans les derniers jours de décembre 1790. Mais il fut convenu
qu'il ne rejoindrait son poste que lorsque le roi
aurait accepté la Constitution, à laquelle l'Assemblée nationale devait mettre la dernière main avant
la fin de l'hiver.

Ayant quitté l'hôtel de la guerre, nous allâmes
nous établir dans la maison de ma tante, Mme d'Hénin, rue de Varenne, près de la rue du Bac. Elle y
avait fait transporter tous ses meubles de la rue de
Verneuil, dont elle avait cédé la location. Cette maison était fort commode. Nous nous y établîmes avec
ma belle-sœur, Mme de Lameth, ses deux enfants et
mon beau-père.

Au printemps de 1791, mon mari fit ses préparatifs de départ pour la Hollande. Nous emballâmes
nos effets et nos caisses furent envoyées à Rotter-
dam par mer. Nous vendîmes nos chevaux de selle
et je partis avec mon fils et sa nourrice pour Hénencourt, où se trouvait déjà ma belle-sœur. M. de La
Tour du Pin vint y passer quelque temps et retourna
à Paris pour terminer ses affaires. Mais M. de Montmorin l'informa que le roi désirait qu'il ne partît
que le lendemain du jour où la Constitution, que
l'on devait bientôt lui présenter, aurait reçu la sanc-
tion royale. M. de La Tour du Pin resta à Paris.
J'allai l'y rejoindre pendant quelques jours pour
voir l'indécente parade du convoi de Voltaire, dont
on porta les restes au Panthéon.

Je vivais à Hénencourt tranquillement avec ma
belle-sœur, lorsque mon nègre, Zamore, entra un
matin vers 9 heures dans ma chambre, très agité.
Il m'informa que deux hommes que personne ne
connaissait venaient de passer devant la grille en
disant que la veille au soir, le roi, ses deux enfants, la
reine et Mme Élisabeth avaient quitté Paris et qu'on

ignorait où ils étaient allés. Cette nouvelle me troubla fort et je voulus parler à ces hommes. Je courus à la grille de la cour, mais ils avaient déjà disparu et on ne savait ce qu'ils étaient devenus. Mon sentiment a toujours été qu'ils s'étaient réfugiés dans le village, situé au milieu d'une des grandes plaines de la Picardie. et d'où ils ne pouvaient par conséquent sortir inaperçus. Ils y restèrent cachés certainement jusqu'au soir.

Mon anxiété fut très grande. Je redoutai que mon mari ne fût compromis. Aussi pris-je la résolution d'envoyer Zamore à Paris en courrier, pour savoir quelque chose de certain. Il partit une heure après, mais avant son retour, je reçus par la poste un mot de M. de La Tour du Pin qui confirmait la nouvelle. Mon beau-frère revint d'Amiens, où il se trouvait, et nous passâmes deux jours dans une agitation que rien ne peut décrire. Ignorant la suite de l'aventure, les journées nous semblaient des siècles. Mon beau-frère ne nous permettait pas d'aller à Amiens, craignant qu'on ne fermât les portes et que nous ne pussions plus revenir à la campagne. Nous espérions que le roi aurait passé la frontière, mais nous n'osions calculer l'effet que cet événement causerait dans Paris. Mon inquiétude pour mon mari était à son comble, et cependant je n'osais aller le rejoindre, car il me l'avait défendu, lorsque le troisième jour au soir nous apprîmes par un homme venant d'Amiens l'arrestation du roi et son retour comme prisonnier à Paris. Une heure après Zamore arriva porteur d'une longue lettre de mon mari, qui était désespéré.

Je ne relaterai pas ici les détails de cette malheureuse fuite, si maladroitement organisée. Les mémoires du temps en ont rapporté toutes les circonstances. Mais ce que j'ai su par Charles de Damas, c'est qu'au moment de l'arrestation, il demanda à la reine de lui donner M. le Dauphin sur son cheval, qu'il aurait pu le sauver et qu'elle ne le voulut pas. Malheureuse princesse, qui se défiait de ses serviteurs les plus fidèles !

On avait proposé au roi, à Paris, de prendre deux fidèles jeunes gens, accoutumés à courir la poste, au lieu des deux gardes du corps qu'il emmena et qui n'avaient jamais monté que des chevaux d'escadron. Il refusa. Toute cette fuite, organisée par M. de Fersen, qui était un sot, fut une suite de maladresses et d'imprudences.

Monsieur et Madame[99] passèrent par une autre route, conduits par M. d'Avaray. Louis XVIII en a publié[100] le burlesque détail.

Ce ne fut qu'après une réclusion de deux mois que le roi se décida à accepter[101] la Constitution qui lui avait été présentée. Mon mari avait rédigé un long mémoire pour l'engager à la refuser. Il était en entier écrit de sa main, mais il n'était pas signé. M. de La Tour du Pin l'avait remis au roi de la main à la main. On le retrouva, après le 10 août, dans la fameuse armoire de fer. Le roi avait écrit en tête : «Remis par M. de G... pour m'engager à refuser la Constitution.» Quelques amis répandirent le bruit que l'initiale était celle de M. de Gouvion, tué au premier combat de la guerre, et c'est sous ce nom, je crois, que parut le mémoire lorsqu'on imprima les documents que contenait l'armoire de fer.

Après l'acceptation de la Constitution, pendant la seconde Assemblée, dite législative[102], il y eut quelques mois de répit, et je suis persuadée que, si la guerre n'avait pas été déclarée, si les émigrés étaient rentrés, comme le roi paraissait le désirer, les excès de la Révolution se seraient arrêtés. Mais le roi et la reine crurent à la bonne foi des puissances. Chaque parti se trompa mutuellement, et la France vit et trouva la gloire dans la défense de son territoire. Comme Napoléon le disait à Sieyès : « Si j'avais été à la place de La Fayette, le roi serait encore sur le trône, et — ajoutait-il en lui frappant sur l'épaule — vous, l'abbé, vous seriez trop heureux de me dire la messe. »

Nous partîmes pour La Haye au commencement d'octobre 1791. Ma belle-sœur nous accompagna avec ses deux fils et leur gouverneur. Sa santé était bien mauvaise, et la consomption dont elle mourut l'année suivante avait déjà fait beaucoup de progrès. Comme elle aimait beaucoup le monde, la pensée de passer l'hiver seule à Hénencourt lui était insupportable. Elle n'avait plus d'établissement à Paris.

Depuis que l'ambassade française avait été à peu près chassée de la Hollande et que le comte de Saint-Priest s'était retiré, en 1787, à Anvers, où M. de La Tour du Pin avait été envoyé auprès de lui, ainsi que je l'ai dit, la France n'était représentée à La Haye que par un chargé d'affaires, M. Caillard. C'était un diplomate consommé. Il fut très utile à mon mari, qui ne s'était jamais, jusqu'alors, occupé de diplomatie autrement que par la lecture de l'histoire, son étude favorite. Mais le caractère de M. Caillard sympathisait peu avec celui de M. de La Tour du Pin. Prudent jusqu'à la crainte, il ne s'était maintenu dans son emploi qu'en en exagérant les difficultés dans ses dépêches et en persuadant ainsi à M. d'Osmond, nommé depuis deux ans, par le crédit des tantes du roi, ministre en Hollande, qu'il y avait danger de la vie pour un envoyé français à paraître à La Haye. Du jour où le parti du stathouder[103], aidé par l'or de l'Angleterre et par les soldats de la Prusse, avait dominé celui des patriotes, vainqueurs et vaincus portaient un morceau de ruban orange soit à la boutonnière, soit au chapeau. Les femmes s'en attachaient un très petit bout à leur ceinture ou à leur fichu, et les domestiques le portaient en cocarde. Le ministre d'Espagne seul, par ordre de sa cour, s'était refusé à cette condescendance ou, pour mieux dire, à cette bassesse. Mon mari déclara au ministre qu'il suivrait l'exemple de la maison de Bourbon. D'ailleurs, depuis que, par je ne sais quel décret, on avait aboli les livrées en France, les ministres à l'étranger avaient été autorisés à prendre la livrée du roi, et nous l'avions adoptée pour nos gens. Il était donc inadmissible que la livrée royale de Bourbon s'affublât des insignes d'un particulier, car le stathouder représentait, en somme, le premier officier militaire de la République seulement, bien qu'il fût assurément de très bonne maison, et que sa femme fût Altesse Royale. Peut-être même un reste de rancune empêchait-il la cour d'Espagne de prendre la livrée de la maison d'Orange. Quoi qu'il en soit, cette légation était la seule qui n'eût pas adopté le ruban orange. M. de Montmorin, notre excellent et faible ministre des Affaires étrangères, consulté, avait répondu à mon mari: «Eh! bien, essayez, à vos risques et périls.»

Nous arrivons donc à La Haye à 9 heures du soir, et, après le souper, mon mari se rend, avec M. Caillard, chez le ministre d'Espagne. Il l'informe qu'à son exemple il ne portera pas de ruban orange et ses gens encore moins. Ces derniers, d'ailleurs, déclare-t-il, n'auront pas même la cocarde française, car celle-ci étant absolument semblable aux couleurs du parti patriote hollandais, cela pourrait irriter le peuple de La Haye, entièrement orangiste. La décision plut au ministre d'Espagne, le comte de Llano, homme d'un ferme caractère.

Le lendemain matin, la nourrice de mon fils sortit avec l'enfant pour le mener à la promenade. Quelques gens du peuple se trouvaient à la grille de la cour et regardèrent si elle portait un ruban orange. Ne lui en voyant pas, ils se mirent à proférer des injures en hollandais, que la nourrice, dépourvue de toute connaissance de cette langue, ne comprit pas. La peur la prit cependant et elle rentra aussitôt. Quand les voitures qui devaient mener M. de La Tour du Pin chez le Grand Pensionnaire avancèrent, il se forma bien un petit rassemblement d'une cinquantaine de personnes, mais c'était plutôt pour admirer le beau costume, fort élégant, de Zamore, notre nègre. M. Caillard avait porté de la couleur orange jusque-là. Il mourait de peur, et taxait d'imprudence mon mari, qui s'amusa beaucoup de sa frayeur.

Les lettres de créance se remettaient au Grand Pensionnaire, premier ministre des États d'après la constitution du pays. Celui-ci les portait aux États généraux, où elles étaient enregistrées par le greffier. Les fonctions de greffier étaient remplies par M. Fagel[104]. D'une illustre famille qui occupait cet emploi depuis sa fondation, c'est-à-dire depuis l'établissement de la République, celui qui en avait alors la charge était l'aîné de cinq frères. Il devint plus tard ambassadeur du roi des Pays-Bas, qui le considérait comme un ami. De ces cinq frères, il ne reste, au moment où j'écris ceci, en 1841, que le troisième, Robert[105], ministre de Hollande à Paris, et un de ses neveux.

Le stathouder, quand nous arrivâmes à La Haye, au mois d'octobre 1791, était à Berlin, venant de marier son fils aîné à la jeune princesse de Prusse. Ils revinrent tous à La Haye quelques semaines après, et alors commença une série de fêtes, de bals, de soupers et de divertissements de toute espèce, qui convenaient parfaitement à mes vingt et un ans. J'avais apporté beaucoup de choses élégantes de France. Bientôt je devins fort à la mode. On cherchait à me copier en toutes choses. Je dansais très bien, et mon succès au bal était grand. J'en jouissais comme un enfant. Aucune pensée du lendemain ne me troublait. J'étais, la première en tête, de toutes les réunions mondaines. La princesse d'Orange ne dédaignait pas d'être mise comme moi, de se faire coiffer par mon valet de chambre. Enfin cette vie de succès, qui devait durer si peu, m'enivrait.

Lorsque Dumouriez fut nommé ministre des affaires étrangères, au mois de mars 1792, son premier soin fut de se venger de je ne sais quel mécontentement personnel, que lui avait causé mon beau-père pendant son ministère, en déplaçant mon mari, sous le faux prétexte qu'il n'avait pas mis assez de fermeté à demander réparation d'une prétendue insulte faite au pavillon national français. M. de La Tour du Pin reçut la nouvelle de son rappel d'une manière assez originale. Dumouriez avait nommé pour lui succéder un M. Bonnecarère, résident de France près de l'évêque souverain de Liège. Le ministre lui annonçait sa nomination dans un billet ainsi conçu : « Enfin, mon cher Bonnecarère, nous avons mis M. de La Tour du Pin à la porte, et je vous ai nommé à sa place. » Or, par une faute de secrétaire, ce billet, au lieu d'être adressé à son destinataire, à Liège, fut envoyé à mon mari, à La Haye. En ouvrant ses dépêches, arrivées par le même courrier, il y trouva son rappel, dont il porta immédiatement la notification au Grand Pensionnaire van der Spiegel.

Nous allâmes tout de suite louer une jolie petite maison sans meubles pour nous, ma belle-sœur et ses enfants. Elle ne voulait pas rentrer en France et préférait rester avec moi à La Haye. Dans la journée, tous les meubles qui nous appartenaient et que nous ne voulions pas vendre furent transportés dans cette maison. Le reste du mobilier, ainsi que les vins, les services de porcelaine, les chevaux, les voi-

tures restèrent à l'hôtel de France pour être mis en
vente après l'arrivée du nouveau ministre, au cas où
il ne voudrait pas nous les reprendre. Mon mari,
n'ayant pas de secrétaire de légation, car M. Caill-
lard venait d'être envoyé à Pétersbourg comme
chargé d'affaires, remit les archives aux mains de
son secrétaire particulier, qui n'était autre que
M. Combes, mon ancien instituteur, plus soucieux
de nos intérêts que nous ne pouvions l'être nous-
mêmes. M. de La Tour du Pin se rendit ensuite en
Angleterre, auprès de son père qui venait d'y arriver, pour l'engager à nous rejoindre à La Haye. De
là il se dirigea sur Paris, d'où il m'écrivait tous les
courriers des lettres de plus en plus alarmantes.

M. Bonnecarère, nommé par Dumouriez ministre
à La Haye, ne rejoignit pas ce poste. On le remplaça
par M. de Maulde. Il arriva vers le 10 août et fut mal
reçu. On ne lui rendit pas ses visites, à l'exception
de l'ambassadeur d'Angleterre, dont la puissance
n'était pas encore en guerre avec la France. Il ne
voulut rien prendre de nos effets et m'envoya son
secrétaire pour me signifier son refus de laisser
faire l'encan dans les salons du rez-de-chaussée de
l'Hôtel de France, dont il n'occupait pourtant qu'un
entresol avec un domestique qui lui servait de gouvernante. Ce secrétaire, quoique s'étant montré fort
grossier, ne me causa pas alors toute l'horreur que
son souvenir m'a inspirée depuis. C'était le frère de
Fouquier-Tinville.

Comme le temps était très beau, j'obtins la permission de faire la vente de nos meubles sur le petit
Voorhout, promenade charmante devant la porte de
l'Ambassade. Cela fit événement à La Haye. Tous les
amis étaient présents ; les moindres choses se vendirent des prix fous ; il ne resta pas le plus petit objet,
et je recueillis une somme d'argent qui se monta à

plus du double de ce que le tout avait coûté. Les fonds furent versés entre les mains de M. Molière, respectable banquier hollandais. Il me les garda et me les envoya plus tard en Amérique.

Mme d'Hénin, ma tante, émigrée en Angleterre, me pressait beaucoup de venir l'y retrouver ; mais la santé de ma belle-sœur déclinait si visiblement que je ne voulais pas la quitter. D'un autre côté, mon beau-père songeait à nous rejoindre en Hollande. Mon mari passa quelques journées à La Haye entre le 10 août et les massacres de septembre 1792, puis son père le rappela à Londres auprès de lui.

Ayant eu occasion de connaître plusieurs particularités relatives à la fuite des malheureux émigrés en Belgique après la bataille de Jemappes[106], je les rapporterai ici.

J'étais très liée avec le prince de Starhemberg, ministre d'Autriche à La Haye. Ce jeune homme, âgé de vingt-huit ans seulement, était si étourdi qu'il songeait plus à sa toilette et à ses chevaux qu'aux affaires de sa légation. Un courrier de Bruxelles lui apportait presque tous les jours des dépêches du prince de Metternich — père de celui qui *règne* encore maintenant en Autriche — accrédité auprès de l'archiduchesse Marie-Christine, gouvernante des Pays-Bas. M. de Starhemberg faisait passer ces dépêches en Angleterre par Hellevoetsluis. Ce jeune diplomate, sans défiance, me confiait tout ce qu'il apprenait de nouveau. Sa femme, Mlle d'Arenberg, me menait à la cour de la princesse d'Orange toutes les fois qu'il y avait cercle, et le corps diplomatique me traitait avec tant d'amitié et de prévenances, qu'il semblait toujours que j'en fisse partie. Comme j'avais conservé une grande richesse de toilettes, je pouvais aller partout sans trop de dépense. Je n'avais plus auprès de moi alors que ma bonne Marguerite, qui soignait mon fils, et mon fidèle Zamore,

qui me coiffait tant bien que mal, car il était difficile
de le faire soi-même. Quant à ma pauvre belle-
sœur, elle se couchait de bonne heure, et remontait
dans ses appartements avec ses enfants et leur abbé
après dîner.

Un jour donc il y avait cercle et les Starhemberg
devaient venir me chercher. J'étais tout habillée
dans ma chambre, lorsque le prince de Starhemberg entre affolé en me disant : «Tout est perdu. Les
Français nous ont battus à plate couture. Ils occupent maintenant Bruxelles.» Il me conte la nouvelle
en montant en voiture et me recommande de n'en
rien laisser paraître à la cour, où personne ne savait
encore rien de ces graves événements. Mais lorsque
la princesse d'Orange entra et qu'elle s'approcha de
moi, je vis bien qu'elle en avait été informée. Elle
me demanda de mes nouvelles en appuyant son
éventail sur ma main, et nos regards, en se rencontrant, furent très significatifs. Le sort que l'avenir lui réservait, elle le prévoyait déjà.

La fuite des émigrés, réfugiés à Bruxelles au
nombre de plus de mille, fut la chose du monde la
plus triste et la plus déplorable. Rassurés par les pro-
testations des ministres de l'archiduchesse, qui leur
promettaient de les avertir de l'approche des Français, ils vivaient là sans aucune crainte. Avec cette
insouciance et cette imprévoyance dont ils ont été si
souvent victimes, ils se croyaient parfaitement en
sûreté à Bruxelles, malgré la retraite des Prussiens
en Champagne. M. de Vauban, de qui je tiens ces
détails, se retirait chez lui vers minuit lorsqu'en traversant la place Royale, il croit entendre le bruit des
fers d'un grand nombre de chevaux dans la cour
du palais, situé alors où est maintenant le musée. Il
attendit, caché dans un renfoncement, et, au bout
d'un moment, il vit sortir toutes les voitures de la
cour, des fourgons, des chariots chargés de bagages,

qui se dirigèrent en silence vers la porte de la ville dite de Namur. Persuadé que l'archiduchesse quittait Bruxelles clandestinement, il courut avertir les Français les plus rapprochés. Ceux qui avaient été le même soir à la cour ne voulaient pas croire à ce manque de foi. Cependant quelques instants suffirent pour les convaincre. Il est difficile de donner une idée juste du tumulte qui se produisit alors et de l'effroi qui s'empara de tous ces malheureux dans leur hâte de fuir. La nuit se passa à emballer le peu d'effets que chacun possédait. À la pointe du jour, toutes les barques, les voitures, les charrettes furent louées à des prix exorbitants pour emmener les uns à Liège, d'autres à Maastricht. Les plus sages, en même temps que les mieux pourvus d'argent, résolurent de passer en Angleterre. Beaucoup de gens de ma connaissance se trouvaient parmi les fuyards. Un grand nombre d'entre eux, conservant leurs anciens airs de Paris et de Versailles, donnèrent le désolant spectacle du manque de cœur le plus choquant envers leurs compagnons d'infortune. Je me mis avec empressement au service des plus malheureux, mais m'occupai fort peu des plus riches, ne leur cachant pas que lorsqu'on avait de quoi se tirer d'affaire et qu'on ne pensait qu'à soi, on ne devait pas compter sur moi. Cette critique de leur attitude, je l'adressai en particulier à M. et Mme de Chalais. Ils ne me l'ont jamais pardonné.

Dans les derniers jours de novembre 1792, la Convention rendit un décret contre les émigrés et leur fixa un court délai pour rentrer, sous peine de confiscation. Mon excellent beau-père était en Angleterre et pensait à nous rejoindre à La Haye, où sa fille et moi l'attendions avec impatience. La connaissance de ce décret changea ses projets. Il nous écrit que pour aucune considération personnelle il ne voudrait faire de tort à ses enfants et qu'il retournait à Paris. Cette lettre, toute paternelle, contenait des expressions empreintes d'une telle mélancolie, qu'on aurait pu la croire inspirée par des pressentiments, si même alors, après les massacres de septembre, il eût semblé possible de prévoir les excès auxquels la Révolution devait se porter.

Je ne sais pourquoi j'ai omis de parler de la fuite de MM. de La Fayette, Alexandre de Lameth et de La Tour-Maubourg. Tous trois quittèrent furtivement le corps d'armée commandé par M. de La Fayette pour passer en pays étranger, avec une niaiserie de confiance qui ne saurait s'expliquer. S'étant présentés aux avant-postes autrichiens, ils furent à l'instant arrêtés[107]. On voulait se servir d'eux comme otages pour garantir la sûreté du roi et de sa famille, enfermés au Temple après la journée du 10 août. On transféra M. de La Fayette et ses deux compagnons dans les prisons d'Olmutz, où ils restèrent jusqu'au traité de Campo-Formio. À la fin de la Terreur, Mme de La Fayette, échappée par une sorte de miracle à l'échafaud sur lequel étaient montées le même jour, le 22 juillet 1794, sa grand'mère la maréchale de Noailles, sa mère la duchesse d'Ayen, sa sœur la vicomtesse de Noailles, mère d'Alexis, et où les avaient précédées, le 27 juin de la même année, le maréchal de Mouchy et sa femme, se rendit à Vienne accompagnée de ses deux filles et obtint de l'empereur d'Autriche d'être enfermée à Olmutz avec son mari et de subir toutes les rigueurs de son sort. Elle montra dans cette captivité volontaire une résignation et un courage que la religion seule lui inspira, n'ayant jamais été traitée par son mari qu'avec la plus cruelle indifférence et n'ayant certes pu oublier les nombreuses infidélités dont elle avait été abreuvée.

Mon père, qui commandait le corps d'armée établi au camp de Famars, entre le Quesnoy et Charle-

roi[108] ne suivit pas l'exemple de M. de La Fayette.
À la nouvelle des événements de Paris du mois
d'août 1792 — l'attaque des Tuileries et le renversement de la monarchie — il adressa un ordre du jour
à ses troupes, prescrivant de renouveler le serment
de fidélité au roi et le prêtant à nouveau lui-même.
Le résultat de cette noble profession de foi fut sa
destitution, 23 août 1792, et l'ordre de se rendre à
Paris. Mes instances pour l'en empêcher restèrent
vaines et mes craintes ne furent que trop justifiées.
Je me suis toujours reproché de ne l'avoir pas été
chercher pour le ramener de force avec moi à
La Haye. Dieu en avait autrement décidé ! Pauvre
père[109] !

Comme je possédais une maison à Paris, habitée
par l'ambassadeur de Suède, et des rentes sur l'État
ou sur la ville de Paris, mon mari craignit que je
ne fusse mise sur la liste des émigrés qui venait
de paraître. Il m'envoya, à La Haye, un valet de
chambre très fidèle pour m'accompagner dans mon
retour à Paris, et le chargea de me dire que je trouverais à la frontière de Belgique, à quelques lieues
d'Anvers, un ancien aide de camp de mon père,
devenu un de ceux de Dumouriez, muni de l'ordre
de me faire respecter et même escorter au besoin.
J'adressai mes adieux à ma pauvre belle-sœur — elle
mourut deux mois après — et je partis en compagnie de mon fils, âgé de deux ans et demi, de ma
fidèle Marguerite, d'un valet de chambre et de
Zamore. L'hiver, qui commençait à se montrer très
vigoureux, rendit le voyage fort pénible.

Le 1er décembre 1792, blottie au fond d'une excellente berline, bien enveloppée de pelisses et de
peaux d'ours, en compagnie de mon petit Humbert,
fourré comme un Lapon, et de ma bonne Marguerite, je quittai donc La Haye pour aller coucher, je

crois, à Gorkum. Le lendemain, à Bréda, ville située encore sur les terres de Hollande, même bruit de canonnade que la veille. Comme aucune nouvelle alarmante n'était publiée, je partis cependant sans crainte, et trouvai à la frontière des Pays-Bas autrichiens M. Schnetz, brave militaire et ami de mon père, dont la présence me fit grand plaisir.

Arrivé là de la veille, il s'étonnait qu'aucune nouvelle ne fût parvenue d'Anvers. Peut-être la ville est prise, disait-il en riant, mais sans y croire. Cependant, vers midi, le bruit du canon ayant cessé, il déclara alors, en termes assez militaires, que ce rempart de la puissance autrichienne avait... capitulé, ce qui était vrai. En effet, un poste français, à la porte extérieure de la ville, nous prouva que nous étions maîtres de la grande forteresse, et, en descendant à l'auberge du *Bon Laboureur*[110], sur l'immense place de Meir, nous eûmes beaucoup de peine à obtenir une chambre. Ce fut grâce à l'intervention d'un général dont le nom m'échappe, qu'un officier me céda celle où il était déjà installé, et dont il fit emporter son bagage d'assez mauvaise grâce.

Vers le matin, M. Schnetz m'informa qu'il fallait partir pour Mons, où nous devions coucher, ainsi que l'avait réglé le général.

En sortant d'Anvers, un nouveau spectacle devait me frapper par son originalité. Entre la ligne avancée des fortifications et la première poste, celle de Contich, nous traversâmes toute l'armée française, établie au bivouac. Ces vainqueurs, qui faisaient déjà trembler les belles armées de l'Autriche et de la Prusse, avaient toutes les apparences d'une horde de bandits. La plupart étaient sans uniforme. La Convention, après avoir réquisitionné tous les magasins de drap de Paris et des grandes villes, avait fait fabriquer à la hâte des capotes pour les soldats avec des étoffes de nuances les plus variées. Ce méli-mélo de couleurs, vaste arc-en-ciel animé, se détachait, en un singulier contraste, sur la neige dont la terre était couverte, et y figurait comme un gigantesque parterre aux tons éclatants, qu'on aurait pu admirer si la vue du bonnet rouge, dont le plus grand nombre des soldats étaient coiffés, n'eût rappelé tout ce qu'on avait à craindre d'eux. Les officiers seuls portaient l'uniforme, mais dépourvu de ces brillantes broderies dont Napoléon fut depuis si prodigue.

Forcés d'aller presque toujours au pas, la route me parut longue. Les chemins, défoncés par l'artillerie, étaient encombrés de fourgons, de caissons, de canons. Nous avancions lentement au milieu des cris, des jurements des charretiers et des plaisanteries grossières des soldats. Je voyais bien que Schnetz était inquiet et regrettait de n'avoir pas pris une escorte. Enfin, à la chute du jour, nous atteignîmes Malines, où nous passâmes une nuit plus tranquille qu'à Anvers, quoiqu'il y eût encore beaucoup de troupes.

Le lendemain matin, départ pour Bruxelles, que nous devions traverser seulement. Mais M. de Moreton de Chabrillan, commandant de la place, en jugea autrement. Au moment où les chevaux étaient attelés et où M. Schnetz avait fait viser mon passeport, arriva un ordre du général prescrivant de me retenir.

Enfin, au bout de trois heures, M. de Chabrillan autorisa mon départ sans avoir voulu s'expliquer sur sa singulière boutade d'autorité. C'était un homme du monde que j'avais rencontré cent fois sans lui avoir jamais parlé. Il avait la vue très basse, et l'esprit fort révolutionnaire.

Je n'étais pas au bout de mes alarmes. Nous arrivâmes tard à Mons, et eûmes beaucoup de peine à trouver un logement. Toutes les auberges étaient pleines. À la fin, dans une d'entre elles, on nous proposa, à ma bonne et à moi, deux petites chambres, à un premier très bas, qui donnaient sur la rue. Les officiers qui les occupaient venaient, nous dit-on, de partir. M. Schnetz et mes deux hommes iraient coucher au fond d'une très grande cour, de sorte que ma bonne et moi nous nous trouverions séparées d'eux. Cet arrangement était loin de me convenir. Mais il fallut s'y soumettre.

Le reste de mon voyage se passa sans aucune circonstance qui soit digne d'être rapportée. M. Schnetz me quitta à Péronne, je crois, et je pris la route d'Hénencourt, où je trouvai mon beau-frère, le marquis de Lameth.

CHAPITRE XIII

J'arrivai très tard à Hénencourt, où se trouvait mon beau-frère. Il voyait fort en noir sa situation personnelle, et était très satisfait que sa femme et ses enfants fussent hors de France. Il était convenu que je devais m'arrêter vingt-quatre heures à Hénencourt, afin de prendre des papiers me permettant de gagner Paris en sûreté, entre autres, une attestation de mon séjour à Hénencourt depuis le rappel de M. de La Tour du Pin. Mon espoir qu'il serait venu au-devant de moi chez M. de Lameth fut déçu, car déjà il était aussi difficile que dangereux de voyager en France. Il fallait non seulement un passeport, mais pour l'obtenir il était, de plus, nécessaire de se faire accompagner de répondants qui, sous leur responsabilité personnelle, témoignaient que vous n'alliez pas dans une direction autre que celle indiquée. En outre, pour pénétrer dans la banlieue de Paris, on devait être muni d'une carte de sûreté dont chaque poste de garde nationale avait le droit de demander l'exhibition. Enfin, mille petites vexations, ajoutées aux grandes, rendaient insupportable le séjour en France.

Je repartis donc d'Hénencourt seule, et j'arrivai le lendemain à Passy, non sans difficultés. Le maître de poste de Saint-Denis commença par refuser péremptoirement de me conduire à Passy, où je devais aller, sous prétexte que mon passeport étant pour Paris il devait m'y conduire par le plus court chemin. Après une heure de pourparlers et d'explications au cours desquels je craignais de me compromettre, étant peu aguerrie à ces sortes de choses, mon valet de chambre imagina de montrer sa propre carte de sûreté de Passy, et, en payant deux ou trois postes de surérogation, on nous laissa partir.

Je rejoignis enfin à Passy mon mari, établi dans une maison appartenant à Mme de Poix. Comme elle était trop grande pour notre ménage, nous avions la facilité de tenir fermées toutes les fenêtres qui donnaient sur la rue, laissant ainsi croire qu'elle était inhabitée. Nous y entrions par la petite porte du concierge. Elle avait deux ou trois autres issues et constituait donc un bon refuge, nous convenant d'autant mieux qu'étant la dernière du village du côté d'Auteuil, nous communiquions facilement avec mon beau-père installé dans cette dernière localité, depuis son retour d'Angleterre, chez le marquis de Gouvernet [111], son parent et son ami. La maison de ce dernier se nommait *la Tuilerie*. Elle était isolée et située entre Auteuil et Passy. Nous pouvions heureusement nous y rendre par des sentiers où l'on ne rencontrait jamais personne. Un vieux cabriolet et un assez mauvais cheval, dont je n'ai jamais connu le véritable maître, nous menaient à Paris sans que nous eussions à mettre tous les cochers de fiacre dans le secret de notre retraite.

Mon père, logé dans un hôtel garni de la Chaussée-d'Antin, mettait tout en œuvre pour servir le roi, voyant ses juges, les réunissant chez lui, tâchant d'organiser le parti qu'on nomma plus tard les *Girondins*, leur faisant comprendre que leur propre intérêt était de conserver la vie du roi, de le faire sortir de Paris, et de le garder comme otage dans quelque citadelle de l'intérieur, où il ne pourrait communiquer ni avec les puissances étrangères, ni avec les royalistes qui commençaient alors à s'organiser dans la Vendée. Mais le parti des *Terroristes*, que mon père n'espérait pas convaincre, et surtout la commune de Paris, tout entière orléaniste, étaient trop puissants pour que des efforts humains pussent rien changer à leurs affreuses intentions.

Mon malheureux père tenta les démarches les plus pressantes auprès de Dumouriez, qui vint à Paris dans le milieu de janvier. Mais celui-ci le trompa par de vaines promesses. Il était tout entier acquis au parti d'Égalité et de son fils, dont il se vantait d'être le tuteur militaire. Son voyage à Paris n'avait d'autre but que celui de les servir.

Je ne rapporterai pas toute la funeste série d'inquiétudes et de découragements par laquelle nous passâmes durant le mois de janvier 1793. Ces événements sont du domaine de l'histoire, et chacun les a racontés selon son opinion.

Le matin du 21 janvier, les portes de Paris furent fermées, avec ordre de ne pas répondre à ceux qui en demanderaient la raison au travers des grilles. Nous ne la devinâmes que trop, et appuyés, mon mari et moi, sur la fenêtre de notre maison qui regardait Paris, nous écoutions si le bruit de la mousqueterie ne nous apporterait pas l'espoir qu'un si grand crime ne se commettrait pas sans opposition. Frappés de stupeur, nous osions à peine nous adresser la parole l'un à l'autre. Nous ne pouvions croire à l'accomplissement d'un tel forfait, et mon mari se désespérait d'être sorti de Paris et de ne pas avoir admis la possibilité d'une semblable catastrophe. Hélas! le plus grand silence continua à régner dans la ville régicide. À 10 heures et demie, on ouvrit les portes, et tout reprit son cours comme à l'ordinaire. Une grande nation venait de souiller ses annales d'un crime que les siècles lui repro-

cheront!... et pas une petite habitude n'était dérangée.

Nous nous acheminâmes à pied vers Paris, en
tâchant de composer nos visages et en retenant nos
paroles. Évitant de traverser la place Louis XV, nous
allâmes chez mon père, puis chez Mme de Montesson et chez Mme de Poix. On se parlait à peine, tant
on était terrifié. Il semblait que chacun portât le fardeau d'une partie du crime qui venait de se com-
mettre.

Rentrés de bonne heure à Passy, nous rencontrâmes chez nous Mathieu de Montmorency et l'abbé
de Damas. Tous deux s'étaient trouvés sur le lieu de
l'exécution dans leur bataillon de garde nationale.
S'étant compromis par quelques propos, ils avaient
quitté Paris dans la crainte d'être arrêtés, et venaient
nous demander de les cacher jusqu'à ce qu'ils pussent ou partir ou retourner chez eux. Ils redoutaient
une visite domiciliaire, premier genre de vexation
qui précéda de quelques mois les arrestations de personnes. Dans cette visite, on saisissait les papiers de
toute espèce et on les portait à la section, où, souvent, les correspondances les plus secrètes servaient
de passe-temps aux jeunes gardes nationaux de service ce jour-là.

Vers le milieu de mars, mon beau-père fut arrêté
à la Tuilerie et mené à la Commune de Paris, avec le
maréchal de Mouchy et le marquis de Gouvernet[112].
Il paraît que l'identité de nom avait fait confondre
ce dernier avec mon mari. En effet, on interrogea le
marquis de Gouvernet sur l'affaire de Nancy, en lui
reprochant d'avoir été l'auteur de la mort de bons
patriotes. Après bien des questions ils furent relâ-
chés, mais mon beau-père, plus inquiet du sort de
son fils que du sien propre, décida que nous devions
nous retirer au Bouilh, d'où mon mari pourrait pas-

ser en Vendée ou gagner avec nous l'Espagne. Ce dernier parti semblait d'autant le meilleur que notre excellent ami, M. de Brouquens, habitait Bordeaux depuis un an. Maintenu dans sa charge de Directeur des vivres, il l'exerçait alors à l'armée qui faisait la guerre à l'Espagne sous le général Dugommier.

Nous nous résolûmes donc à partir. Je quittai mon père avec la plus profonde peine, quoique je fusse encore bien loin de penser que je l'embrassais pour la dernière fois. La différence d'âge entre nous, à peine dix-neuf ans, était si faible qu'il paraissait être plutôt mon frère que mon père. Il avait le nez aquilin, une très petite bouche, de grands yeux noirs, les cheveux châtain clair. Mme de Boufflers prétendait qu'il ressemblait à un perroquet mangeant une cerise. Sa haute taille, son beau visage, sa superbe tournure lui conservaient encore toutes les apparences de la jeunesse. On ne pouvait pas avoir de plus nobles manières, ni l'air plus grand seigneur. L'originalité de son esprit et la facilité de son humeur le rendaient du commerce le plus agréable. Il était mon meilleur ami, en même temps que le camarade de mon mari, qui ne parvenait pas à se déshabituer de le tutoyer. M. de La Tour du Pin avait coutume de dire plaisamment, en visant la belle prestance de mon père, que le surnom de «beau Dillon» donné à Édouard Dillon[113] constituait une double usurpation — de nom et de beauté physique.

Mon beau-père se montrait impatient de nous voir loin de Paris et nous engagea à partir le plus tôt possible. Le 1er avril 1793, nous nous mîmes en route. Aucun des petits ennuis en usage dans ce temps-là ne nous fut épargné, quoique nous eussions des passeports couverts de visas, renouvelés presque à chaque relais. Mais nous voyagions en poste, et ce mode aristocratique de transport nous nuisait déjà dans l'esprit des bons patriotes. Il avait été décidé que nous ferions de petites journées, parce que j'étais grosse de deux mois, et qu'ayant été malade d'une fausse couche à La Haye l'année précédente, je craignais de me blesser de nouveau.

Enfin nous arrivâmes au Bouilh vers le milieu d'avril, et j'éprouvai une grande joie de me trouver dans ce lieu si chéri de mon pauvre beau-père. Il avait même dérangé sa fortune par les embellissements qu'il y avait faits et par les bâtiments qu'il y avait construits.

Cette résidence ne m'en plut pas moins parfaitement bien. Les quatre mois que nous y passâmes sont restés dans ma mémoire, et surtout dans mon cœur, comme les plus doux de ma vie. Une bonne bibliothèque fournissait à nos soirées, et mon mari, qui lisait pendant des heures sans se fatiguer, les consacra à me faire un cours d'histoire et de littérature aussi amusant qu'instructif. Je travaillais aussi à la layette de mon enfant, et je reconnus alors l'utilité d'avoir appris, dans ma jeunesse, tous les ouvrages que les femmes font d'habitude. Notre bonheur intérieur était sans mélange et plus complet qu'à aucun autre moment de notre vie commune passée. La parfaite égalité d'humeur de mon mari, son adorable caractère, l'agrément de son esprit, la confiance mutuelle qui nous unissait, notre entier dévouement l'un pour l'autre, nous rendaient heureux, en dépit de tous les dangers dont nous étions entourés. Aucun des coups qui nous menaçaient ne nous effrayait, du moment que nous devions être frappés ensemble.

La ville de Bordeaux, animée par les Girondins qui n'avaient pas voté la mort du roi, était en état de demi-révolte contre la Convention. Beaucoup de royalistes y avaient pris part, dans l'espérance d'en-

traîner les départements du Midi, et surtout celui de
la Gironde, à se joindre au mouvement qui venait
de se déclarer dans les départements de l'Ouest.
Mais Bordeaux ne possédait pas, loin de là, l'éner-
gique courage de la Vendée. Une troupe armée de
800 ou 1 000 jeunes gens des premières familles
de la ville s'était pourtant organisée. Ils faisaient
l'exercice sur les glacis du Château-Trompette, se
montraient bruyants le soir au théâtre, mais aucun
ne criait : «Vive le roi ! » Les instigateurs de ce parti
visaient un seul but : celui de se rendre indépendants de Paris et de la Convention, et d'établir, à
l'instar des États-Unis, un gouvernement fédératif
dans tout le midi de la France. M. de La Tour du Pin
s'était rendu à Bordeaux. Il avait vu tous les chefs
de cette fédération projetée, et revint si dégoûté de
ces entretiens qu'il refusa de se rallier à des entre-
prises auxquelles devaient participer même des
régicides comme Fonfrède et Ducos.

À la fin de l'été, pendant que j'avançais dans ma
grossesse, nous commençâmes à être inquiétés par
la municipalité de Saint-André-de-Cubzac.

L'éventualité d'une visite domiciliaire ou de l'établissement d'une garnison dans le château, pendant
mes couches, effraya mon mari. Il désirait d'ailleurs
que j'eusse un bon accoucheur et une garde de Bordeaux. Mon beau-père venait d'être arrêté. On avait
mis les scellés sur le château de Tesson, près de
Saintes, et le département de la Charente-Inférieure
s'était emparé de vive force de la belle maison que
nous possédions à Saintes même pour y établir ses
bureaux.

Il nous parut, dans ces conditions, prudent d'accepter la proposition de notre excellent ami, M. de
Brouquens, d'aller nous installer dans une petite
maison qu'il possédait à un quart de lieue de Bordeaux. Cette maison, nommée Canoles, offrait tous

les genres de sécurité. Nous allâmes donc nous établir à Canoles le 1er septembre 1793, je crois, et M. de Brouquens, fixé de sa personne à Bordeaux pour surveiller son administration des vivres, venait tous les jours dîner avec nous.

Il réunit un jour, à Canoles, les divers membres de la municipalité et du département. Les uns comme les autres ne parlèrent que de leurs prouesses projetées contre l'armée révolutionnaire, qui s'avançait en marquant sa route par les têtes qu'elle faisait tomber. Perdus dans des abstractions, ils ne voulaient ni être royalistes comme les Vendéens ni révolutionnaires comme la Convention. Oubliant le fait qui était à leur porte, les infortunés croyaient que Tallien et Ysabeau leur laisseraient le temps de débrouiller leurs idées, tandis qu'ils n'arrivaient que pour abattre leurs têtes, chose qui fut faite trois jours après.

Cette armée de bourreaux, conduisant la guillotine dans ses rangs, était déjà à La Réole, où elle avait procédé à plusieurs exécutions. Je n'en citerai qu'une pour exemple. Elle mérite d'être rapportée pour son atrocité. M. de Lavessière, oncle de Mme de Saluces, était un homme inoffensif, retiré à la campagne depuis la destruction du parlement de Bordeaux, dont il faisait partie. Sa femme était la plus belle que l'on eût vue à Bordeaux, et ils avaient deux fils encore enfants. Tous sont arrêtés. Le mari est condamné à mort et, pendant qu'on l'exécute, sa femme est mise au carcan, en face de la guillotine, ses deux fils attachés à côté d'elle. Le bourreau, plus humain que les juges, se plaça devant elle pour qu'elle ne vît pas tomber le fatal couteau. Voilà les gens sous l'autorité de qui nous allions tomber !

Si je n'avais pas été dans mon neuvième mois de grossesse, nous serions peut-être alors partis pour l'Espagne. En admettant même que le départ eût été possible, il nous aurait encore fallu traverser toute l'armée française. Et puis, pouvait-on présumer qu'une ville de 80 000 âmes se soumettrait sans résistance à 700 misérables, appuyés par deux canons seulement, tandis qu'une troupe d'élite, composée de tous les gens les plus distingués de la ville, était rangée derrière une nombreuse batterie en avant de la porte. Ces misérables étaient commandés par le général Brune, un des égorgeurs d'Avignon, qui, depuis, après des années, a péri dans cette ville, victime d'une juste vengeance.

Réfugiée à Canoles, j'attendais impatiemment mes couches car mon mari avait résolu de ne pas me quitter avant qu'elles n'eussent eu lieu, et le danger de son séjour auprès de moi augmentait de jour en jour. Le matin du 13 septembre, l'armée révolutionnaire entra dans Bordeaux. Moins d'une heure après, tous les chefs fédéralistes étaient arrêtés et emprisonnés. Le tribunal révolutionnaire entra aussitôt en séance et il siégea pendant six mois, sans qu'il se passât un jour qui ne vît périr quelque innocent.

La guillotine fut établie en permanence sur la place Dauphine.

La petite troupe d'énergumènes qui l'escortait n'avait trouvé personne pour s'opposer à son entrée à Bordeaux alors que quelques coups de canon, tirés sur la colonne serrée qu'elle formait dans la rue du Faubourg-Saint-Julien, par laquelle elle arrivait, l'auraient certainement mise en déroute. Mais les habitants qui, la veille, juraient, en vrais Gascons, de résister, ne parurent pas dans les rues désertes. Les plus audacieux fermèrent leurs boutiques, les jeunes gens se cachèrent ou s'enfuirent, et le soir la terreur régnait dans la ville. Elle était telle qu'un ordre ayant été placardé prescrivant aux détenteurs d'armes, de quelque nature qu'elles fussent, de les porter, avant midi du lendemain, sur la pelouse du

Château-Trompette, sous peine de mort, on vit passer dans les rues des charrettes où chacun allait jeter furtivement celles qu'il possédait, parmi lesquelles on en remarquait qui n'avaient peut-être pas servi depuis deux générations. On les empila toutes sur le lieu indiqué, mais il ne vint à personne la pensée qu'il eût été plus courageux d'en faire usage pour se défendre.

Au cours de ces événements, j'étais accouchée, la nuit d'une petite fille que je nommai Séraphine, du nom de son père, dont elle eut à peine le temps de recevoir la bénédiction. Au moment où elle venait au monde, on apprit l'arrestation de plusieurs personnes dans des maisons de campagne environnantes. La servante de mon accoucheur était arrivée de la ville pour l'informer qu'on le cherchait pour l'arrêter et que les scellés avaient été mis chez lui. Pendant cette nuit, pour que l'accoucheur et mon mari pussent se sauver par les vignes en cas de danger, on avait aposté une femme sûre dans le chemin d'accès de la maison, avec la mission de signaler tout bruit d'approche. Mes angoisses étaient plus vives que les douleurs qui donnèrent naissance à la pauvre enfant. Une heure après sa naissance, son père nous quitta, et rien ne permettait de prévoir quel sort nous réservait l'avenir à l'un ou à l'autre, ni quand nous pourrions nous réunir.

Le troisième jour après ces événements, M. de Brouquens, notre ami et notre hôte, retourna à Bordeaux, sa résidence habituelle. Il était très affligé de la mort de M. Saige, maire de Bordeaux, qui avait péri la veille sur l'échafaud, première victime du massacre de la municipalité, comme il était aussi le premier de la ville par la richesse et la considération.

Je dirai, à cette occasion, qu'on avait décidé que MM. Dudon père et fils, anciens procureurs et avo-

cats généraux du Parlement, seraient menés à Paris
pour y être exécutés. La femme de M. Dudon fils,
confiante dans ses grâces et dans sa grande beauté,
alla, accompagnée de ses deux fils encore enfants,
se jeter aux pieds du représentant Ysabeau, ex-capu-
cin, pour obtenir que son mari ne fût pas dirigé
sur Paris avec son père et qu'on le laissât s'évader
et passer en Espagne. Le misérable le lui promit
moyennant le paiement, dans un délai de quelques
heures, d'une somme de 25 000 francs en or. Ce
n'était pas chose aisée, en ce moment, que de réunir
une somme de cette importance en or dans un jour.
La République n'avait presque pas frappé encore de
monnaie d'or, et il était défendu, sous peine capitale, de garder des louis et surtout de les faire circuler. Mme Dudon, éperdue, désespérée, courut chez
tous ceux qu'elle connaissait dans toutes les classes,
et parvint à rassembler les 25 000 francs demandés.
Elle retourne chez Ysabeau avec son trésor. Il la
reçoit et lui atteste que son mari sera le soir *hors de
la prison*. Cruelle dérision! Le malheureux l'avait
déjà quittée, en effet, une demi-heure auparavant,
mais c'était pour monter sur l'échafaud.

J'ai dit que M. de Brouquens était retourné dans
sa maison de Bordeaux. À peine y fut-il entré qu'on
vint pour l'arrêter et le conduire en prison. Il allégua que, chargé de tous les détails de l'administration des vivres pour l'armée appelée à combattre
en Espagne, son arrestation compromettrait fort ce
service et serait, en conséquence, très désapprouvée
par le général en chef. Ces bonnes raisons, ou plutôt la crainte que les collègues de M. de Brouquens
à la compagnie des vivres, en résidence à Paris, ne
se plaignissent à la Convention, déterminèrent les
représentants à le constituer en arrestation chez lui.
C'était bien l'emprisonnement, puisqu'il ne pouvait

sortir, mais il conservait sa liberté dans la maison, qui était fort grande, et où il disposait de plusieurs moyens de s'échapper en cas de danger trop imminent. Les 25 hommes de la garde bourgeoise établis à sa porte étaient presque tous de son quartier et à peu près tous lui avaient quelque obligation. Sa bonté et son obligeance, en effet, étaient inépuisables, et il était adoré dans Bordeaux.

Il lui fallut nourrir ces 25 hommes pendant tout le temps de son arrestation, qui dura pendant une grande partie de l'hiver. Tous les jours ses gardes étaient relevés.

Je restai seule à Canoles avec mon brave homme de médecin, qui commençait à se rassurer, bien que tout danger n'eût pas disparu, au contraire. Mais j'ai toujours constaté que les gens qui s'effraient facilement se rassurent de même. Aussi, le grand danger de la visite des municipaux une fois passé, il reprit sa sérénité. C'était un homme d'esprit, de vertus, de religion. Il avait fait d'excellentes études dans son art, et, selon la règle que j'avais adoptée de ne jamais rejeter aucune occasion de m'instruire, j'en profitai pour apprendre beaucoup de choses en médecine et en chirurgie. Comme nous ne disposions d'aucun ouvrage traitant de ces matières, il me fit de vive voix un petit cours d'accouchement et d'opérations. En échange, je lui donnai des leçons de couture, de broderie et de tricot. Il était très adroit et ses progrès en travaux de ce genre furent rapides. Peu de temps après, caché pendant plus de six mois, en sortant de Canoles, chez des paysans dans les Landes, privé de tout livre et de tout élément de travail, il serait mort d'ennui, m'a-t-il dit, si, grâce à l'enseignement que je lui avais donné, il ne s'était trouvé en mesure d'occuper ses journées en confectionnant des bas et des chemises pour toute la famille qui l'avait recueilli.

Le soir, sur ma demande, le bon médecin me lisait les gazettes. La lecture en était terrible alors. Elle le devint plus encore pour moi, lorsque nous trouvâmes un jour la relation de la confrontation de mon respectable beau-père avec la reine. On y décrivait la colère de Fouquier-Tinville quand M. de La Tour du Pin continua de la nommer la « reine » ou Sa Majesté », au lieu de « femme Capet » comme l'aurait voulu l'accusateur public. Mon épouvante fut à son comble lorsque j'appris que, comme on lui demandait où était son fils, M. de La Tour du Pin avait répondu avec simplicité qu'il se trouvait dans sa terre près de Bordeaux. Le résultat de cette réponse trop vraie fut un ordre, expédié le même jour à Saint-André-de-Cubzac, d'arrêter mon mari et de l'envoyer à Paris.

Il était au Bouilh et n'eut qu'une heure pour se sauver. Heureusement, en prévision de cette éventualité et sous le prétexte de métairie à visiter, il tenait un assez bon cheval prêt dans l'écurie. Se déguisant de son mieux, il partit avec l'intention de gagner la terre de Tesson, près de Saintes, et de se cacher dans le château, quoiqu'il fût sous le séquestre, mais où étaient restés un excellent concierge et sa femme. L'argent ne lui manquait pas : il avait de 10 000 à 12 000 francs en assignats. Il marcha toute la nuit. Le temps était affreux, la pluie tombait à torrents, le tonnerre ne cessait de gronder. Les éclats de la foudre éblouissaient et effrayaient son cheval, bête assez vive.

En sortant de Saint-Genis, poste sur la route de Blaye à Saintes, un homme qui se tenait devant une maison de peu d'apparence l'interpelle : « Quel temps ! citoyen. Voulez-vous entrer pour laisser un peu passer l'orage ? » M. de La Tour du Pin y consent, descend de cheval et attache sa monture sous un petit hangar situé, heureusement pour lui, ainsi qu'on le verra par la suite, tout près de la porte.

«Vous liez vos bœufs de bien bonne heure, dit-il au vieux paysan. — Vraiment oui, répond l'hôte de rencontre. Il n'est pas 3 heures, mais je veux arriver de bon matin. — Ah! vous allez à la foire de Pons, réplique mon mari avec présence d'esprit, et moi aussi: je vais chercher des grains pour Bordeaux.» En disant ces mots, ils entrent dans la maison. Un homme âgé occupait le coin du feu et semblait attendre le paysan. Un quart d'heure se passe en conversation sur la cherté des grains, des bestiaux. À ce moment, l'individu assis auprès du feu sort de la maison et rentre dix minutes après ceint d'une écharpe. C'était le maire. «Vous avez sans doute un passeport, citoyen demande-t-il à mon mari. — Oh! certainement, riposte hardiment celui-ci, on ne marche pas sans cela.» Et, ce disant, il exhibe un mauvais passeport, au nom de Gouvernet, dont il avait fait usage tout l'été dans ses allées et venues de Saint-André à Bordeaux. «Mais, déclare le maire après examen, votre passeport n'a pas de visa pour aller dans la Charente-Inférieure. Restez ici jusqu'au matin. Je consulterai le conseil municipal.» Puis il reprend sa place.

Mon mari sentit qu'il était perdu s'il ne payait pas d'audace. Pendant ce colloque, le maître de la maison, qui paraissait en être ennuyé, s'était rapproché de la porte ouverte et dit à haute voix, comme en se parlant à lui-même: «Oh! voilà le temps tout éclairci!» Mon mari se leva très tranquillement. — Votre père n'était pas alors, mon cher fils[114], comme vos souvenirs vous le représentent. Il avait trente-quatre ans, était extrêmement leste et aurait pu rivaliser, en fait d'adresse, avec les sauteurs de chevaux les plus habiles. — Insensiblement, et tout en parlant de l'accalmie de l'orage, il s'approche de la porte demeurée ouverte, étend le bras au dehors dans l'obscurité et décroche la bride de son cheval. En un bond, il l'enfourche, lui met les éperons au ventre et est déjà loin avant que le pauvre maire ait eu le temps de quitter son siège, voisin du foyer, et d'atteindre l'issue de la maison. Le passeport, il est vrai, resta entre ses mains comme gage, mais il n'en parla pas, ce qui était peut-être prudent à cette époque, où tout était motif à soupçons.

M. de La Tour du Pin n'osa pas traverser Pons, où il y avait foire pendant le jour. Il s'arrêta à Mirambeau, chez un ancien palefrenier de son père, dont il était sûr et qui habitait la localité. Cet homme tenait une petite auberge et conduisait une patache qui allait à Saintes une fois la semaine. Têtard, c'était son nom, offrait de le cacher, mais il avait de jeunes enfants dont il craignait l'indiscrétion. Il proposa à mon mari de demander plutôt asile à un sien beau-frère [115], bon et riche serrurier, marié et sans enfants. Ce dernier le voulut bien moyennant paiement d'une somme assez forte, et, le marché ayant été conclu, il le mit en sûreté chez lui dans un bouge sans fenêtre communiquant avec la chambre à coucher où se faisait aussi la cuisine.

J'ai visité, depuis, cet horrible trou. Un mince plancher le séparait seul de la boutique où travaillaient les garçons et où étaient la forge et le soufflet. Quand le serrurier et sa femme quittaient leur chambre, dont ils emportaient toujours la clef, mon mari devait rester étendu sur son lit, afin d'éviter le moindre bruit. On lui avait aussi bien recommandé de ne pas avoir de lumière, de peur qu'on ne s'en aperçût de l'atelier au-dessous. Mais, la boutique une fois fermée, il venait souper avec le mari et la femme. Le palefrenier lui apportait souvent des nouvelles, parfois des gazettes, ou bien des livres qu'il allait chercher à Tesson.

C'est ainsi que mon pauvre mari passa les trois premiers mois de notre séparation. Le maître de poste de Saintes, sur le dévouement duquel il pouvait compter, lui déconseillait de passer en Vendée, car, outre la difficulté extrême de traverser les lignes des troupes de la République, qui cernaient la contrée au midi, les opinions des royalistes avaient atteint un tel degré d'exagération qu'il était moins sûr qu'un homme resté au service du roi après l'acceptation de la Constitution — c'était le cas de M. de La Tour du Pin — fût admis dans leurs rangs. D'autre part, mon mari ne pouvait s'y rendre que sous un nom supposé. En rejoignant ouvertement les Vendéens, il eût par là décidé de la mort de son père et de la mienne.

CHAPITRE XIV

La visite domiciliaire à Canoles, loin d'altérer ma santé comme je l'ai déjà dit, ne fit qu'aviver mon désir de me rétablir le plus tôt possible. Au bout de huit jours, je me promenais dans le jardin avec mon Esculape.

Vers cette époque, je commençai à craindre que mon séjour prolongé chez M. de Brouquens n'attirât trop l'attention. Je redoutai surtout que ma présence chez lui ne finît par le compromettre, et jamais, je le savais, il n'aurait consenti à me le laisser entendre.

Cette situation faisait souvent l'objet de mes conversations avec un parent de M. de Brouquens, M. de Chambeau, lui-même très suspect et obligé de se cacher. Il avait trouvé un asile fort retiré chez un individu qui tenait un petit hôtel garni obscur, place Puy-Paulin. Cet individu, jeune et actif, veuf avec un seul enfant qu'il avait confié à sa belle-mère, habitait absolument seul son hôtel garni avec un vieux domestique. Il s'occupait des affaires de M. de Sansac, émigré, qu'on faisait passer pour mort, et dont la sœur, non mariée, était supposée avoir hérité. Bonie, c'était son nom, se donnait pour un démagogue enragé. Il portait une veste de grosse peluche nommée *carmagnole*, des sabots et un sabre. Il allait à la section, au club des Jacobins, et tutoyait tout le monde.

M. de Chambeau lui parla de mes préoccupations. Je ne savais où me retirer : mon mari était en fuite, mon père et mon beau-père étaient emprisonnés, ma maison avait été saisie, et mon seul ami, M. de Brouquens, se trouvait en état d'arrestation chez lui. À vingt-quatre ans, avec deux petits enfants, que devenir ?

Bonie vint me voir à Canoles. Ma triste situation l'intéressa. Il me proposa de me réfugier chez lui. Sa maison était vide, et M. de Brouquens me conseillait de ne pas rejeter son offre. J'acceptai donc. Il me donna un appartement fort triste et fort délabré, ayant une vue sur un petit jardin. Je m'y installai avec mes deux enfants, leur bonne, et ma chère Marguerite, toujours tourmentée par une fièvre dont rien ne pouvait la guérir. Mon nègre Zamore passa pour un noir libre qui attendait le moment de se rendre à l'armée. Mon cuisinier entra comme aide au service des représentants du peuple, ce qui ne l'empêchait pas de loger chez Bonie et de préparer mon dîner et mon souper. Deux courriers de dépêches pour Bayonne, qui pouvaient être très utiles à un moment donné, occupaient également des chambres dans la maison. En somme, cette situation était, je ne dirai pas la meilleure, mais la moins mauvaise possible.

La disposition de l'appartement me permettait de faire de la musique sans crainte d'être entendue. Étant presque toujours seule, c'était pour moi une grande distraction. Je connaissais un très bon maître de chant, nommé Ferrari, d'origine italienne, qui m'avait avoué et prouvé être agent des princes. Il était très spirituel et original, et avait beaucoup de talent.

On parvenait dans ma chambre, assez grande, par une sorte de magasin à bois, dans lequel j'en avais fait entasser une grande provision, venue du Bouilh, à l'insu des gardiens du séquestre. Ce bois était apporté par nos paysans, qui le volaient à mon intention. Une femme du pays, commissionnaire, entièrement dévouée à nos intérêts, venait à Bordeaux deux fois la semaine, comme marchande de légumes. Elle conduisait un âne, dont les paniers, à moitié pleins d'effets d'habillement et de linge, étaient ensuite recouverts de choux et de pommes de terre. Très adroitement, elle parvenait à faire croire aux employés de l'octroi que ces objets avaient été enlevés à des ennemis du peuple. Parfois elle leur en abandonnait quelque partie et me remettait le reste.

Mon mari trouvait le moyen de m'écrire toutes les semaines par un jeune garçon qui venait à Bordeaux. La lettre, sans adresse, était cachée dans un pain que l'enfant portait à l'hôtel Puy-Paulin, soi-disant pour la nourrice. Comme il venait à jour fixe, le cuisinier l'attendait à l'heure de la marée. Ce pauvre enfant, âgé de quinze ans, ignorait le subterfuge. On lui avait dit simplement qu'il y avait dans la maison une femme nourrice à laquelle le médecin avait interdit de manger du pain de la section. C'est ici le lieu de rapporter ce qu'on entendait par *pain de la section*.

Le jour même de l'entrée des représentants du peuple, on avait publié et affiché ce que l'on nomma le *maximum*. C'était une ordonnance en vertu de laquelle toutes les denrées, de quelque nature qu'elles fussent, étaient taxées à un taux très bas, avec interdiction, sous peine de mort, d'enfreindre cette ordonnance. Il en résulta que les arrivages cessèrent à l'instant. Les marchands possesseurs de grains les cachèrent plutôt que de les vendre à meilleur marché qu'ils ne les avaient achetés, et la famine, conséquence naturelle de cette interruption des échanges, fut imputée à leur incivisme. On nomma alors, dans chaque section, un ou plusieurs boulangers chargés de confectionner du pain, et ils reçurent l'ordre formel de n'en distribuer qu'à ceux qui seraient munis d'une carte délivrée à la section. Plusieurs boulangers récalcitrants subirent la peine de mort, les autres fermèrent leurs boutiques. Il en fut de même pour les bouchers. On taxa la quantité de viande, bonne ou mauvaise, à laquelle on avait droit quand on était muni d'une carte semblable à celle destinée au boulanger. Les marchands de poisson, d'œufs, de fruits, de légumes, abandonnèrent les marchés. Les épiciers cachèrent leurs marchandises, et l'on ne pouvait obtenir que par protection une livre de café ou de sucre.

Pour éviter toute fraude dans la distribution des cartes, on ordonna que dans chaque maison on placarderait sur la porte d'entrée une affiche, délivrée également à la section, sur laquelle seraient inscrits les noms de toutes les personnes habitant la maison. Cette feuille de papier, entourée d'une bordure tricolore, portait en tête : *Liberté, égalité, fraternité, ou la mort.* Chacun s'efforçait d'y porter les inscriptions prescrites aussi peu lisiblement que possible. La nôtre était tracée d'une écriture excessivement fine, et on l'avait collée très haut, de façon à en rendre la lecture difficile. Beaucoup étaient écrites avec une encre si pâle que la première pluie les rendait illisibles. Les cartes de pain étaient individuelles, mais on autorisait la même personne à porter aux boutiques les cartes de toute une maison. Les hommes recevaient une livre de pain, les enfants au-dessous de dix ans une demi-livre seulement. Les nourrices avaient droit à deux livres, et ce privilège, dont je profitais, augmentait la portion de mon pauvre Zamore. On aura peine à croire à un tel degré d'absurdité et de cruauté, et surtout qu'une grande ville tout entière se soit docilement soumise à un pareil régime.

Le pain de section, composé de toutes espèces de farines, était noir et gluant, et l'on hésiterait maintenant à en donner à ses chiens. Il se délivrait sortant du four, et chacun se mettait *à la queue*, comme on disait, pour l'obtenir. Chose bien singulière, cependant, le peuple trouvait une sorte de plaisir à ce rassemblement. Comme la terreur dans laquelle on vivait permettait à peine d'échanger une parole lorsqu'on se rencontrait dans la rue, *cette queue* représentait pour ainsi dire un rassemblement licite où les trembleurs pouvaient s'entretenir avec leurs voisins ou apprendre des nouvelles, sans s'exposer à l'imprudence d'une question.

Un autre trait caractéristique des Français, c'est leur facilité à se soumettre à une autorité quelconque. Ainsi, quand deux ou trois cents personnes, chacune attendant sa livre de viande, étaient rassemblées devant la boucherie, les rangs s'ouvraient sans murmure, sans une contestation, pour donner passage aux hommes porteurs de beaux morceaux bien appétissants destinés à la table des représentants du peuple, alors que la plus grande partie de la foule ne pouvait prétendre qu'aux rebuts. Mon cuisinier, chargé quelquefois d'aller aux provisions pour ces scélérats, me disait le soir qu'il ne pouvait concevoir comment on ne l'assommait pas. Le spectacle était le même chez le boulanger, et si des yeux d'envie se portaient sur la corbeille de petits pains blancs destinés à nos maîtres, aucune plainte du moins ne se faisait entendre.

Néanmoins, ma situation à Bordeaux devenait de jour en jour plus périlleuse, et je ne puis comprendre aujourd'hui comment j'ai échappé à la mort. On me conseilla de tâcher de faire lever le séquestre du Bouilh, mais toute manifestation de mon existence me semblait trop dangereuse, et j'étais dans la plus désolante incertitude, quand la Providence m'envoya une protection spéciale.

Mme de Fontenay, nommée alors la citoyenne *Thérésia Cabarrus*, arriva à Bordeaux. Quatre ans auparavant, je m'étais rencontrée une fois avec elle à Paris. Mme Charles de Lameth, dont elle avait été la compagne au couvent, me la montra un soir, au sortir du théâtre. Elle me parut avoir quatorze à quinze ans, et ne m'avait laissé que le souvenir d'une enfant. On disait qu'elle avait divorcé pour conserver sa fortune, mais c'était plutôt pour user et abuser de sa liberté. Ayant rencontré Tallien aux bains des Pyrénées, celui-ci lui avait rendu je ne sais quel service, dont elle le récompensa par un dévouement sans bornes, qu'elle ne cherchait pas à dissimuler. Venue à Bordeaux pour le rejoindre, elle se logea à l'hôtel d'Angleterre.

Le surlendemain du jour où elle y fut établie, je lui écrivis le billet suivant : « Une femme qui a rencontré à Paris Mme de Fontenay, et qui sait qu'elle est aussi bonne qu'elle est belle, lui demande un moment d'entretien. » Elle répondit verbalement que cette dame pouvait venir quand elle le voudrait. Une demi-heure après, j'étais à sa porte. Quand j'entrai, elle vint à moi, et, me regardant en face, s'écria : « Grand Dieu ! madame de Gouvernet ! » Puis, m'ayant embrassée avec effusion, elle se mit à *mon service* : ce fut son expression. Je lui dis ma situation. Elle la jugea plus dangereuse encore que je ne le croyais moi-même, et me déclara qu'il fallait fuir, qu'elle ne voyait que ce moyen de me sauver. Je lui répondis que je ne saurais me résoudre à partir sans mon mari, et puis qu'en abandonnant la fortune de mes enfants, je craignais de la sacrifier sûrement. Elle me dit : « Voyez Tallien. Il vous fera connaître le parti à adopter. Vous serez en sûreté dès qu'il saura que vous êtes ici. » Je me déterminai à solliciter de lui la levée du séquestre du Bouilh, au nom de mes enfants, ainsi que la permission de m'y retirer avec eux. Puis je la quittai, confiante dans l'intérêt qu'elle m'avait témoigné, et me demandant pourquoi elle le ressentait.

Mme de Fontenay n'avait pas alors vingt ans. Aucun être humain n'était sorti si beau des mains du Créateur. C'était une femme accomplie. Tous ses traits portaient l'empreinte de la régularité artistique la plus parfaite. Ses cheveux, d'un noir d'ébène, semblaient faits de la plus fine soie, et rien ne ternissait l'éclat de son teint, d'une blancheur unie sans égale. Un sourire enchanteur découvrait les plus admirables dents. Sa haute taille rappelait celle de Diane chasseresse. Le moindre de ses mouvements revêtait une grâce incomparable. Quant à sa voix, harmonieuse, légèrement marquée d'un accent étranger, elle exerçait un charme qu'aucune parole ne saurait exprimer. Un sentiment douloureux vous pénétrait quand on songeait que tant de jeunesse, de beauté, de grâce et d'esprit étaient abandonnés à un homme qui, tous les matins, signait la mort de plusieurs innocents.

Le lendemain matin, je reçus de Mme de Fontenay ce court message: «Ce soir, à 10 heures.» Je passai la journée dans une agitation difficile à décrire. Avais-je amélioré ma position? m'étais-je perdue? devais-je me préparer à la mort? devais-je fuir à l'instant même? Toutes ces questions se pressaient dans mon esprit et y causaient un affreux trouble. Et mes pauvres enfants? que deviendraient-ils sans moi et sans leur père? Enfin Dieu prit pitié de moi. Je m'armai de courage, et, 9 heures venant, je pris le bras de M. de Chambeau, plus alarmé que moi encore, sans qu'il osât me le témoigner. Il me conduisit à la porte de Mme de Fontenay, en me promettant de se promener sur le boulevard jusqu'au moment où j'en sortirais.

Je montai. Tallien n'était pas arrivé. Le moment de l'attente fut angoissant. Mme de Fontenay ne pouvait me parler. Il y avait plusieurs personnes chez elle que je ne connaissais pas. Enfin, on entendit *la voiture*, et l'on ne pouvait pas s'y tromper, car il n'y avait que celle-là qui roulât alors dans cette grande ville.

Mme de Fontenay sortit, et, rentrant au bout d'un moment, elle me prit par la main en prononçant ces mots : « Il vous attend. » Si elle m'avait annoncé que le bourreau était là, je n'en aurais pas ressenti un autre effet. Elle ouvrit une porte qui donnait dans un petit passage, au bout duquel j'aperçus une chambre éclairée. Je ne parle pas au figuré en déclarant que mes pieds étaient collés au parquet. Involontairement, je m'arrêtai. Mme de Fontenay me poussa dans le dos, et dit : « Allons donc ! ne faites pas l'enfant. » Puis elle se retourna et s'en fut en fermant la porte. Force me fut d'avancer. Je n'osais lever les yeux. Je marchai néanmoins jusqu'au coin de la cheminée, sur laquelle il y avait deux bougies allumées. Sans le soutien du marbre, je serais tombée. Tallien était appuyé sur l'autre coin. Il me dit alors d'une voix assez douce : « Que me voulez-vous ? » Alors je balbutiai la demande d'aller à notre campagne du Bouilh, et qu'on levât le séquestre qui avait été mis, par erreur, sur les biens de mon beau-père, chez lequel je demeurais. Brusquement, il me répondit que cela ne le regardait pas. Puis, s'interrompant : « Mais vous êtes donc la belle-fille de celui qui a été confronté avec la femme Capet ?... Et avez-vous un père ?... Comment s'appelle-t-il ?... Ah ! Dillon, le général ?... Tous ces ennemis de la République y passeront », ajouta-t-il, faisant en même temps, avec la main, le geste de trancher une tête. L'indignation me gagna et me rendit alors tout mon courage. Hardiment, je levai les yeux sur ce monstre. Je ne l'avais pas encore regardé. Devant moi, je vis un homme de vingt-cinq à vingt-six ans, d'une jolie figure qu'il cherchait à rendre sévère. Une forêt de boucles blondes s'échappait de tous côtés sous un grand chapeau militaire, couvert de toile cirée, et surmonté d'un panache tricolore. Il était vêtu d'une longue redingote serrée, de gros drap bleu, par-dessus laquelle pendait un sabre en baudrier, croisé d'une longue écharpe de soie aux trois couleurs.

«Je ne suis pas venue ici, citoyen, lui dis-je, pour entendre l'arrêt de mort de mes parents, et puisque vous ne pouvez m'accorder ce que je demande, je ne dois pas vous importuner davantage.» En même temps, je le saluai légèrement de la tête. Il sourit, comme semblant dire: «Vous êtes bien hardie de me parler ainsi.» Puis je sortis par la porte par laquelle il était entré, sans rentrer dans le salon.

Revenue chez moi, je considérai ma situation comme plutôt aggravée qu'améliorée. Si Tallien ne me protégeait pas, ma perte me paraissait infaillible. Mme de Fontenay, ayant constaté que j'avais fait une bonne impression sur Tallien, ne se décourageait cependant pas si aisément. Elle lui chercha querelle pour ne m'avoir pas assez bien traitée, et lui dit que j'avais décidé de ne plus revenir chez elle dans la crainte de l'y rencontrer. Il promit alors que je ne serais pas arrêtée, mais apprit en même temps à Mme de Fontenay qu'il savait que son collègue Ysabeau le dénonçait au Comité de Salut public, à Paris, comme modéré et protégeant les aristocrates.

Cependant la Terreur était à son comble à Bordeaux. Mme de Fontenay commençait à s'inquiéter pour elle-même et à craindre que les dénonciations d'Ysabeau ne fissent rappeler Tallien. Je m'unissais à ces craintes, dont la réalisation eût été notre perte à toutes deux. L'horrible procession qui marqua la destruction, en un moment, de toutes les choses précieuses possédées par les églises de la ville, venait d'avoir lieu. On rassembla toutes les filles publiques et les mauvais sujets. On les affubla des plus beaux ornements trouvés dans les sacristies de la cathédrale, de Saint-Seurlin, de Saint-Michel, églises aussi anciennes que la ville et dotées, depuis Gallien, des objets les plus rares et les plus précieux. Ces misérables parcoururent les quais et les rues principales. Des charlots portaient ce qu'ils n'avaient pu mettre sur eux. Ils arrivèrent ainsi précédés par *la Déesse de la Raison*, représentée par je ne sais quelle horrible créature, jusque sur la place de la Comédie. Là, ils brûlèrent, sur un immense bûcher, tous ces magnifiques ornements. Et quelle ne fut pas mon épouvante lorsque, le soir même, Mme de Fontenay me raconta, comme une chose toute simple : « Savez-vous que Tallien me disait, ce matin, que vous feriez une belle déesse de la Raison ? » Lui ayant répondu avec horreur que j'aurais mieux aimé mourir, elle fut toute surprise et leva les épaules.

CHAPITRE XV

Cependant la situation devenait d'heure en heure plus alarmante. Il n'y avait pas de jour qu'il ne se fît des exécutions. Je logeais assez près de la place Dauphine pour entendre le tambour, dont un roulement marquait chaque tête qui tombait. Je pouvais les compter, avant que le journal du soir ne m'apprît les noms des victimes. Le fond du jardin sur lequel donnait la fenêtre de ma chambre touchait à celui d'une ancienne église où s'était établi le club des *Amis du peuple*, et lorsque la séance du soir était animée, les cris, les applaudissements et les vociférations des misérables qui y assistaient parvenaient jusqu'à moi.

Les nouvelles que je recevais de mon mari me peignaient sa position à Tesson, où il s'était réfugié, comme très précaire. À tous moments, on menaçait Grégoire d'établir dans ce château un corps de troupes, un hôpital militaire ou autre établissement analogue, ce qui aurait obligé mon mari à fuir de nouveau. Je ne savais où le placer ailleurs avec la moindre sécurité. Le rappeler auprès de moi à Bordeaux, il ne fallait pas y songer, à cause de la fille qui soignait mon enfant. Dupouy m'avait de nouveau fait dire, du fond de sa cachette, que je devais me défier d'elle. Je n'osais pourtant la renvoyer, crainte de pis.

J'étais poussée à bout. Je voyais Bonie inquiet de mon sort. Plusieurs moyens de fuite avaient été reconnus impossibles. Tous les jours on exécutait des gens qui pensaient être en sûreté. Les malheureux jeunes gens de l'Association, jusqu'au dernier, avaient été arrêtés ou dénoncés les uns après les autres, puis exécutés sans procès sur la seule constatation de leur identité, tous ayant été mis en masse hors la loi. Je passais les nuits sans sommeil, croyant, à chaque bruit, que l'on venait m'arrêter. Je n'osais presque plus sortir. Mon lait se tarissait, et je craignais de tomber malade au moment où je n'avais jamais eu plus de besoin de ma santé, afin de pouvoir agir si cela devenait nécessaire. Enfin, un matin, étant allée voir M. de Brouquens, toujours en détention chez lui, j'étais appuyée pensive sur sa table, lorsque mes yeux se portèrent machinalement sur un journal du matin qui était ouvert. J'y lus, aux Nouvelles commerciales : « Le navire la *Diane*, de Boston, 150 tonneaux, partira dans huit jours sur son lest, avec autorisation du ministre de la marine. » Or, il y avait dans le port quatre-vingts navires américains qui y pourrissaient depuis un an sans pouvoir obtenir la permission de mettre à la voile. Sans prononcer un mot, je me redresse aussitôt et je m'en allais, lorsque M. de Brouquens, occupé à écrire, leva les yeux et me dit : « Où allez-vous donc si vite ? — Je vais *en Amérique* », lui répondis-je, et je sortis.

Je me rendis tout droit chez Mme de Fontenay. Lui ayant fait part de ma résolution, elle l'approuva d'autant plus qu'elle avait de mauvaises nouvelles de Paris. Tallien y était dénoncé par son collègue et pouvait être rappelé d'un moment à l'autre. Ce rappel probable serait, croyait-elle, le signal d'une recrudescence de cruauté à Bordeaux, où elle-même ne voulait pas rester, si Tallien partait. Il n'y avait donc pas une minute à perdre, si nous voulions être sauvés.

Je revins chez moi et j'appelai Bonie, en lui disant qu'il fallait me trouver un homme dont il fût sûr pour aller chercher mon mari. Il n'hésita pas un moment : « La commission est périlleuse, dit-il. Je ne connais qu'un homme qui puisse l'entreprendre, et cet homme-là, c'est moi. » Il me répondit du succès, et je me confiai à son zèle et à son intelligence. Il hasardait sa vie, qui aurait été sacrifiée avec celle de mon mari, s'ils avaient été découverts ; mais, comme dans ce cas la mienne n'eût pas été épargnée davantage, je n'éprouvai aucun scrupule d'accepter la proposition qui m'était faite.

Je ne perdis pas un instant. J'allai trouver un vieil armateur, ami de mon père, et qui était aussi courtier de navires. Il m'était très dévoué et se chargea d'aller arrêter notre passage sur la *Diane*, pour moi, mon mari et nos deux enfants. J'aurais voulu emmener ma bonne Marguerite. Mais elle avait une fièvre double tierce depuis six mois déjà et aucun remède ne parvenait à l'en débarrasser. Je craignais qu'un passage de mer dans une si mauvaise saison, nous étions dans les derniers jours de février, ne lui fût fatal. D'ailleurs, comment se trouverait-elle dans ce pays dont elle ne savait pas la langue, déjà âgée, et accoutumée, plus que moi, à toutes les aisances de la vie ! Je résolus donc de partir sans elle. Lorsque je revins chez M. de Brouquens, ayant déjà tout arrangé, sa surprise fut grande. Il me dit alors que, venant d'être rendu à la liberté sur un ordre de Paris, et comptant lui-même partir dans quelques jours, il me proposait d'aller le lendemain déjeuner à Canoles, où il n'était pas retourné depuis la visite domiciliaire.

Rentrée de nouveau chez moi, je me confiai à mon bon Zamore, car le plus difficile était de pouvoir emballer nos effets à l'insu de la bonne, qui eût été tout aussitôt nous dénoncer à la section. Elle couchait, avec ma petite fille, alors âgée de près de six mois, dans une longue chambre garnie d'armoires dans lesquelles j'avais enfermé tous les effets qu'on m'avait envoyés du Bouilh et ceux que j'avais emportés de là-bas moi-même en venant m'installer à Canoles. Cette chambre donnait d'un côté dans la mienne et de l'autre dans celle de Marguerite. Cette dernière avait une issue sur un petit escalier qui aboutissait à la cave. Bonie, toujours prévoyant, avait arrangé depuis longtemps, sans m'en parler, que, si on venait pour m'arrêter, je descendrais dans cette cave remplie de vieilles caisses et que je m'y cacherais pendant quelques heures. Heureusement, me défiant de la bonne, j'avais toujours tenu toutes les armoires fermées. Je convins donc avec Zamore que le lendemain matin, pendant que je serais à Canoles, où j'emmènerais la bonne et les enfants, il sortirait tous les effets et les descendrait, en passant par le petit escalier, dans la cave pour les emballer dans les caisses qui s'y trouvaient. Je lui recommandai de ne pas laisser traîner le moindre bout de fil, dont la présence pourrait déceler l'ouverture récente des armoires. Il exécuta toute cette opération avec son intelligence accoutumée.

Le lendemain donc j'allai, accompagnée de M. de Chambeau, déjeuner à Canoles, chez M. de Brouquens. Comme nous étions tous les trois à table, la porte du jardin s'ouvrit et nous vîmes apparaître Mme de Fontenay, donnant le bras à Tallien. Ma surprise fut grande, car elle ne m'avait pas dit son projet. Brouquens fut stupéfait, mais se remit bien vite. Quant à moi, je cherchais à dominer mon émotion encore accrue par la vue d'un homme qui était entré avec Tallien et derrière lui. Il avait mis un doigt sur sa bouche en me regardant et je détournai aussitôt les yeux. C'était M. de Jumilhac, que je connaissais

beaucoup, et qui, caché à Bordeaux sous je ne sais
quel nom d'employé, accompagnait le représentant.
Tallien, après un compliment poli à Brouquens sur
la liberté qu'il avait prise de traverser son jardin
pour se rendre chez le consul de Suède, vint à moi,
avec cette manière prévenante des seigneurs de l'ancienne cour, et me dit de la façon la plus gracieuse :
« On prétend, madame, que je puis réparer aujour-
d'hui mes torts envers vous, et j'y suis tout à fait
disposé. » Alors, je me laissai fléchir et quittant
l'air froidement hautain que j'avais d'abord pour
en prendre un passablement poli, je lui expliquai
qu'ayant des intérêts pécuniaires à la Martinique
— la chose était presque vraie — je désirais y passer
pour m'en occuper, et que je lui demandais un passeport pour moi, mon mari et mes enfants. Il répliqua : « Mais où donc est-il votre mari ? » Ce à quoi je
lui répondis, en riant : « Vous permettrez, citoyen
représentant, que je ne vous le dise pas. — Comme
vous voudrez », fit-il gaiement. Le monstre se faisait
aimable. Sa belle maîtresse l'avait menacé de ne
plus le revoir s'il ne me sauvait pas, et cette parole
avait enchaîné un moment sa cruauté.

Deux heures après mon retour à Bordeaux,
Alexandre, le secrétaire de Tallien, m'apporta l'ordre
par lequel il était enjoint à la municipalité de Bordeaux de délivrer un passeport au citoyen Latour et
à sa femme, avec deux jeunes enfants, pour se rendre
à la Martinique à bord du navire la *Diane*. Une fois
munie de ce précieux papier, il ne me restait plus
qu'à rappeler mon mari à Bordeaux, car le capitaine
américain n'aurait pas voulu le prendre à son bord,
si ces papiers n'eussent pas été en règle.

Ce voyage de Tesson à Bordeaux offrait autant de
difficultés que de dangers. Bonie, comme je l'ai dit
plus haut, ne recula pas un instant et partit pour

Blaye dès la marée descendante. Il s'était déjà procuré un passeport régulier pour lui-même, car on ne pouvait, sans cela, sortir du département ni pénétrer dans celui de la Charente-Inférieure où se trouvait Tesson, à dix lieues des frontières de la Gironde. Mais une fois rentré dans la Gironde, une simple carte de sûreté, ne portant aucun signalement, suffisait pour circuler dans tous les sens. Bonie avait bien sa carte de sûreté personnelle, mais il en fallait une pour mon mari. Il alla donc trouver un de ses amis, pour le moment malade et alité, et sous prétexte qu'il avait égaré sa propre carte, il lui emprunta la sienne pour quelques jours. Le pauvre malade ne se douta jamais au fond de son lit du danger qu'il avait couru ; car, assurément, si mon mari eût été nanti de cette carte, le véritable possesseur serait monté avec lui sur l'échafaud. Le passeport de Bonie spécifiait qu'il allait chercher des grains dont la Charente-Inférieure regorgeait, tandis qu'on en manquait absolument à Bordeaux, où les boulangers mettaient toutes espèces de farines dans leur pain, farine d'avoine, de fèves, etc., etc.

Bonie partit dans la soirée. J'avais calculé tous les instants qu'il mettrait à accomplir ce périlleux voyage. J'en comptais les minutes avec anxiété, et le troisième jour au soir, vers 9 heures, je croyais pouvoir espérer que le bateau de passage montant tous les jours de Blaye avec la marée ramènerait le voyageur si ardemment attendu. La fièvre d'impatience qui me dévorait ne me permit pas de rester dans la maison. J'allai sur les Chartrons, à la nuit, avec M. de Chambeau, à l'endroit où je savais qu'arrivait le bateau de Blaye. L'obscurité était si grande qu'on ne distinguait pas l'eau de la rivière. Je n'osais demander aucun renseignement, car je savais tous les points de la rivière où l'on débarquait garnis de nombreux espions de police. Enfin, après une longue attente, nous entendîmes sonner neuf heures et demie, et M. de Chambeau, qui n'avait pas de carte de sûreté, m'observa que nous n'avions plus qu'une demi-heure pour rentrer sans danger à la maison. Deux matelots parlant anglais passaient à ce moment près de moi. Je me hasardai à leur demander, dans leur langue, l'état de la marée. Ils répondirent sans hésiter qu'il y avait déjà une heure *de descendant*. Perdant alors tout espoir pour ce jour-là, je retournai désolée à la maison, où je passai la nuit à imaginer avec angoisse tous les obstacles qui avaient pu arrêter Bonie et son malheureux compagnon. Assise sur mon lit, à côté de mes deux chers enfants, je prêtais l'oreille pour saisir le moindre bruit qui pût ranimer mon espoir. Hélas! jamais la maison n'avait été aussi silencieuse.

Pendant que je tremblais ainsi d'inquiétude et d'impatience, pendant que j'étais hantée par la terrible vision de mon mari reconnu, arrêté, conduit au tribunal et de là traîné sur l'échafaud, il dormait tranquillement étendu sur un confortable lit, préparé à son intention, dans une chambre inhabitée et solitaire de la maison, par Bonie avant son départ. Le matin, la bonne, venue pour habiller ma petite fille, me dit d'un air indifférent: «À propos, madame, M. Bonie est là qui demande si vous êtes levée?» Je fis un effort prodigieux sur moi-même pour ne pas jeter un cri, et l'on comprend que ma toilette ne fut pas longue. Bonie entra alors et m'apprit qu'ils étaient arrivés trop tard à Blaye pour prendre le bateau ordinaire, sur lequel d'ailleurs mon mari aurait pu être reconnu. Il avait nolisé une barque de pêcheur, quoiqu'il y eût encore trois heures *de descendant*. Le vent étant favorable et très fort, ils avaient, son compagnon et lui, mis à la mer et bientôt regagné, puis dépassé le bateau ordinaire.

Aussi étaient-ils déjà arrivés quand je les attendais et me désespérais sur le bord de la rivière.

Je mourais d'impatience de pénétrer dans la chambre où se trouvait l'être que j'aimais le plus en ce monde. Mais Bonie me conseilla de m'habiller comme si je devais sortir, afin de tromper ma berceuse, et cette précaution très nécessaire me sembla un supplice. Enfin, une demi-heure après, je sortis sous le prétexte de faire quelques emplettes, et ayant été rejoindre Bonie, il me conduisit, par un escalier dérobé, dans la chambre de mon mari. Enfin, nous nous retrouvions après six mois de la plus douloureuse absence !

Je voulus savoir les détails de ce voyage si périlleux. Mon mari me les conta.

Bonie, à son arrivée à Tesson, avait épouvanté par son accoutrement de sans-culotte, son bonnet rouge, son grand sabre, la bonne Mme Grégoire. Elle nia effrontément le séjour de mon mari à Tesson. Bonie eut beau prier, conjurer, parler de moi, de mes enfants, rien ne put la fléchir. À bout d'argument, il déchira la doublure de son gilet, en tira un petit papier, le mit sur la table et sortit dans la cour. Ce petit papier contenait ces seuls mots écrits de ma main : « Fiez-vous au porteur. Dans trois jours nous serons sauvés. » La bonne Grégoire ne vit pas plutôt ce brigand, comme elle le nomma, hors de la chambre, qu'elle courut porter le billet au pauvre reclus. Mon mari en ayant pris connaissance, prescrivit de faire entrer Bonie. Mais ce n'est pas sans une grande frayeur que Mme Grégoire introduisit dans la chambre, d'où M. de La Tour du Pin n'était pas sorti depuis deux mois, cet inconnu qu'elle ne pouvait se décider à considérer comme un sauveur.

À la nuit, mon mari se revêtit des habits de paysan que je lui avais envoyés auparavant, et Bonie et

lui partirent à pied, en prenant des chemins que
M. de La Tour du Pin connaissait. Ils atteignirent la
grande route de Blaye à la pointe du jour. Après
avoir parcouru quelques lieues sur cette grande
route qui était, comme toutes celles de France, à
cette époque, dans le dernier degré de destruction,
mon mari se déclara hors d'état d'aller plus loin et
se coucha sur le bord du chemin. Bonie, le voyant
pâle et sans force, crut qu'il allait mourir, et son
désespoir fut extrême. Heureusement un paysan,
qui allait au marché à Blaye, avec sa charrette,
passa. Rassuré par le costume de patriote de Bonie,
il consentit à faire monter les deux voyageurs
auprès de lui, et ils arrivèrent à Blaye assez reposés
pour gagner le port à pied. Dans ce terrible temps,
tout était danger, et deux hommes, dont l'un avait
les apparences d'un mendiant, n'auraient pu proposer à un batelier de fréter une barque pour eux seuls
sans éveiller les soupçons. Mais Bonie pensait à
tout. Il raconta qu'il avait été envoyé par je ne sais
quelle commune au-dessus de Bordeaux avec la
mission d'acheter des grains pour le peuple. Personne ne s'étonna donc qu'il prît un bateau pour
son service particulier et qu'il donnât passage, par
charité, à un pauvre citoyen malade évadé des
départements insurgés. Cette dernière phrase était
nécessaire pour éviter le soupçon qu'aurait pu faire
naître dans l'esprit du patron de la barque l'absence
d'accent gascon chez M. de La Tour du Pin.

CHAPITRE XVI

J'avais pris, deux mois auparavant, un certificat de résidence à neuf témoins sous le nom de Dillon Gouvernet. Il fallait maintenant aller chercher un passeport au nom de Latour, et éviter celui de Dillon, trop connu à Bordeaux. Je me décidai à remplacer le nom de Dillon par celui de Lee, que mon oncle, lord Dillon, ajoutait au sien, depuis qu'il avait hérité de lord Lichfield[116], son grand-oncle et mon arrière-grand-oncle. Il n'y avait pas à reculer. On fermait le bureau des passeports à 9 heures, et nous allâmes, à 8 h 30 à la commune. Il faisait complètement nuit. C'était le 8 mars 1794. Mon mari marchait assez loin devant avec Bonie. Je suivais accompagnée d'un ami de ce dernier, portant dans mes bras ma fille âgée de six mois et tenant par la main mon fils, qui n'avait pas alors quatre ans. À cause du nom anglais ou américain que je voulais prendre, j'étais vêtue en dame, mais très mal mise et coiffée d'un vieux chapeau de paille. Nous nous rendons dans une salle de l'hôtel de ville, qui était remplie de monde. C'était là que l'on vous remettait la carte ou permission sur le vu de laquelle le bureau des passeports vous en délivrait un. Je frémissais que quelque habitant de Saint-André-de-Cubzac ou de Bordeaux ne nous reconnût. Nous prenions donc soin, M. de La Tour du Pin et moi, de nous tenir éloignés l'un de l'autre et d'éviter les parties éclairées de la salle.

Munis de cette carte nous montons au bureau des passeports, et comme nous y entrions, nous entendons l'employé s'écrier: «Ah! ma foi., en voilà bien assez pour aujourd'hui; le reste à demain.» Tout retard nous eût coûté la vie, comme on va le voir. Bonie s'élance par-dessus le bureau en disant: «Si tu es fatigué, citoyen, je vais écrire pour toi.» L'autre y consent, et Bonie rédige le passeport collectif de la famille Latour. Il y avait beaucoup de monde dans le bureau. Aussi, lorsque le municipal, en bonnet rouge, dit: «Citoyen Latour, ôte ton chapeau qu'on fasse ton signalement», il me prit un battement de cœur si violent que je fus sur le point de me trouver mal. Heureusement j'étais assise dans un coin obscur du bureau. Au même moment mon fils levant les yeux se rejeta sur moi, cachant son visage dans ses petites mains. Mais je pensai qu'il avait eu seulement peur de ces hommes en bonnet rouge et ne lui dis rien.

Le passeport signé, nous l'emportâmes avec une vive satisfaction, quoique nous fussions pourtant bien loin d'être sauvés. Il avait été convenu que, pour ne pas nous trouver tous deux dans la même maison, et pour n'avoir pas à traverser Bordeaux le lendemain matin, en plein jour, M. de La Tour du Pin coucherait chez le consul de Hollande, M. Meyer, qui habitait la dernière maison des Chartrons et nous était entièrement dévoué. M. de Brouquens nous avait attendus dans la rue. Il l'y conduisit. Quant à moi, après avoir ramené mes enfants à la maison, je me rendis chez Mme de Fontenay, où je croyais rencontrer Tallien qui devait viser notre passeport. Je la trouvai dans les larmes. Tallien avait reçu son ordre de rappel et il était déjà parti depuis deux heures. Elle-même devait se mettre en route le lendemain, et elle ne me cacha pas ses craintes que le féroce Ysabeau, collègue de Tallien, ne refusât de viser notre passeport. Mais Alexandre. le secrétaire de Tallien, affirma, sur sa tête, qu'il le viserait. Comme il signait toujours, disait-il, à 10 heures, en sortant du théâtre, il avait hâte de souper, et ne regardait guère les pièces qu'on lui présentait. La Providence, dans sa bonté, avait voulu qu'Ysabeau eût demandé à Tallien de lui laisser Alexandre, son secrétaire, qui non seulement lui était très utile mais avait même eu l'adresse de se rendre nécessaire.

Au moment où j'entrais chez Mme de Fontenay, Alexandre en sortait pour aller à la signature. Il prit le passeport et l'intercala au milieu de beaucoup d'autres. Ysabeau, ce jour-là, très préoccupé de l'arrivée d'un nouveau collègue attendu le lendemain, signa sans faire attention, et dès qu'Alexandre fut libre de sortir, il accourut chez Mme de Fontenay où j'attendais plus morte que vive. Je ne m'y trouvais pas seule. Un personnage que je ne connaissais pas et à l'aspect assez soucieux était là également. Cet homme n'était autre que M. de Fontenay. Faisant fi des sentiments de délicatesse les plus élémentaires, il venait demander à sa femme de le sauver. Alexandre arriva, tenant le passeport déployé à la main. Il était tellement essoufflé qu'il tomba sur un fauteuil sans pouvoir articuler autre chose que ces mots : « Le voilà ! » Mme de Fontenay l'embrassa de tout son cœur, moi de même, car notre sauveur, en réalité, c'était lui. Jamais depuis je ne l'ai revu, et peut-être aura-t-il payé de sa tête les services rendus à beaucoup de gens qui ne s'en sont pas souvenu.

Le jeune envoyé de la Convention, qui arriva le lendemain, se nommait Julien de Toulouse[117]. On l'envoyait à Bordeaux pour y ranimer le patriotisme. Il avait dix-neuf ans, et sa cruauté a surpassé

tout ce que ces temps affreux ont présenté de plus
atroce. Nous eûmes l'honneur de lui causer, par
notre fuite, de cuisants regrets. Il s'arracha les cheveux de rage, en apprenant que nous lui avions
échappé, car, déclarait-il, nous étions mentionnés
dans *ses notes*.

Je passai la nuit à arranger quelques effets que
Zamore emporta de bonne heure. J'avais fait semblant de me déshabiller, et je me gardai de réveiller
ma bonne. Dès que nous fûmes seuls, mon fils, couché dans un lit voisin du mien, se leva sur son séant
et m'appela. Grande fut ma frayeur, car je craignis
qu'il ne fût malade. Je m'approchai aussitôt de lui.
Alors, jetant ses petits bras autour de mon cou et col-
lant sa bouche à mon oreille, il me dit : « J'ai bien vu
papa, mais je n'ai rien dit à cause de ces méchantes
gens ! » Ainsi la terreur, dans le bureau des passeports, avait agi même sur un enfant âgé de moins de
quatre ans.

Tous nos bagages étaient à bord depuis trois jours,
sans que mon espionne se fût doutée que toutes les
armoires et tous les tiroirs avaient été vidés. Je fis de
tendres adieux à ma bonne Marguerite. Ne pensant
qu'à moi, elle était heureuse de me voir échapper
aux dangers qui me menaçaient. Je la laissai sous la
protection de M. de Brouquens, bien au courant de
mon attachement pour elle. Enfin, le 10 mars, prenant ma fille Séraphine dans mes bras et mon fils
Humbert par la main, je dis à la berceuse que je
les menais sur les allées de Tourny, à cette époque
encore la promenade habituelle des enfants, et que je
reviendrais dans une heure ou deux.

Au lieu de cela, je me dirigeai vers les glacis du
Château-Trompette, où je rejoignis M. de Chambeau, à qui j'avais donné rendez-vous. Il avait également obtenu un passage sur notre bateau.

Je le trouvai donc au Château-Trompette accompagné d'un gamin chargé de son portemanteau qui ne pesait guère. Il prit la main d'Humbert, et quand, arrivés au bout des Chartrons, nous aperçûmes le canot de la *Diane*, nous éprouvâmes l'un et l'autre un sentiment de joie comme on n'en ressent pas souvent dans sa vie.

M. Meyer, chez qui mon mari avait couché, nous attendait. Nous trouvâmes, déjà installés à déjeuner, le bon Brouquens, Mme de Fontenay et trois ou quatre autres personnes, parmi lesquelles un conseiller au Parlement de Paris que Brouquens avait caché dans la compagnie des vivres et dont je n'ai jamais su le véritable nom. On le plaisantait fort, parce que, chargé de faire *nos vivres*, il n'avait, dans l'espace de trois jours, trouvé pour tout approvisionnement qu'un agneau qu'il amenait tout bêlant. En réalité, la famine était telle que nous n'avions rien ne pu nous procurer. Quelques pots de cuisses d'oie, quelques sacs de pommes de terre ou de haricots, une petite caisse de pots de confitures et cinquante bouteilles de vin de Bordeaux composaient toute notre richesse. Le capitaine Pease possédait bien quelques barriques de biscuit, mais il avait dix-huit mois de date et venait de Baltimore. M. Meyer m'en donna un petit sac de frais que je conservai pour faire de la soupe à ma petite fille. Mais qu'importait tout cela comparé à ce résultat : la vie de mon mari sauvée !

Mme de Fontenay jouissait de son œuvre. Son beau visage était baigné de larmes de joie quand nous montâmes dans le canot. Elle m'a dit depuis que ce moment, grâce aux expressions de notre reconnaissance, comptait comme le plus doux dont elle eût conservé le souvenir.

Quand le capitaine s'assit au gouvernail, et cria : « *Off !* » un sentiment d'indicible bonheur me pénétra. Assise en face de mon mari dont je conservais la vie, avec mes deux enfants sur mes genoux, rien ne me paraissait impossible. La pauvreté, le travail, la misère, rien n'était difficile avec lui. Ah! sans contredit, ce coup d'aviron que le matelot donna au rivage pour nous en éloigner a marqué le plus heureux moment de mon existence.

Le navire la *Diane* était descendu, avec la marée précédente, jusqu'au Bec d'Ambez, où nous devions le rejoindre. On était soumis, par ordre supérieur, à l'obligation d'accoster un bâtiment de guerre stationné au milieu de la rivière, à l'entrée du port, comme une sentinelle. Le capitaine se prépara à soumettre à la visite ses papiers et nos passeports. Ce fut un mauvais moment. Nous n'osions parler français ni regarder en l'air vers le pont du bateau de guerre. Le capitaine monta seul à bord. Il ne savait pas un mot de français, quoiqu'il y eût un an qu'il était *en embargo* à Bordeaux. Une voix cria du pont: «Faites monter la femme pour servir d'interprète»; puis quelques grossières paroles pour demander si elle était jeune ou vieille. Une frayeur mortelle m'envahit. Notre capitaine se pencha sur la balustrade et dit: «*Don't answer*». Je ne levai pas les yeux. En ce moment un bateau français très pressé et plein d'hommes en uniforme s'approcha. Le capitaine, profitant de l'incident, reprit ses papiers, sauta dans le canot et nous nous éloignâmes aussi vite que nous le pûmes.

Enfin nous trouvâmes notre petit navire la *Diane* et nous nous installâmes tant bien que mal à son bord. La seconde marée descendante nous mena devant Pauillac. Là, nous eûmes encore à supporter la visite de deux autres vaisseaux de garde. Mon mari, déjà atteint du mal de mer, s'était couché. Les officiers qui vinrent à bord furent fort polis, quoique questionneurs. Ils prirent une très grande fantaisie pour mon agneau qui, malheureusement, était encore en vie. Ils me le demandèrent sans façon, promettant de m'envoyer en échange une chèvre, dont j'étais charmée pour mes enfants. Mais ils emmenèrent l'agneau et la chèvre ne vint pas, car nous levâmes bientôt l'ancre pour nous rapprocher de Pauillac, où la mer était moins houleuse. Mon mari s'en trouva mieux.

Le petit brick sur lequel nous étions embarqués n'était que de cent cinquante tonneaux, c'est-à-dire comme une grosse barque. Son unique mât était très haut, analogue en cela à celui de tous les navires de construction américaine. Comme son chargement se composait uniquement de nos vingt-cinq caisses ou malles, il roulait horriblement. Mon apprentissage maritime fut donc des plus pénibles.

Nous avions fait accord avec le capitaine pour notre nourriture. Mais, aussi peu favorisé que nous, il n'avait pu se procurer de vivres en dehors de ceux que son consignataire était parvenu à lui fournir des magasins de la marine.

Au départ de Bordeaux, un des quatre matelots avait fait une chute terrible du haut du mât dans la cale. Il était hors de service. Trois seulement restaient donc pour faire la manœuvre. En somme, l'équipage comprenait ces trois matelots, un mousse qui servait de domestique, le capitaine, jeune homme assez peu habile, son contremaître, qui était comme lui de Nantucket, enfin un vieux marin rempli d'expérience, nommé Harper, étranger au navire il est vrai, mais que le capitaine consultait en toute occasion.

La chambre où le capitaine seul entrait était, comme on le pense bien, très petite. Il nous avait donné une cabine pour mon mari et moi et une autre à M. de Chambeau. Lui-même couchait, dans la chambre, sur une sorte de coffre qui servait de banc dans la journée. Mon mari ne quitta pas son lit pendant trente jours. Il souffrait horriblement du mal de mer et aussi de la mauvaise nourriture. Les seuls aliments qu'il supportait étaient le thé à l'eau et quelques morceaux de biscuit grillé, trempé dans du vin sucré. Pour moi, quand j'y pense après tant d'années, je ne conçois pas comment je pus résister à la fatigue et à la faim. Nourrice, et, de plus, âgée de vingt-quatre ans seulement, mon appétit ne pouvait être qu'excellent, et dans cette vie si nouvelle je n'avais même pas le temps de manger.

Les Américains étaient, à cette époque, en guerre avec les Algériens, qui leur avaient pris déjà plusieurs vaisseaux. Notre capitaine avait de ces corsaires une si grande terreur qu'à deux lieues de la tour de Cordouan il mit le cap au nord et déclara que rien au monde ne le rassurerait avant qu'il ne fût au nord de l'Irlande. Il comptait peu sur la marine française pour le garantir des pirates mais entièrement sur celle de l'Angleterre, à laquelle, pensait-il, les Algériens n'osaient pas courir le risque de déplaire.

Nous cinglions donc, par un temps affreux d'équinoxe, à une vingtaine de lieues des côtes de France, ce qui ne nous laissait pas sans inquiétude pour nous-mêmes. Nous avions appris, à Pauillac, qu'une frégate française — l'*Atalante*, je crois — ayant rencontré à la sortie du port de la Rochelle un navire américain sur lequel plusieurs Français avaient pris passage, s'était emparée de ces derniers et les avait menés à Brest, où tous avaient été guillotinés.

Cette réjouissante anecdote me rendait le voisinage des côtes de France fort peu agréable. Mais quelques instances que je fisse auprès du capitaine pour le déterminer à mettre le cap sur sa patrie, il ne pensait et ne rêvait qu'Algériens et esclavage, et M. de La Tour du Pin, d'ailleurs, de même opinion que lui, l'encourageait aussi à conserver la direction du nord.

Un jour nous étions enfermés dans la chambre avec de la lumière en plein jour, parce que le vent poussait les vagues dans les hublots et qu'il avait fallu fermer les écoutilles, quand la voix altérée du matelot en vigie sur le pont fit entendre ces mots très effrayants pour nous : «*French man of war ahead*[118]». Le capitaine ne fit qu'un saut sur le pont, en nous ordonnant de ne pas paraître. Un coup de canon se fit entendre. C'était le commencement de la conversation de vie ou de mort pour nous que la frégate entamait. Elle s'annonça pour être française et arbora son pavillon. Nous déployâmes au plus vite le nôtre, et après les questions d'usage, nous entendîmes notre capitaine répondre, car nous ne pouvions distinguer les questions parties du navire français : «*No passengers, no cargo*». À quoi l'*Atalante* répliqua : «Venez à bord.» Le capitaine dit que la mer était trop grosse. Elle était, en effet, démontée, et comme nous avions mis en panne, nous étions ballottés à ne pouvoir nous tenir debout sans appui. Alors l'imposante questionneuse termina la conversation par le seul mot: «*Follow*» et reprit sa route. Nous redéployâmes notre unique voile pour nous mettre avec soumission dans son sillage.

Le capitaine, redescendant, nous dit gaiement: «Dans une heure il fera nuit, et voilà la brume qui s'élève.» Jamais brouillard ne fut accueilli avec plus de joie. Bientôt nous perdîmes de vue la frégate dans l'obscurité, et comme nous faisions aussi peu de voile que possible, malgré un coup de canon qu'elle tira comme pour dire: «Venez donc !» elle gagnait peu à peu sur nous. Elle nous avait signalé qu'elle entrait dans Brest et de l'y suivre. Dès qu'il fit nuit, nous prîmes la route directement contraire, et le vent, très fort, nous étant favorable, nous nous en fûmes au nord-ouest, toutes voiles dehors, sans nous embarrasser si c'était ou non la route de Boston, où nous devions aller.

Cet incident nous jeta complètement en dehors de notre direction, et les brouillards épais dont nous fûmes environnés n'ayant pas permis de prendre la hauteur pendant douze ou quinze jours, la couleur de l'eau seule indiqua que nous nous trouvions dans les parages du banc de Terre-Neuve. Un fort vent d'ouest nous refoulait toujours. Les vivres commençaient à manquer et l'on nous mit à la ration d'eau. Nous rencontrâmes un navire anglais qui venait d'Irlande. Le capitaine alla à bord. Il revint avec un sac de pommes de terre et deux petits pots de beurre pour moi et mes enfants. Ayant comparé sa position avec celle prise par le capitaine anglais, il constata que nous étions à cinquante lieues au nord des Açores. En effet, depuis quelques jours, se sentant hors d'atteinte des Algériens, notre capitaine avait gouverné au sud-ouest par un bon vent de nord-est.

En l'apprenant, mon mari le conjura de nous débarquer aux Açores, d'où nous aurions pu passer en Angleterre. Le capitaine ne voulut jamais y consentir. La Providence en avait autrement décidé. Combien je l'en ai remerciée depuis! Cependant nous en murmurâmes alors, aveugles humains que nous sommes! Si nous avions été en Angleterre, nous y serions arrivés au moment de l'expédition de Quiberon. Mon mari y aurait certes pris part avec ses deux amis, M. d'Hervilly et M. de Kergaradec. Il aurait péri avec eux.

Ma vie de bord, toute dure qu'elle fût, m'était pourtant utile en ce sens qu'elle avait forcément éloigné de moi toutes les petites jouissances dont on ne connaît pas le prix quand on les a toujours possédées. En effet, privée de tout, sans un moment de loisir, entre les soins à donner à mes enfants et à mon mari malade, non seulement je n'avais pas fait ce que l'on appelle *sa toilette* depuis que j'étais à bord, mais je n'avais même pu ôter le mouchoir de madras qui me serrait la tête. La mode était encore alors à la superfluité de la poudre et de la pommade. Un jour, après la rencontre de l'*Atalante*, je voulus me coiffer pendant que ma fille dormait. Je trouvai mes cheveux, que j'avais très longs, tellement mêlés que, désespérant de les remettre en ordre et prévoyant apparemment la coiffure *à la Titus*, je pris des ciseaux et je les coupai tout à fait courts, ce dont mon mari fut fort en colère. Puis je les jetai à la mer, et avec eux toutes les idées frivoles que mes belles boucles blondes avaient pu faire naître en moi.

Mon temps de récréation à bord était celui que je passais dans la cuisine, espèce de caisse de berline sans portières attachée au mât. On s'y tenait assis dans le fond et les marmites bouillaient sur une sorte de fourneau qu'on allumait du dehors. Il arrivait bien parfois qu'un faux coup de gouvernail nous gratifiait d'une vague qui nous arrosait, mais nous y avions chaud, du moins aux pieds. Je dis nous, car je n'étais pas seule dans cette charmante cuisine. Un matelot, qualifié du nom de cuisinier, venait me chercher et m'installait à côté de lui dans la place, où je restais une ou deux heures à faire cuire nos haricots provenant de Baltimore et vieux déjà d'une année passée dans les magasins de Bordeaux. Il s'appelait Boyd, avait vingt-six ans, et, sous le masque de graisse et de goudron qui lui couvrait le visage, on pouvait distinguer une très belle figure. Fils d'un fermier des environs de Boston, il possédait une éducation bien supérieure à celle qu'un homme de sa classe aurait eue en France.

Tout d'abord il avait compris que j'étais une *lady* désireuse d'acquérir des connaissances sur tout ce qui se faisait à la campagne dans son pays. C'est à lui que je dois de n'avoir été étrangère à aucune de mes occupations quand j'ai dû remplir l'emploi de fermière. Mon mari disait en riant: «Les fèves sont en purée parce que ma femme s'est oubliée avec Boyd.»

Lorsqu'on nous mit à la ration d'eau, il me promit de ne pas nous en laisser manquer, ce qui était bien utile à mon mari qui ne pouvait boire que du thé, sous peine d'être repris du mal de mer. Personnellement, je souffrais beaucoup du défaut d'alimentation. Le biscuit avait acquis un tel degré de dureté que je ne pouvais plus le manger sans avoir les gencives en sang. Quand je cherchais à l'attendrir en le mouillant, il en sortait des vers qui me dégoûtaient horriblement. Pour mes enfants je le broyais et je leur en faisais une bouillie, à laquelle j'avais déjà consacré les deux petits pots de beurre que nous avait donnés le vaisseau anglais. Le manque de nourriture avait tari mon lait, et je voyais ma fille dépérir à vue d'œil, tandis que mon fils me demandait en pleurant une de nos pommes de terre dont il avait mangé la dernière depuis plusieurs jours. Cette situation était affreuse. La crainte de voir mourir de faim mes enfants ne me quittait plus.

Depuis dix jours nous n'avions pu prendre la hauteur et la brume était si épaisse que, même sur notre petit vaisseau, on ne voyait pas le beaupré. Le capitaine ne savait où il se trouvait. Le vieux Harper assurait bien qu'il sentait les brises de la terre, mais nous pensions qu'il cherchait à nous rassurer.

Enfin, le 12 mai 1794, à la pointe du jour, le temps étant chaud et la mer calme, nous montâmes nous asseoir sur le pont avec les enfants, pour nous distraire et respirer l'air. La brume était toujours aussi épaisse, et le capitaine affirmait que, quelle que fût la terre où nous aborderions, elle était encore éloignée de cinquante ou soixante lieues au moins.

Je remarquai néanmoins l'agitation du chien, un terrier noir, que j'aimais beaucoup et qui m'avait pris en amitié, à la grande impatience du capitaine, son propriétaire. La pauvre bête allait à l'avant, aboyait, revenait ensuite vers moi, léchait les mains et le visage de mon fils, puis reprenait la même course. Ce singulier manège durait depuis une heure déjà, lorsqu'un petit bateau ponté — *pilot-bout* — passa près de nous, et l'homme qui le montait cria en anglais «que si nous ne changions de direction, nous allions nous perdre contre le cap».

On lui jeta alors une corde et il sauta à bord. Dire la joie que nous ressentîmes en voyant ce pilote de Boston est impossible.

Nous nous trouvions, sans le savoir, à l'entrée de cette magnifique rade, dont le plus beau lac de l'Europe ne peut donner aucune idée. Quittant une mer dont les flots se brisent avec fureur sur des rochers, on pénètre par un goulet, où deux vaisseaux ne pourraient passer de front, dans une eau paisible et unie comme un miroir. Un léger vent de terre s'éleva pour nous montrer, comme dans un changement de décors au théâtre, la terre amie qui allait nous accueillir.

Les transports de mon fils ne peuvent se peindre. Il avait entendu parler pendant soixante jours des dangers auxquels nous avions, grâce au Ciel, échappé. Sa raison de quatre ans lui laissait entrevoir qu'il faudrait vivre désormais privé de beaucoup de bonnes choses, pour éviter ces gens en bonnet rouge dont il avait eu si peur et qui menaçaient de tuer son père. Le souvenir du pain bien blanc et du bon lait d'autrefois venait troubler souvent sa jeune imagination. Il trouvait peu agréable de n'en plus avoir, et cette vague réminiscence du passé le faisait pleurer sans motifs. Mais lorsqu'il aperçut, de cet étroit goulet où nous entrions, les prés verts, les arbres en fleurs et toute la beauté de la plus luxuriante des végétations, sa joie fut sans égale.

La nôtre, pour être plus raisonnable, n'en était pas moins vive.

CHAPITRE XVII

Nos transports, à nous autres, gens raisonnables, je l'avoue à notre honte, étaient entièrement concentrés sur un énorme poisson frais que le pilote venait de pêcher, et qui, avec un pot de lait, du beurre frais et du pain blanc, devait composer ce que le capitaine nomma *a welcome breakfast*. Pendant que nous le mangions avec un appétit vorace, nous avancions, remorqués par notre canot, dans cette magnifique baie. À deux encablures de terre, notre capitaine jeta l'ancre, puis il nous quitta, promettant de revenir le soir, après nous avoir trouvé un logement.

Nous n'avions pas une seule lettre de recommandation, et nous attendîmes patiemment son retour. Les vivres frais arrivèrent de tous côtés.

Le reste de la journée se passa à mettre nos effets en ordre. Le soir, le capitaine revint. Il nous avait trouvé un petit logement sur la place du Marché, et son armateur l'avait chargé de nous offrir ses services. Mon mari résolut d'aller le voir le lendemain en descendant à terre. Le capitaine nous dit que c'était un homme riche et considéré, et nous nous trouvâmes heureux d'être sous sa protection.

Vous croirez aisément que l'aube du jour me trouva éveillée le lendemain matin. Je procédai à la toilette de mes enfants et, dès que le canot fut prêt, je fis mes adieux à tout l'équipage individuellement par un *shake hands* donné de bon cœur. Ces braves gens avaient été remplis d'attentions pour nous. Le mousse pleurait à chaudes larmes de se séparer de mon fils. Chacun avait son regret à témoigner, et j'en éprouvais un très vif de ne pas emmener la chienne Black qui s'était attachée à moi. J'avais consulté mon ami Boyd pour savoir si le capitaine me la donnerait volontiers. Il m'assura qu'elle me serait refusée, et je n'osai donc pas la demander.

Nous prîmes ensuite le chemin du petit logement choisi par notre aimable capitaine, et mon mari m'y laissa pour aller voir l'armateur de notre navire.

M. Geyer était un des plus riches propriétaires de Boston. Quoiqu'il fût revenu, depuis la paix, jouir de sa fortune dans son pays d'origine, il avait compté parmi les partisans de l'Angleterre, et n'avait pris aucune part à l'insurrection contre la mère-patrie. À l'exemple de plusieurs autres négociants de Boston, il avait même emmené sa famille en Angleterre. Mon mari fut reçu par M. Geyer avec une cordialité qui le charma.

À Pauillac, j'ai oublié de le dire, nous étions mouillés auprès d'un vaisseau qui attendait le vent, comme nous, et qui allait en Angleterre. J'adressai à la hâte quelques mots à Mme d'Hénin, établie à Londres, pour la prier de nous écrire à Boston chez M. Geyer, dont le capitaine m'avait donné l'adresse. La longueur de la traversée avait permis que ma tante nous répondît, et nous trouvâmes, en débarquant, des lettres qui nous fixèrent sur le point des États-Unis que nous devions habiter. J'y reviendrai tout à l'heure.

La maison où se trouvait le logement que nous avait choisi notre capitaine était habitée par trois générations de femmes : Mme Pierce, sa mère et sa fille. Elle était située sur la place du Marché, place

la plus fréquentée et la plus animée de la ville.
Notre logement comprenait, d'un côté, un petit
salon éclairé par deux fenêtres donnant sur la
place ; de l'autre côté, et au-delà d'un très petit escalier, une bonne chambre à coucher destinée à mon
mari, à mes enfants et à moi. Cette dernière avait
vue sur un chantier isolé, où travaillaient des char-
pentiers de navire. Au-delà s'étendait la campagne
voisine. On verra plus loin pourquoi j'entre dans ces
détails.

Nous prîmes pension chez ces excellentes personnes, qui nous nourrirent fort bien, à l'anglaise.
La jeune fille, Sally, qui aimait passionnément les
enfants, m'enleva ma petite fille et voulut la soigner ; la grand'mère s'empara d'Humbert, déjà très
grand pour son âge et d'une intelligence singulière.
On ne pouvait avoir un début plus heureux. Le soir
de ce premier jour, nous nous trouvions installés
comme si jamais aucune douleur ni aucune inquiétude n'avaient traversé notre vie.

Vers le milieu de la nuit, je fus réveillée par les
aboiements d'un chien et par les gémissements qu'il
poussait tout en grattant à la porte de la cuisine, qui
ouvrait sur le chantier. Cette voix de chien ne m'était
pas inconnue. Je me levai et j'ouvris la fenêtre. Le
clair de lune me permit de reconnaître la chienne
Black. Je descendis aussitôt pour lui ouvrir la porte.
Une fois entrée dans la chambre, je m'aperçus que la
pauvre bête était si mouillée que certainement elle
avait dû rester longtemps dans l'eau. En effet, j'appris le lendemain qu'on l'avait tenue enchaînée à
bord toute la journée, mais qu'à 10 heures du soir le
matelot, ayant cru pouvoir la détacher, elle ne fit
qu'un saut dans la mer. Or, la *Diane* était à l'ancre à
plus d'un mille du quai. Il est donc vraisemblable
que la bonne bête avait franchi cette distance à la
nage ; puis que, nous ayant cherchés dans cette ville

qui lui était étrangère, elle avait enfin découvert précisément la porte de la maison la plus rapprochée de la chambre où nous couchions. Le capitaine mit une sorte de superstition scrupuleuse à ne pas contrarier un attachement si bien prouvé. Black ne nous quitta plus et est revenue avec nous en Europe.

Dans la matinée du lendemain de notre arrivée, M. Geyer vint me voir avec sa femme et sa fille. Il parlait assez bien français, mais les dames n'en savaient pas un mot. Elles furent charmées de constater que leur langue m'était aussi familière qu'à elles-mêmes. Leur bienveillante hospitalité n'avait pas besoin, pour être offerte, de lettres de recommandation. Les dangers que nous avions courus en France inspiraient une sympathie générale, et l'on alla jusqu'à croire qu'un peu de merveilleux se mêlait à notre histoire. Mes cheveux coupés court derrière la tête parurent avoir été un commencement de préparation au dernier supplice. L'intérêt qu'on nous témoignait en fut encore augmenté. J'eus beau expliquer qu'il n'en était rien. Il n'y eut pas moyen de faire renoncer les bons habitants de Boston à leur idée. La ville avait encore, il y a quarante-huit ans, toute l'apparence d'une colonie anglaise. C'est là cependant que se produisit le soulèvement initial contre la mère-patrie.

M. Geyer nous offrit d'aller habiter une ferme qu'il possédait à dix-huit milles de Boston. Peut-être aurions-nous bien fait d'accepter. Mais mon mari voulait se rapprocher du Canada, où il aurait souhaité s'établir. Il parlait l'anglais avec difficulté, quoiqu'il l'entendît parfaitement, et la pensée que le français était, comme il l'est encore, la langue dont on se servait habituellement à Montréal, lui donnait envie de gagner le voisinage de cette ville.

Nous venions de recevoir des lettres d'Angleterre. Mme d'Hénin, notre tante, tout en regrettant que nous n'eussions pas été la rejoindre en Angleterre, nous envoyait des lettres d'une Américaine de ses amies, Mme Church, nous recommandant à sa famille en résidence à Albany. Mme Church était fille du général Schuyler, qui s'était créé une grande réputation dans la guerre de l'Indépendance. Il avait fait prisonnier le général Burgoyne avec tout le corps d'armée qu'il amenait du Canada pour renforcer l'armée anglaise retranchée à New York, et la capitulation de Saratoga lui avait acquis une popularité prodigieuse [119]. Depuis la paix, le général Schuyler, Hollandais d'origine, habitait ses terres avec toute sa famille. Sa fille aînée avait épousé le chef de la famille Renslaër, installé à Albany, et possesseur d'une immense fortune dans le comté.

Mme Church donc, voyant le très grand et maternel intérêt qui animait ma tante, à laquelle l'unissait la plus tendre amitié, écrivit à ses parents, et nous reçûmes, à notre arrivée à Boston, des lettres très pressantes du général Schuyler par lesquelles il nous engageait à nous rendre sans délai à Albany où, assurait-il, nous trouverions aisément à nous établir. Il nous offrait dans ce but tout son appui. Nous prîmes donc notre résolution, et, ayant embarqué nos effets pour les expédier par mer jusqu'à New York, et de là par la rivière d'Hudson jusqu'à Albany, nous attendîmes à Boston la nouvelle de leur arrivée à destination, avant de nous mettre en route par terre. Nous préférions faire ainsi ce trajet de cinq cents milles. Cela nous permettait de voir le pays tout en ne nous coûtant pas plus cher.

Avant d'expédier nos effets, nous fûmes obligés de déballer toutes les caisses pour les réempaqueter ensuite. Zamore, dans sa précipitation à les remplir, n'avait pas eu le loisir de distinguer les effets les uns des autres. Elles contenaient une foule de choses inutiles à des gens qui, comme nous, allaient vivre à la campagne très sérieusement, dans des conditions équivalentes à celles des paysans en Europe. Rien ne faisait présager que la tourmente révolutionnaire dût nous permettre de retourner en Europe de long-temps, et j'étais heureuse, je l'avoue, que mon mari eût été accueilli aux États-Unis de manière à lui ôter toute idée de regagner l'Angleterre, où une sorte de pressentiment me donnait la crainte d'être mal reçue par ma famille.

Je vendis à Boston tout ce qui pouvait valoir quelque argent parmi les effets que nous avions apportés. Comme la *Diane* avait fait la traversée sans cargaison, notre bagage ne nous avait rien coûté, et il était considérable. Nous le diminuâmes de plus de moitié. Habillements, étoffes, dentelles, piano, musique, porcelaines, tout ce qui eût été superflu dans un petit ménage fut converti en argent, puis en lettres de change sur des gens sûrs d'Albany.

Nous restâmes un mois à Boston, allant presque tous les jours chez les aimables personnes qui nous comblaient de soins et de prévenances. Je reçus la visite de plusieurs créoles de la Martinique qui connaissaient mon père. L'un d'eux, qui s'était marié à Boston, nous engagea à aller passer quelques jours chez lui, à la campagne, et nous y fûmes avec plaisir. C'était à Wrentham, village à moitié chemin entre Boston et Providence.

Nous partîmes tous trois[120] avec les enfants[121] dans les premiers jours de juin, et quinze jours après nous arrivâmes à Albany. Nous avions traversé tout l'État de Connecticut[122], dont nous admirions la fertilité et l'air de richesse. Mais une fatale nouvelle m'avait rendue si triste que je ne jouissais de rien. M. de La Tour du Pin avait appris la mort de mon père[123] avant de quitter Boston. Il attendit le voyage pour me l'annoncer, dans l'espoir que la distraction forcée et le mouvement me seraient une sorte d'adoucissement. Ce fut à Northampton, capitale de l'État de Connecticut[124] où nous couchâmes, qu'il se résolut à me le dire, craignant que je ne lusse le funeste événement dans quelque gazette. En effet, toutes les nouvelles de France étaient reproduites par les journaux américains aussitôt qu'elles arrivaient, dans quelque port de l'Union que ce fût.

La mort de mon père m'affecta vivement, bien que je m'y attendisse depuis longtemps. Quoique je l'eusse bien peu vu depuis des années, je n'en avais pas moins la plus tendre affection pour lui.

La ville d'Albany, capitale du comté, avait été presque entièrement brûlée deux ans auparavant, par une conspiration des nègres. L'esclavage n'était encore aboli, dans l'État de New York, que pour les enfants à naître en 1794 et après lorsqu'ils atteindraient leur vingtième année. Cette mesure très sage, en obligeant les propriétaires d'esclaves à les élever, donnait, d'un autre côté, à l'esclave le temps de dédommager son maître, par son travail, des frais occasionnés par son éducation. Un de ces noirs, très mauvais sujet, qui avait espéré que la décision de la législature lui rendrait la liberté sans condition, résolut de se venger. Il enrôla quelques misérables comme lui, et ils résolurent de mettre, à jour nommé, le feu à la ville, construite encore à cette époque en grande partie en bois. Cet atroce projet réussit au-delà de leurs espérances. Le feu prit dans plus de vingt endroits à la fois. Les maisons, les magasins, les marchandises furent consumés, malgré le zèle des habitants, à la tête desquels travaillèrent le vieux général Schuyler et toute sa famille. Une petite négresse de douze ans fut arrêtée au moment où elle mettait le feu au magasin à paille de l'écurie de son maître. Elle révéla les noms des complices. Le lendemain, le tribunal s'assembla sur les débris encore fumants de la construction où il siégeait d'habitude et condamna le chef noir et six de ses complices à être pendus, ce qui fut exécuté sur-le-champ.

Les familles Renslaër et Schuyler firent des merveilles de charité éclairée et donnèrent l'exemple de l'activité à réparer le désastre. Des convois chargés de marchandises, de briques, de meubles, remontèrent de New York, et une charmante ville nouvelle sortit des cendres de l'ancienne. Des maisons de pierre et surtout de briques s'élevèrent, furent couvertes de plaques de zinc et de fer-blanc, et lorsque nous arrivâmes à Albany, il n'y avait plus aucun vestige de l'incendie.

La maison du général Schuyler et celle de son gendre, M. Renslaër, toutes deux isolées au milieu d'un jardin, avaient été épargnées. C'est là que nous trouvâmes un accueil aussi flatteur que bienveillant. Le général Schuyler, en me voyant, me dit: «Voilà donc que j'aurai une sixième fille.» Il entra dans tous nos projets, nos désirs, nos intérêts. Il parlait parfaitement le français, ainsi que tous les siens. C'est ici le lieu de parler de cette famille, ou plutôt de celle de son gendre, puissante dans le comté d'Albany, originairement peuplé par des Hollandais.

Avant que Guillaume III ne montât en usurpateur sur le trône d'Angleterre, et lorsqu'il n'était encore que prince d'Orange et stathouder de Hollande, des colons hollandais avaient remonté la rivière du Nord ou d'Hudson, et s'étaient établis[125] au confluent de celle-ci avec la Mohawk, dans la belle plaine — *flats* — qui s'étend d'Albany à *Half Moon Point*, lieu où les deux rivières se confondent. Un jeune page de Guillaume, nommé Renslaër, d'une famille noble de la Gueldre, avait su s'attirer les bonnes grâces de son maître. Un jour, en servant le prince à table, il lui dit qu'il avait fait un rêve. Guillaume voulut le connaître, et Renslaër conta alors avoir rêvé qu'il marchait derrière lui, portant la queue de son manteau royal, pendant qu'on le couronnait roi d'Angleterre. À quoi le prince d'Orange répondit que, si telle devait être sa destinée, son page pourrait lui demander n'importe quelle faveur avec l'assurance de l'obtenir.

Les années et les événements réalisèrent le songe de Renslaër [126]. Il réclama de Guillaume III l'accomplissement de sa promesse, et, lui présentant une carte du comté d'Orange, aux États-Unis, il demanda une concession de terres chez les Mohawks. Le roi prit un crayon et traça un carré long de quarante-deux milles et large de dix-huit, au milieu duquel coulait la rivière du Nord.

Renslaër passa en Amérique, avec son acte de cession bien en règle, et s'établit à Albany, alors représentée par le rassemblement de quelques colons seulement. Il en attira d'autres en leur cédant des terres, grevées à perpétuité d'une redevance en grains ou en argent, de si peu d'importance pour la plupart, qu'elles ne servaient guère qu'à consacrer le droit du seigneur suzerain. En outre, il vendit des terrains, des fermes, et développa ainsi considérablement sa fortune, que la Révolution ne fit qu'augmenter.

Lorsque nous débarquâmes en Amérique, l'aîné et le chef de la famille Renslaër, divisée en un grand nombre de branches, toutes riches, avait pour femme la fille aînée du général Schuyler. Le peuple l'avait surnommé le Petroon, mot hollandais qui signifie «Seigneur». Le jour même de notre arrivée à Albany, vers le soir, nous nous promenions dans une longue et belle rue à l'extrémité de laquelle on découvrait un enclos fermé d'une simple palissade peinte en blanc. C'était un parc très soigné, planté de beaux arbres et de fleurs, et renfermant une jolie maison, d'une architecture très simple, n'affichant aucune prétention à l'art et à la beauté extérieure. On voyait s'élever par derrière des dépendances considé-rables, qui donnaient à tout l'établissement l'air d'une superbe et riche ferme soigneusement tenue. Je demandai à un jeune garçon, qui nous ouvrait une barrière pour nous permettre de descendre sur le bord de la rivière, quel était le propriétaire de cette grande maison. «Mais, dit-il d'un air stupéfait, c'est la maison du *Petroon*. — Je ne sais pas ce que c'est que le *Petroon*, lui dis-je. — Vous ne le savez pas! s'écria-t-il en levant les mains au ciel. Ne pas savoir ce que c'est que le *Petroon!* qui êtes-vous donc? — *Who are you, then?*» — Et il s'en alla avec une sorte d'horreur et de crainte d'avoir parlé à des gens qui ne connaissaient pas le *Petroon*.

Deux jours après, nous étions reçus dans cette maison, avec une bonté, une prévenance, une amitié qui ne se sont pas un moment démenties. Mme Rens-laër était une femme de trente ans, parlant bien le français qu'elle avait appris en accompagnant son père au quartier général des armées américaines et françaises. Elle était douée d'un esprit supérieur et d'une faculté de jugement peu commune des hommes et des choses. Depuis des années elle ne sortait plus de sa maison, où la retenaient, souvent clouée pendant des mois sur son fauteuil, une santé détruite et les atteintes d'un mal qui l'ont conduite au tombeau quelques années après. La simple lec-ture des journaux lui avait appris l'état des partis en France, les fautes qui avaient amené la Révolution, les vices de la haute classe de la société, la folie des classes moyennes. Avec une perspicacité extraordi-naire, elle avait pénétré les causes et les effets des troubles de notre pays mieux que nous. Elle était très impatiente de connaître M. de Talleyrand, qui venait d'arriver à Philadelphie, renvoyé d'Angleterre dans un délai de huit jours. Avec la finesse démoniaque de son esprit, il avait jugé que la France n'avait pas fini de parcourir les diverses phases de la Révolution. Il nous apportait des lettres importantes de Hollande, que Mme d'Hénin lui avait confiées. Elle m'écrivait, entre autres choses, que M. de Talleyrand était venu passer, dans le pays de la véritable liberté, le temps de folie cruelle dont souffrait la France. M. de Talleyrand me fit demander où il pourrait me trouver, à la fin d'un voyage dans la partie intérieure du pays qu'il méditait d'entreprendre en compagnie de M. de Beaumetz, son ami, et d'un Anglais millionnaire qui arrivait de l'Inde.

CHAPITRE XVIII

Comme nous ne voulions pas rester à Albany, le général Schuyler se chargea de nous trouver une ferme à acquérir dans les environs. Il nous conseilla, en attendant, de prendre pour trois mois pension chez un fermier de sa connaissance, installé non loin de la ferme où son frère, le colonel Schuyler, habitait avec ses douze enfants. Notre séjour à Albany ne se prolongea donc pas au-delà de quelques jours. Après quoi nous allâmes chez M. van Buren, à l'école des mœurs américaines, car nous avions mis pour condition que nous vivrions avec la famille, sans que l'on changeât la moindre chose aux habitudes de la maison. Il fut en outre convenu que Mme van Buren m'emploierait aux ouvrages du ménage, comme si j'eusse été une de ses filles. M. de Chambeau se mit, à la même époque, en apprentissage chez un menuisier de la petite ville naissante de Troy, située à un quart de mille de la ferme des van Buren. Il partait le lundi matin et revenait le samedi soir seulement pour passer le dimanche avec nous. La nouvelle de la fin tragique de mon beau-père [127] venait de nous parvenir. M. de Chambeau avait appris en même temps celle de son père. Comme j'étais très bonne couturière, je confectionnai moi-même mes habits de deuil, et ma bonne hôtesse, ayant ainsi apprécié l'agilité de mon aiguille, trouvait très doux d'avoir une ouvrière à ses ordres pour rien, alors qu'elle lui aurait coûté une piastre par jour et la nourriture, y compris deux fois le thé, si elle l'eût prise à Albany.

Mon mari alla visiter plusieurs fermes. Nous attendions, pour choisir celle dont nous ferions l'acquisition, l'arrivée des fonds qu'on nous avait envoyés de Hollande. Le général Schuyler et M. Renslaër conseillaient à M. de La Tour du Pin de répartir ces fonds en trois parts égales : un tiers pour l'acquisition, un pour l'aménagement, achat de nègres, chevaux, vaches, instruments aratoires et meubles ; le troisième, joint à ce qui nous restait des 12 000 francs emportés de Bordeaux, pour faire face aux cas imprévus, perte de nègres ou de bétail, et pour vivre pendant la première année. Cet arrangement devint notre règle de conduite.

Personnellement, je résolus de me mettre en état de diriger mon ménage de fermière. Je commençai par m'accoutumer à ne jamais rester dans mon lit, le soleil levé. À 3 heures du matin, l'été, j'étais debout et habillée. Ma chambre ouvrait sur une petite pelouse donnant sur la rivière. Quand je dis *ouvrait*, je ne parle pas de la fenêtre, mais bien de la porte, qui était à fleur du gazon. Aussi, de mon lit, aurais-je pu voir passer les vaisseaux sans me déranger.

La ferme des van Buren, vieille maison hollandaise, occupait une situation délicieuse au bord de l'eau. Parfaitement isolée du côté de la terre, elle avait des communications faciles avec l'autre côté de la rivière. En face, sur la route du Canada, s'élevait une grande auberge où l'on trouvait tous les renseignements, les gazettes et les affiches de ventes. Deux ou trois *stages*[128] y passaient par jour. Van Buren possédait deux pirogues, et la rivière était toujours si calme qu'on pouvait la traverser à tous les moments. Aucun chemin ne coupait cette propriété, bornée à quelques centaines de toises par une montagne couverte de beaux bois appartenant à van Buren. Nous disions parfois que cette ferme nous conviendrait, mais elle était d'un prix supérieur à celui que nous pouvions y mettre. Cela seul nous empêcha de l'acquérir, car, règle générale en Amérique à cette époque — et je pense qu'il en est toujours de même — quelque attaché qu'un homme fût à sa maison, à sa ferme, à son cheval, à son nègre, si vous lui en offriez un tiers de plus que sa valeur, vous étiez assuré, dans un pays où tout est coté, d'en devenir le propriétaire.

Au mois de septembre, mon mari entra en marché avec un fermier dont la terre était de l'autre côté de la rivière, sur la route de Troy à Schenectady, à deux milles dans l'intérieur. Sa situation sur une colline dominant une grande étendue de terrain nous parut agréable. La maison[129] était neuve, jolie et en bon état. Les terres étaient cultivées en partie seulement. Il y avait cent cinquante acres d'ensemencés, autant en bois et en pâturages, un petit potager d'un quart d'acre rempli de légumes, enfin un beau verger semé de trèfle rouge et planté de pommiers à cidre, de dix ans, tous en plein rapport. On nous demandait 12 000 francs. Le général Schuyler ne trouva pas le prix exorbitant. Le bien se trouvait à quatre milles d'Albany, sur une route qu'on allait entreprendre pour communiquer avec la ville de Schenectady, alors dans un état de progrès très positif, en d'autres termes in a *thriving situation*, ce qui disait tout dans ce pays.

Le propriétaire ne voulait déménager que lorsque la neige serait établie. Comme nous avions fait marché avec les van Buren, qui en avaient évidemment assez de nous, pour deux mois seulement, il nous fallait donc chercher un autre abri du 1er septembre au 1er novembre. Nous trouvâmes à Troy, pour une somme modique, une petite maison de bois au milieu d'une grande cour, clôturée par des murs en planches. Nous nous y établîmes, et comme nous devions acheter quelques meubles pour la ferme, nous en fîmes tout de suite l'acquisition. Ces meubles, joints aux choses que nous avions apportées d'Europe, nous permirent d'être tout de suite installés. J'avais engagé une fille blanche, très bon sujet. Elle devait se marier dans deux mois et consentit à entrer à mon service en attendant que son futur ûut bâti la *log house* où ils devaient se loger après leurs noces.

Voici ce qu'on entendait par une *log house*. Un dessin, mieux qu'une description, en donnerait une idée exacte. On aplanit un terrain de quatorze à quinze pieds carrés et on commence par y bâtir une cheminée en briques. C'est là le premier confort de la maison. Puis on élève les murs. Ils sont composés de grosses pièces de bois couvertes de leur écorce, que l'on entaille de manière à les joindre exactement les unes aux autres. Sur ces murs on construit un toit avec un passage pour la cheminée. Une porte est ménagée au midi.

Betsey attendait donc que son futur mari eût bâti la maison qu'elle était appelée à habiter. C'était un ouvrier à tout faire. Il travaillait à la journée, parfois dans les petits jardins des bourgeois qui tenaient en ville de ces magasins où l'on vendait les choses les plus variées : des clous et du ruban, de la mousseline et du porc salé, des aiguilles et des socs de charrue. Le reste du temps, il s'adonnait à une autre besogne quelconque. Cet homme gagnait jusqu'à un dollar ou piastre par jour. À présent, il est sûrement devenu riche et propriétaire.

Un jour de la fin de septembre, j'étais dans ma cour, avec une hachette à la main, occupée à couper l'os d'un gigot de mouton que je me préparais à mettre à la broche pour notre dîner. Betsey n'étant pas cuisinière, on m'avait confié le soin de la nourriture générale, dont je cherchais à m'acquitter de mon mieux, aidée par la lecture de la *Cuisine bourgeoise*. Tout à coup, derrière moi, une grosse voix se fait entendre. Elle disait en français: «On ne peut embrocher un gigot avec plus de majesté.» Me retournant vivement, j'aperçus M. de Talleyrand et M. de Beaumetz. Arrivés de la veille à Albany, ils avaient appris par le général Schuyler où nous étions. Ils venaient de sa part nous inviter à dîner et à passer le lendemain chez lui avec eux. Ces messieurs ne devaient rester dans la ville que deux jours. Un Anglais de leurs amis les accompagnait et était fort impatient de retourner à New York. Cependant, comme M. de Talleyrand s'amusait fort de la vue de mon gigot, j'insistai pour qu'il revînt le lendemain le manger avec nous. Il y consentit. Laissant les enfants aux soins de M. de Chambeau et de Betsey, nous partîmes pour Albany. À cela se borne ma rencontre avec M. de Talleyrand, que Mme d'Abrantès et Mme de Genlis ont revêtue de circonstances si sottes, si ridiculement romanesques.

Nous causâmes beaucoup en route, sur tous les sujets, comme on a coutume de le faire lorsqu'on se retrouve. Les dernières nouvelles d'Europe, dont ils n'avaient pas eu connaissance pendant leur course au Niagara — ils en étaient revenus la veille au soir seulement — étaient plus terribles que jamais. Le sang coulait à flots à Paris. Mme Élisabeth avait péri. Nos parents, nos amis, aux uns et aux autres, comptaient au nombre des victimes de la Terreur. Nos prévisions ne nous laissaient pas pressentir où cela s'arrêterait.

Lorsque nous arrivâmes chez le bon général, il était sur son perron, nous faisant des signes de loin, et criant : « Venez donc, venez donc. Il y a de grandes nouvelles de France ! » Nous entrâmes dans le salon, et chacun s'empara d'une gazette. On y racontait la révolution du 9 thermidor, la mort de Robespierre et des siens, la fin de l'effusion du sang, et le juste supplice du tribunal révolutionnaire. Nous nous félicitions mutuellement. Mais les vêtements de grand deuil dont nous étions vêtus, mon mari et moi, attestaient trop tristement que cette justice du ciel arrivait trop tard pour nous. L'événement nous apportait donc moins de cause de satisfaction personnelle qu'à MM. de Talleyrand et de Beaumetz.

Le premier se réjouissait surtout que Mme Archambauld de Périgord, sa belle-sœur, eût échappé au supplice, lorsque beaucoup plus tard dans la soirée, ayant repris sur la table un journal qu'il croyait avoir lu, il y trouva la terrible liste des victimes exécutées le jour même du 9 thermidor, au matin, pendant la séance où l'on dénonçait Robespierre, et dans laquelle elle figurait. Cette mort le frappa bien douloureusement. Son frère, qui ne se souciait guère de sa femme, était sorti de France dès 1790, et comme leur fortune appartenait à sa femme, il avait trouvé plus *convenable*, et surtout plus commode, qu'elle restât, pour éviter la confiscation. Cette vertueuse personne avait obéi ; et lorsque, après sa condamnation, on lui proposa de se déclarer grosse, affirmation qui l'aurait sauvée au bout de quelques heures, elle ne le voulut pas. Elle laissait trois enfants : une fille, Mme Juste de Noailles, maintenant duchesse de Poix, et deux fils, Louis, mort à l'armée, sous Napoléon, et Edmond, qui épousa la plus jeune des filles de la duchesse de Courlande. Sans la connaissance de ce cruel événement, notre soirée chez le général Schuyler aurait été des plus agréables

Nous attendions impatiemment la chute de la neige, et le moment où la rivière gèlerait pour trois ou quatre mois. La congélation s'opère en une seule fois et, pour que la glace soit solide, il faut qu'elle prenne dans les vingt-quatre heures et qu'elle ait de deux à trois pieds d'épaisseur. Cette particularité tient exclusivement à la localité et à la grande quantité de bois qui couvrent cet immense continent à l'ouest et au nord des établissements des États-Unis, mais n'est pas une conséquence de la latitude du lieu. Il est bien probable que les grands lacs étant maintenant, en 1843, presque tous entourés d'établissements cultivés, le climat de la région que nous habitions aura notablement changé. Quoi qu'il en soit, les choses se passaient alors ainsi que je vais le décrire.

Du 25 octobre au 1er novembre, le ciel se couvrait d'une masse de nuages si épais que le jour en était obscurci. Un vent du nord-ouest horriblement froid les poussait avec une grande violence, et chacun faisait ses préparatifs pour mettre à l'abri ce qui ne devait pas être englouti par la neige. On retirait de la rivière les bateaux, les pirogues et les bacs, en retournant la quille en haut ceux qui n'étaient pas pontés. Tout le monde, à ce moment, déployait la plus grande activité. Puis la neige commençait à tomber avec une telle abondance que l'on ne voyait pas un homme à dix pas. Ordinairement la rivière avait pris deux ou trois jours auparavant. Le premier soin était de tracer avec des branches de sapin une large route le long d'une des berges. On marquait de même les endroits où la rive n'était pas escarpée et où l'on pouvait passer sur l'eau congelée. Il eût été dangereux de passer ailleurs, car dans beaucoup d'endroits la glace manquait de solidité sur les bords.

Nous avions fait l'acquisition de *mocassins*,
espèce de chaussons de peau de buffles, fabriqués et
vendus par les sauvages. Le prix de ces objets est
quelquefois assez élevé, quand ils sont brodés avec
de l'écorce teinte ou avec des piquants de porcs-
épics.

Ce fut en achetant cette chaussure que je vis pour
la première fois des sauvages. Ceux-là étaient les
derniers survivants de la nation des *Mohawks*, dont
le territoire a été acheté ou pris par les Américains
depuis la paix. Les *Onondagas*, établis près du lac
Champlain, vendaient aussi leurs forêts et se dispersaient également à cette époque. Il en venait
quelques-uns de temps à autre. Je fus un peu surprise, je l'avoue, quand je rencontrai pour la première fois un homme et une femme tout nus se
promenant tranquillement sur la route, sans que
personne songeât à le trouver singulier. Mais je m'y
accoutumai bientôt, et lorsque je fus établie à la
ferme, j'en voyais presque tous les jours pendant
l'été.

Nous profitâmes du premier moment où la route
fut tracée et battue pour commencer notre déména
gement. Les fonds que nous attendions de Hollande
étaient arrivés, et ma grand'mère, lady Dillon, qui
vivait encore, m'avait envoyé, quoiqu'elle ne m'eût
jamais vue, trois cents louis[130], avec lesquels nous
achetâmes notre mobilier aratoire. Nous possédions
déjà quatre bons chevaux et deux traîneaux de travail. Un troisième servait à notre usage personnel
et se nommait *the pleasure sledge*[131]. Il pouvait tenir
six personnes. C'était une espèce de caisse très
basse. À son arrière se trouvait une première banquette, un peu plus large que le corps du traîneau ;
elle surmontait un caisson dans lequel on mettait les
petits paquets et avait un dossier assez haut pour
dépasser la tête, ce qui nous mettait à l'abri du vent.

Les autres bancs, au nombre de deux, se composaient de simples planches. Des peaux de buffles et de moutons garantissaient les pieds. On y attelait deux chevaux et l'on marchait très vite.

Lorsque cet équipage fut organisé, nous allâmes nous établir à la ferme, quoique nos vendeurs l'occupassent encore. Mais, fort peu embarrassés de ce qui nous était agréable et commode, ils ne se pressaient pas de déménager. Nous nous trouvâmes littéralement dans l'obligation de les pousser dehors.

Pendant ce temps nous achetâmes un nègre, et cette acquisition, qui paraissait la chose du monde la plus simple, me causa un effet si nouveau que je me souviendrai toute ma vie des moindres circonstances de l'événement.

La législature avait décidé, comme je l'ai rapporté antérieurement, que les nègres nés en 1794 seraient libres à l'âge de vingt ans. Mais quelques-uns avaient déjà été libérés, soit par leurs maîtres à titre de récompense, soit pour un autre motif quelconque. De plus, un usage s'était établi auquel aucun maître n'aurait osé se soustraire, sous peine d'encourir l'animadversion publique. Lorsqu'un nègre était mécontent de sa situation, il allait chez le juge de paix et adressait à son maître une prière officielle de le vendre. Celui-ci, conformément à la coutume, était tenu de lui permettre de chercher un maître qui consentît à le payer tant. Le maître pouvait spécifier un délai de trois ou de six mois, mais il le faisait rarement, ne voulant plus conserver un ouvrier ou un domestique connu pour vouloir le quitter. De son côté, le nègre cherchait une personne disposée à l'acheter. Il avait ordinairement trouvé un nouveau maître avant d'avertir celui chez lequel il ne voulait pas rester. C'est ce qui nous advint. Betsey, qui jouissait d'une très bonne réputation, avait fait notre éloge et se désolait de devoir nous abandonner.

Quelques bouts de ruban et quelques vieilles robes que je lui donnai m'acquirent à bien bon marché une réputation de générosité surprenante, renom qui s'était même propagé parmi les fermiers de l'ancienne colonie hollandaise. Un jeune nègre souhaitait quitter le maître chez lequel il était né, dans le but d'échapper ainsi à la sévérité de son père, nègre comme lui, et de sa mère. Il vint nous apporter l'écrit l'autorisant à chercher une autre situation. Ayant pris des informations, nous sûmes qu'en effet on le traitait très rigoureusement, et son père lui-même nous ayant demandé d'acheter son fils, nous y consentîmes.

Peu de jours après, nos vendeurs quittèrent la ferme, nous laissant une maison sale et mal tenue, ce qui leur fit beaucoup de tort. C'étaient des colons anglais, c'est-à-dire venant des bords de la mer. Ils abandonnèrent la propriété après l'avoir occupée pendant quelques années, parce qu'elle était devenue trop petite pour eux et qu'ils allaient entreprendre un défrichement de l'autre côté de la rivière. Ces gens n'avaient pu rassembler des fonds en quantité suffisante pour permettre aux diverses générations de la famille de se séparer et d'avoir chacune un établissement particulier. C'était un signe de pauvreté, de mauvaise conduite ou de défaut d'intelligence, que de continuer à vivre tous ensemble. Les Américains sont comme les abeilles : les essaims doivent sortir périodiquement de la ruche pour n'y plus rentrer.

Dès que nous fûmes seuls dans notre maison, nous consacrâmes un peu d'argent à l'arranger. Elle comprenait un rez-de-chaussée seulement, élevé de cinq pieds au-dessus de terre. Quand on l'avait bâtie, on avait commencé par construire un mur s'enfonçant de six pieds en terre et dépassant le sol de deux pieds. Cette partie formait la cave et la laiterie.

Au-dessus, le reste de la maison était en bois, comme cela se voit encore beaucoup dans l'Emmenthal suisse. Les espaces vides de la charpente étaient remplis de briques séchées au soleil, ce qui formait un mur très compact et très chaud. Nous fîmes revêtir l'intérieur des murs d'un enduit de plâtre mêlé à de la couleur, d'un très joli effet.

M. de Chambeau avait très bien profité de ses quatre mois d'apprentissage chez son maître menuisier et était devenu très bon ouvrier. D'ailleurs il lui eût été impossible de songer à se négliger, car mon activité n'admettait aucune excuse. Mon mari et lui auraient pu m'appliquer ces paroles de M. de Talleyrand sur Napoléon : «Celui qui donnerait un peu de paresse à cet homme, serait le bienfaiteur de l'univers.» En effet, pendant tout le temps que j'ai habité la ferme, bien portante ou malade, le soleil ne m'a jamais trouvée dans mon lit.

Mink, en prenant une nouvelle situation, avait cherché à échapper, ai-je dit, à la sévérité de son maître, et aussi à celle de son père. Sa déception fut cruelle quand, quelques jours après, il vit arriver son père à la ferme pour traiter également avec nous de son prix. C'était un nègre de quarante-cinq à quarante-huit ans, ayant une très grande réputation d'intelligence, d'activité et de connaissances en agriculture. Il avait adroitement et justement calculé qu'avec des maîtres d'une condition élevée, mais sans expérience, il deviendrait facilement le maître de la maison et l'homme nécessaire. Son esprit, véritablement supérieur, lui suggérait souvent des innovations dont le vieux Lansing ne voulait pas entendre parler. Il brûlait d'être avec des gens nouveaux qui ne seraient pas uniquement guidés par des préjugés comme son maître hollandais, lequel n'admettait pas que l'on changeât la moindre chose à des pratiques vieilles de cent ans.

Nous allâmes consulter le général Schuyler et M. Renslaër. Tous deux connaissaient ce nègre de réputation. Ils nous complimentèrent sur l'envie qu'il avait de nous appartenir, nous engagèrent à le prendre en nous donnant même le conseil de le consulter sur tous les détails de l'exploitation de la ferme. Nous l'achetâmes très bon marché à cause de son âge, car on n'était plus admis à vendre un nègre quand il avait dépassé cinquante ans. M. Lansing opposa même cette raison pour ne pas nous le céder. Mais, le nègre, en produisant son extrait de baptême, prouva qu'il n'en avait que quarante-huit.

Nous le vîmes avec plaisir établi dans la ferme. Son fils seul ne partagea pas notre satisfaction. Il se nommait Prime, sobriquet qu'il s'était acquis par sa supériorité en toutes choses. Pour en finir avec l'histoire de notre établissement et de nos nègres, je dirai que nous en acquîmes deux autres dont nous fîmes le bonheur. Ils le méritaient d'ailleurs bien. L'un d'eux était une femme. Mariée depuis quinze ans, elle avait perdu tout espoir de pouvoir être réunie au mari qu'elle adorait, son maître, brutal et méchant, ayant toujours refusé de la vendre. Prime nous ayant fait acheter le mari, excellent sujet et bon travailleur, je me mis dans la tête d'avoir également la femme. Une négresse m'était nécessaire. J'avais trop d'ouvrage, et une femme à la journée m'eût coûté trop cher.

Je m'en fus donc un matin, en traîneau, avec un sac d'argent chercher cette négresse, nommée Judith, chez son maître Wilbeck. Ce dernier était le frère de l'homme d'affaires de M. Renslaër. Je lui dis que j'avais appris par le *Petroon* son intention de vendre la négresse Judith. Il s'en défendit, prétextant qu'elle lui était très utile. Je lui répondis qu'il n'ignorait pas que l'on ne pouvait refuser de vendre un nègre quand il le demandait ; que cette femme lui en avait témoigné le désir, mais qu'il l'avait battue au point de la tuer et qu'elle en était encore malade. Brutalement il répliqua qu'elle pourrait chercher un maître quand elle serait guérie. «Faites-la appeler, lui dis-je, elle en a trouvé un.» Elle vint. En apprenant que j'avais acheté son mari et que je voulais l'acheter également pour les réunir, la pauvre femme tomba pâmée sur une chaise. Alors Wilbeck, qui connaissait mes relations avec M. Renslaër, ne résista pas plus longtemps. Je lui comptai l'argent et prévins Judith que son mari viendrait la chercher, ainsi que sa petite fille. Celle-ci, âgée de trois ans moins quelques mois, devait suivre sa mère, d'après la loi. C'est ainsi que notre ménage noir se trouva formé. Nous eûmes véritablement beaucoup de bonheur. La femme comme l'homme étaient d'excellents sujets, actifs, laborieux, intelligents. Ils s'attachèrent à nous avec passion, parce que les nègres, quand ils sont bons, ne le sont pas à demi. On pourrait compter sur leur dévouement jusqu'à la mort. Judith avait trente-quatre ans et était excessivement laide, ce qui n'empêchait pas son mari d'en être fou. M. de Chambeau leur organisa une chambre, réservée à eux seuls, dans le grenier, jouissance que leur ambition n'aurait jamais osé espérer.

Je pense avec plaisir à ces braves gens. Après m'avoir bien servie, ils m'ont procuré, comme on le verra plus loin, ce que j'ai nommé, à juste titre, *le plus beau jour de ma vie.*

CHAPITRE XIX

Deux familles françaises avec lesquelles nous avions lié connaissance vivaient à Albany. Elles étaient loin de se ressembler. L'une était celle d'un petit marchand fort commun, nommé Genetz, qui arriva dans la localité avec quelques fonds en argent et des marchandises de toute espèce en mercerie. Il se montrait complaisant, quoique au fond ce fût un mauvais drôle, révolutionnaire caché. Mais comme il avait loué un petit logement à un Français créole de nos amis, nous le traitions bien en qualité de compatriote.

Ce créole de Saint-Domingue connaissait beaucoup mon père, chez qui je l'avais vu moi-même à Paris. Il se nommait Bonamy. Ruiné de fond en comble par l'incendie du Cap[132], il n'avait sauvé que quelques fonds placés en France, où sa femme, originaire de Nantes, s'était réfugiée avec ses deux filles. Elle mourut dans cette ville, et ses filles, encore enfants, avaient été recueillies par des oncles qui les élevaient. M. Bonamy, déclaré émigré, ne pouvait retourner ni à Saint-Domingue ni en France. Il cherchait le moyen d'assurer son existence en Amérique, quand les 10 000 ou 12 000 francs qu'il avait pu sauver du Cap auraient été dépensés. C'était un homme de la meilleure compagnie, instruit, même savant, rempli d'esprit, d'agrément, de facilité à vivre. Il venait souvent chez nous. Prime le ramenait dans le traîneau à son retour du marché, où il allait presque tous les jours vendre une charge de bois, ainsi que du beurre et de la crème pour les déjeuners.

Mon beurre avait pris une grande vogue. Je l'arrangeais soigneusement en petits pains, avec un moule à notre chiffre, et le plaçais coquettement dans un panier bien propre, sur une serviette fine. C'est à qui en achèterait. Nous avions huit vaches bien nourries, et notre beurre ne se ressentait pas de l'hiver. Ma crème était toujours fraîche. Cela me valait tous les jours pas mal d'argent, et la charge de bois du traîneau rapportait au moins deux piastres[133].

Prime, quoique ne sachant ni lire ni écrire, n'en tenait pas moins son compte avec une telle exactitude qu'il n'y avait jamais la moindre erreur. Il rapportait souvent de la viande fraîche achetée à Albany, et, à son retour, mon mari, sur ses indications, inscrivait le montant de ses recettes et de ses dépenses.

M. Bonamy venait ordinairement le samedi et restait à la ferme jusqu'au lundi. Une fois, au commencement du printemps son séjour fut plus long. Une chute de cheval le retint chez nous au-delà de quinze jours.

L'autre famille habitait Albany, en attendant le moment d'aller s'établir au Blackriver, du côté du lac Érié. Son chef, M. Desjardin, était l'agent d'une compagnie propriétaire d'immenses terrains qu'elle revendait en parcelles à de pauvres colons irlandais ou écossais, ou même français, que des négociants de New York lui adressaient.

M. Desjardin avait apporté d'Europe un mobilier complet et, entre autres choses, une bonne bibliothèque de mille à quinze cents volumes. Il nous les prêtait, et mon mari ou M. de Chambeau me faisaient la lecture le soir pendant que je travaillais.

Nous déjeunions à 8 heures et nous dînions à 1 heure. Le soir, à 9 heures, nous prenions le thé, avec des tartines de notre excellent beurre et du bon fromage de *stilton* que M. de Talleyrand nous avait expédié. À cet envoi, il avait joint, à mon intention, un présent qui me causa le plus grand plaisir : c'était une belle et bonne selle de femme, y compris la bride, la couverture et les autres accessoires. Jamais don n'était venu si à propos. Nous avions, en effet, acheté avec la ferme, et par-dessus le marché, deux jolies juments pareilles de robe et de taille, mais très dissemblables de caractère.

L'une avait le tempérament d'un agneau, et quoiqu'elle n'eût jamais eu de mors dans la bouche, je la montai le jour même qu'elle fut sellée pour la première fois. En peu de jours, je la dressai aussi bien qu'aurait pu l'être un cheval de manège. Ses allures étaient très agréables et à l'occasion elle vous suivait comme un chien. L'autre était un démon que toute l'habileté de M. de Chambeau, officier de cavalerie, n'était pas parvenue à dompter. On arriva à la maîtriser au printemps seulement, en la faisant labourer entre deux forts chevaux et en fixant par les naseaux à un même gros bâton les têtes des trois bêtes. Elle en fut si furieuse, les premières fois, qu'au bout de dix minutes elle était mouillée de sueur. Avec le temps cependant on put la calmer. C'était une excellente jument valant au moins de 25 à 30 louis.

À propos du printemps, il est intéressant de rapporter avec quelle promptitude il arrivait dans ces parages. La latitude, 43°, se faisait sentir alors et reprenait tout son empire. Le vent du nord-ouest, après avoir régné tout l'hiver, cessa brusquement dans les premiers jours de mars. Les brises du Midi commencèrent à souffler, et la neige fondit avec une telle promptitude que les chemins se transformèrent en torrents pendant deux jours. Comme notre habitation occupait le penchant d'une colline, nous fûmes bientôt débarrassés de notre manteau blanc. La neige, épaisse de trois à quatre pieds, avait garanti pendant l'hiver l'herbe et les plantes de la gelée. Aussi, en moins d'une semaine, les prés verdissaient, se couvraient de fleurs et une innombrable variété de plantes de toute espèce, inconnues en Europe, remplissaient les bois.

Les sauvages, qui n'avaient pas paru de tout l'hiver, recommencèrent à visiter les fermes. L'un d'eux, au commencement des temps froids, m'avait demandé la permission de couper des branches d'une espèce de saule dont les jets, gros comme le doigt, ont de cinq à six pieds de long, en promettant de me tresser des paniers pendant la saison hivernale. Je ne comptais guère sur cette promesse, doutant fort que les sauvages fussent esclaves de leur parole à ce point, quoiqu'on me l'eût cependant affirmé. Je me trompais, car la neige n'était pas fondue depuis huit jours que mon Indien reparut avec une charge de paniers. Il m'en donna six, enchâssés les uns dans les autres. Le premier, rond et fort grand, était tellement bien tressé que, rempli d'eau, il la retenait comme un vase de terre. Ayant voulu les lui payer, il s'y refusa absolument et accepta seulement une jatte de lait de beurre[134], dont ils sont très friands. On m'avait avertie de ne leur donner jamais de rhum, pour lequel ils ont une passion immodérée.

Je me gardais donc bien d'en donner à mes visiteurs. Mais j'avais dans un ancien carton des restes de fleurs artificielles, des plumes, des bouts de rubans de toutes couleurs, des grains de verre soufflé, qui avaient été autrefois à la mode, et je les distribuais aux femmes que cela ravissait. Parmi elles s'en trouvait une très vieille, à l'aspect repoussant. On la nommait la *Old Squaw*, et lorsqu'elle paraissait, ma négresse n'était pas tranquille. Elle jouissait de la réputation d'être sorcière et de jeter des sorts. Quand on avait des poules à couver, des vaches ou des truies prêtes à mettre bas ; quand on avait semé des légumes ou que l'on entreprenait quelque détail important du ménage, si la *Old Squaw* survenait, il était essentiel de se la rendre favorable par quelque présent qu'elle pût employer à sa parure.

Une vieille femme est toujours, même dans la vie civilisée, une chose fort laide. Que l'on se figure maintenant la *Old Squaw*, femme de soixante-dix ans, à la peau noire et tannée, qui a passé sa vie entière le corps nu exposé à toutes les intempéries des saisons, la tête couverte de cheveux gris que le peigne n'a jamais touchés ; ayant pour tout vêtement une sorte de tablier de gros drap bleu et une petite couverture de laine — effets qui ne sont remplacés que lorsqu'ils tombent en guenilles ; — la couverture jetée sur les épaules et attachée, les deux pointes sous le menton, au moyen d'une broche de bois, d'un clou ou d'une épine d'acacia. Eh ! bien, cette femme, qui parlait assez bien l'anglais, aimait la parure avec fureur. Tout lui était bon pour cela. Le bout d'une vieille plume rose, un nœud de ruban, une vieille fleur, la mettaient de bonne humeur. Lui permettait-on en outre de se regarder dans le miroir, on pouvait se flatter qu'elle était favorable à vos couvées et à vos vaches, que votre crème ne tournerait pas et que votre beurre aurait une belle couleur jaune.

Cependant, ces sauvages, à peine familiarisés avec quelques mots d'anglais, qui passaient leur été à courir de ferme en ferme, étaient aussi sensibles aux bons procédés, à une réception amicale, que l'aurait été un seigneur de la cour. Ils avaient bientôt compris que nous n'appartenions pas à la même classe que les autres fermiers nos voisins. Aussi disaient-ils en parlant de moi : *Mrs Latour... from the old country... great lady... very good to poor squaw.*

Ce mot de *squaw* signifie sauvage. Il qualifie indifféremment tout être ou tout objet provenant des pays où la civilisation européenne n'a pas encore pénétré. Ainsi il s'applique aux oiseaux de passage : *squaw pigeon*, *squaw turkey* ; aux objets apportés par les sauvages : *squaw baskett*, etc., etc.

Un jour, nous eûmes la visite d'un Français, officier du régiment de mon mari, M. de Novion. Tout frais débarqué d'Europe, il fut fort heureux d'apprendre que son ancien colonel était devenu fermier. Ayant apporté avec lui quelques fonds, il en aurait volontiers disposé pour acheter une petite ferme dans notre voisinage. Mais, ne possédant aucune notion d'agriculture, ne sachant pas un mot d'anglais, sans femme ni enfants, il manquait de toutes les qualités requises pour faire un établissement raisonnable. M. de La Tour du Pin le lui représenta. Il eut quand même l'envie de parcourir le pays. Nous montâmes à cheval ensemble. Au bout de quelques milles, je m'aperçus que j'avais oublié mon fouet. Comme M. de Novion n'avait pas de couteau pour me tailler une baguette, il ne pouvait m'en procurer une. Le bois était assez fourré. À ce moment, j'aperçus assis derrière un buisson, un de mes amis, et je l'appelai : « Squaw John ».

Rien ne saurait peindre la surprise, presque l'effroi de M. de Novion, lorsqu'il vit sortir du buisson et venir à nous, en me tendant la main, un homme de grande taille, avec une bande de drap bleu, qui lui passait entre les jambes et venait se fixer à un bout de corde roulée autour de la ceinture, pour tout vêtement. Son étonnement s'accrut en voyant la familiarité de cet homme à mon égard et le sang-froid avec lequel nous engageâmes, l'Indien et moi, une conversation dont, pour sa part, il ne comprenait pas un mot. Poursuivant notre route au pas, je n'avais pas eu le temps encore de lui donner des explications sur ma singulière connaissance et sur son costume bizarre, que Squaw John sautait légèrement du haut d'un tertre qui dominait la route et me présenta poliment, en guise de cravache, une baguette dont il achevait d'enlever l'écorce avec son tomahawk.

M. de Novion, je n'en doute pas, résolut au fond de son cœur de ne jamais habiter un pays où l'on était exposé à de semblables rencontres. «Et si vous aviez été seule, madame?» s'écria-t-il. — J'aurais été tout aussi rassurée, répondis-je. Sachez même que si, pour me défendre de vous, je lui avais dit de vous lancer son casse-tête, il l'aurait fait sans hésiter.» Ce genre d'existence ne sembla pas lui sourire. En rentrant, il confia à mon mari que j'avais de singuliers amis, que, quant à lui, sa détermination était prise et qu'il irait vivre à New York, où la civilisation paraissait plus avancée.

Cette promenade un peu trop longue me fatigua, et fut la cause d'une rechute de la fièvre double tierce dont je souffrais déjà depuis deux mois.

Ces accès de fièvre, dont la durée variait entre cinq et six heures, nuisaient beaucoup à ma besogne journalière. Ils m'affaiblissaient, m'enlevaient l'appétit, et, quoique je ne sois jamais restée couchée, ils me faisaient grelotter cependant par une chaleur de 30° et me rendaient incapable de tout travail. Une bonne fille, ma voisine, qui demeurait non loin de nous dans le bois avec ses parents, me vint en aide dans la circonstance. Elle était couturière de son métier et travaillait parfaitement. Le matin, elle arrivait à la ferme, y restait toute la journée, ne réclamant pour unique salaire que la nourriture.

Mon fils avait alors cinq ans passés, quoique, à en juger par sa taille, on lui en aurait donné sept. Il parlait parfaitement l'anglais, beaucoup mieux même que le français. Une dame d'Albany, amie des Renslaër et femme du ministre anglican, l'avait pris en affection. Plusieurs fois déjà il avait été passer des après-midi chez elle. Un jour, elle me proposa de se charger de l'enfant pour tout l'été, me promettant de lui apprendre à lire et à écrire. Elle me représenta qu'à la campagne je n'avais pas le temps de m'occuper de lui, qu'il gagnerait ma fièvre, et ajouta plusieurs autres raisons pour m'engager à céder à son désir.

Cette dame s'appelait Mme Ellison. Elle était âgée de quarante ans et n'avait jamais eu d'enfants, ce dont elle ne pouvait se consoler. Je finis par consentir à lui donner Humbert, et il fut très heureux et parfaitement soigné chez elle. Cette détermination m'ôta beaucoup de souci. À la ferme, je craignais sans cesse qu'il ne lui arrivât quelque accident avec les chevaux qu'il aimait beaucoup. Il n'y avait presque pas moyen de l'empêcher d'accompagner les nègres aux champs et surtout de se mêler aux sauvages, avec lesquels il voulait toujours s'en aller. On m'avait raconté que les Indiens enlevaient quelquefois les enfants. Aussi lorsque je les voyais pendant des heures entières assis immobiles à ma porte, je me figurais qu'ils épiaient le moment favorable de prendre mon fils.

Un joli wagon chargé de beaux légumes passait souvent dans notre cour. Il appartenait aux *quakers trembleurs*, installés à six ou sept milles de là. Le conducteur de ce chariot s'arrêtait chaque fois chez nous, et je ne manquais jamais de causer avec lui de leur manière de vivre, de leurs coutumes, de leur croyance. Il nous engagea à visiter leur établissement, et nous nous y décidâmes un jour. On sait que cette secte de quakers appartient à la secte réformée des anciens quakers qui s'étaient réfugiés en Amérique avec Penn.

Après la guerre de 1763, une femme anglaise s'érigea en apôtre réformatrice. Elle fit beaucoup de prosélytes dans l'État de Vermont et dans celui de Massachussetts. Plusieurs familles mirent leurs biens en commun et achetèrent des terres dans les parties alors encore inhabitées du pays. Mais à mesure que les défrichements se rapprochaient et les atteignaient, ils vendaient leurs établissements pour se retirer plus avant dans les terres. Cependant ils ne se décidaient à se déplacer que lorsque quelque propriétaire étranger à leur secte les touchait immédiatement.

Ceux dont je parle étaient alors protégés de tous côtés par une épaisseur de forêts de plusieurs milles. Ils n'avaient donc pas encore à craindre des voisins. Leur établissement était limité d'un côté par des bois d'une superficie de 20 000 acres, appartenant à la ville d'Albany, et de l'autre par une rivière, la Mohawk. Sans doute qu'ils n'habitent plus maintenant dans la région où je les ai connus et qu'ils se sont retirés au-delà des lacs. C'était un essaim de leur chef-lieu de Lebanon, l'établissement installé dans la grande forêt que nous avions traversée en allant de Boston à Albany.

Notre nègre Prime, auquel aucun des chemins des environs n'était inconnu, nous mena chez eux. Nous fûmes d'abord au moins trois heures sous bois, suivant un chemin à peine tracé ; puis, après avoir passé la barrière qui marquait la limite de la propriété des quakers, la route devint plus distincte et même soignée ; mais nous eûmes encore à traverser une grande épaisseur de forêt, coupée çà et là de prairies, où des vaches et des chevaux paissaient en liberté. Enfin, nous débouchâmes dans une vaste éclaircie, traversée par un beau ruisseau et entourée de bois de tous côtés. Au milieu s'élevait l'établissement, composé d'un grand nombre de belles maisons en bois, d'une église, d'écoles et de la maison commune, construites en briques.

Le quaker dont nous avions fait connaissance nous accueillit avec bienveillance, quoique avec une certaine réserve. On indiqua à Prime une écurie où il pouvait mettre ses chevaux, car il n'y avait pas d'auberge. Nous avions été prévenus que personne ne nous offrirait rien et que notre guide seul nous parlerait. Il nous mena d'abord dans un superbe potager, parfaitement bien cultivé. Tout y était dans l'état le plus prospère, mais sans le moindre vestige d'agrément. Beaucoup d'hommes et de femmes travaillaient à la culture ou au sarclage de ce jardin, dont la vente des légumes représentait la plus grande branche des revenus de la communauté.

Nous visitâmes les écoles de garçons et de filles, les immenses étables communes, les laiteries, les fabrications de beurre et de fromage. Partout on constatait un ordre et un silence absolus. Les enfants, garçons ou filles, étaient tous vêtus d'un habit de même forme et de même couleur. Les femmes, quel que fût leur âge, portaient des habillements pareils en laine grise, très soignés et très propres. Par les fenêtres, on pouvait apercevoir des métiers de tisserands, des pièces de drap que l'on venait de teindre, des ateliers de tailleurs ou de couturières. Mais pas une parole, pas un chant ne se faisaient entendre.

Enfin une cloche sonna. Notre guide nous dit qu'elle annonçait la prière et nous demanda si nous voulions y assister. Nous y consentîmes très volontiers, et il nous mena vers la plus grande des maisons, qu'aucun signe extérieur ne distinguait des autres. À la porte, on me sépara de mon mari et de M. de Chambeau, puis on nous plaça aux extrémités opposées d'une immense salle, de chaque côté d'une cheminée où brûlait un magnifique feu. On était alors au commencement du printemps et le froid se faisait encore sentir dans ces grands bois. Cette salle pouvait avoir de cent cinquante à deux cents pieds de long sur cinquante de large. On y accédait par deux portes latérales. Une grande clarté y régnait et les murs, sans aucun ornement quelconque, étaient parfaitement unis et peints en bleu clair. À chaque bout de la salle s'élevait une petite estrade sur laquelle était placé un fauteuil en bois.

J'étais assise dans le coin de la cheminée, et mon guide m'avait recommandé le silence, d'autant plus facile à garder d'ailleurs que je me trouvais seule. Tout en me tenant dans la plus stricte immobilité, j'eus le loisir d'admirer le plancher, fait de bois de sapin sans aucun nœud et d'une perfection rare de blancheur et de construction. Sur ce beau plancher étaient dessinées, en sens divers, des lignes repré-sentées par des clous de cuivre, brillants de pro-preté, et dont les têtes se touchaient à fleur de bois. Je recherchais en moi-même quel pouvait être l'usage de ces lignes, qui ne semblaient avoir aucun rapport entre elles, quand à un dernier coup de cloche les deux portes latérales s'ouvrirent, et je vis arriver de mon côté cinquante à soixante jeunes filles ou femmes précédées par l'une d'entre elles, déjà âgée, qui s'assit sur l'un des fauteuils. Aucun enfant ne les accompagnait.

Des hommes se rangèrent de même du côté opposé, où se trouvaient MM. de La Tour du Pin et de Chambeau. Je remarquai alors que les femmes se tenaient debout sur les lignes de clous, en observant de ne pas les dépasser avec la pointe des pieds. Elles restèrent immobiles jusqu'au moment où la femme assise sur le fauteuil poussa une sorte de gémisse-ment ou de hurlement qui n'était ni une parole ni un chant. Toutes changèrent alors de place, et je

crus comprendre que l'espèce de cri étouffé que
j'avais entendu devait représenter un commandement. Après plusieurs évolutions, on s'arrêta, et la
vieille femme marmotta encore une assez longue
suite de paroles dans une langue tout à fait inintelli-
gible, mais à laquelle se mêlaient, me sembla-t-il,
quelques mots anglais. Après quoi la sortie se fit
dans le même ordre qu'à l'entrée. Ayant visité l'établissement dans tous ses détails, nous prîmes congé
de notre bienveillant guide et nous remontâmes
dans notre wagon pour rentrer chez nous, peu édi-
fiés de l'hospitalité des quakers.

Lorsque celui d'entre eux qui allait vendre les
légumes et les fruits passait devant notre ferme, je lui
achetais toujours quelque chose. Jamais il ne voulait
prendre l'argent de ma main. Avais-je fait observer
que le prix qu'il réclamait était trop élevé, il disait :
« Comme vous voudrez — *Just as you please.* » Alors
je mettais sur le coin de la table la somme que j'esti-
mais suffisante. Si le prix lui convenait, il le prenait ;
sinon, il remontait sur son wagon et s'en allait sans
dire un mot. C'était un homme à l'air respectable,
toujours parfaitement vêtu d'un habit, d'une veste et
d'un pantalon en drap gris — *home spun* [135] — sortant de leur propre manufacture.

Une chose m'avait rendue tout de suite très populaire. Le jour où je m'établis à la ferme j'adoptai,
sans témoigner la moindre surprise de ma métamor-
phose, l'habillement porté par les fermières mes voisines : la jupe de laine bleue et noire rayée, la petite
camisole en toile de coton rembrunie, le mouchoir
de couleur, les cheveux séparés comme on les porte
maintenant et relevés avec un peigne ; en hiver, des
bas de laine gris ou bleus, avec des mocassins ou
chaussons de peau de buffle ; en été, des bas de coton
et des souliers. Je ne mettais de robe ou de corset que

pour me rendre à la ville. Parmi les effets que j'avais apportés en Amérique se trouvaient deux ou trois habits de cheval. Je les utilisais pour me transformer en *dame élégante*, quand je n'allais faire qu'une visite aux Schuyler ou aux Renslaër, car, le plus souvent, nous dînions et nous restions ensuite toute la soirée avec eux, particulièrement quand il faisait clair de lune, et surtout pendant la neige. Dans ce dernier cas, la route, une fois tracée, formait un chemin creux d'un à deux pieds de profondeur dont les chevaux ne sortaient jamais.

Plusieurs de nos voisins avaient l'habitude de passer dans notre cour pour aller à Albany. Les connaissant tous, nous ne nous y opposions pas. De plus, en causant un moment avec eux, j'apprenais toujours l'une ou l'autre nouvelle. De leur côté, ils aimaient à parler *of the old country*. Ils se plaisaient aussi à admirer nos petits embellissements. Une élégante petite maison en bois pour nos cochons, chef-d'œuvre de M. de Chambeau et de mon mari, excitait surtout leur admiration. Ils l'exprimaient avec une pompe de langage qui nous amusait toujours : *What a noble hog sty !*[136].

Au commencement de l'été de 1795, nous eûmes la visite du duc de Liancourt. Il en a parlé fort obligeamment dans son *Voyage en Amérique*. Il arrivait des nouveaux établissements formés depuis la guerre de l'Indépendance sur les bords de la Mohawk et dans le territoire cédé par la nation des Onéidas. M. de Talleyrand lui avait remis des lettres pour les Schuyler et les Renslaër. Après un séjour d'une journée chez nous, je lui proposai de le ramener à Albany pour le présenter à ces deux familles. Avait-il pris au sérieux ma jupe de laine et ma camisole de toile ? Je ne sais, mais le fait est que c'est seulement quand il me vit paraître avec une jolie robe et un chapeau très bien fait, quoique la marchande de modes ne s'y fût pas employée, et quand mon nègre Minck avança le joli wagon attelé de deux excellents chevaux porteurs de harnais luisants de propreté, qu'il sembla commencer à comprendre que nous n'étions pas encore devenus tout à fait des mendiants. Ce fut à moi, à ce moment, de m'écrier que pour rien au monde je ne le mènerais chez Mmes Renslaër et Schuyler, s'il ne faisait lui-même un peu de toilette. En effet, avec ses vêtements couverts de boue, de poussière, déchirés en plusieurs endroits, il avait l'air d'un naufragé échappé aux pirates, et personne n'aurait pu se douter que sous cet accoutrement bizarre se cachait un premier gentilhomme de la Chambre. Nous fîmes nos conditions : j'acceptai de le conduire chez Mmes Renslaër et Schuyler, et il consentit à ouvrir sa malle, laissée à l'auberge d'Albany, pour se vêtir plus convenablement. Puis j'allai faire une visite dans la ville en attendant qu'il eût procédé à sa toilette. La transformation ne devait pas être aussi complète qu'il me l'avait laissé espérer. Je lui reprochai amèrement, en particulier, une pièce au genou ornant un pantalon de nankin, apporté sans doute d'Europe tant il était usé par le blanchissage.

Nos visites faites, il me promit de revenir le lendemain à la ferme, et je le laissai à Albany, ramenant avec moi son compagnon de voyage, M. Dupetit-Thouars.

Ce dernier resta plusieurs jours chez nous, pendant que M. de Liancourt visitait les environs de la ville. M. Dupetit-Thouars homme fort aimable, arrivait alors de cet établissement de Français, nommé *Asilum*, qui avait si mal réussi dans la Caroline. Les associés ne s'étaient pas entendus et avaient mal employé leurs fonds. Au bout d'un an, on fut obligé de tout revendre à perte, et chacun avait tiré de son côté. M. Dupetit-Thouars, extrêmement spirituel et gai, nous fit les récits les plus comiques de ce défrichement manqué, et les trois ou quatre jours qu'il passa à la ferme nous laissèrent un bon et agréable souvenir. Il devait finir d'une mort glorieuse, quelques années après, à Aboukir.

Quant à M. de Liancourt, je ne le revis plus. La fièvre double tierce dont je souffrais à tout moment me rendait peu propre aux courses et aux promenades. D'ailleurs, ce grand seigneur philanthrope, avec sa prétention de toujours en remontrer aux gens du pays sans en vouloir rien apprendre, m'avait déplu extrêmement. Les amis chez lesquels nous étions allés ensemble ne l'avaient pas goûté davantage. La spirituelle Mme Renslaër l'avait jugé, dès le premier abord, comme un homme fort médiocre. On me reprochera comme une ingratitude de le traiter si mal, car il a parlé de moi de la manière la plus flatteuse dans son livre [137], dont la lecture, je l'avoue à ma honte, ne m'a laissé que le souvenir du passage que je lui ai inspiré.

Ma fièvre commençait à passer, les accès diminuaient de durée, quand l'émotion causée par un acte de cruauté inouï commis par l'un de nos voisins, me la rendit plus forte que jamais. Cet homme possédait un beau chien de Terre-Neuve. L'animal m'avait prise en amitié et ne voulait pas quitter la ferme. J'eus beau le faire ramener tous les soirs chez son maître par Prime qui, en allant coucher chez sa femme, passait devant l'habitation du propriétaire du chien, c'était peine perdue. Une heure après, si on ne le mettait pas à l'attache, on le voyait de nouveau apparaître. Je ne savais quel moyen employer pour l'obliger à ne pas quitter son maître, lorsqu'un jour comme je me trouvais seule à la maison avec ma négresse, nous vîmes passer le propriétaire de la pauvre bête monté sur un cheval porteur d'un harnais dont les traits étaient attachés à un palonnier armé d'un crochet. L'infortuné *Trim*, c'était le nom du chien, alla le caresser et le suivit hors de la cour. Au bout d'un moment, des hurlements affreux se font entendre. Judith et moi nous sortons en toute hâte, et nous voyons avec horreur que cet homme cruel avait attaché le malheureux chien par les quatre pattes au crochet du palonnier, et qu'il s'en allait au galop traînant la pauvre bête sur le chemin pierreux. Peu à peu les cris se perdirent dans le lointain, mais cette action m'avait si vivement émue que, deux heures après, j'étais reprise d'un accès de fièvre, le plus violent que j'eusse encore éprouvé.

Quelques jours après le passage de M. de Liancourt, vers le mois de juin, nous reçûmes de M. de Talleyrand une lettre par laquelle il nous informait d'un fait qui aurait pu avoir pour nous de sérieuses conséquences, et, en même temps, du service important que, dans la circonstance, il venait de nous rendre. Le reliquat des fonds que nous devions recevoir de Hollande, 20 000 à 25 000 francs, avait été consigné à la maison Morris de Philadelphie. M. de Talleyrand s'était chargé de retirer cette somme, et il attendait, pour le faire, l'autorisation de mon mari. Par un hasard vraiment providentiel, il apprit un soir, grâce à une indiscrétion, que M. Morris devait déclarer sa faillite le lendemain. Sans perdre un instant, il se rend chez le banquier, force sa porte dont on défendait l'entrée, et pénètre dans son cabinet. Il lui apprend qu'il connaît sa situation, et le contraint à remettre entre ses mains les lettres de change hollandaises dont il n'était nanti qu'à titre de dépositaire. M. Morris se laissa persuader par la crainte du déshonneur qui résulterait pour lui de l'abus de confiance que M. de Talleyrand ne manquerait pas de publier. Il y mit pour seule condition que M. de La

Tour du Pin lui signerait une déclaration du versement des fonds. M. de Talleyrand engageait donc
mon mari à venir à Philadelphie pour régler cette
affaire. En même temps, il me conseillait de l'accompagner, car, ayant consulté plusieurs médecins,
disait-il, sur l'obstination de ma fièvre, tous émet-
taient l'avis qu'un voyage pouvait seul m'en débarrasser.

CHAPITRE XX

Les bateaux à vapeur n'étaient pas encore inventés, quoique cette nature de force motrice fût déjà en usage dans quelques fabriques. Nous avions même un tourne-broche à vapeur — *steam jack* qui fonctionnait parfaitement et dont nous nous servions toutes les semaines, soit pour le *roastbeaf* du dimanche ou pour de très gros dindons bruns et blancs dont l'espèce est bien supérieure à celles d'Europe.

Mais Fulton n'avait pas encore appliqué sa découverte aux navires, et, puisque j'ai entamé ce sujet, je conterai tout de suite comment la pensée lui en fut suggérée.

Il existe entre Long-Island et New York un bras de mer large d'un mille ou peut-être plus, que de petits bateaux traversent sans cesse quand le temps le permet. Comme il n'y a pas de courant, puisque ce n'est pas une rivière, le flux ne s'y fait sentir que par l'élévation de l'eau, et ne contrarie pas la navigation.

Un pauvre matelot avait perdu les deux jambes dans un combat. Étant encore jeune, il jouissait d'une bonne santé et avait conservé beaucoup de force dans les bras. Il eut l'idée d'établir en travers de son canot d'écorce un bâton rond portant à ses deux extrémités, à droite et à gauche du canot, des ailes qu'il faisait mouvoir à volonté en étant assis à l'arrière. Ce système ingénieux fut remarqué par Fulton, un jour qu'il se trouvait dans le canot du pauvre matelot pour aller à Brooklyn, sur Long-Island, et lui donna la première idée d'appliquer la vapeur à la navigation.

Le commerce d'Albany était très considérable et se faisait par de gros sloops ou bricks. Presque tous avaient de bonnes chambres et un joli salon sur leur arrière, et prenaient des passagers. La descente à New York durait vingt-six heures environ, mais il fallait rester à l'ancre pendant la période des montants. On tâchait toujours de partir d'Albany à la pointe du jour. Nous allâmes donc coucher à bord d'un de ces bricks, et avant le lever du soleil nous étions déjà loin du point de départ. La rivière du Nord ou d'Hudson est admirablement belle. Ses bords, couverts de maisons ou de jolies petites villes, s'élargissent avant de franchir la chaîne de montagnes très hautes et escarpées qui traversent le continent de l'Amérique du Nord dans toute sa longueur et dont les appellations diffèrent : Black mountains, Appalaches, Alleghanys. La rivière, avant de s'engager dans le défilé, forme un grand bassin de plusieurs milles de large, semblable à la partie du lac de Genève nommée *le Fond du lac*, avec cette différence toutefois que les montagnes ne commencent qu'au fond du bassin et que l'entrée de la rivière, située entre deux rochers à pic, s'aperçoit seulement lorsqu'on en est tout rapproché. L'eau est si profonde, dans ce passage admirable, qu'une grosse frégate pourrait s'amarrer à la côte sans craindre de toucher. Nous naviguâmes toute la matinée du lendemain de notre embarquement au milieu de ces belles montagnes. Puis la marée nous ayant quittés, nous allâmes à terre visiter le lieu historique de West-Point, célèbre par la trahison du général Arnold et le supplice du major André.

Quoique j'aie traversé beaucoup de lieux divers et admiré maints grands effets de la nature, je n'ai jamais rien vu de comparable au passage de West-Point. Il a perdu sans doute maintenant de sa beauté, surtout si on a abattu les beaux arbres qui baignaient leurs branches séculaires dans les eaux du fleuve. Ces montagnes escarpées étaient impropres à la culture. J'espère donc, pour l'amour de la nature, que la prosaïque fureur du défrichement ne les aura pas atteintes.

Nous arrivâmes à New York le troisième jour au matin, et nous y trouvâmes M. de Talleyrand chez M. Law. Leur réception fut des plus amicales. Tous deux s'effrayèrent de ma maigreur et de mon changement. Aussi ne voulurent-ils pas entendre parler de mon excursion projetée à Philadelphie, qui se serait faite en *stage*, et pour laquelle j'aurais dû passer deux nuits en route. Mon mari entreprit le voyage seul, et je fus confiée aux bons soins de Mrs Foster, la *house keeper* de M. Law. Cette excellente dame épuisa à mon profit toutes les recettes restauratives de son répertoire médical. Quatre ou cinq fois par jour, elle arrivait avec une petite tasse de je ne sais quel bouillon, puis, en me faisant la révérence anglaise, me disait : *Pray, ma'am, you had better take this*. Ce à quoi je me soumettais volontiers, tant j'étais ennuyée des lamentations de M. de Talleyrand sur mon dépérissement.

Les trois semaines que nous passâmes à New York sont restées dans ma mémoire comme un temps des plus agréables. Mon mari revint au bout de quatre jours. Il avait admiré la belle ville de Philadelphie. Mais, ce que je lui enviai bien davantage, il avait vu le grand Washington, qui était mon héros. Aujourd'hui encore je ne me console pas de n'avoir pas contemplé les traits de ce grand homme, dont son grand ami, M. Hamilton, me parlait si souvent.

Je retrouvai à New York toute la famille Hamilton. J'avais assisté à son arrivée à Albany dans un wagon mené par M. Hamilton lui-même quand, après avoir quitté le ministère des Finances, il venait reprendre son métier d'avocat, qui lui donnait plus de chances de laisser un peu de fortune à ses enfants. M. Hamilton avait alors de trente-six à quarante ans. Quoique n'ayant jamais été en Europe, il parlait cependant notre langue comme un Français. Son esprit distingué, la lucidité de ses idées se mêlaient agréablement à l'originalité de M. de Talleyrand et à la vivacité de M. de La Tour du Pin. Tous les soirs, ces trois hommes distingués, M. Emmery[138], membre de la Constituante, M. Law, deux ou trois autres personnages encore se réunissaient après le thé, et, assis sur une terrasse, la conversation s'engageait entre eux et durait jusqu'à minuit, parfois plus tard, sous le beau ciel étoilé du 40e degré. Soit que M. Hamilton racontât les commencements de la guerre de l'Indépendance, dont les insipides mémoires de ce niais de La Fayette ont depuis affadi les détails, soit que M. Law nous parlât de son séjour dans l'Inde, de l'administration de Patna dont il avait été gouverneur, de ses éléphants et de ses palanquins, ou que mon mari élevât quelque dispute sur les absurdes théories des constituants que M. de Talleyrand sacrifiait volontiers, l'entretien ne tarissait pas. M. Law jouissait si parfaitement de ces soirées que, lorsque nous parlions de départ, il tombait dans des tristesses affreuses, et disait à son *butler* (maître d'hôtel) Foster : « *Foster if they leave me, I am a dead man.* »

Trois semaines s'étaient écoulées lorsque le bruit se répandit un soir que la fièvre jaune se manifestait dans une rue, très près de Broadway, où nous demeurions. La nuit même, soit que nous ressentîmes les premières atteintes du mal, soit que nous eûmes mangé trop de bananes, d'ananas et d'autres fruits des Îles apportés par le même navire qui avait propagé la fièvre, mon mari et moi nous fûmes terriblement malades. Craignant d'être enfermée par le cordon sanitaire, je résolus de partir à l'instant, et à la pointe du jour, notre malle faite, nous allâmes retenir des places à bord d'un sloop prêt à mettre à la voile. Nous rentrâmes ensuite chez M. Law pour lui faire nos adieux. Il se décida alors à partir aussi, sous le prétexte d'aller visiter les propriétés qu'il avait achetées dans la nouvelle ville de Washington, que l'on commençait à bâtir. C'est dans ces acquisitions qu'il compromit la majeure partie de sa fortune. Notre départ fut si précipité que je ne vis pas même M. de Talleyrand : il ne songeait pas encore à se lever que déjà nous étions loin de New York.

Nous revîmes en sens contraire, mais avec la même admiration, le beau paysage de West-Point, et cette fois nous fîmes une longue promenade à terre pendant les six heures que notre bateau resta à l'ancre.

Nous avions franchi le grand bassin en amont du passage des montagnes, lorsque notre navigation fut arrêtée par un accident assez commun en été, lorsque les eaux sont basses. Vers la fin du montant, le sloop s'engrava sur un banc de sable, et, quoique n'ayant subi aucune avarie, il resta immobilisé au milieu du fleuve. Le capitaine déclara que la prochaine marée ne parviendrait peut-être pas assez haut pour le remettre à flot ; qu'il faudrait probablement attendre l'arrivée d'un autre vaisseau descendant pour nous faire remorquer et nous remettre à flot, en ramenant le sloop dans le chenal dont un faux coup de gouvernail l'avait fait sortir.

La perspective de rester plusieurs jours au milieu de cette grande rivière sans bouger nous parut peu

agréable. Le souvenir me vint alors que des créoles
de Saint-Domingue, amis de M. Bonamy, étaient établis sur les bords d'une petite rivière voisine, dans
les environs d'une ville devant laquelle nous venions
de passer. Le capitaine me dit que nous étions précisément en face de l'embouchure de cette rivière, et il
nous offrit son canot pour nous transporter chez ces
Français que nous connaissions pour les avoir vus
chez nous. La proposition fut aussitôt acceptée et
le moment d'après, nous étions dans le canot avec
une malle, représentant tout notre bagage. Nous
entrâmes dans la petite rivière, où nous naviguâmes
pendant trois à quatre milles entre deux rives formées de rochers escarpés, et assez rapprochées pour
que les plantes parasites des sommets et les vignes
sauvages allassent de l'une à l'autre en guirlandes.
Cette navigation était délicieuse. Elle prit fin à
une petite ferme. Là on nous donna un wagon pour
nous conduire à destination. Nos compatriotes,
deux hommes encore assez jeunes, furent aussi char-
més que surpris de cette visite inattendue. Ils ne
possédaient aucune notion de l'état qu'ils avaient
embrassé. Sachant très peu d'anglais, et ne trouvant
à utiliser dans ce pays aucune des pratiques d'agriculture en usage à Saint-Domingue, tous deux avaient
failli périr de froid et d'ennui pendant l'hiver. Ils
étaient parvenus à sauver de l'incendie du Cap une
foule de magnifiques petites superfluités qui contras-
taient avec la pauvreté et le désordre de leur ménage,
où il n'y avait de femme qu'une vieille négresse.
Nous couchâmes chez eux, après avoir bien causé
de leur ferme et de leur établissement. Le lendemain, on nous offrit à déjeuner dans de belles tasses
de porcelaine dépareillées et ébréchées auxquelles
j'aurais préféré un bon assortiment de faïence unie
comme le nôtre. Ensuite leur wagon nous ramena
sur la grande route, et de là nous gagnâmes notre

logis. Sur notre invitation, ils nous accompagnèrent jusqu'à Albany, puis à la ferme, où ils furent très surpris de nous trouver en état de leur vendre plusieurs sacs d'avoine et une douzaine de boisseaux de pommes de terre.

Je retrouvai ma maison dans le meilleur ordre, quoique M. de Chambeau ne nous attendît pas, et ma pauvre petite fille très bien portante. Cette absence d'un mois m'avait paru longue, malgré la très aimable société dans laquelle j'avais vécu. La fièvre jaune fit beaucoup de ravages cette année à New York. Aussi me félicitai-je d'en être partie si précipitamment.

Je m'adonnai avec une nouvelle ardeur à mes occupations rurales, ma fièvre avait cédé au changement d'air et mes forces étaient revenues. Les travaux de la laiterie furent repris, et les jolis dessins moulés sur mes pelotes de beurre apprirent mon retour à mes pratiques. Notre verger nous promettait une magnifique récolte de pommes, et notre grenier contenait du grain pour toute l'année. Nos nègres, stimulés par notre exemple, travaillaient de bon cœur. Ils étaient mieux vêtus et mieux nourris que tous ceux de nos voisins.

Je me trouvais très heureuse de ma situation, lorsque Dieu me frappa du coup le plus inattendu et, comme je me l'imaginai alors, le plus cruel et le plus terrible qu'on pût endurer. Hélas! j'en ai éprouvé depuis qui en ont surpassé la sévérité! Ma petite Séraphine nous fut enlevée par un mal subit, très commun dans cette partie du continent: une paralysie instantanée de l'estomac et des intestins, sans fièvre, sans convulsions. Elle mourut en quelques heures avec toute sa connaissance. Le médecin d'Albany, que M. de Chambeau était allé chercher à cheval aussitôt qu'elle commença à souffrir, nous ôta tout espoir dès qu'il la vit, en nous déclarant que cette maladie était alors très répandue dans le pays et qu'on n'y connaissait pas de remède. Le petit Schuyler, la veille encore compagnon de jeux de ma fille pendant toute l'après-midi, succomba au même mal quelques heures après et la rejoignit au ciel. Sa mère l'adorait et l'appelait le petit mari de ma chère enfant. Ce cruel événement nous jeta dans une tristesse et un découragement mortels. Nous reprîmes Humbert chez nous, et je cherchai à me distraire de mon chagrin en m'occupant de son éducation. Il avait alors cinq ans et demi. Son intelligence était très développée. Il parlait parfaitement l'anglais et le lisait couramment.

Il n'y avait pas de prêtre catholique à Albany ni aux environs. Mon mari, ne voulant pas qu'un ministre protestant fût appelé, rendit lui-même les derniers devoirs à notre enfant et la déposa dans un petit enclos destiné à servir de cimetière aux habitants de la ferme. Il était situé au milieu de notre bois. Presque chaque jour j'allais me prosterner sur cette terre, dernière demeure d'une enfant que j'avais tant chérie, et ce fut là, ô mon fils, que m'attendait Dieu pour changer mon cœur!

Jusqu'à cette époque de ma vie, quoique je fusse loin d'être impie, je ne m'étais pas occupée de la religion. Au cours de mon éducation, on ne m'en avait jamais parlé. Pendant les premières années de ma jeunesse j'avais eu sous les yeux les pires exemples. Dans la haute société de Paris, j'avais été le témoin de scandales si répétés, qu'ils m'étaient devenus familiers au point de ne plus m'émouvoir. Aussi toute pensée de morale était-elle comme engourdie dans mon cœur. Mais l'heure avait sonné où je devais reconnaître la main qui me frappait.

Je ne saurais décrire exactement la transformation qui s'opéra en moi. Une voix me criait, me sembla-t-il, de changer tout mon être. Agenouillée sur la tombe de mon enfant, je l'implorai pour qu'elle obtînt de Dieu, qui l'avait rappelée à lui, mon pardon et un peu de soulagement à ma détresse. Ma prière fut exaucée. Dieu m'accorda alors la grâce de le connaître et de le servir ; il me donna le courage de me courber très humblement sous le coup dont je venais d'être atteinte et de me préparer à supporter sans plainte les nouvelles douleurs par lesquelles, dans sa justice, il jugerait à propos de m'éprouver à l'avenir. À dater de ce jour, la volonté divine me trouva soumise et résignée.

Quoique toute joie eût disparu de notre intérieur, il n'en fallait pas moins continuer nos travaux, et nous nous exhortions mutuellement, mon mari et moi, à trouver une distraction dans l'obligation où nous étions de ne pas demeurer un moment oisifs. La récolte des pommes approchait. Elle promettait d'être très abondante, car notre verger avait la plus belle apparence. On comptait sur les arbres autant de pommes que de feuilles. Nous avions pratiqué ce qu'on nomme à Bordeaux *une façon* l'automne d'avant. Cela consiste à labourer à la bêche un carré de quatre à cinq pieds autour de chaque arbre, ce qui ne leur était jamais arrivé. Les Américains, en effet, n'avaient aucune idée de l'influence que cela exerçait sur la végétation. Aussi lorsque nous leur disions que nous avions des vignes où l'on recommençait trois fois cette même opération, nous prenaient-ils pour des conteurs. Mais lorsqu'au printemps ils virent nos arbres se couvrir de fleurs, ils nous considérèrent comme des sorciers.

Un autre trait d'esprit nous attira une grande renommée. Au lieu d'acheter, pour mettre notre cidre, des barriques neuves faites d'un bois très poreux, nous recherchâmes à Albany plusieurs futailles de

Bordeaux et quelques pièces marquées *cognac* qui nous étaient bien connues. Puis nous disposâmes notre cave avec le même soin que si elle eût dû contenir du vin de Médoc.

On nous prêta un moulin à écraser les pommes. Un vieux cheval de vingt-trois ans, que le général Schuyler m'avait donné, y fut attelé.

Le moulin était fort primitif: deux pièces de bois cannelées qui s'engrenaient l'une dans l'autre et que notre cheval, attelé à une barre, faisait tourner. Les pommes tombaient d'une trémie dans l'engrenage, et quand le jus avait rempli un grand baquet, on l'emportait à la cave pour le verser dans les barriques.

Toute l'opération était fort simple, et comme nous eûmes très beau temps, cette récolte se présenta comme une récréation charmante. Mon fils, monté toute la journée sur le cheval, était très persuadé que, sans lui, rien ne serait fait.

Le travail terminé, nous nous trouvâmes, notre provision prélevée, avoir huit à dix barriques à vendre. Notre renommée de probité, qui publia que nous n'avions pas mis d'eau dans notre cidre, en fit élever le prix à plus du double de ce qu'il valait ordinairement. Il fut vendu tout de suite. Quant à celui que nous nous étions réservé, nous le traitâmes comme nous aurions fait de notre vin blanc au Bouilh.

La récolte du maïs suivit celle des pommes. Nous en avions en abondance, car cette plante est celle qui réussit le mieux aux États-Unis, où elle est indigène. Comme il ne faut pas laisser l'épi revêtu de sa paille plus de deux jours, on réunit ses voisins pour tout terminer sans désemparer et rapidement. Cela se nomme une *frolick*.

Toutes nos récoltes faites et rentrées, nous commençâmes à labourer nos terres et à entreprendre les travaux qui précèdent l'hiver. On rangea sous un abri le bois destiné à être vendu. Les traîneaux furent réparés et repeints. J'achetai une pièce de grosse flanelle bleue et blanche à carreaux pour faire deux chemises à chacun de mes nègres. Un tailleur à la journée s'installa à la ferme pour leur confectionner de bons gilets et des capotes bien doublées. Cet homme mangeait avec nous parce que c'était un blanc. Il aurait certainement refusé, si on le lui avait proposé, de manger avec *les esclaves*, quoique ceux-ci fussent incomparablement mieux vêtus et eussent de meilleures manières que lui. Mais je me gardais bien d'exprimer la moindre réflexion sur cet usage. Mes voisins agissaient ainsi, je suivais leur exemple, et dans nos relations réciproques, j'évitais toujours de faire allusion à la place que j'avais pu occuper dans l'échelle sociale. J'étais la propriétaire d'une ferme de 250 acres. Je vivais comme ceux qui en possédaient autant, ni plus ni moins. Cette simplicité et cette abnégation me valaient beaucoup plus de respect et de considération que si j'avais voulu jouer à la dame.

L'ouvrage qui me fatiguait le plus était le blanchissage. Judith et moi, nous nous partagions seules toute la besogne. Tous les quinze jours, Judith lavait le linge des nègres, le sien et celui de la cuisine. Je lavais le mien, celui de mon mari et celui de M. de Chambeau, et je repassais le tout. Cette dernière partie de l'ouvrage était fort de mon goût. J'y excellais, comme la meilleure repasseuse. Dans ma première jeunesse, avant mon mariage, j'allais souvent à la lingerie, à Montfermeil, où, comme par une sorte de pressentiment, j'avais appris à repasser. Étant naturellement très adroite, j'en avais su bientôt autant que les filles qui me montraient à travailler

Jamais je ne perdais un moment. J'étais tous les jours levée à l'aube, hiver comme été, et ma toilette ne durait guère. Les nègres, avant d'aller à l'ouvrage, aidaient la négresse à traire les vaches : nous en avons eu jusqu'à huit. Pendant ce temps, je m'occupais de l'écrémage du lait à la laiterie. Les jours où l'on faisait le beurre, deux fois la semaine, Minck restait pour tourner la manivelle, cette besogne étant trop pénible pour une femme. Tout le reste du travail du beurre, et il était encore assez fatigant, m'incombait. J'avais une collection remarquable de jattes, de cuillers, de spatules en bois, ouvrages de mes bons amis les sauvages, et ma laiterie passait pour la plus propre, même la plus élégante, du pays.

L'hiver arriva de bonne heure, cette année. Dans les premiers jours de novembre, le rideau noir qui annonçait la neige commença à s'élever à l'ouest. Selon ce qu'il faut désirer, on eut huit jours d'un froid rigoureux, et la rivière se prit, en vingt-quatre heures, de trois pieds d'épaisseur, avant que la neige ne tombât. Quand il se mit à neiger, ce fut avec une telle violence qu'on n'aurai pas vu un homme à dix pas. Les gens prudents se gardent bien d'atteler leurs traîneaux pour tracer les chemins. On abandonne cette besogne aux plus pressés, à ceux que des affaires forcent à aller à la ville ou à la rivière. Puis, avant de se hasarder sur cette dernière, on attend que les passages pour descendre sur la glace soient tracés par des branches de sapin. Sans cette précaution, il serait très dangereux de chercher à s'y aventurer et il survient tous les ans des malheurs par imprudence. En effet, la marée, devant Albany et jusqu'au confluent de la Mohawk, montant de sept à huit pieds, la glace souvent ne repose pas sur l'eau.

Aussi est-il arrivé que des traîneaux menés par

des étourdis, descendant la rive au trot ou au galop, se sont engouffrés sous la glace au lieu de glisser à sa surface, et ont ainsi péri sans qu'il y eût aucun moyen de les sauver.

CHAPITRE XXI

Vers la fin de l'hiver 1795-1796, j'eus la rougeole. Elle me rendit assez malade, d'autant plus que je commençais une grossesse. Nous craignions qu'Humbert n'en fût aussi attaqué, mais il ne la prit pas, quoiqu'il couchât dans ma chambre. Je me trouvai bientôt rétablie, et c'est à ce moment que nous reçûmes de France des lettres de Bonie, qui nous apprenait que, joignant ses efforts à ceux de M. de Brouquens, ils étaient parvenus à faire lever le séquestre du Bouilh.

Les biens des condamnés avaient été restitués. Ma belle-mère, de concert avec son gendre, le marquis de Lameth, agissant au nom de ses enfants, était rentrée en possession des terres de Tesson et d'Ambleville, et de la maison de Saintes, dont le département de la Charente-Inférieure s'était emparé. Mais lorsqu'ils demandèrent la levée des scellés au Bouilh, on leur objecta l'absence du propriétaire. Ils répondirent qu'il était établi en Amérique *avec passeport*, et que ni M. de La Tour du Pin ni moi, personnellement propriétaire d'une maison à Paris, nous n'étions inscrits sur la liste des émigrés. Après de nombreuses démarches, on nous accorda un sursis d'un an pour nous représenter. À défaut de quoi le Bouilh serait mis en vente comme bien national, sauf à M. de

Lameth à faire valoir les droits de ses enfants à titre de petits-fils de l'ancien propriétaire. On nous pressait, en conséquence, de revenir le plus tôt possible. Toutefois, comme la stabilité du gouvernement français inspirait, à cette époque encore, bien peu de confiance, on nous recommandait en même temps de ne pas prendre notre passage pour un port de France, mais de revenir plutôt par l'Espagne, avec laquelle la République venait de conclure une paix qui semblait devoir être durable.

Ces dépêches tombèrent, au milieu de nos tranquilles occupations, comme un brandon qui alluma brusquement dans le cœur de tous, autour de moi, des idées de retour dans la patrie, des prévisions d'une existence meilleure, des espérances d'ambitions futures satisfaites, en résumé tous les sentiments qui animent la vie des hommes. Pour moi, j'éprouvai une tout autre sensation. La France ne m'avait laissé qu'un souvenir d'horreur. J'y avais perdu ma jeunesse, brisée par des terreurs sans nombre et inoubliables. Je n'avais plus et je n'ai jamais eu depuis dans l'âme que deux sentiments qui la maîtrisèrent entièrement et exclusivement : l'amour de mon mari et celui de mes enfants. La religion, seul mobile désormais de toutes mes actions, me commanda de ne pas opposer le plus léger obstacle à un départ dont je m'effrayais et qui me coûtait. Une sorte de pressentiment me faisait entrevoir que j'allais au-devant d'une nouvelle carrière de troubles et d'inquiétudes. M. de La Tour du Pin ne se douta jamais de l'intensité de mes regrets quand je vis fixer le moment où nous quitterions la ferme. Je ne mis qu'une condition à ce départ : celle de donner la liberté à nos nègres. Mon mari y consentit et me réserva, à moi seule, ce bonheur.

Les pauvres gens, en voyant arriver des lettres d'Europe, s'étaient doutés de quelques changements

dans notre existence. Ils étaient inquiets, alarmés.
Aussi est-ce en tremblant qu'ils entrèrent tous les
quatre, Judith tenant dans ses bras sa petite Maria,
âgée de trois ans, et sur le point d'accoucher d'un
autre enfant, dans le salon où je les avais appelés
ensemble. Ils m'y trouvèrent seule. Je leur dis avec
émotion : « Mes amis, nous allons retourner en
Europe. Que faut-il faire de vous ? » Les pauvres gens
furent atterrés. Judith tomba sur une chaise en san-
glotant ; les trois hommes se cachèrent le visage dans
les mains et tous demeurèrent immobiles. Je repris :
« Nous avons été si contents de vous qu'il est juste
que vous soyez récompensés. Mon mari m'a chargée
de vous dire qu'il vous donne *la liberté*. » En entendant ce mot, nos braves serviteurs furent si stupé-
faits qu'ils restèrent quelques secondes sans parole.
Puis, se précipitant tous les quatre à genoux à mes
pieds, ils s'écrièrent : *Is it possible ? Do you mean that
we are free ?* [139] Je répondis : *Yes, upon my honour,
from this moment, as free as I am myself* [140].

Qui pourrait décrire la poignante émotion d'un
pareil moment ! Je n'ai rien éprouvé de ma vie
d'aussi doux. Ceux que je venais de libérer m'entouraient en pleurant ; ils baisaient mes mains, mes
pieds, ma robe ; et puis brusquement leur joie s'arrêta et ils dirent : « Nous aimerions mieux demeurer
esclaves toute notre vie et que vous restiez ici. »

Le lendemain, mon mari les emmena à Albany
devant le juge pour la cérémonie de la *manumis-
sion* [141], qui devait se faire en public. Tous les nègres
de la ville se rassemblèrent pour y assister. Le juge
de paix, qui se trouvait en même temps le régisseur
de M. Renslaër, était de fort mauvaise humeur. Il
tenta de soutenir que, Prime étant âgé de cinquante
ans, on ne pouvait, aux termes de la loi, lui donner
la liberté sans lui assurer une pension de cent dol-
lars. Mais Prime avait prévu le cas, et il produisit

son extrait de baptême, qui attestait qu'il n'en avait que quarante-neuf. On les fit agenouiller devant mon mari, et il leur mit la main sur la tête pour sanctionner la libération, absolument comme dans l'ancienne Rome.

Nous affermâmes notre habitation avec les terres qui en dépendaient à l'individu même qui nous les avait cédées, et nous vendîmes la plus grande partie du mobilier. Les chevaux montèrent à un assez haut prix. Je distribuai en souvenir plusieurs petits objets en porcelaine que j'avais apportés d'Europe. Quant à ma pauvre Judith, je lui laissai de vieilles robes de soie, qui auront, sans doute, passé à sa postérité.

Vers le milieu d'avril, nous nous embarquâmes à Albany pour descendre à New York, après avoir fait de tendres et reconnaissants adieux à tous ceux qui, pendant deux ans, nous avaient comblés de soins, d'amitiés et de prévenances de tous genres. Combien de fois, deux ans après, repoussée dans un nouvel exil, n'ai-je pas regretté ma ferme et mes bons voisins !

Nous allâmes, à New York, chez M. et Mme Olive, qui nous reçurent dans leur jolie petite maison de campagne. Nous y trouvâmes M. de Talleyrand décidé, comme nous, à regagner l'Europe. Mme de Staël, de retour à Paris, où elle était établie avec Benjamin Constant, le pressait de rentrer et de servir le Directoire, qui demandait l'aide de son habileté. Nous avions cru, un moment, que nous pourrions prendre passage sur le même vaisseau que lui. Mais quand il apprit notre intention de débarquer dans un port d'Espagne, pour gagner ensuite Bordeaux, il modifia ses projets pour ne pas se trouver, même momentanément, sous la domination du roi catholique, qui aurait pu trouver, non sans raison, qu'il n'était pas un évêque assez édifiant. Il résolut donc de prendre passage sur un navire à destination de Hambourg. Aucun bateau ne partait pour la Corogne ou pour Bilbao, comme nous l'aurions souhaité. Un seul, de quatre cents tonneaux, superbe navire anglais, allait à Cadix, et devait lever l'ancre incessamment. Faute de mieux, et malgré le grand voyage que nous aurions à faire en Espagne, nous nous décidâmes à arrêter notre passage sur celui-là. Il naviguait sous pavillon espagnol, quoiqu'il appartînt, ainsi que sa cargaison — en blé, je crois — à un Anglais. Le propriétaire se trouvait à bord comme passager. Il se nommait M. Ensdel. C'était un ancien armateur pour la pêche de la baleine. Il ne savait pas un mot de français. Mais le capitaine, originaire de la Jamaïque, parlait anglais. D'ailleurs il trouva tout de suite un interprète très intelligent dans mon fils qui, quoique âgé de six ans seulement, lui fut d'une grande utilité. Tout en nous occupant de notre établissement et de nos arrangements à bord, nous passâmes encore trois semaines cependant chez Mme Olive en compagnie de M. de Talleyrand.

Dans la rade se trouvait un sloop de guerre français, commandé par le capitaine Barré, dont mon mari avait connu le père dans la maison du vieux duc d'Orléans [142]. Fort aimable homme, quoique un vrai loup de mer, il venait tous les jours nous chercher dans son canot et nous promenait sur tous les points de la rade, se gardant bien toutefois d'approcher de Sandy-Hook, où le capitaine Cochrane, plus tard amiral, l'attendait depuis deux mois pour le happer au passage, s'il tentait de sortir. Nous visitâmes son sloop, armé de quinze canons. C'était un bijou d'ordre, de propreté, de soin. Combien j'aurais aimé à retourner en Europe sur ce joli navire !

Mais la *Maria-Josepha* nous attendait. Nous y montâmes tous les quatre [143], le 6 de mai 1796, et le même jour on mettait à la voile.

Je ne souffris pas du mal de mer, et, le temps étant superbe, je m'occupais toute la journée. Aussi eus-je vite épuisé l'ouvrage que j'avais emporté pour moi et pour mon mari. Je m'érigeai alors en couturière générale, et je fis une proclamation pour que l'on me donnât du travail. Chacun m'en apporta. J'eus des chemises à faire, des cravates à ourler, du linge à marquer. La traversée dura quarante jours, parce que le capitaine, rebelle aux avis de M. Ensdel, était descendu au sud, entraîné par des courants. Ce temps me suffit pour mettre en bon ordre toute la garde-robe de l'équipage.

Enfin, vers le 10 juin, nous vîmes le cap Saint-Vincent, et le lendemain nous entrâmes dans la rade de Cadix. Le capitaine, par sa maladresse et son ignorance, avait prolongé au moins de quinze jours notre traversée, en se laissant entraîner vers la côte d'Afrique, d'où l'on a beaucoup de peine à se relever vers le nord. Il se croyait si loin de la terre qu'il n'avait pas seulement songé à faire monter un matelot en vigie sur le mât. Lorsqu'on découvrit, à la pointe du jour, le cap Saint-Vincent, qui est très élevé, il fut tout déconcerté.

Nous mouillâmes sous le bord d'un vaisseau français à trois ponts, le *Jupiter*; il se trouvait là avec une flotte française, empêchée de sortir par des bâtiments de guerre anglais, supérieurs en nombre, qui croisaient tous les jours presque en vue du port.

Un bateau de la santé, par lequel nous avions été visités, nous avait avertis que nous ferions huit jours de quarantaine à bord. Nous préférions cela, plutôt que d'aller au lazaret pour y être dévorés par tous les genres d'insectes dont l'Espagne abonde. Si même il s'était trouvé un navire qui allât à Bilbao ou à Barcelone, nous y aurions pris passage. Le voyage eût été ainsi plus court, moins fatigant et meilleur marché.

L'incertitude de nos projets formait l'objet de nos conversations pendant la quarantaine, qui dura dix jours. Elle aurait pu se prolonger bien davantage grâce à la désertion d'un de nos matelots et à l'impossibilité, par conséquent, de le représenter en personne. Cet homme, de nationalité française, avait été pris après un combat sur un sloop de guerre. Il reconnut un matelot à bord du *Jupiter*, dont nous étions très rapprochés, et lui parla avec le portevoix. La même nuit, il gagna le *Jupiter* à la nage, et quand les employés de la santé procédèrent à l'appel, le lendemain matin, on ne trouva de lui que sa chemise et son pantalon. C'était tout son mobilier. L'incident prolongea notre quarantaine jusqu'au jour où l'on eut constaté que le manquant était sur le navire français.

La quarantaine faillit m'être fatale. Toute la journée, des marchands de fruits venaient sous le bord, et je passais mon temps, ainsi que Mme Tisserandot [144], à descendre une corbeille au moyen d'une ficelle pour avoir des figues, des oranges, des fraises. Cet abus de fruits m'occasionna une affreuse dysenterie dont je fus très malade.

Enfin la permission de prendre *libre pratique*, comme on dit, arriva. Le capitaine nous mit à terre, et jamais de ma vie je ne me sentis aussi embarrassée qu'à ce moment. En débarquant, on nous fit entrer, Mme Tisserandot et moi, dans une petite chambre ouvrant sur la rue, pendant qu'on visitait nos effets avec la rigueur la plus exagérée. Nos robes de couleur et nos chapeaux de paille attirèrent bientôt une foule immense d'individus de tout âge et de tout état : des matelots et des moines, des portefaix et des messieurs, tout anxieux de voir ce qu'ils considéraient sans doute comme deux bêtes curieuses. Quant à nos maris, ils étaient retenus dans la pièce où avait lieu la visite de nos bagages. Nous étions donc seules toutes deux, avec mon fils. Il n'avait pas peur, mais me faisait mille questions, surtout sur les moines qu'il n'avait jamais vus. À un moment il s'écria, comme passait un jeune moine à la figure imberbe : *Oh! I see now, that one is a woman* [145].

Cette indiscrète curiosité nous décida tout d'abord, ma compagne et moi, à nous vêtir comme les Espagnoles. Avant même de nous rendre à l'auberge, nous allâmes donc acheter une jupe noire et une mantille, afin de pouvoir sortir sans scandaliser toute la population. Nous descendîmes dans un hôtel réputé le meilleur de Cadix, mais dont la saleté me causa néanmoins un si grand dégoût, accoutumée comme je l'étais à la propreté exquise de l'Amérique, que je serais volontiers retournée à bord.

Je me rappelai qu'une des sœurs du pauvre Théobald Dillon, massacré à Lille en 1792, avait épousé un négociant anglais, établi à Cadix, M. Langton. Lui ayant écrit un billet aimable, il vint à l'instant et nous fit beaucoup de politesses. Mme Langton se trouvait à Madrid chez sa fille, la baronne d'Andilla, en compagnie de Mlle Carmen Langton, sa fille cadette. M. Langton nous engagea néanmoins à dîner. Il désirait même nous emmener loger chez lui. Mais nous ne l'acceptâmes pas. J'étais trop souffrante pour me gêner et faire des compliments. Il fut convenu que le dîner serait ajourné au premier jour où je me sentirais mieux

Le lendemain de notre arrivée, mon mari porta notre passeport à viser chez le consul général de France. C'était un M. de Roquesante, ci-devant comte ou marquis, métamorphosé en chaud républicain, si ce n'est en terroriste. Il fit cent questions à mon mari, en prenant note de ses réponses. Cela ressemblait fort à un interrogatoire. Puis, sans doute pour surprendre un premier mouvement : «Nous avons reçu aujourd'hui, dit-il, d'excellentes nouvelles de

France, citoyen.» — On en était encore là! — Ce scélérat de Charette a enfin été pris et fusillé. — Tant pis, répondit M. de La Tour du Pin, c'est un brave homme de moins.» Le consul se tut alors, signa le passeport et nous rappela qu'il devait de nouveau être présenté à l'ambassade de France à Madrid. Plus tard, nous sûmes comment il nous avait recommandés à Bayonne.

À cette époque, l'Espagne, après avoir conclu la paix avec la République française, avait licencié la plus grande partie de son armée, probablement sans la payer. Les routes étaient infestées de brigands, surtout dans les montagnes de la Sierra Morena, que nous devions traverser. On voyageait en convois composés de plusieurs voitures seulement. On ne prenait pas d'escorte militaire — elle aurait peut-être été d'accord avec les brigands ci-devant soldats — mais les voyageurs à cheval qui se joignaient au convoi avaient la précaution de s'armer jusqu'aux dents. Un convoi comprenait habituellement de quinze à dix-huit charrettes couvertes attelées de mule.

C'est ainsi que nous partîmes de Cadix. Nous occupions, mon mari, mon fils et moi, un de ces charliots — *carro* — couchés tout au long sur nos matelas de bord. Au-dessous, dans le fond du chariot, se trouvaient nos bagages, recouverts d'un lit de paille qui remplissait également les vides existants entre les malles. Une capote en cannes artistement cousues et recouverte d'une toile goudronnée nous garantissait du soleil pendant le jour et de l'humidité la nuit, lorsque nous préférâmes la charrette à l'auberge.

Le jour fixé pour le départ, nous laissâmes le convoi se mettre en route et nous restâmes, mon mari, moi et notre fils, pour dîner chez M. Langton.

Une barque, préparée par ses soins, devait nous mener de l'autre côté de la baie, pour rejoindre notre caravane au port Sainte-Marie, où elle devait coucher, car nous ne devions pas, pendant ce long voyage, aller plus vite qu'un homme marchant à pied.

J'étais si souffrante d'une affreuse dysenterie, compliquée de fièvre, que mon mari hésitait à me laisser partir, et cependant il n'y avait pas moyen de reculer. Nos bagages étaient chargés. Nous avions payé la moitié du voyage jusqu'à Madrid. Notre passeport était visé, et M. de Roquesante, le consul républicain, aurait pris de l'ombrage d'un retard. Il l'eût attribué à un prétexte, je ne sais lequel, et comme j'ai toujours cru qu'on peut surmonter le mal quel qu'il soit, à moins qu'on n'ait une jambe cassée, la pensée ne me vint même pas de rester à Cadix. Nous dînâmes donc chez M. Langton, après avoir assisté au départ de nos compagnons de voyage, qui s'en allaient coucher à Port-Sainte-Marie.

Rien n'était délicieux comme cette habitation, tenue à l'anglaise, pour la propreté et le soin. M. Langton n'avait adopté des coutumes espagnoles que celles en usage pour éviter l'inconvénient d'un climat brûlant. La maison s'élevait autour d'une cour carrée remplie de fleurs. Elle avait une rangée d'arcades au rez-de-chaussée et une galerie ouverte au premier. Une toile, tendue à la hauteur du toit, couvrait toute la surface de la cour. Au milieu, un jet d'eau atteignait la toile, qui, tenue ainsi toujours mouillée, communiquait une délicieuse fraîcheur à toute la maison. J'avoue que j'éprouvai un sentiment bien pénible en pensant qu'au lieu de rester dans ce lieu si agréable, il me fallait, grosse de six mois, commencer un long voyage par une chaleur de 35°. Mais le sort en était jeté ; le départ s'imposait. Après ce dîner d'adieux, nous montâmes dans la barque vers le soir, et, en une heure et demie, le vent étant bon, nous fûmes arrivés à Port-Sainte-Marie. Nous trouvâmes là notre caravane, composée de quatorze voitures et de six ou sept hidalgos, armés de pied en cap.

Le terme de la seconde journée était Xérès, situé à cinq lieues seulement. Comme j'avais besoin de me reposer, nous résolûmes de laisser encore partir la caravane et de la rejoindre le soir à Xérès. Nous dînâmes donc de bonne heure, dans la jolie localité du port Sainte-Marie, puis nous montâmes tous trois dans un *calesa* ou cabriolet, semblable à ceux que je vois ici à Pise, où j'écris ces souvenirs. Notre équipage était attelé d'une grande mule. Elle n'avait pas de bride, ce qui me parut singulier, mais sur sa tête se balançait un haut plumet chargé de grelots. Un jeune garçon, son fouet à la main, sauta lestement sur le brancard, prononça quelques paroles cabalistiques, et la mule partit à un trot aussi rapide qu'un bon galop de chasse. La route était superbe, nous allions comme le vent, la mule obéissant docilement à la voix de son petit conducteur, évitant les obstacles, serpentant dans les rues des villages que nous traversions avec une sagacité miraculeuse. D'abord la peur me prit, puis, pensant que l'usage du pays était d'aller ainsi, je m'y résignai.

Arrivée à Xérès, je fus curieuse de connaître le prix que pouvait valoir une mule comme celle qui nous avait menés ; on me répondit de soixante à soixante-dix louis. Cela me parut cher.

Le lendemain, commença le vrai voyage. Mon indisposition durait toujours, mais, étendue comme je l'étais sur un bon matelas et la route étant superbe, je ne souffrais pas davantage que si je fusse demeurée tranquille. On s'arrêtait deux heures pour dîner dans des auberges abominables, et il arriva deux ou trois fois que nous préférâmes passer la nuit dans notre charrette, plutôt que de coucher dans des lits d'une saleté révoltante.

En sortant de Cordoue, on voyage une heure durant au milieu de jardins abondamment arrosés, de citronniers, d'oliviers mauresques, avant de parvenir à la muraille de l'ancienne ville, dont on découvre encore des vestiges. Cela donne une idée, comme en Italie les limites de la Rome antique, de l'immense surface qu'occupait autrefois cette grande ville maure.

Nous dînâmes, comme on nous l'avait annoncé, près d'un puits, au milieu d'une pâture couverte de moutons. L'œil ne pouvait mesurer l'étendue de cette plaine, longue de plusieurs lieues et couverte, tantôt d'une herbe fine, tantôt de petits myrtes nains. Quelques grenadiers chargés de fleurs se dressaient autour du puits. Cette halte avait quelque chose d'oriental qui me plut singulièrement. Je la préférai de beaucoup à ces séjours de trois heures dans des auberges affreuses et sales, où la chaleur se faisait encore plus sentir.

Le lendemain et les jours suivants, nous traversâmes la Sierra Morena, et nous vîmes les deux jolies petites villes de La Carlota et La Carolina. Elles avaient été bâties pour les colonies allemandes appelées en Espagne par M. de Florida Blanca[146], le grand ministre de Charles III, et nous remarquâmes que certains caractères de la physionomie germanique ne s'étaient pas encore effacés. On rencontrait des enfants à cheveux blonds, dont le teint brûlé tout espagnol contrastait avec leurs yeux bleus. Ces petites villes sont pittoresques, bâties avec régularité et dans de beaux sites. La route, bordée dans toutes les pentes d'un parapet de marbre, est d'une beauté admirable. C'était alors la seule qui mît en communication le midi de l'Espagne avec la Castille.

À mon grand regret, nous ne passâmes pas à Tolède, et nous arrivâmes à Aranjuez pour le dîner, le quinzième jour du voyage, je crois. Nous y restâmes le reste de la journée, occupés à admirer les frais ombrages, les beaux saules pleureurs, les prairies verdoyantes qui, lorsqu'on vient de l'Andalousie, épuisée, calcinée par un soleil de juillet, vous apparaissent comme de vertes oasis au milieu du désert. C'est le Tage, encore petite rivière, qui, répandue avec art dans cette charmante vallée, y entretient une aussi délicieuse fraîcheur. La cour ne se trouvait pas à Aranjuez, et cependant, pour une raison que j'ai oubliée, nous ne visitâmes pas le château.

Le lendemain, nous étions à Madrid, après deux heures de halte à la Puerta del Sol, pour attendre que l'on eût fini de visiter, fouiller, inspecter effets et personnes des quatorze voitures de notre convoi. Et l'on ne permettait pas à ceux qui avaient déjà subi l'inspection de partir. Le sang-froid castillan ne se dérange pour rien. Il eût été inutile de témoigner de l'impatience. Les douaniers ne l'auraient même pas comprise. Enfin, le signal du départ est donné, et l'on nous mena à l'hôtel Saint-Sébastien, auberge médiocre située dans une petite rue.

Nous prîmes une assez bonne chambre. Mon mari envoya immédiatement les lettres et paquets dont M. Langton nous avait chargés pour sa femme et ses deux filles. Puis je fis une toilette plus soignée que celle du chariot, avec l'intention d'aller voir ces dames après notre dîner. Mais elles nous prévinrent. Une demi-heure s'était à peine écoulée quand nous vîmes entrer les deux plus belles personnes du monde, la baronne d'Andilla et Mlle Carmen Langton. La mère, souffrante, n'avait pu sortir. Un beau-frère [147] les accompagnait, veuf d'une troisième demoiselle Langton, qui, disait-on, était encore plus belle que ses sœurs. Elles se montrèrent d'une bonté et d'une obligeance sans pareilles, et leur beau-frère proposa que nous prissions un petit logement garni dans le quartier où ces dames demeuraient. Il se chargea de tous les arrangements que cela nécessitait et se mit à

notre disposition pour tout le temps que nous reste-
rions à Madrid. Notre séjour ne pouvait pas être de
moins d'un mois ou six semaines, puisque nous
attendions des lettres et des réponses de Bordeaux
aux lettres que nous avions écrites de Cadix.

Cependant j'avançais dans ma grossesse et je
désirais être au Bouilh pour mes couches avant le
10 novembre. Mon mari se rendit le lendemain chez
l'ambassadeur du Directoire pour mettre son passeport en règle. Comme il conservait encore le souvenir très vif de la réception du citoyen ci-devant
comte ou marquis de Roquesante, il fut très agréablement surpris de l'aimable réception de l'ambassadeur. C'était le général, depuis maréchal Pérignon.
Autrefois sous les ordres de mon père, il en avait
reçu des services qui avaient avancé sa carrière. Ne
l'ayant pas oublié, il fit beaucoup de politesses à mon
mari. Toutefois sa gratitude n'alla pas jusqu'à m'honorer de sa visite. Les seigneurs d'autrefois n'étaient
pas encore à la mode, comme ils le devinrent plus
tard.

Nous restâmes six semaines à Madrid, comblés de
soins, d'attentions, de prévenances de la part des
familles Langton et Andilla. Le gendre de Mme Langton, M. Broun, dont la femme était morte l'année
précédente, nous fit visiter toutes les parties intéressantes de la ville, et chaque soir Mme d'Andilla nous
conduisait au Corso, puis de là prendre des glaces
dans un café à la mode, au bas de la rue d'Alcala.
M. Broun nous montra le portrait de sa femme.
Elle avait été aussi belle, sinon plus belle que ses
sœurs. Il ne se consolait pas de l'avoir perdue, à
vingt-deux ans.

CHAPITRE XXII

Enfin nous reçûmes une lettre de Bonie déterminant le jour où il nous attendrait à Bayonne, et nous arrêtâmes cette fois un *collieras* de retour pour nous transporter ainsi que nos bagages.

Nous partîmes de Madrid à 2 heures après-midi pour aller coucher à l'Escurial.

À un quart d'heure de Madrid, le cocher s'aperçut qu'il avait oublié son manteau. Malgré la chaleur étouffante, il ne voulut pas faire un pas de plus, avant que le postillon n'eût été le chercher monté sur l'une des mules. Cela nous retarda beaucoup, et nous n'arrivâmes à l'Escurial que fort avant dans la nuit.

Presque toute la journée du lendemain fut consacrée à visiter l'admirable monastère, l'Escurial ou Saint-Laurent de l'Escurial, dont on a fait tant de descriptions. Aucune ne m'a paru moralement exacte, parmi toutes celles que j'ai lues depuis. Elles ne peignent pas l'espèce de triste recueillement religieux que ce lieu, ce chef-d'œuvre de tous les arts, au milieu d'un désert, jette dans l'âme. Tant de merveilles semblent n'avoir été rassemblées dans cette solitude que pour nous ramener à la pensée de la futilité et de l'inutilité des œuvres des hommes.

Depuis la découverte de l'Amérique et des mines d'or et d'argent du Pérou, les rois d'Espagne fai-

saient chaque année, à l'église de l'Escurial, un présent magnifique de ces deux métaux. Aussi en résul-
tait-il que son trésor devint le plus riche de toute
l'Europe. Tous les objets qui provenaient de ce
luxueux usage, rangés par ordre d'années, témoignaient, pour un œil observateur, de la décroissance
successive du goût, depuis les premiers, signés de
Benvenuto Cellini, jusqu'aux derniers, de date toute
récente.

Le dessus du maître-autel, bas-relief tout en
argent, représentant l'apothéose de saint Laurent,
patron de l'Escurial, quoique d'une magnificence
sans égale, satisfaisait peu comme objet d'art. Je
dis satisfaisait, car il y a lieu de supposer que les
malheurs de l'Espagne auront amené la destruction
de tous ces chefs-d'œuvre. Les divers objets à l'usage
du culte étaient rangés dans des armoires à glaces
faites avec les plus beaux bois des Indes orientales.
J'ai conservé le souvenir précis d'un saint ciboire,
en forme de mappemonde, surmonté d'une croix
dont le milieu était orné d'un énorme diamant et les
branches de quatre grosses perles. Il y avait des
ostensoirs tout brillants de pierreries. On nous montra l'ornement du jour de Pâques, fait de velours
rouge entièrement brodé en perles fines de grosseurs
différentes, selon le dessin. Bien des personnes n'auraient peut-être pas apprécié cette magnificence,
car la moindre étoffe brochée d'argent produisait
plus d'effet, et cependant il y avait pour plusieurs
millions de perles sur ce velours tout uni.

Nous montâmes au jubé, où on voyait les admirables livres d'église formés de feuillets en vélin dont
les marges sont peintes par les élèves de Raphaël,
d'après ses dessins. Ces volumes, grand in-folio garni
de coins d'argent, reliés d'une peau brune montrant
le côté de l'envers, étaient placés, séparés les uns des
autres par une planche mince, dans une sorte de buf-

fet ouvert. À cause de leur poids, il eût été difficile de les sortir de leur case. Pour obvier à cet inconvénient, on avait disposé sur le fond de chacune des cases des petits rouleaux d'ivoire traversés par des broches de fer, autour desquelles ils tournaient. De cette manière, le moindre effort suffisait pour amener un de ces livres à soi. Je n'ai vu ce moyen employé dans aucune bibliothèque.

C'est dans la galerie haute de l'Escurial que se trouvait le beau christ en argent, de grandeur naturelle, de Benvenuto Cellini. Après avoir parcouru, admiré, cette magnifique église, j'y restai seule, tandis que mon mari et M. de Lavaur allèrent visiter le couvent et la bibliothèque, où on voyait le beau tableau de Raphaël nommé *la Perle*[148]. On ne m'avait pas prévenue, à Madrid, qu'une femme ne pouvait visiter la bibliothèque située dans l'intérieur du couvent sans une permission particulière. Je le regrettai vivement.

J'attendis assez longtemps mes compagnons de voyage pour que mon esprit eût le loisir de se perdre dans beaucoup de méditations. Je pensai à la beauté de cet édifice, puis à la bataille de Saint-Quentin[149], perdue par les Français, et en commémoration de laquelle l'Escurial avait été bâti par le farouche père[150] de don Carlos[151]. Aussi quand mon mari revint me frapper sur l'épaule en me disant : «Allons voir la maison du prince!» je fus presque contrariée d'être dérangée dans mes pensées. Mon fils, en qualité de garçon, avait accompagné son père et se montrait tout fier d'avoir à me raconter ce qu'il avait vu.

Nous nous dirigeâmes donc vers cette maison du prince, bâtie par Charles IV pendant qu'il était prince des Asturies, et où il se retirait, quand la cour était à l'Escurial, pour échapper aux rigoureuses étiquettes espagnoles. Elle ressemblait à une maisonnette fort élégante et dont un modeste agent de change aurait de la peine à se contenter de nos jours. De jolis meubles, des tableautins, des ornements d'un goût douteux, une quantité de draperies du plus vilain effet lui donnaient l'aspect d'un petit logis de fille. Quel contraste avec l'admirable église que nous venions de quitter! J'en éprouvais une bien désagréable impression.

Étant retournés à l'auberge, nous en partîmes bientôt après pour aller coucher à la Granja[152], où était installée la cour. Nous y devions prendre des paquets du ministre d'Amérique, M. Rutledge, pour son consul à Bayonne. Il nous offrit à souper, et le lendemain nous nous dirigeâmes sur Ségovie, petite ville très pittoresque, avec un château dont nous ne vîmes que la cour entourée d'arcades d'un style mauresque.

Le reste de notre voyage présenta peu d'événements. Nous restâmes un jour à Vittoria, puis une journée à Burgos, où j'allai voir la cathédrale, et enfin nous arrivâmes à Saint-Sébastien, où Bonie nous attendait.

Je n'éprouvais aucun plaisir à rentrer en France. Au contraire, les souffrances que j'y avais endurées pendant les six derniers mois de mon séjour m'avaient laissé un sentiment de terreur et d'horreur que je ne pouvais surmonter. Je songeais que mon mari revenait avec une fortune perdue, que des affaires difficiles allaient l'occuper désagréablement, et que nous étions condamnés à habiter un grand château dévasté, puisque tout avait été vendu au Bouilh. Ma belle-mère vivait encore. Elle était rentrée en possession de Tesson et d'Ambleville. Dépourvue de toute intelligence, très méfiante, très obstinée, elle n'avait, pour les affaires, de confiance en personne. Combien je regrettais ma ferme, ma tranquillité! Ce fut avec un véritable serrement de cœur que je passai le pont de la Bidassoa, et que je me sentis sur le territoire de la République *une et indivisible*.

Nous arrivâmes le soir à Bayonne. À peine étions-nous entrés dans l'auberge que deux gardes nationaux vinrent chercher M. de La Tour du Pin pour l'amener devant l'autorité, représentée alors, me semble-t-il, par le président du département. Ce début me causa une grande frayeur. Conduit, accompagné par Bonie devant les membres du tribunal assemblés, il fut questionné sur ses opinions, ses projets, ses actions, sur les causes et les raisons de son absence et sur celles de son retour. Il s'aperçut aussitôt qu'il avait été dénoncé par M. de Roquesante, et le déclara franchement, en disant, en même temps, combien il avait au contraire eu à se louer de l'ambassadeur à Madrid. Après des pourparlers qui durèrent au moins deux heures — elles me parurent avoir duré un siècle, tant j'étais restée inquiète à l'auberge — mon mari revint. On l'autorisait à continuer sa route jusqu'à Bordeaux, mais muni d'une espèce de feuille de route officielle où toutes les étapes étaient marquées, et avec l'injonction de faire viser cette feuille à chaque arrêt. De telle sorte que, si je m'étais trouvée fatiguée ou souffrante, ce qui n'aurait pas été impossible, avancée comme je l'étais dans ma grossesse, il eût fallu le faire constater officiellement par l'autorité du lieu.

Bonie nous quitta et retourna à Bordeaux par le courrier. Nous prîmes un mauvais voiturier, qui nous conduisit à petites journées. Un seul événement marqua notre route. À Mont-de-Marsan, ayant fait venir un perruquier pour me peigner, il me proposa, à ma grande surprise, 200 francs en échange de mes cheveux. Les perruques blondes étaient tellement à la mode à Paris, disait-il, que certainement il gagnerait au moins 100 francs si je consentais à lui vendre ma tête. Je refusai cette proposition, bien entendu, mais j'en conçus beaucoup de respect pour mes cheveux, qui étaient, modestie à part, très beaux dans ce temps-là.

Nous retrouvâmes à Bordeaux l'excellent Brouquens. Il avait prospéré pendant la guerre contre l'Espagne et se trouvait réengagé alors dans la compagnie des vivres des armées d'Italie. Il nous reçut avec cette tendre amitié qui ne s'était jamais un instant démentie. Mais j'étais impatiente de me retrouver chez moi, et je pris des arrangements avec mon bon docteur Dupouy qui devait venir me soigner. Puis, l'affaire de la levée du séquestre terminée, nous arrivâmes au Bouilh pour y faire ôter les scellés.

Le premier moment, je l'avoue, mit singulièrement à l'épreuve ma philosophie. Cette maison, je l'avais laissée bien meublée, et si on n'y trouvait rien d'élégant, tout y était commode et en abondance. Je la retrouvais absolument vide : pas une chaise pour s'asseoir, pas une table, pas un lit. J'étais sur le point de céder au découragement, mais la plainte eût été inutile. Nous nous mîmes à défaire nos caisses de la ferme, depuis longtemps déjà arrivées à Bordeaux, et la vue de ces simples petits meubles, transportés dans ce vaste château, provoqua en nous bien des réflexions philosophiques.

Le lendemain, beaucoup d'habitants de Saint-André, honteux d'être venus à l'encan de nos meubles, vinrent nous proposer de les racheter pour ce qu'ils leur avaient coûté. Nous reprîmes ainsi, dans des conditions raisonnables, ce qui nous convint le mieux, quand nous jugeâmes que les acheteurs n'avaient acquis que par poltronnerie. Quant aux bons républicains, ils ne se soumirent pas à cette complaisance antinationale. La batterie de cuisine, une des choses ayant le plus de valeur, était très belle. On l'avait transportée au district de Bourg avec l'intention de l'envoyer à la Monnaie. On nous la rendit, ainsi que la bibliothèque, qui avait été également déposée au district. Nous passâmes très agréablement plusieurs jours à la placer sur ses étagères, et, avant l'arrivée du docteur Dupouy, tous nos arrangements intérieurs étaient terminés comme si nous avions été installés au Bouilh depuis un an.

J'eus à ce moment un très grand bonheur : ce fut l'arrivée de ma chère bonne Marguerite. Mme de Valence, en sortant de prison à Paris, l'avait appelée chez elle pour soigner ses deux filles. Mais dès que cette excellente femme apprit mon retour, rien ne put l'empêcher de venir me rejoindre. Je la revis avec un sensible plaisir.

Elle arriva au Bouilh à temps pour recevoir ma chère fille Charlotte, dont j'accouchai le 4 novembre 1796. Je la nommai Charlotte[153] parce qu'elle était la filleule de M. de Chambeau. Sur le registre de la commune, néanmoins, elle fut inscrite sous le nom d'Alix, seul nom, par conséquent, qu'elle put prendre dans les actes.

Lorsque je fus rétablie, dans le mois de décembre, mon mari alla faire une tournée à Tesson, à Ambleville et à La Roche-Chalais, où il ne nous restait que quelques vieilles tours ruinées, de 30 000 francs de cens et rentes que valait cette terre. Je restai seule dans le grand château du Bouilh, avec Marguerite, deux servantes et le vieux Biquet, qui s'enivrait tous les soirs. Les paysans de la basse-cour étaient loin. Quelques mauvaises planches seulement fermaient la partie du rez-de-chaussée non encore achevée. C'était le temps où les troupes de brigands nommés *chauffeurs* jetaient la terreur dans tout le midi de la France. Tous les jours on contait d'eux de nouvelles horreurs. Ils avaient brûlé les pieds d'un M. Chicous, négociant de Bordeaux, à deux lieues du Bouilh, pour l'obliger à dire où était son argent. Plusieurs années après, j'ai vu cet infortuné marchand, appuyé sur des béquilles. J'étais glacée de terreur, je l'avoue à ma honte. Combien de fois, assise sur mon lit, n'ai-je pas passé la moitié de la nuit écoutant les chiens de garde aboyer, et croyant qu'à tous moments les brigands allaient forcer les planches minces qui fermaient alors les fenêtres du rez-de-chaussée. Il me semble n'avoir jamais passé de ma vie un temps plus pénible ! Comme je regrettais ma ferme, mes bons nègres, ma tranquillité d'autrefois ! Mes jours n'étaient pas plus heureux que mes nuits. Je pensais à mon mari, courant le pays sur un mauvais cheval, au milieu de l'hiver, dans des chemins affreux comme étaient ceux des provinces méridionales, surtout à cette époque.

Nos affaires, qui étaient loin de prendre une tournure favorable, me préoccupaient aussi constamment. On avait conseillé à mon mari de n'accepter la succession de son père que sous bénéfice d'inventaire, et plût à Dieu qu'il l'eût fait ! Mais la manière funeste dont nous avions perdu mon beau-père et le profond respect que M. de La Tour du Pin avait pour sa mémoire le détourna d'adopter un tel parti. Cette succession comprenait la terre du Bouilh, quelques parties de La Roche-Chalais et nos droits sur la fortune de ma belle-mère, qui s'était engagée par notre contrat de mariage.

Je n'entrerai pas dans les détails de notre ruine, dont le souvenir m'échappe maintenant, et ne les ayant d'ailleurs jamais bien exactement connus. Je sais seulement que, lorsque je me suis mariée, mon beau-père passait pour avoir 80 000 francs de rentes. Pendant son ministère, il vendit le domaine d'une terre en Quercy, nommé Cénevières. Cette terre avait perdu, par l'abolition des cens et rentes, la plus grande partie de sa valeur représentée par un revenu de 15 000 à 20 000 francs. Elle fut achetée par un ancien administrateur de la monnaie de Limoges, M. Naurissart[154]. On spécifia dans le contrat que l'acheteur n'était pas acquéreur des droits de cens et rentes, pour le cas où on les rétablirait.

La terre de La Roche-Chalais, près de Coutras, n'avait pas de domaine foncier. Elle était toute en rentes. Mon beau-père y entretenait un régisseur pour les percevoir, et un vaste grenier pour emmagasiner celles qui se percevaient en nature et que l'on vendait au fur et à mesure de leur rentrée. Le revenu de cette terre se montait à 30 000 francs nets. Mon beau-père, étant passé à La Roche-Chalais en se rendant aux États généraux, céda à un meunier, moyennant une rente de 2 400 francs, les débris du vieux château pour construire des moulins sur la rivière qui dépendait de la terre. Le passage de la rivière était déjà affermé pour une somme de 1 000 à 1 100 francs.

Trois mois après, le meunier se considéra comme propriétaire. Mon beau-père l'attaqua devant les tribunaux pour le mettre en demeure de payer les matériaux avec lesquels il avait construit les moulins. Le procès traîna en longueur, et, ayant été porté devant le Conseil d'État, sous Napoléon, nous le perdîmes.

Ainsi donc, voici comment on peut évaluer nos pertes :

À La Roche-Chalais	30 000 fr.
Le passage de Cubzac	12 000 fr.
Les droits et rentes du Bouilh	6 000 fr.
Les droits et rentes de Tesson	7 000 fr.
Les droits et rentes d'Ambleville	3 000 fr.
TOTAL	58 000 fr.

On pourrait ajouter la maison de Saintes, belle habitation en parfait état d'entretien et dont on aurait pu tirer un loyer de 3 000 francs. L'autorité départementale s'en empara, et quand, au bout de quelques années, on nous la rendit, son état de délabrement était tel qu'elle avait perdu toute sa valeur.

Nous perdîmes aussi le mobilier du château de Tesson. M. de Monconseil le laissa à mon beau-père. Celui-ci l'avait non seulement entretenu, mais considérablement augmenté, car ce château étant dans son commandement du Poitou, Saintonge et pays d'Aunis, il y faisait toutes ses affaires publiques et y recevait beaucoup de monde. Ce mobilier fut vendu en même temps que celui du Bouilh, c'est-à-dire pendant les mois qui s'écoulèrent entre l'époque de la condamnation suivie de l'exécution de mon beau-père et la date du décret qui restitua les biens des condamnés à leurs enfants. On peut dire que c'est pendant cette période de quelques mois que presque tous les mobiliers des châteaux de France ont été vendus. Il faut en excepter les bibliothèques qui, après avoir été transportées dans les chefs-lieux de canton, furent ensuite rendues à leurs propriétaires. Ces ventes ont porté le coup le plus désastreux aux souvenirs de famille. Personne n'a revu la chambre où il était né, ni retrouvé le lit où était mort son père, et il est incontestable que la dispersion soudaine de tous ces souvenirs du toit paternel a fortement contribué à la démoralisation de la jeune noblesse.

Nous demeurâmes à Bouilh tout l'hiver et une partie du printemps. Vers le mois de juillet 1797, mon mari reconnut la nécessité de se rendre à Paris pour terminer le règlement de ses affaires avec M. de Lameth. Inspirée comme par un pressentiment, je demandai à l'accompagner. Mme de Montesson, toujours pleine de bontés pour moi, me fit proposer par Mme de Valence de loger chez elle à Paris. Personnellement, elle était établie pour l'été à la campagne, dans une maison qu'elle venait d'acheter auprès de Saint-Denis. Les six semaines que nous comptions passer à Paris, avant de revenir au Bouilh pour les vendanges, ne demandaient pas un gros bagage. Nous n'emportâmes dont que le strict nécessaire pour nous et les enfants.

Nous partîmes, dans une espèce de voiturin, mon mari, moi, ma bonne Marguerite et nos deux enfants : l'un, Humbert, âgé de sept ans et demi ; l'autre Charlotte, que je nourrissais, de huit mois.

Nous passâmes quelques jours à Tesson. Le château se trouvait dans un état de délabrement affreux. On avait non seulement enlevé tous les meubles, mais on avait arraché les papiers, ôté les serrures de beaucoup de portes, les jalousies de plusieurs fenêtres, les fers de la cuisine, les grilles des fourneaux. C'était une véritable dévastation. Heureusement, Grégoire avait empilé sur son lit, sur celui de sa femme et de sa fille, autant de matelas qu'il avait été en son pouvoir de sauver, et ils servirent à nous coucher pendant notre séjour à Tesson.

Mon émotion fut vive en revoyant ce bon ménage Grégoire, qui avait caché mon mari avec tant de soin et de dévouement. Auparavant, en passant à Mirambeau, j'avais vu le serrurier Potier et sa femme, chez lesquels M. de La Tour du Pin était resté trois mois enfermé dans un trou où l'on ne voyait pas assez clair pour lire.

Nous arrivâmes enfin au but de notre voyage. Mme de Valence me reçut avec bonheur, et Mme de Montesson, qui n'était pas encore à la campagne, m'accueillit avec mille bontés. À Paris, un peu de singularité appelle toujours l'attention ; aussi y fis-je tout de suite *effet*.

En descendant de voiture, et comme mon mari et moi nous soupions dans la chambre de Mme de Valence, on annonça M. de Talleyrand. Il fut fort

aise de nous voir, et au bout d'un moment, il dit:
«Eh! bien, Gouvernet, qu'est-ce que vous comptez
faire? — Moi, répondit M. de La Tour du Pin tout
surpris, mais je viens pour arranger mes affaires.
— Ah! dit Talleyrand, je croyais...» Puis il changea
de conversation et parla de choses futiles et indifférentes. Quelques instants plus tard, s'adressant à
Mme de Valence, il se prit à dire, avec cet air non-
chalant qu'il faut avoir vu pour s'en faire une idée:
«À propos, vous savez que le ministère est changé;
les nouveaux ministres sont nommés. — Ah! fit-elle,
et quels sont-ils?» Alors, après un moment d'hésitation, comme s'il avait oublié les noms et qu'il les
recherchait, il dit: «Ah! oui, voici: un tel à la guerre,
un tel à la marine, un tel aux finances...» Et aux
affaires étrangères, dis-je... «Ah! aux affaires étrangères? Eh! mais... moi, sans doute!» Puis, prenant
son chapeau, il s'en va.

Nous nous regardâmes, mon mari et moi, sans
surprise, car rien ne pouvait surprendre de M. de
Talleyrand, si ce n'est qu'il eût fait quelque chose
de mauvais goût. Il restait éminemment grand seigneur, tout en servant un gouvernement composé du
rebut de la canaille. Le lendemain, on le trouvait établi aux affaires étrangères, comme s'il avait occupé
ce poste depuis dix ans. L'intervention de Mme de
Staël, toute-puissante en ce moment par Benjamin
Constant, l'avait fait ministre. Il était arrivé chez elle,
et jetant sur la table sa bourse contenant quelques
louis seulement, il lui dit: «Voilà le reste de ma fortune! Demain ministre ou je me brûle la cervelle!»
Aucune de ces paroles n'était vraie, mais c'était dramatique, et Mme de Staël aimait cela. D'ailleurs, la
nomination ne fut pas difficile à obtenir. Le Directoire, et surtout Barras, se trouvaient trop honorés
d'avoir un tel ministre.

Sur ces entrefaites arriva à Paris une ambassade turque, et M. de Talleyrand offrit un magnifique déjeuner à l'ambassadeur et à sa suite. On ne se mit pas à table. Mais, sur le côté d'un grand salon, on dressa un buffet en gradins s'élevant à moitié de la hauteur des fenêtres, garni de mets exquis de tous genres entremêlés de vases remplis des fleurs les plus rares. Des canapés occupaient les autres côtés du salon, et l'on apportait de petites tables rondes toutes servies devant les personnes qui s'asseyaient. M. de Talleyrand conduisit l'ambassadeur vers un divan, où il s'accroupit aussitôt à la mode orientale, et l'engagea, par l'intermédiaire d'un interprète, à choisir la dame en la compagnie de laquelle il lui serait agréable de déjeuner. Il n'hésita pas, et me désigna. Je n'en devrais pas tirer grande vanité, car parmi celles qui assistaient à ce déjeuner, aucune ne supportait le grand jour de midi du mois d'août, dont mon teint et mes cheveux blonds ne craignaient pas la clarté. Ma confusion, néanmoins, fut extrême, quand M. de Talleyrand vint me chercher pour m'amener auprès de ce musulman, qui me tendit la main avec beaucoup de grâce. C'était un bel homme de cinquante à soixante ans, bien vêtu, comme les Turcs s'habillaient alors, et coiffé d'un énorme turban de mousseline blanche. Pendant le déjeuner, il fut fort galant, et j'achevai sa conquête en refusant un verre de vin de Malaga. Il me fit tenir mille propos aimables par son interprète grec, M. Angelo, que tout Paris a connu. Entre autres choses, il me demanda si j'aimais les odeurs. Comme je répondis que j'aimais ce qu'on nommait en France les pastilles du sérail, il prit mon mouchoir, l'étendit sur ses genoux, puis, fouillant dans une immense poche de sa pelisse, il remplit ses deux mains de petites pastilles grosses comme des pois, que les Turcs ont coutume de mettre dans leurs pipes, et, les ayant placées dans le mouchoir, il me les donna.

Le lendemain, il m'envoya, par M. de Talleyrand, un grand flacon d'essence de roses, ainsi qu'une très belle pièce d'étoffe vert et or de fabrique turque. À cela se borna mon triomphe, dont on parla un jour. Aucune des dames que l'on nommait *du Directoire* : la duchesse de Brancas, Mme Tallien, Mme Bonaparte, etc., n'avait été invitée à ce déjeuner.

Vous pensez bien, mon fils, que mon premier soin, en arrivant à Paris, fut d'aller voir Mme Tallien, à qui nous devions la vie. Je la trouvai établie dans une petite maison nommée *la Chaumière*, au bout du cours la Reine. Elle me reçut avec beaucoup d'affection, et voulut aussitôt m'expliquer comme elle *s'était trouvée dans l'obligation* d'épouser Tallien, dont elle avait un enfant. La vie commune avec ce nouvel époux lui semblait déjà insupportable. Rien n'égalait, paraît-il, son caractère ombrageux et soupçonneux. Elle me conta qu'un soir, étant rentrée à une heure du matin, il eut un accès de jalousie tel qu'il avait été sur le point de la tuer. Le voyant armer un pistolet, elle prit la fuite, et ayant été demander asile et protection à M. Martell, dont elle avait sauvé la vie à Bordeaux, celui-ci avait refusé de la recevoir. Elle pleurait amèrement en me racontant ce trait d'ingratitude. Aussi ma reconnaissance, que je lui témoignai avec chaleur, comme je la sentais, lui sembla douce. Tallien vint un moment dans la chambre de sa femme. Je le remerciai assez froidement, et il me dit de compter sur lui en toute occasion. On verra plus loin de quelle façon il tint parole.

CHAPITRE XXIII

Mon mari travaillait à ses affaires, et avait entrepris des négociations pour racheter une partie de la terre de Hautefontaine, qu'on venait de vendre, lorsqu'un matin, à la pointe du jour, le 18 fructidor — 4 septembre 1797 — étant assise sur mon lit, occupée à donner le sein à ma fille, je crus entendre sur le boulevard un bruit de voiture d'artillerie. Ma chambre donnant sur la cour, je dis à Marguerite d'aller voir à la fenêtre de la salle à manger ce qui se passait. Elle revint en m'annonçant que de nombreux généraux, des troupes, des canons remplissaient le boulevard. Je me levai au plus vite et j'envoyai réveiller mon mari qui couchait au-dessus de ma chambre. Nous allâmes tous deux à la fenêtre, où bientôt après Mme de Valence nous rejoignit. Augereau était là, donnant des ordres. On barra la rue des Capucines et la rue Neuve-du-Luxembourg. M. de La Tour du Pin se rendit alors chez M. Villaret de Joyeuse, qui demeurait à l'entrée de cette dernière rue, et ne le quitta qu'au moment de son arrestation.

Vers midi, comme personne ne nous apportait de nouvelles, Mme de Valence et moi, poussées par la curiosité d'être renseignées, nous sortîmes, modestement vêtues pour ne pas être remarquées, avec l'intention d'aller chez Mme de Staël. Nous pensions

prendre la rue Neuve-du-Luxembourg. Elle était
barrée par une pièce de canon. Celle des Capucines
de même. La rue de la Paix n'existait pas à cette
époque. Nous dûmes remonter jusqu'à la rue de
Richelieu pour trouver un passage libre. Toutes les
boutiques étaient fermées. Il y avait beaucoup de
monde dehors, mais on ne se parlait pas. Parvenues
au guichet, nous le trouvâmes encombré d'une quantité de personnes que l'on empêchait de pénétrer sur
le quai. À force de pousser et de nous glisser, nous
parvînmes enfin à être au premier rang de la foule.
Devant nous, des soldats faisaient la haie pour assurer le passage de cinq ou six voitures fortement
escortées qui se dirigeaient au petit pas vers le pont
Royal. Dans l'une d'elles — la dernière — nous
reconnûmes MM. Portalis et Barbé-Marbois. Nous
ayant aperçues, ils nous firent un signe d'amitié qui
semblait dire : «Nous ne savons pas ce qu'on va faire
de nous. » En voyant ce signe, une quantité de ces
horribles femmes qu'on ne rencontre qu'aux jours
de révolution et de tumulte, se mirent à nous apos-
tropher et à crier : «À bas les royalistes ! » La peur me
prit, je l'avoue. Heureusement, comme nous nous
trouvions immédiatement derrière le cordon des soldats, nous nous faufilâmes entre eux et, passant de
l'autre côté, nous arrivâmes chez Mme de Staël.

Elle était avec Benjamin Constant et fort animée
contre lui parce qu'il soutenait que le Directoire, en
arrêtant les députés, avait fait un coup d'État indispensable. Comme elle exprimait la crainte qu'on ne
les fît juger par une commission, il ne repoussa pas
cette idée et dit, avec son air hypocrite : «Ce sera
fâcheux, mais c'est peut-être nécessaire ! » Puis il
nous apprit que tous les émigrés rentrés recevraient
l'ordre de quitter de nouveau la France, sous peine
d'être jugés par des commissions militaires. Cette
nouvelle me consterna et j'eus hâte de rentrer chez

moi pour l'apprendre à mon mari. Hélas! on criait déjà dans les rues l'ordonnance du Directoire. En arrivant, je trouvai mon mari très perplexe quant au moyen d'avertir de tous ces événements sa tante, qui habitait Saint-Ouen. Les portes de Paris étaient fermées. Personne ne pouvait sortir des barrières sans une permission spéciale.

Par un bonheur singulier, je rencontrai Mme de Pontécoulant, que je connaissais pour l'avoir vue souvent chez Mme de Valence. Je dirai ultérieurement qui elle était. Elle se rendait à Saint-Denis, où se trouvait sa maison de campagne, munie d'un laissez-passer de sa section pour elle et pour sa femme de chambre. Je la priai de me permettre de me substituer à cette dernière, et, avec son obligeance habituelle, elle y consentit. Sur quoi, comme je ne pouvais abandonner ma petite Charlotte que je nourrissais, je lui demandai de m'adopter non pas à titre de femme de chambre, mais à titre de nourrice. La pensée qu'à son âge — elle avait de quarante-cinq à cinquante ans — on la croirait, à la barrière, mère d'un enfant de huit mois, lui sourit. Nous partîmes donc ensemble. La pauvre femme fut bien vite désillusionnée. En effet, arrivées à la porte de la ville, les commis et les soldats, au lieu de féliciter la maîtresse, prodiguèrent leurs compliments à la nourrice. Mme de Pontécoulant en conçut de l'humeur, ce qui fut cause qu'au lieu de me mener à Saint-Ouen — ce détour n'aurait pas allongé son chemin de dix minutes — elle me déposa tout uniment sur la route, à proximité d'une avenue très longue, que le poids de ma fille, alors fort grassouillette, me fit paraître plus longue encore à parcourir.

On imaginera aisément avec quelles exclamations je fus reçue par Mme de Poix et par ma tante. Celle-ci se décida à repartir aussitôt pour l'Angleterre.

Auprès de ces dames se trouvaient plusieurs anciens émigrés que la nécessité de s'éloigner de nouveau de France désespéra. Cela mettait fin brusquement et d'une façon irrémédiable à tous les arrangements entrepris avec les acquéreurs de biens nationaux, et il est permis d'affirmer, avec raison, que les événements du 18 fructidor ont été aussi funestes aux fortunes des particuliers que la Révolution elle-même, car ils arrêtèrent net toutes les transactions auxquelles étaient, à cette époque, disposés les détenteurs des propriétés qui venaient d'être vendues au profit de la nation.

Le décret ordonnait à tous les émigrés rentrés sur le territoire français de sortir de Paris dans les vingt-quatre heures et de la France dans les huit jours. Mon avis était de repartir à l'instant même pour le Bouilh. Ayant quitté la France avec un passeport en règle et étant revenus avec ce même passeport dûment visé par les autorités françaises, aux États-Unis et en Espagne, je pensais que le décret ne pouvait s'appliquer à nous qui n'étions pas rentrés furtivement. Pour s'en assurer, mon mari alla trouver M. de Talleyrand. Fort occupé de son propre avenir, il ne s'embarrassait aucunement de celui des autres. Aussi, répondit-il sans hésiter que cela ne le regardait pas, et il nous engagea à soumettre le cas au ministre de la police, Sottin. Je me rendis alors chez Tallien, qui me fit très bon accueil. Il libella la situation dans laquelle nous nous trouvions, sans mentionner nos noms: «Un particulier, parti en 1794, avec passeport, etc., etc.» Les circonstances étaient relatées de la manière la plus favorable. Tallien me promit d'aller, à l'instant même, chez Sottin, pour lui faire apostiller ce papier, sans lequel nous ne pourrions faire viser le passeport de la municipalité de Saint-André-de-Cubzac, avec lequel nous étions venus à Paris, et dont nous devions être porteurs pour pouvoir sortir des barrières.

Je rentrai chez moi assez inquiète et commençai à faire mes paquets. On venait d'afficher un ordre de police mettant en demeure les propriétaires de dénoncer tout habitant de leurs maisons qui serait à Paris sans papiers en règle. Nous ne voulions pas créer des ennuis à Mme de Montesson, qui nous logeait. Sa propre position l'inquiétait et la préoccupait déjà suffisamment, car, comme depuis plusieurs mois elle recevait et accueillait avec une grande bienveillance les députés déportés, elle craignait d'être fort compromise.

Enfin, après plusieurs heures d'une attente très pénible, Tallien me retourna la demande qu'il avait soumise à l'inspection de Sottin. Ce ministre y avait ajouté, de sa main, et signé, l'annotation suivante : « Ce particulier est dans la loi. » Tallien, dans un billet qu'il m'écrivait en même temps à la troisième personne, s'excusait assez poliment de n'avoir rien pu obtenir, mais la fin de son billet aurait pu se traduire par ces mots : *Je vous souhaite un bon voyage.*

Il y avait deux partis à prendre. Nous pouvions demander un passeport pour l'Espagne et passer au Bouilh, où je serais restée quelque temps, tandis que mon mari aurait gagné Saint-Sébastien. C'eût été le plus sage. Nous pouvions aussi aller en Angleterre, et, de là, selon les circonstances, retourner en Amérique. Ma tante, Mme d'Hénin, avait beaucoup d'empire sur mon mari. Elle le décida à adopter ce dernier parti. Nous avions très peu d'argent, mais assurés de trouver à Londres ma belle-mère, Mme Dillon, et beaucoup d'autres très proches parents, qui sans doute seraient disposés à nous venir en aide, nous nous décidâmes à partir pour l'Angleterre.

Venus à Paris avec l'intention d'y passer cinq ou six semaines seulement, nous n'avions emporté avec nous que les effets strictement nécessaires. J'avais de plus quelques robes que l'on m'avait faites à Paris. Deux très petites malles continrent ce chétif mobilier, y compris celui de ma bonne Marguerite, bien décidée, cette fois, à ne pas nous quitter. Ce départ devait avoir pour nous les plus fâcheuses conséquences. Nous étions en négociation avec les acquéreurs de Hautefontaine, mais pour nous substituer à eux seulement, car ma grand'mère[155] n'était pas morte. Toutefois comme, par mon contrat de mariage, j'étais instituée sa légataire universelle, je pensais, avec raison, pouvoir, en toute conscience, acquérir ses biens. Cette nouvelle migration entrava tous les arrangements. La Providence avait décrété que nous finirions, mon mari et moi, notre vie dans la ruine la plus complète. Elle nous condamna, hélas! à des peines autrement cruelles! Mais n'anticipons pas sur les chagrins que j'ai éprouvés. Le récit en viendra assombrir les dernières pages de cette relation.

Les deux ou trois jours qui précédèrent notre départ se passèrent dans la tristesse et l'agitation. Peut-être aurions-nous dû retourner au Bouilh. Le bruit courait que Barras, cédant pour le moment aux exigences de ses collègues, regagnerait bientôt son crédit et reprendrait en même temps ses bonnes dispositions envers les émigrés.

On ne rencontrait que gens désespérés de cette nouvelle émigration. Nous prîmes trois places dans une voiture qui devait nous mener, en trois jours, à Calais. Deux autres places étaient occupées par M. de Beauvau et par un cousin de Mme de Valence, le jeune César Ducrest, aimable jeune homme qui devait périr si misérablement quelques années après.

Les Français sont naturellement gais. Aussi, malgré que nous fussions tous désolés, ruinés, furieux, nous ne trouvâmes pas moins le moyen d'être de bonne humeur et de rire.

Nous comparûmes devant toutes les municipalités des localités situées sur le chemin, y compris celle de Calais, où nous nous embarquâmes sur un *packet*, le soir à 11 heures.

J'étais assise sur une écoutille fermée du pont, tenant ma fille Alix dans mes bras ; Marguerite s'occupait de coucher mon fils Humbert, et mon mari, depuis qu'il avait mis le pied sur le vaisseau, souffrait du mal de mer, quoiqu'il fît peu de vent et que la nuit fût superbe. À côté de moi se trouvait un monsieur qui, me voyant embarrassée d'un enfant, me proposa, avec un accent anglais, de m'appuyer contre lui. Comme je me retournai pour le remercier, les rayons de la lune éclairèrent mon visage et il s'écria : *Good god, is it possible!* C'était le jeune Jeffreys, fils du rédacteur de l'*Edinburgh Review*. Je l'avais vu tous les jours à Boston, chez son oncle, lors du séjour que nous avions fait dans cette ville hospitalière trois ans auparavant. Nous causâmes beaucoup de l'Amérique et des regrets que j'avais de l'avoir quittée, accrus encore par ces nouvelles menaces d'émigration. Je lui laissai entendre que, malgré la présence de toute ma famille en Angleterre, j'y allais exclusivement inspirée par le désir et le projet de retourner à ma ferme, si tout espoir de retour en France s'évanouissait ou, du moins, s'éloignait indéfiniment.

Tout en causant de l'Angleterre avec mon compagnon, la nuit se passa, et les premières lueurs du jour nous montrèrent la blanche Albion, dont un fort vent du sud-est nous avait rapprochés. Lorsque l'ancre tomba sur le sol britannique, on vit sortir de l'écoutille les tristes figures des passagers, plus ou moins pâles et défaits. Ma pauvre bonne, dont la plus

longue navigation avait été du Bouilh à Bordeaux,
fut charmée de revoir la terre ferme. Nous descendîmes pour nous trouver livrés à la brutalité des
douaniers anglais, qui me sembla surpasser de beaucoup celle des douaniers espagnols. À la vue de mon
passeport, que je présentai au bureau chargé de les
vérifier — *alien office* — on me demanda si j'étais
sujette du roi d'Angleterre, et, sur ma réponse affirmative, on me dit que je devais me réclamer de quelqu'un de *connu* en Angleterre. Ayant nommé, sans
hésiter, mes trois oncles : lord Dillon, lord Kenmare
et sir William Jerningham, le ton et les manières des
employés changèrent tout aussitôt. Ces détails occu-
pèrent la matinée. Après un déjeuner anglais, ou pour
mieux dire, un dîner, nous partîmes de Douvres
pour Londres. Nous couchâmes à Cantorbéry ou à
Rochester — mes souvenirs ne sont plus bien précis
quant au nom de la localité — et le lendemain matin
nous arrivions à Londres, dans une des auberges de
Piccadilly. Comme j'avais annoncé de Douvres à
ma tante, lady Jerningham, notre arrivée, elle avait
envoyé son cher et aimable Edward[156] au-devant de
nous pour nous amener chez elle, dans Bolton-Row.
Son accueil fut tout maternel. Elle nous annonça
tout d'abord son départ pour la campagne, à Cossey,
où son séjour, disait-elle, serait au moins de six mois.
Elle nous engageait à venir les passer auprès d'elle,
ce qui nous laisserait toute latitude de réfléchir au
parti que nous déciderions d'adopter. Ma bonne
tante fut particulièrement aimable pour mon mari,
et, aimant beaucoup les enfants, elle prit tout de
suite une passion pour Humbert. Il est vrai de dire
qu'à sept ans et demi qu'il avait alors, il était d'une
intelligence extraordinaire, parlait et lisait couramment le français et l'anglais, et écrivait déjà sous la
dictée dans l'une et l'autre langue.

Nous nous établîmes donc dans Bolton-Row

comme les enfants de la maison. J'y retrouvai mon excellent et ancien ami, le chevalier Jerningham, frère de sir William, mari de ma tante. La fidèle amitié qu'il m'avait témoignée dès mon enfance me fut aussi douce qu'utile pendant mon séjour en Angleterre.

Je me disposais à aller chez ma belle-mère, Mme Dillon, établie en Angleterre depuis près de deux ans, lorsqu'elle arriva chez ma tante. Elle fut prise d'une douloureuse émotion en me revoyant et quand je lui parlai des derniers temps de la vie de mon pauvre père, avec qui j'avais passé l'hiver de 1792 à 1793.

Mon arrivée à Londres fut un événement dans la famille. Je retrouvai Betsy de La Touche, fille de ma belle-mère. On me l'avait confiée en 1789 et 1790, lorsqu'elle était au couvent de l'Assomption, où j'allais souvent la voir et d'où j'avais seule la permission de la faire sortir de temps en temps. Elle venait d'épouser Edward de Fitz-James et se trouvait grosse de son premier enfant. C'était une douce et aimable jeune femme, digne d'un meilleur sort. Elle se prit à aimer passionnément son mari, qui ne le lui rendait pas, et dont les cruelles et publiques infidélités lui brisèrent le cœur.

Alexandre de La Touche, son frère, était plus jeune qu'elle de trois ans. Joli jeune homme, bien étourdi, bien gai, de peu d'esprit, d'encore moins d'instruction, il avait tous les travers de la jeunesse inoccupée de l'émigration, était dépourvu de tout talent, aimait les chevaux, la mode, les petites intrigues, mais n'ouvrait jamais un livre. Ma belle-mère qui, à ma connaissance, n'en avait jamais eu un sur sa table, ne pouvait lui en avoir donné le goût. Elle-même ne manquait pas d'esprit naturel, avait de bonnes manières et l'usage du monde. Cependant, je me suis souvent demandé pourquoi mon père, doué d'un esprit supérieur, d'une grande instruction, avait épousé une femme plus âgée que lui. Elle était riche, il est vrai, mais ne pouvait pourtant pas passer pour ce que l'on appelait une *héritière*. Souhaitant par-dessus tout un garçon, il n'eut d'elle que trois filles. Deux moururent dans leur petite enfance, l'aînée, Fanny[157], seule survécut.

Mon oncle l'archevêque et ma grand'mère, Mme de Rothe, habitaient Londres. Je ne les avais pas revus depuis mon départ de chez eux, en 1788 ; il y avait de cela neuf ans. Ma tante, lady Jerningham, pensait que je ferais bien de leur donner un témoignage de respect, et le bon chevalier, son beau-frère, se char-gea de leur demander s'ils consentaient à me rece-voir. Ma grand'mère, voyant que l'archevêque le désirait, n'osa pas s'y opposer. Toutefois, elle y mit la condition que M. de La Tour du Pin ne m'accom-pagnerait pas. J'aurais pu prétexter de cette condi-tion pour ne pas aller les voir, mais je feignis de l'ignorer. Mon mari, d'ailleurs, se trouva très heureux d'être dispensé de la visite, car, déjà à cette époque, il me l'avoua plus tard, il savait que ma grand'mère parlait très méchamment de lui depuis qu'elle se trouvait à Londres. Si je l'eusse su alors, je me serais certainement abstenue d'aller chez elle.

Un matin, donc, je me dirigeai vers Thayer-Street avec mon petit Humbert. Ce ne fut pas sans une émotion mélangée de beaucoup de sentiments divers que je frappai à la porte de la modeste maison à cinq fenêtres habitée par mon oncle et ma grand'mère. Cette maison semblait remplacer pour moi, sans transition, le bel hôtel du faubourg Saint-Germain, où j'avais passé mon enfance, entourée du luxe et de la splendeur que peuvent procurer dans la vie 400 000 francs de rentes, revenu dont jouissait alors l'archevêque de Narbonne. Ce qui ne l'empêcha pas, soit dit en passant, de laisser 1 800 000 francs de dettes en sortant de France.

Un vieux domestique m'ouvrit la porte. En me voyant, il fondit en larmes. C'était un homme de Hautefontaine, qui avait assisté à mon mariage. Il me précéda et j'entendis qu'il m'annonçait d'une voix émue, en disant : « Voilà Mme de Gouvernet. » Ma grand'mère se leva et vint à moi. Je lui baisai la main. Sa réception fut très froide et elle m'appela : « Madame. » Au même moment, l'archevêque entra et, me jetant les bras autour du cou, il m'embrassa tendrement. Puis, voyant mon fils, il l'embrassa également à plusieurs reprises. Lui ayant adressé plusieurs questions en anglais et en français, l'enfant répondit avec une hardiesse et une perspicacité qui charmèrent mon oncle. Comme il me demandait de l'emmener avec lui dans une maison, située à peu de distance, où il allait tous les matins se faire électriser pour sa surdité, je craignais un peu qu'Humbert ne voulût pas l'accompagner ; mais, au contraire, l'enfant répondit sans hésiter qu'il irait volontiers *with the old gentleman*.

Appelée ainsi à passer une demi-heure de tête-à-tête avec ma grand'mère, je fus prise d'une grande inquiétude. Je redoutais qu'elle n'entamât le chapitre des récriminations. Je frémissais aussi à la pensée qu'elle ne mît la conversation sur mon pauvre père ou sur mon mari. Elle les détestait tous deux également, et je ne me sentais pas assez d'empire sur moi-même pour entendre de sang-froid les attaques que sa haine invétérée pour eux pouvait lui suggérer. Heureusement elle se contint jusqu'au moment où l'archevêque revint, charmé d'Humbert, que la machine électrique n'avait pas le moins du monde effrayé et qui avait même reçu plusieurs secousses sans sourciller.

Mon oncle m'engagea à venir dîner le lendemain

avec les six vieux évêques languedociens qu'il avait pris en pension à sa table. Ils étaient tous pour moi d'anciennes connaissances. Quant à mon mari, il n'en fut pas question. J'annonçai mon projet d'aller passer à Cossey, avec ma tante, tout le temps de son séjour là-bas. L'archevêque s'en montra satisfait, mais ma grand'mère laissa entendre une espèce de grognement que je connaissais comme le signe précurseur de quelque phrase désagréable qu'elle ne pouvait contenir. Aussi me levai-je pour partir et lui baisai la main, sur quoi l'archevêque m'embrassa de nouveau en me faisant des compliments sur ma beauté.

Lady Jerningham, très inquiète du résultat de la visite, fut heureuse qu'elle se fût bien passée. Le lendemain, ma tante me mena chez deux autres oncles.

L'un était lord Dillon, frère aîné de mon père. Il nous reçut de façon convenable, mais en homme du monde, sans le moindre intérêt. Il nous offrit sa loge à l'Opéra pour le soir même et nous l'acceptâmes. C'est le seul bienfait que j'aie reçu de lui. Il faisait une pension de 1 000 livres sterling à son oncle l'archevêque, âgé de quatre-vingts ans. Pour ce qui me concerne, j'eus beau être la fille de son frère, il ne me vint jamais en aide pendant les deux ans et demi que je passai en Angleterre.

Le deuxième oncle que je visitai, cette fois avec lady Jerningham, lord Kenmare, qui portait auparavant le nom de honorable Valentin Browne, me reçut tout autrement, quoique je ne fusse sa nièce que par sa première femme, sœur de mon père et morte depuis de longues années. Il était alors remarié. Du premier lit, il avait eu une fille, ma cousine par conséquent, lady Charlotte Browne. Celle-ci, par son mariage, devint plus tard lady Charlotte Goold.

Lord Kenmare, sa fille et tous les siens m'accueillirent avec une obligeance et une bonté sans pareilles, et l'amitié de lady Charlotte en particulier ne s'est jamais démentie. Elle avait alors dix-huit ans, et on la recherchait beaucoup comme étant un bon parti de 20 000 livres sterling.

J'allai voir, à Richmond, notre tante, Mme d'Hénin. Elle prit beaucoup d'humeur de notre projet de passer quelque temps à Cossey avec lady Jerningham.

Après trois jours de résidence à Londres, je constatai que je n'aurais aucun plaisir à y demeurer davantage. La société des émigrés, leurs caquets, leurs petites intrigues, leurs médisances m'en avaient rendu le séjour odieux.

Enfin, le départ pour Cossey s'organisa, à ma grande joie. Lady Jerningham devait nous précéder à la campagne. Il fut donc décidé que je m'installerais chez ma belle-mère, Mme Dillon, pendant quelques jours. Là, j'appris avec grande satisfaction qu'Edward de Fitz-James emmenait des chevaux de selle. Comme j'avais la réputation d'être une excellente écuyère, il emporta pour mon usage une selle de femme. Ma belle-mère me donna un charmant habit de cheval, et nous nous promîmes de faire de belles promenades.

Nous allâmes coucher à Newmarket, où avaient lieu les fameuses courses que j'étais bien curieuse de voir. Nous y restâmes toute la journée du lendemain. C'était le dernier jour de courses et celui où l'on se disputait le prix du roi. Nous passâmes toute la journée sur le *turf*, et par un bonheur fort rare en Angleterre, il fit le plus beau temps du monde. J'ai conservé le souvenir de cette journée comme une de celles de ma vie où je me suis le plus amusée et intéressée. Le lendemain, nous repartîmes pour aller coucher à Cossey. C'était, je crois, dans les premiers jours d'octobre 1797.

Ma tante aimait beaucoup les enfants; elle s'empara d'Humbert. Aussitôt après le déjeuner, elle l'emmenait dans sa chambre et le gardait toute la matinée, s'occupant de lui donner des leçons, de le faire écrire et lire en anglais et en français. Sa toilette même était l'objet de ses soins. Je voyais arriver des habits, des redingotes, du linge, etc., tout un mobilier pour mes enfants. Elle était pour moi d'une bonté extrême. Ayant remarqué que je faisais mes robes, sous prétexte de donner le goût de l'ouvrage à Fanny Dillon ma cousine, qui se trouvait également à Cossey, elle apportait dans la chambre et mettait à ma disposition des pièces de mousseline, des étoffes de toutes espèces, attention qui me semblait d'autant plus agréable que j'étais arrivée de France fort légèrement vêtue pour le climat de l'Angleterre.

Ma tante apprit que mes enfants n'avaient pas été encore inoculés — la vaccine venait seulement d'être découverte — elle se chargea d'y suppléer et fit venir son chirurgien de Norwich pour procéder à l'opération. Enfin, elle nous entoura de soins de tous genres, et le temps que je passai à Cossey fut aussi agréable que nous pouvions le souhaiter.

Tout l'hiver se passa très agréablement. Vers le mois de mars, Mme Dillon, ma sœur Fanny, M. et Mme de Fitz-James retournèrent à Londres pour les couches de cette dernière, mais nous restâmes à Cossey jusqu'au mois de mai. Ma tante devant passer l'été à Londres, sir William nous proposa de nous installer, pendant la durée de son absence, dans un joli cottage qu'il avait bâti dans le parc. Comme j'étais grosse de quatre mois, et assez souffrante de ma grossesse, je préférai ne pas rester aussi isolée, dans la crainte de ne pas mener à bien l'enfant que je portais. D'un autre côté, Mme d'Hénin jetait feu et flamme à la pensée de la prolongation de notre séjour à la campagne, et insistait pour nous avoir chez elle, à Richmond, où elle pouvait nous loger. Nous acceptâmes donc d'aller l'y rejoindre, quoique ce fût bien contre mon gré. Mais mon mari ne voulait pas désobliger sa tante, et d'ailleurs nous avions à Londres quelques affaires.

L'association de ménage avec Mme d'Hénin m'était insupportable. Elle nous avait si mal logés que nous ne pouvions recevoir personne. Notre installation comprenait deux uniques petites chambres à coucher au rez-de-chaussée, et, en Angleterre, il n'est pas d'usage d'admettre des visiteurs dans la chambre où l'on couche. J'occupais une de ces chambres avec ma fille ; M. de La Tour du Pin, l'autre, avec son fils. Le soir seulement, nous retrouvions ma tante dans un joli salon qu'elle avait au premier étage. C'était très incommode, assurément ; mais si la vie eût été douce, je ne m'en serais pas tourmentée. J'admettais les grandes et éminentes qualités de Mme d'Hénin, jamais je ne sortais du respect que je lui devais ; il me fallait reconnaître cependant que nos caractères ne sympathisaient pas. Peut-être était-ce de ma faute, et aurais-je dû rester insensible aux mille petits coups d'épingle qu'elle me donnait. M. de Lally, le plus timoré des hommes, n'aurait osé risquer la moindre drôlerie dont j'eusse pu m'amuser. J'étais encore jeune et rieuse. À vingt-huit ans, comment aurais-je pu avoir la sévérité de maintien qui s'imposait aux cinquante ans qu'avait ma tante ? Toute à la politique, la constitution qu'il fallait donner à la France seule l'occupait. Cela m'ennuyait à mourir. Et puis venaient les écrits de M. de Lally, qu'il fallait lire et relire mot à mot, phrase à phrase !...

Enfin, j'aspirais à avoir un ménage à moi, tel petit qu'il fût. Comme je n'en voyais pas le moyen, je me résignais.

CHAPITRE XXIV

Ce fut au commencement de l'été 1798 que la princesse de Bouillon, dont j'ai parlé au commencement de ces souvenirs, vint en Angleterre pour régler la partie de la succession que lui avait laissée son amie la duchesse de Biron. Si je ne me trompe, il s'agissait de 600 000 francs placés en fonds anglais. Mme de Bouillon était allemande, princesse de Hesse-Rothenbourg, quoiqu'elle eût passé sa vie en France et qu'elle y eût épousé le cul-de-jatte qui n'avait jamais été son mari que de nom. Liée par un long et fidèle sentiment au prince Emmanuel de Salm, elle en avait eu une fille, élevée sous le nom supposé de Thérésia... Pendant son émigration, elle l'avait mariée avec un jeune conseiller au parlement d'Aix, devenu célèbre depuis, M. de Vitrolles.

Je m'installai dans le logement de Mme de Bouillon et j'y accouchai d'un garçon auquel on donna le nom d'Edward[158], comme étant le filleul de lady Jerningham et de son fils Edward.

Le bon chevalier Jerningham vint me voir. Il m'apprit que ma tante, sa belle-sœur, était d'avis qu'avec trois enfants je ne pouvais, lorsque je quitterais mon installation actuelle, retourner dans les deux petites chambres du modeste logement que j'occupais chez Mme d'Hénin. D'ailleurs, quelque gênés que nous fussions, ou à cause même de cette gêne, elle pensait que nous préférerions être seuls et indépendants. Dans ce but, elle l'avait chargé de trouver une petite maison à Richmond où nous serions chez nous. Ses recherches réussirent au-delà de ce que nous pouvions désirer. Il fallut néanmoins une négociation assez difficile, soin dont le chevalier s'acquitta avec tout le zèle que lui inspirait son amitié pour moi. La maison appartenait à une ancienne actrice de Drury Lane, qui avait été fort belle et très à la mode. Elle ne l'occupait jamais, mais l'habitation était si propre et si soignée qu'elle ne tenait pas à la louer. L'éloquence du chevalier et les 45 livres sterling de lady Jerningham la décidèrent. Cette petite maison, un véritable bijou, n'avait pas plus de quinze pieds de façade. En bas on trouvait un couloir, un joli salon à deux fenêtres, puis un escalier imperceptible. Le premier comprenait deux chambres à coucher charmantes ; l'étage au-dessus, deux autres chambres de domestiques. Au fond du couloir du rez-de-chaussée, une jolie cuisine donnait sur un jardin minuscule composé d'une allée et de deux plates-bandes. Des tapis partout, de belles toiles cirées anglaises dans les passages et sur l'escalier. Rien de plus coquet, de plus propre, de plus gracieusement meublé que cette maisonnette, qui aurait tenu tout entière dans une chambre de moyenne grandeur.

Pourtant j'y entrai bien malheureuse, car ce fut le jour où je perdis mon pauvre petit garçon, âgé de trois mois seulement, mais plein de force et d'une beauté admirable. Il fut emporté en un moment par une pleurésie, que j'attribuai à une négligence de la bonne anglaise qui le soignait. C'était à l'arrière-saison, et elle commence de bonne heure en Angleterre. Comme je nourrissais le cher petit ange, le chagrin tourna mon lait. Je fus fort malade, et j'arrivai presque mourante dans la petite maison, avec mes deux enfants survivants : mon fils Humbert, qui avait neuf ans et demi, et ma fille Charlotte, qui en avait deux passés. N'ayant plus que ces deux enfants à soigner, nous réformâmes la servante anglaise. La bonne Marguerite avait appris un peu de cuisine pendant le temps de mon absence aux États-Unis. Elle mit bien volontiers son talent et surtout son zèle à nous nourrir.

Une respectable famille française, M. et Mme de Thuisy, demeurait assez près de nous, à Richmond. Ils avaient quatre garçons que M. de Thuisy élevait lui-même. Tous les jours, après notre dîner, Humbert s'en allait seul chez eux et y restait de 7 heures jusqu'à 9 heures. C'était la grande récréation de sa journée. Il partait pour la pension après notre déjeuner seulement, y dînait, revenait à 6 heures à la maison, et se rendait ensuite chez les Thuisy. Quelquefois le chevalier de Thuisy le ramenait, quand il rentrait après 9 heures, ce qui était rare. Cet excellent homme, chevalier de Malte, était la providence de tous les émigrés installés à Richmond. Une fois par semaine, quelquefois plus souvent, il allait à pied à Londres, et on ne peut se figurer l'indiscrétion avec laquelle on le chargeait de commissions.

Plusieurs dames émigrées de sa connaissance ne sortaient jamais ; elles travaillaient pour vivre. Le chevalier, connaissant mon habileté à manier l'aiguille, m'apportait souvent, quand elles étaient pressées, une partie de l'ouvrage qu'on leur avait confié : particulièrement du linge à marquer, parce que c'était dans ce genre de travail que je brillais.

Au bout de quelque temps, nous nous trouvâmes très gênés. Tout notre avoir était représenté par 500 ou 600 francs, et nous nous disions que, lorsqu'ils seraient épuisés, nous ne saurions comment faire, non pas pour coucher, puisque notre petite maison ne nous coûtait rien, mais, littéralement, pour manger. Mon ami le chevalier Jerningham m'avait informée que notre oncle lord Dillon refusait avec la plus grande dureté de nous venir en aide. D'un autre côté, toute communication avait cessé avec la France.

Nous reçûmes à ce moment de M. de Chambeau, toujours établi en Espagne, une lettre de désespoir. Il n'avait aucune nouvelle de France. On ne lui envoyait pas un sou. Son oncle, ancien fermier général, dont il était héritier universel, venait de mourir après avoir fait un testament en sa faveur. Le gouvernement avait confisqué la succession comme bien d'émigré. Le jour où il nous écrivait, un dernier louis constituait toute sa fortune, et il ne pouvait plus compter sur les Espagnols de ses amis dont il avait déjà épuisé la charité. En recevant cette lettre, M. de La Tour du Pin ne balança pas un moment à partager avec son ami le fond de sa bourse. Il courut chez un banquier sûr et prit une lettre de change de 10 livres sterling, payable à vue, sur Madrid. Le jour même, elle partait. C'était à peu près la moitié de notre propre fortune. Nous demeurâmes avec 12 livres sterling dans notre trésor, sans aucune autre ressource pour faire face à nos besoins quand elles seraient dépensées. Nous ne voulions pas réclamer le secours que le gouvernement anglais accordait aux émigrés, par égard pour ma famille, mais surtout à cause de lady Jerningham ; car, en ce qui concerne lord Dillon, je me trouvais complètement dégagée vis-à-vis de lui de tout scrupule. Par respect pour la mémoire de mon père, je ne voulais pas cependant avoir à déclarer publiquement que sa veuve, Mme Dillon, ma belle-mère, propriétaire d'une maison à Londres, où elle donnait des dîners, des soirées, où l'on jouait la comédie, refusait de venir à mon secours.

Un dernier billet de 5 livres sterling nous restait,

lorsque mon bon et aimable cousin Edward Jerningham vint me voir un matin à cheval. C'était un charmant jeune homme qui venait d'avoir vingt et un ans. Tout en lui justifiait l'amour passionné dont sa mère l'entourait. Spirituel, bienveillant, instruit, il joignait toutes les qualités de l'âge mûr à tous les agréments et à la gaieté de la jeunesse. La bonté de son caractère égalait l'élévation de ses sentiments et la distinction de son esprit. En retour de la grande amitié qu'il me témoignait, je l'aimais comme s'il eût été mon jeune frère. Il allait partir pour Cossey, et me raconta que son père venait de lui remettre je ne sais quelle somme provenant d'un legs qu'on lui avait fait dans son enfance. «Je parie bien, lui dis-je, qu'il en passera une bonne partie en vêtements d'hiver pour les bons pères de Juily.» C'étaient les Oratoriens chez qui il avait passé plusieurs années de son enfance. «Pas tout», répondit-il en rougissant jusqu'au blanc des yeux, et il se mit à parler d'autre chose.

Comme il se levait pour me quitter, j'allai à la porte pour le voir monter à cheval. Il resta en arrière, et je vis qu'il glissait quelque chose dans mon panier à ouvrage. Je ne fis pas semblant de m'en apercevoir, en présence de son embarras qui était extrême. Après son départ, je trouvai dans ma corbeille une lettre cachetée à mon adresse. Elle contenait ces seuls mots : «Offert à ma chère cousine par son ami Ned[159]» et un billet de 100 livres sterling.

M. de La Tour du Pin rentra un moment après, et je lui dis : «Voilà la récompense de ce que vous avez fait pour M. de Chambeau.» S'étant rendu, comme on le pense bien, à Londres le lendemain matin pour remercier Edward, il le trouva déjà parti pour Cossey.

Quelques jours plus tard, j'allai aussi à Londres avec des dames anglaises que je connaissais et que je

voyais souvent à Richmond. C'étaient deux sœurs,
dont l'aînée, miss Lydia White, a été célèbre comme
une fameuse *blue stocking*[160]. Cette dernière s'était
prise pour moi d'une sorte de passion romanesque
à cause de mes aventures d'Amérique. L'une de ces
dames chantait bien, et nous faisions de la musique
ensemble. Leurs livres étaient à ma disposition.
Quand je leur rendais visite le matin, elles me retenaient chez elles toute la journée, et le soir venu je ne
pouvais les quitter qu'en promettant de revenir dans
la semaine. Enfin, ayant formé le projet de passer
une semaine à Londres, elles conjurèrent M. de La
Tour du Pin de me permettre de les accompagner.

Ce petit voyage à Londres avec miss Lydia White
et sa sœur me mit un peu en rapport avec la société.
Nous allâmes à l'Opéra, où l'on donnait *Elfrida* et
où chantait la Banti, que j'avais déjà entendue avec
lady Bedingfeld. On me mena aussi à une grande
assemblée chez une dame que j'aperçus à peine. Il y
avait du monde jusque sur l'escalier. Personne ne
songeait à s'asseoir. Le hasard me poussa dans le
coin d'un salon où l'on essayait de faire de la
musique que personne n'écoutait. Un homme était
au piano. Je l'écoutai avec surprise ; il me sembla
n'avoir jamais rien entendu d'aussi agréable, d'aussi
plein de goût, d'expression, de délicatesse. Au bout
d'un quart d'heure, voyant que personne ne l'écoutait, il se leva et s'en alla. Je demandai son nom...
C'était Cramer ! Nous sortîmes avec peine de cette
cohue, tant la foule des invités était nombreuse ;
mais la voix du portier : *Miss White's carriage stops
the way*[161] nous obligea à nous hâter. C'est un ordre
auquel il faut obéir sous peine de perdre son tour
dans la file et d'être condamné à attendre une heure
de plus.

Au bout de la semaine, qui me parut longue et
ennuyeuse, je revins à Richmond avec plaisir.

Nous fîmes une excursion de huit jours dont j'ai conservé le meilleur souvenir. Mes enfants étaient si en sûreté avec mon excellente bonne, que cette petite absence ne me causait aucune inquiétude. Nous partîmes, M. de Poix et moi dans son tilbury, M. de La Tour du Pin à cheval, et, après être passés à Windsor, nous allâmes coucher à Maidenhead. Nous y passâmes le lendemain à visiter *Park Place* et à nous promener en bateau :

Where beauteous Isis and her husband Tame
With mingled waves, for ever flow the same[162].
(Prior.)

De là nous allâmes à Oxford, à Blenheim, à Stowe, etc., et nous revînmes par Aylesbury et Uxbridge. Les beaux établissements de campagne qu'il nous fut donné de visiter me charmèrent. C'est là seulement que les Anglais sont vraiment grands seigneurs. Un très beau temps favorisa toute la semaine que nous employâmes à cette excursion, entreprise à frais communs. Je dirai, à ce propos, que le climat de l'Angleterre, hors de Londres, est fort calomnié. Je ne l'ai pas trouvé plus mauvais que celui de la Hollande, et incomparablement meilleur et moins incertain que celui de la Belgique. Notre petit voyage me laissa la plus agréable impression. Il y a ainsi dans ma longue vie de rares points lumineux, comme dans les tableaux de Gérard delle Notti[163], et cette courte excursion en est un.

Revenus à Richmond, je repris mes occupations de ménage. Les nouvelles de France paraissaient moins mauvaises. Mon mari projetait même de m'y envoyer pour quelques jours, munie d'un passeport anglais, qui n'aurait pas été tout à fait faux, puisque je l'aurais signé de mon nom, Lucy Dillon. À ce moment, on apprit que deux émigrés. MM. d'Oilliamson [164] et d'Amnécourt, rentrés en fraude, avaient été pris et fusillés. Cela se fit sans aucune forme de procès, et je crois que le fait n'a été mentionné dans aucun des nombreux mémoires écrits depuis. J'avais rencontré autrefois M. d'Oilliamson dans des bals et j'avais même dansé avec lui. Sa mort me frappa beaucoup plus que celle de son compagnon d'infortune, M. d'Amnécourt, conseiller au Parlement.

Ce funeste événement nous détermina à renoncer à ma course en France. La nouvelle nous en parvint le jour même où je devais partir. Personnellement je fus ravie de ne pas entreprendre ce voyage, qui me coûtait extrêmement, non pas que je fusse effrayée du danger, mais quitter mon mari et mes enfants me causait un chagrin mortel. Aussi je me promis bien de ne plus chercher à rentrer sans eux.

Ma vie à Richmond était fort monotone. Je ne voyais plus du tout Mme Dillon depuis que nous lui avions arraché quelque argent, à la suite de correspondances assez vives échangées entre M. de La Tour du Pin et son homme d'affaires. MM. de Fitz-James et de La Touche s'abstenaient de venir chez nous à Richmond. Quand j'allais à Londres, ce qui ne m'arriva qu'une fois ou deux, je ne voyais que lady Jerningham ou lord Kenmare, qui me donnait six louis par mois depuis un an.

Vers la fin de l'hiver, miss White quitta Richmond. Ce me fut un chagrin, non pas que nous eussions contracté une amitié durable, mais elle avait été si aimable pour moi que je trouvais très agréable son séjour dans notre voisinage.

Ma santé, depuis quelque temps, laissait à désirer. Je me sentais fort languissante sans savoir précisément d'où je souffrais. Je ne pouvais avoir de voiture. D'un autre côté, notre maison était située dans un quartier assez éloigné, le *Green* [165]. J'avais donc renoncé à sortir après souper et je consacrais mes soirées à la lecture des livres que Mlle White, dont la bibliothèque était bien garnie, m'envoyait en grande quantité. Les abonnements étant chers en Angleterre, je n'aurais pu m'accorder la jouissance d'en prendre un. Aussi quelle ne fut pas ma joie, lorsqu'un jour je reçus une boîte sur laquelle mon nom était écrit, et dont le commissionnaire me remit la clef. Je l'ouvris, et j'y trouvai dix volumes de la bibliothèque d'Ookam, de Londres — *Ookams circulating library* — avec un catalogue des vingt mille volumes de toutes espèces, anglais et français, dont cette bibliothèque se composait. Un reçu, à mon nom, de l'abonnement pour un an, était joint à l'envoi, avec l'avis qu'en remettant la boîte fermée au *stage* de 7 heures du matin, celui du soir la rapporterait contenant les livres demandés. Jamais rien ne m'a été plus agréable que cette attention. Je l'attribuai à miss White. Lui ayant écrit pour la remercier, elle ne me répondit pas, d'où je présume qu'elle n'avait pas voulu être devinée.

L'été de 1799 améliora un peu ma santé. Notre maison, sur le *Green*, était mur mitoyen avec celle d'un riche alderman de Londres. Une petite grille s'élevait, comme c'est l'usage en Angleterre, à huit ou dix pieds de nos fenêtres du rez-de-chaussée, pour empêcher qu'on pût en approcher. La maison de l'alderman avait une jolie cour en gazon, entourée comme la nôtre d'une grille dont le retour était mitoyen. Mon fils avait arrangé en plate-bande ce très petit espace, qu'il nommait son jardin. Il y pénétrait par la fenêtre de notre salon, fenêtre très basse et devant laquelle je me tenais toujours assise à travailler. Sa sœur Charlotte l'accompagnait souvent dans son jardin. Comme nous habitions une promenade écartée, il ne passait jamais personne près de notre maison.

Un jour, j'entendis mon fils en conversation avec l'alderman, arrivé depuis peu pour passer l'été dans sa belle maison proche de la nôtre. Quelques instants plus tard Humbert vint me demander la permission d'aller voir le monsieur, qui l'en avait prié. Y ayant consenti, il se rendit chez notre voisin, dont je n'ai pas su le nom, et qui le questionna sur nous, sur ma solitude, sur mes goûts, etc. Cette conversation fut accompagnée d'un bon *luncheon* de gâteaux et de fruits. Depuis lors, le bienveillant alderman, personnellement je ne l'ai jamais vu, nous envoyait sans cesse une petite corbeille des plus beaux fruits de ses serres, tantôt *for the young gentleman*, tantôt *for the young lady*. Puis il fit aménager, dans la partie de sa cour qui longeait la grille mitoyenne, un support en gradins sur lequel on disposa et entretint des pots contenant les fleurs les plus odorantes. Cette galanterie anonyme et mystérieuse dura tout l'été. Humbert ne manqua pas de retourner souvent chez l'aimable voisin. Il se promenait dans son jardin, dans ses serres, visitait sa bibliothèque. Mais jamais cet original ne vint me voir, jamais il ne tourna les yeux de mon côté quand il traversait la cour, et je n'ai jamais connu de lui que l'odeur de ses tubéreuses, de ses violettes et de son réséda.

CHAPITRE XXV

L'été de 1799 s'écoula sans rien de remarquable. Lady Jerningham venait de s'installer à Cossey, où elle m'engageait de nouveau à la rejoindre pour passer auprès d'elle les six mois de son séjour à la campagne. Le loyer de notre maison à Richmond, qu'elle avait pris à sa charge, était sur le point d'expirer, et il eût été peu délicat de notre part de lui demander de le renouveler dans le but de ne pas accepter l'hospitalité qu'elle nous offrait. Ma tante était à Cossey. Sa nièce, Fanny Dillon, ma cousine germaine, qu'elle avait élevée, venait d'épouser sir Thomas Webb, baronnet catholique, assez médiocre sujet, quoique très bien né. Son fils aîné, Georges Jerningham, s'était aussi marié avec une demoiselle Sulyarde, d'une beauté remarquable et appartenant à une ancienne et noble famille catholique. William Jerningham se trouvait en Allemagne. Son cher Edward ne l'avait pas quittée, et cela lui suffisait. Dans ces conditions, c'eût été la disgrâce la plus marquée de ne pas aller à Cossey. Nous nous préparions donc à nous mettre en route lorsque arriva la nouvelle du retour inopiné d'Égypte du général Bonaparte, débarqué à Fréjus.

En apprenant cet événement, nous partîmes aussitôt pour Cossey, avec l'espoir de pouvoir même bientôt passer sur le continent et peut-être de rentrer en

France. C'est pendant notre séjour là-bas que l'heureuse nouvelle de la chute du Directoire et de la révolution du 18 brumaire nous atteignit. Quelque temps après, des lettres de M. de Brouquens et de notre beau-frère, le marquis de Lameth, nous engagèrent à revenir en France avec des passeports allemands et en passant par la Hollande.

Lady Jerningham proposa que mon mari partît seul. Cela eût peut-être mieux valu, car j'étais grosse de six mois passés et de cette façon j'aurais fait mes couches à Cossey. Mais aucune considération ne put me déterminer à me séparer de mon mari pour un temps indéterminé. Les communications entre l'Angleterre et la France, en temps de guerre, pouvaient être tout à fait interrompues. Les nouvelles que l'on recevait par Hambourg avaient souvent un mois de date. Enfin, je repoussai toutes les propositions de lady Jerningham. Une des principales raisons qui me confirmèrent dans ma décision fut une parole malheureuse de ma tante : elle dit un jour que l'enfant attendu serait le sien et qu'elle le garderait. Jamais je n'aurais consenti à cet abandon. D'un autre côté, j'envisageais avec peu de confiance cette rentrée en France. Je me disais : « Mon mari peut être chassé une fois encore, comme il l'a déjà été, et si à ce moment il se trouve au Bouilh, il ira en Espagne. Comment l'y rejoindre, seule avec trois enfants, si on ne peut traverser la France ? Puis, ayant une maison à Paris, on ne pourra jamais, en mon absence, tenter aucune démarche pour chercher à la vendre. » En résumé, je ne voulais pas quitter mon mari, et je résistai à tous les raisonnements.

On nous envoya de Londres, pour mon mari, moi et mes enfants, un passeport danois. Nous partîmes pour Yarmouth, afin de prendre passage sur un paquebot de la marine royale. Dans ce temps-là, il n'y avait pas de bateaux à vapeur. Notre attente à

Yarmouth se prolongea pendant tout le mois de décembre. Nous n'osions pas retourner à Cossey, quoique la distance ne fût que de dix-huit milles, le capitaine nous ayant déclaré que dès que le vent deviendrait favorable, c'est-à-dire soufflerait du sud-est, il mettrait sur l'heure à la voile. C'est tout au plus s'il consentait à nous laisser à terre, tant il avait hâte de partir dès que ce serait possible. Chaque courrier apportait les dépêches du gouvernement.

Jamais les jours ne me parurent plus tristes que pendant ce mois passé à Yarmouth. Nous étions installés dans un mauvais petit *lodging* de deux chambres, où l'on nous nourrissait, et dont nous ne pouvions sortir, car le temps était affreux. Le vent contraire soufflait avec fureur. Tous les jours on parlait de vaisseaux échoués ou qui avaient péri. On ne peut s'imaginer combien de tels récits sont de nature à déprimer les personnes appelées à s'embarquer d'un moment à l'autre. Je voyais avec effroi le temps s'écouler et le terme de ma grossesse s'approcher. La crainte d'accoucher en route ne me quittait pas, et c'est ce qui arriva, en effet. Dix fois par jour, mon fils Humbert allait sur le pont pour consulter la girouette. Le vent, toujours au nord-est, nous était absolument contraire.

Enfin, un beau matin on vint nous chercher pour monter sur le bateau, où se trouvaient nos effets depuis longtemps déjà. À peine avions-nous mis le pied sur le pont qu'on leva l'ancre.

Je me réfugiai aussitôt dans un lit. Comme il y avait beaucoup de passagers, il était prudent de ne pas tarder à se procurer un gîte assuré. D'ailleurs, dans mon état, le roulement de ce *packet*, une vraie coquille de noix, aurait pu m'être funeste. Je me couchai tout habillée. Ma couchette se trouvait dans la chambre commune à tous les passagers. Au nombre de quatorze, ils comprenaient des hommes de toutes les nationalités et de toutes les catégories : Français, Russes, Allemands, courriers, etc., les uns atteints du mal de mer avec toutes ses suites, les autres buvant du punch, de l'eau-de-vie, du vin. Tout ce monde était réuni dans une petite chambre, où l'air n'arrivait que par la porte. On avait, en effet, fermé l'écoutille, tellement la mer était grosse. Une lampe infecte servait d'éclairage de jour comme de nuit et augmentait encore la masse de dégoûts de toutes sortes dont on était accablé dans cet horrible trou. Je ne pense pas avoir jamais autant souffert que pendant les quarante-huit heures que dura la traversée.

Mon mari et la bonne, accablés du mal de mer, étaient étendus comme morts dans leurs lits. Couchée près de moi se trouvait ma fille Alix, effrayée par la vue des hommes qui nous entouraient. Mon fils, avec ses dix ans, restait debout et suppléait à tout. Il avait lié connaissance avec les passagers, parlait anglais avec l'équipage et le capitaine l'appelait *my brave little fellow*. Vers le milieu de la seconde nuit de notre voyage, nous eûmes pendant quelques heures la cruelle inquiétude d'être laissés à Héligoland, petite île à l'embouchure de l'Elbe, au cas où le fleuve ne serait pas dégagé de glaces. Le capitaine déclara ensuite qu'en raison du gros temps, si le vent tournait à aucun point du nord, il se trouverait contraint, pour éviter les atterrissages, de retourner en Angleterre sans chercher à débarquer. Heureusement, nous échappâmes à ces deux éventualités. Après avoir passé devant l'île d'Héligoland sans nous y arrêter, nous pénétrâmes dans l'Elbe pour aller mouiller au large du petit port de Cuxhaven, dans lequel nous n'entrâmes pas.

Le capitaine avait hâte de se débarrasser de ses passagers. On jeta dans une chaloupe les effets pêle-mêle. Mon mari et ma bonne partirent avec mon fils. Quant à moi, le capitaine, compatissant à mon état, m'embarqua, ainsi que ma fille, dans un canot particulier, et donna l'ordre aux deux matelots qui le montaient de me mettre à terre le plus près possible de la ville. Cette recommandation faillit m'être fatale. La marée étant basse, lorsque nous accostâmes la jetée, j'éprouvai beaucoup de peine à monter. Les deux matelots me saisirent alors par les poignets; malgré le balancement du canot, ils ne me lâchèrent plus, et cela bien heureusement, car je serais certainement tombée dans la mer; puis ils me hissèrent sur la jetée, de telle sorte que pendant quelques instants je fus suspendue par les bras; ils me quittèrent ensuite en me laissant seule avec ma petite Charlotte. Je sentis que je m'étais fait beaucoup de mal. Je dus néanmoins me mettre en route pour retrouver mon mari, que j'apercevais au loin et monté sur une charrette qui portait également la bonne et nos effets. Ce ne fut pas sans peine que je le rejoignis. Je ressentais une violente douleur au côté droit, et depuis j'ai toujours été persuadée que je m'étais fait une lésion interne dans la région du foie. Les médecins n'ont jamais voulu reconnaître ce mal, mais il n'en est pas moins vrai que je n'ai cessé d'en souffrir à dater de ce jour et qu'à soixante-treize ans que j'ai aujourd'hui, j'en souffre encore.

Nous allâmes frapper à la porte de deux ou trois auberges sans pouvoir trouver de logement, tant il y avait d'émigrés partant pour l'Angleterre ou en venant.

Enfin, dans l'une d'entre elles cependant, quand on s'aperçut que je souffrais, on m'apporta, par charité, une paillasse et des draps avec lesquels on me fit un lit par terre. Marguerite me déshabilla, ce qui ne m'était pas arrivé depuis trois jours, et je pus me coucher. Quelques instants après, je fus prise d'une fièvre violente, jointe à un transport au cerveau, qui dura toute la nuit. M. de La Tour du Pin, très inquiet,

craignait une fausse couche ou une maladie grave.
Il envoya chercher un médecin. Après bien des
recherches on en ramena un qui ne parlait pas un
mot de français. Je parvins, aidée toutefois d'un
interprète, à lui faire comprendre que j'attribuais
ma douleur au côté, au fait d'avoir été tenue suspendue par les bras au moment où les matelots m'enle-
vèrent du canot pour me mettre sur la jetée. Il
m'appliqua sur le point malade un grand cataplasme
composé d'avoine bouillie dans du vin rouge, et
m'ordonna une drogue si calmante que je dormis
vingt-quatre heures de suite. À mon réveil, j'étais
tout à fait rétablie.

Pendant que je reposais, mon mari avait acheté,
pour 200 francs, une vieille petite calèche, assez spa-
cieuse pour nous contenir tous. Après un second jour
de repos, nous nous mîmes en route dans cette voiture ouverte, au mois de janvier, dans le nord de
l'Allemagne. Heureusement le temps favorisa les
premiers jours de notre voyage. Une pluie torren-
tielle ne cessa de tomber pendant la quatrième journée. Marguerite et moi étions à peu près à couvert
dans le fond de la calèche, mais M. de La Tour du Pin
et Humbert, malgré un parapluie, furent mouillés
jusqu'aux os. Nous restâmes deux jours à Brême
pour sécher leurs habits et leurs manteaux, auprès
de ces beaux grands poêles qu'on trouve dans les
maisons allemandes, et aussi pour nous reposer.
Puis le temps étant redevenu beau, nous nous mîmes
de nouveau en route. Il était tombé beaucoup de
neige, et la route se distinguait à peine dans les
plaines de bruyères que nous traversions. Quoique
marchant continuellement au pas, nous n'en ver-
sâmes pas moins trois fois dans la journée sans nous
faire de mal ou sans croire sur le moment nous en
être fait.

Vers le soir, nous arrivâmes dans une petite ville, Wildeshausen, où nous devions coucher. Elle était située dans l'électorat de Hanovre et avait par conséquent une garnison hanovrienne. Les officiers, ce jour-là, donnaient un grand bal à un autre régiment de passage.

Deux chambres étaient à louer au bout de la petite ville. Avant le jour, j'y étais installée.

La maison, comme toutes celles des gros paysans de cette partie de l'Allemagne, avait une grande porte cochère par laquelle on pénétrait dans une large remise qui occupait toute la profondeur de la maison. Sur le devant, à droite et à gauche de cette remise, au rez-de-chaussée, se trouvaient deux bonnes chambres bien propres et convenablement meublées. Marguerite et mes deux enfants, Humbert et Charlotte, se mirent dans l'une. La plus grande me fut affectée, et mon mari s'installa dans un cabinet attenant.

Nous avions heureusement avec nous tout le linge et tout ce qui pouvait être nécessaire au petit être qui allait venir au monde. Ne souffrant pas encore beaucoup, j'eus le temps de vaquer à tous nos petits arrangements, et c'est le lendemain matin seulement, 13 février 1800, que je donnai le jour à une petite fille[166] d'une délicatesse extrême, née à sept mois et demi. J'osais à peine concevoir l'espoir de la conserver, tant elle était maigre et chétive. Hélas! je l'ai gardée dix-sept ans, pour me la voir ravie ornée de tous les dons de la beauté, du caractère, de l'esprit et douée d'agréments de tous genres... Dieu me l'a reprise : Sa sainte volonté soit faite!

Elle se nommait Cécile, nom chéri qu'a porté, en la remplaçant, celle[167] qui parcourt peut-être ces lignes. Qu'elle y lise aussi ma reconnaissance pour tout le bonheur qu'elle a répandu sur ma vieillesse.

Le lendemain du jour où j'étais accouchée, le bailli

de la localité, qui avait une première fois déjà envoyé chercher nos passeports, dépêcha un de ses gardes de ville pour lui amener M. de La Tour du Pin. Il dit à mon mari en bon français : « Monsieur, votre passeport danois est sous un faux nom. Vous êtes Français et émigré, et dans l'électorat de Hanovre où vous vous trouvez, il est défendu de laisser séjourner les émigrés français plus de deux fois vingt-quatre heures. » M. de La Tour du Pin fut terrifié par ce discours. Il allégua que je ne pouvais être transportée, étant accouchée seulement depuis quelques heures. Mais le bailli fut inflexible quant au départ de mon mari et déclara qu'avant la fin de la journée il devait, à son choix, partir pour Hanovre ou retourner à Brême. Puis il ajouta : « Monsieur, puisque vous avouez votre qualité de Français, faites-moi connaître votre vrai nom. — La Tour du Pin. — Ah ! mon Dieu, s'écria le bailli, seriez-vous l'ancien ministre de France à La Haye ? — Précisément. — Eh ! bien, monsieur, s'il en est ainsi, restez ici tout le temps qu'il vous plaira. Mon neveu, M. Hinuber, un très jeune homme, était ministre de Hanovre à La Haye. Il allait souvent chez vous, vous aviez mille bontés pour lui, etc. » Et voilà ce brave homme qui énumère les soupers, les tasses de thé, les verres de punch que son neveu avait mangés ou bus chez nous, les contredanses qu'il avait dansées dans nos salons. À partir de ce moment, il se mit à notre disposition avec un zèle qui ne se démentit pas. Je ne serais pas surprise, en vérité, qu'il eût fait publier que tous les habitants devaient être à nos ordres. Jamais on n'a offert une hospitalité aussi franche, des soins aussi recherchés que ceux dont, dès lors, nous fûmes l'objet dans cette petite ville.

Je fus rétablie en quinze jours, et le vingt et unième nous partîmes, non sans avoir été prendre le thé chez le bailli, le bourgmestre, le curé, etc. Wildeshausen avait une église catholique. Ma toute petite fille y fut baptisée et tenue sur les fonts par le vieux perruquier Denis et sa femme qui, depuis quarante ans qu'elle l'avait épousé, n'avait pas appris un mot de français. J'allai faire mes relevailles dans la même église.

Nous prîmes la route de Lingen pour entrer en Hollande. Un certain nombre de jeunes gens nous accompagnèrent pendant plusieurs lieues. Ils nous quittèrent dans une auberge où nous nous étions arrêtés pour faire déjeuner les enfants. Avant de se séparer de nous, ils voulurent à toute force me décider à boire une tasse d'un mélange allemand dont ils avaient préparé les ingrédients. Je pensais que ce serait détestable, et néanmoins, après en avoir goûté, je trouvai le breuvage excellent. Il se composait de vin de Bordeaux chaud, dans lequel on mettait des jaunes d'œufs et des épices. Le médecin se trouvait parmi ceux qui me reconduisaient. Ce fut par son ordonnance que j'avalai ce mélange qui me grisa un peu.

Les braves gens de mon escorte nous quittèrent alors en nous souhaitant avec ferveur un bon voyage. Leurs vœux nous portèrent bonheur, car il ne nous arriva rien de fâcheux, et ma petite fille supporta étonnamment bien la route, pour une enfant qui n'avait pas un mois. Elle ne quittait pas, il est vrai, mon sein le jour comme la nuit, et j'eus grand soin de ne pas lui laisser respirer une seule fois l'air glacial de ces plaines du Nord. Sans les soins minutieux dont elle fut entourée par Marguerite et par moi, elle aurait pu difficilement résister à un voyage si long et si pénible au mois de mars.

Nous arrivâmes enfin à Utrecht, et mon mari alla aussitôt à La Haye pour se faire délivrer un passeport en règle par l'ambassadeur de la République

française auprès de la République batave, M. de
Semonville. Celui-ci, tournant toujours au vent qui
soufflait, avait déjà su plaire au nouveau gouvernement dont Bonaparte était le chef. M. de La Tour du
Pin connaissait très intimement, depuis longtemps,
M. de Semonville. Aussi fut-il reçu à bras ouverts, et
on lui fabriqua un superbe passeport attestant qu'il
n'était pas sorti d'Utrecht depuis le 18 fructidor.

En arrivant à Paris, nous étions descendus à l'hôtel
Grange-Batelière. Mon mari y fut réveillé, au milieu
de la nuit, d'une façon singulière. Le garçon d'auberge avait entendu prononcer plusieurs fois, pendant notre souper, le nom de mon fils : Humbert. Or,
il se trouva qu'on recherchait pour l'arrêter, j'ai
oublié pour quel motif, un certain général Humbert,
logé comme nous dans l'hôtel. Les gendarmes chargés de l'arrestation furent, quand ils se présentèrent,
conduits dans la chambre de mon mari par ce même
garçon d'auberge, qui affirmait que nous avions souvent répété le nom d'Humbert pendant la soirée. Le
quiproquo fut bientôt expliqué. Les gendarmes, de
fort mauvaise humeur contre le garçon qui les avait
induits en erreur, s'en plaignirent au maître de la
maison. Ce dernier n'était autre que l'ancien tailleur
Pujol. Il avait, à cette époque, fait fortune, et sa jolie
fille a épousé plus tard le peintre célèbre, Horace
Vernet.

Mon beau-frère Lameth et notre ami Brouquens
se trouvaient à Paris. M. de Lameth nous logea dans
une charmante petite maison toute meublée, rue de
Miromesnil, occupée jusque-là par deux de ses amis
qui venaient de la quitter pour s'en aller passer à la
campagne tout l'été. Nous étions prédestinés à habiter des maisons de filles. Celle de Richmond appartenait à une actrice. Celle-ci avait été arrangée pour
Mlle Michelot, ancienne maîtresse de M. le duc de
Bourbon. Tous les murs étaient ornés de glaces, et

cela avec une telle prodigalité que je fus obligée de tendre de la mousseline pour en dissimuler la plus grande partie, tant j'étais ennuyée de ne pouvoir bouger sans rencontrer ma figure reflétée de la tête aux pieds.

Je trouvai à Paris, déjà revenues de l'émigration, beaucoup de personnes de ma connaissance. Tous les jeunes gens tournaient, dès ce moment, les yeux vers le soleil levant, Mme Bonaparte, installée aux Tuileries, dont les appartements avaient été remis à neuf comme par enchantement. Elle avait déjà des airs de reine, mais de la reine la plus gracieuse, la plus aimable, la plus prévenante. Quoique n'ayant pas beaucoup d'esprit, elle avait bien compris cependant les projets de son mari. Le premier consul avait donné à sa femme la mission de ramener à lui *la haute société*. Joséphine lui avait persuadé, en effet, qu'elle en avait fait partie, ce qui n'était pas exact. Avait-elle été présentée à la cour, allait-elle à Versailles ? Je l'ignore, mais grâce au nom de son premier mari, M. de Beauharnais, la chose eût été certainement possible. Quoi qu'il en soit, en admettant même sa présentation, elle aurait été comprise dans la catégorie de ces dames qui, après avoir été présentées, ne revenaient faire leur cour qu'au jour de l'an.

Je rencontrais M. de Beauharnais tous les jours dans le monde, de 1787 à 1791. Comme il avait également beaucoup vu M. de La Tour du Pin, quand mon mari était aide de camp de M. de Bouillé, pendant la guerre d'Amérique, M. de Beauharnais lui dit un jour : « Viens donc me voir, pour que je te présente à ma femme. » M. de La Tour du Pin se rendit une fois chez eux, mais n'y retourna plus ensuite. La société qui se réunissait dans leur salon n'était pas la nôtre. M. de Beauharnais, toutefois, allait partout, car il s'était lié pendant la guerre avec plusieurs sommités de la grande société. Il avait une charmante figure, et, dans ces temps où la danse était un art, il passait à juste titre pour le *plus beau danseur* de Paris. J'avais beaucoup dansé avec lui; aussi quand j'appris sa mort sur l'échafaud, j'en éprouvai un sentiment des plus pénibles. Mon souvenir ne me le représentait que dans une contredanse... Quel terrible et frappant contraste!

Je revis M. de Talleyrand toujours animé des mêmes sentiments à mon égard: aimable sans être réellement utile. Pendant les deux dernières années, il avait travaillé à sa fortune d'une manière si efficace que je le retrouvai établi dans une belle maison, sa propriété personnelle, de la rue d'Anjou, riant sous cape de la disposition de se rattacher au gouvernement où il voyait tous ceux qui rentraient en France. Il me dit: «Que fait Gouvernet? Veut-il quelque chose? — Non, répondis-je, nous comptons aller nous installer au Bouilh. — Tant pis, s'écria-t-il, c'est une bêtise. — Mais, repris-je, nous ne sommes pas en état de rester à Paris. — Bah! dit-il, on a toujours de l'argent quand on veut.» Voilà l'homme!

Dès que Mme Bonaparte connut, par Mme de Valence et Mme de Montesson, ma présence à Paris, elle désira que je vinsse chez elle. Attirer à soi une femme, jeune encore, ancienne dame de la cour, très à la mode, voilà une conquête, si j'ose le dire, dont elle était très impatiente de se vanter au premier consul. Aussi me fis-je un peu prier, pour donner du prix *à ma condescendance*; puis, un matin, je me rendis chez Mme Bonaparte avec Mme de Valence. Je trouvai dans le salon un cercle de femmes et un groupe de jeunes gens, tous de ma connaissance. Mme Bonaparte vint à moi en s'écriant: «Ah! la voilà!» Elle m'assit à côté d'elle, me dit mille choses gracieuses en répétant: «Comme elle a l'air anglais!» — ce qui cessa d'être un éloge quelque temps après.

Elle m'examina de la tête aux pieds, et son attention se porta surtout sur une grosse tresse de cheveux blonds qui entouraient ma tête et dont ses yeux ne pouvaient se détacher. Comme nous nous levions pour partir, elle ne put s'empêcher de demander tout bas à Mme de Valence si cette tresse était bien faite avec mes propres cheveux.

Mme Bonaparte me parla de Mme Dillon, ma belle-mère, avec beaucoup de bienveillance ; exprima un vif désir de faire la connaissance de ma sœur Fanny, qui était en même temps sa nièce — la mère de Mme Dillon et celle de Joséphine étaient sœurs. — Puis elle continua en disant que tous les émigrés allaient rentrer, qu'elle en était charmée, qu'on avait assez souffert, que le général Bonaparte souhaitait avant toute chose amener la fin des maux de la Révolution, etc., enfin toute une suite de propos rassurants. Elle demanda aussi des nouvelles de M. de La Tour du Pin et témoigna le désir de le voir. Elle partait pour Malmaison et m'invita à y venir. De toutes façons elle fut fort aimable, et je vis clairement que le premier consul lui avait donné le département des dames de la cour et confié le soin de leur conquête quand elle en rencontrerait. La tâche n'a guère été difficile, car toutes se sont précipitées vers le pouvoir naissant, et je ne connais que moi qui aie refusé d'être dame du palais de l'impératrice Joséphine.

M. de La Tour du Pin et moi, nous n'avions jamais été inscrits — je ne m'explique pas pourquoi — sur la liste des émigrés. Il nous fallut donc prendre un certificat de résidence en France, signé de neuf témoins, formalité indispensable, dont personne n'était dupe cependant. Dans ce but, je me rendis à la municipalité du quartier avec mon escouade de témoins. Lorsque le certificat fut signé et revêtu de tous les *mensonges* nécessaires, le maire, en m'en remettant très poliment une expédition, me dit tout bas : «Cela n'empêche pas que toutes les pièces de votre habillement n'arrivent de Londres.» Puis il se mit à rire. Quelle comédie !

L'endroit de Paris, où, pendant cet été, se réunissait la meilleure compagnie se trouvait sous la voûte d'une maison de la place Vendôme : celle qui forme le pan coupé de la place, à droite en allant vers la rue Saint-Honoré et du côté de cette rue. C'était là que siégeait la *Commission des émigrés*, tribunal assez facile à se concilier quand on n'y arrivait pas les mains vides. Dans la foule qui se pressait sur ce point, on rencontrait les plus grands personnages mêlés à des agents d'affaires de toutes catégories. Dominant le bruit des conversations les plus variées, ces phrases surtout se faisaient entendre : «Êtes-vous rayé ? — Allez-vous l'être ?» Et tel, muni d'une suite respectable et non interrompue de certificats de résidence en France attestant combien il avait été injuste d'inscrire son nom sur la fatale liste, s'entretenait ouvertement, sur le seuil de la maison de ses faits, gestes et paroles à Coblentz, à Hambourg ou à Londres.

Les Français s'amusent de tout. La Commission des émigrés était devenue un lieu de réunion. On s'y donnait rendez-vous. On y allait pour rencontrer d'anciennes connaissances, pour causer de ses projets, du choix de sa résidence, etc. Beaucoup de ceux qui revenaient considéraient l'endroit comme un bureau de placement. Les pères se demandaient si leurs fils entreraient au service militaire. On commençait aussi à parler *du pays*, dont on s'embarrassait si peu quelques mois auparavant. Les plus beaux noms de France coudoyaient, sous la porte, les représentants des familles nobles de province. Quel dommage qu'il n'y eût pas à l'entrée une balance ou un pont à bascule semblable à ceux qui

pèsent les voitures sur les chemins de fer. Combien
de bons et loyaux gentilshommes de province qui,
en rentrant d'exil, ne trouvaient plus que les quatre
murs nus de leurs habitations, souvent même sans
un toit pour les abriter eux et leur famille, auraient
pesé d'un plus grand poids que tel duc au nom
retentissant !...

Nous n'avions pas affaire à la commission, puisque
nous ne figurions pas sur la liste des émigrés. Il fut
pourtant nécessaire de faire rayer de cette liste
le nom de ma belle-mère. Quoique établie depuis
trente ans au couvent des dames anglaises de la
rue des Fossés-Saint-Victor, qu'elle n'avait jamais
quitté, on l'y avait inscrite. La vente de tout le mobilier de son château de Tesson et de deux métairies
avait été la conséquence de cette inscription non jus-
tifiée.

Bonaparte, avant son départ pour le fameux passage du Grand-Saint-Bernard, eut l'idée de créer,
avec de jeunes volontaires, un régiment de hussards. Dans le cadre des officiers de ce corps étaient
bientôt entrés les jeunes gens les moins avancés en
âge de la haute société. Parmi eux se trouvait notre
neveu, Alfred de Lameth. Il avait dix-huit ans seulement. Comme l'uniforme en était jaune clair, le
peuple de Paris nomma ce nouveau corps *les serins*.
L'occasion d'acheter de beaux chevaux, de faire de
la dépense eut bien vite tenté les jeunes gens. Mais,
quand ils virent que le peuple se moquait d'eux, ils
se fondirent peu à peu dans l'armée.

Je me rendis un matin à Malmaison. C'était après
la bataille de Marengo. Mme Bonaparte me reçut à
merveille, et, après le déjeuner, qui eut lieu dans
une délicieuse salle à manger, elle me fit visiter sa
galerie. Nous étions seules. Elle en profita pour me

faire des contes à dormir debout sur l'origine des chefs-d'œuvre et des admirables petits tableaux de chevalet que la galerie contenait. Ce beau tableau de l'Albane, le pape l'avait contrainte à l'accepter. La *Danseuse* et l'*Hébé*, elle les tenait de Canova. La ville de Milan lui avait offert ceci et cela. Je n'eus garde de ne pas prendre ces dires au sérieux. Mais ayant une grande admiration pour le vainqueur de Marengo, j'aurais estimé davantage Mme Bonaparte si elle m'eût simplement dit que tous ces chefs-d'œuvre avaient été conquis à la pointe de l'épée. La bonne femme était essentiellement menteuse. Lors même que la simple vérité aurait été plus intéressante ou plus piquante que le mensonge, elle eût préféré mentir.

Le pauvre Adrien de Mun, alors un brillant jeune homme, m'accompagnait dans cette visite. Je trouvai à Malmaison les de l'Aigle, les La Grange, Juste de Noailles, et *tutti quanti*, se faisant déjà prendre la mesure, en imagination, des habits de chambellan dont je les ai vus revêtus depuis.

Une chose nous avait beaucoup frappés, mon mari et moi : c'est la froideur avec laquelle le peuple de Paris, si aisément enthousiaste, reçut la nouvelle de la bataille de Marengo. Nous allâmes, en compagnie de M. de Poix, nous promener au Champ de Mars, le jour anniversaire du 14 juillet. Après la revue de la garde nationale et de la garnison, un petit bataillon carré d'une centaine d'hommes revêtus d'effets sales et déchirés, les uns les bras en écharpe, d'autres la tête entourée de bandages, et portant les étendards et les drapeaux autrichiens pris à Marengo, entra dans l'enceinte. Je m'attendais à des applaudissements forcenés et bien motivés. À l'encontre de mes prévisions, pas un cri, et très peu de signes de joie. Nous en fûmes surpris aussi qu'indignés, et même, depuis, en y réfléchissant à loisir, la cause de cette froideur nous a toujours paru inexplicable. Ces braves soldats étaient arrivés en poste, nous dit-on, pour paraître ce jour-là à la revue devant le public.

CHAPITRE XXVI

Enfin, vers le mois de septembre, nous nous décidâmes à partir pour le Bouilh. Nous avions vendu notre maison[168] à Paris assez mal. Elle était située dans un vilain quartier, la rue du Bac. Je ne me souviens plus de l'affectation donnée par mon mari aux fonds provenant de cette vente. Il trouva à son retour un si grand désordre dans les affaires de son père et dans les siennes propres, tant de malheur s'attachait à tout ce qu'il entreprenait que, malgré son intelligence et sa capacité, rien ne lui réussissait. Assurément, tous ses actes étaient uniquement inspirés par le seul désir d'améliorer la fortune de ses enfants ! Paix et respect donc à sa mémoire.

Nous emmenâmes de Paris un instituteur pour mon fils. C'était un prêtre qui avait émigré en Italie et qui en avait étudié la langue à fond. Il se nommait M. de Calonne. Comme société, sa présence offrait peu de ressources. Mais, quoiqu'il fût dans une position fort précaire, on nous donna de très bonnes recommandations sur son compte et sur sa moralité. Cela nous détermina à le prendre. Mon mari s'en alla seul par Tesson, et je pris un voiturier qui nous mena à petites journées dans un grand carrosse, où prirent place, en plus de moi, M. de Calonne, mon fils Humbert, mes deux filles, ma bonne Marguerite et une fille de la nourrice d'Humbert, dont nous avions fait notre femme de chambre.

Enfin, nous arrivâmes au Bouilh, où je fus heureuse de me retrouver. J'avais grand besoin de repos. Une excellente fille que j'y avais laissée avait pris soin de tout, malgré l'apparence de séquestre que l'on avait remis sur le château. Mon mari arriva peu de jours après et nous nous trouvâmes enfin tous réunis chez nous.

M. de La Tour du Pin se consacra à l'agriculture et à l'éducation de son fils, à laquelle je contribuais pour ma part, afin qu'il n'oubliât pas l'anglais. Humbert était âgé de dix ans et demi, Charlotte allait en avoir quatre, et Cécile avait six mois. Mon excellente bonne, Marguerite, se dévouait avec plus d'attention et de tendresse aux chers enfants que je ne le faisais moi-même.

Je revis avec plaisir notre bonne et spirituelle voisine, Mme de Bar. Sa fille, alors dans sa vingtième année, me témoignait beaucoup d'amitié. Elle avait aussi un fils, âgé de dix-sept ans. J'ai exercé une grande influence sur sa destinée, sans qu'il s'en soit peut-être jamais rendu compte. Aussi son souvenir m'est-il resté cher et douloureux.

Mme de Bar, femme de prodigieusement d'esprit, se trouvait veuve d'un officier du génie très distingué, ami intime de mon beau-père. Il mourut au commencement de la Révolution, et sa femme se retira à la campagne sans autre fortune qu'une propriété en vignes qu'elle faisait valoir. Malgré son esprit, ses bons sentiments, sa distinction, et quoiqu'elle aimât passionnément son fils, âgé de dix ans seulement lorsqu'il perdit son père, elle avait complètement négligé son éducation. M. de La Tour du Pin le lui reprocha vivement. À quoi elle répondit qu'il ne voulait rien faire, qu'il avait horreur des livres et ne témoignait de goût pour aucune car rière. Elle lui reconnaissait cependant de l'esprit naturel. Comme je n'ajoutai pas foi à ces excuses d'un amour maternel mal entendu, elle me pria de parler à son fils. Je m'y prêtai volontiers. Un matin donc que j'étais seule à arranger les livres dans la bibliothèque, il vint me trouver. Je lui demandai de m'aider. Il y mit un zèle et une intelligence qui me surprirent. L'occasion était propice pour lui faire un peu de honte de son ignorance, puis je lui fis promettre de s'arracher à sa paresse, d'étudier, de lire. Je lui donnai des livres à emporter, en lui demandant de me faire de ces ouvrages des extraits que je corrigerais, sans en parler, même à sa mère. Il fut transporté de reconnaissance. Quinze jours plus tard, Mme de Bar me dit que j'avais fait un miracle : son fils passait maintenant les jours et les nuits à écrire. Il m'apporta ses premiers essais, je les corrigeai, et au bout de deux mois, son esprit très supérieur s'était développé au point que je dus reconnaître mon insuffisance à être plus longtemps son institutrice. Le désir d'entrer dans la marine lui vint, et comme je connaissais beaucoup le commissaire général de la marine à Bordeaux, M. Bergevin, j'obtins son admission à l'École de la marine, à titre d'élève aspirant. Au moment de partir, le pauvre enfant fut désespéré. Il me demanda la permission de m'écrire ses progrès, et je lui promis de lui répondre exactement. Cette âme si ardente et ce cœur si pénétré, hélas ! d'un sentiment dont il ne se doutait pas, avaient besoin de croire que ses progrès m'intéressaient. Mais n'interrompons pas ce triste récit ; je veux le continuer tout de suite.

Le jeune de Bar alla à Bordeaux, où ses études se firent avec une distinction si extraordinaire, qu'au bout d'un an, après les examens du célèbre Monge, il fut envoyé à Brest avec le grade d'aspirant de deuxième classe. Quand, revêtu de son uniforme, et en route pour rejoindre une grande école d'où il sortirait officier, il vint me voir, rien ne peut peindre les sentiments de bonheur, d'orgueil, de gloire dont il était animé. Quand il entra dans le salon, je ne le reconnus tout d'abord pas. Il avait grandi, sa figure s'était développée. Je lui parlai avec intérêt du succès de ses études. Il répondit les larmes aux yeux: «C'est votre ouvrage.» Pauvre enfant! À Brest, il eut les mêmes succès, au premier examen. On le mit sur les rangs pour être aspirant de première classe, et on l'embarqua sur un vaisseau de guerre. Mais il fallait beaucoup travailler. Il y consacrait ses nuits. Pour ne rien coûter à sa mère, il se nourrissait mal. La maladie vint; son sang, brûlé par l'étude et par les veilles, s'alluma. En quelques jours, le mal l'emporta, et la cruelle mission de l'apprendre à sa pauvre mère m'incomba. Il ne revint de lui qu'un petit étui de mathématiques. Son père l'avait donné à mon beau-père, et je lui en avais fait cadeau.

Après mes propres douleurs, la mort de ce charmant jeune homme représente le plus triste de mes souvenirs. Le sentiment que j'avais fait naître en lui avait été le flambeau qui l'avait éclairé, mais en le dévorant. Sa mort me causa presque un remords, puisque sans mon intervention dans sa vie il aurait vécu paisiblement, dans son ignorance, il est vrai, mais enfin, il aurait vécu. Sa mère, tout en le pleurant, ne m'en a pas voulu pourtant d'avoir développé des facultés qu'elle laissait endormies. Que serait-il devenu sans moi? Sa vie eût-elle répondu à ce qu'elle promettait d'être par moi?

Mme d'Hénin vint au Bouilh à différentes reprises pendant les huit ans que nous y avons habité. Lors de son premier séjour, elle m'amena la fille de Mme de Lally[169], qui sortait de chez Mme Campan, en me priant d'achever son éducation, Mlle de Lally avait près de quinze ans. Je l'accueillis avec plaisir. Elle était douce, bonne enfant, savait assez bien l'orthographe, la musique et la danse. Quant à la culture de l'esprit, elle avait été complètement négligée. J'envisageai la mission que l'on me confiait comme une grande charge et comme une responsabilité un peu lourde à porter. Mon mari m'engagea à l'accepter néanmoins, et son désir était pour moi une loi contre laquelle la pensée ne me vint même pas de résister. Comme nous étions trop peu fortunés pour augmenter sans inconvénient nos dépenses, ma tante voulut que M. de Lally nous remît pour la pension de sa fille une somme équivalente à celle qu'il payait pour elle chez Mme Campan. Accepter une telle condition me parut déchoir un peu ; nous nous y soumîmes cependant. M. de Lally, en outre, conservait le soin de l'entretien personnel de sa fille. Elle n'a pas eu à se plaindre de ces arrangements, et, de mon côté, je puis dire que nous n'avons pas eu à les regretter. Je fis, en m'occupant de Mlle de Lally, la répétition de l'éducation que plus tard je devais donner à mes filles. Mon mari se chargea de lui apprendre l'histoire, la géographie. L'enseignement de l'anglais, dont elle avait déjà quelques notions, me revint, et l'instituteur de mon fils lui donna des leçons d'italien. Nos lectures à haute voix, en commun, lui profitèrent également. Elle aima beaucoup mes enfants, surtout Cécile, dont elle commença l'éducation première.

Nous songions, mon mari et moi, à l'avenir de nos enfants, et cette préoccupation n'était pas la moindre des inquiétudes que le mauvais état de nos affaires nous causait. La terre du Bouilh, réduite à sa valeur territoriale, représentait peu de chose. La guerre avec l'Angleterre avait mis à rien le prix des vins, surtout des vins blancs, déjà de peu de valeur, de tout temps, dans nos contrées. On les achetait au prix de 4 à 5 francs la barrique. Mon mari installa une brûlerie à eau-de-vie, et engagea de fortes dépenses pour la mettre en état de fonctionner convenablement. Mais les profits de cette sorte de commerce nous permettaient tout au plus de vivre, et bientôt il faudrait songer à l'avenir de mon fils. C'était notre unique et dévorante pensée.

Ma tante et M. de Lally nous écrivaient de Paris que toutes les personnes que nous avions connues autrefois se ralliaient au gouvernement. On venait de publier le concordat, et le rétablissement de la religion eut un effet prodigieux dans nos provinces. Jusqu'à ce moment, on n'assistait à l'office divin que dans les chambres, sinon tout à fait en secret, du moins assez silencieusement pour ne pas compromettre l'officiant, presque toujours un prêtre émigré rentré. Aussi quand on vit arriver un respectable archevêque, M. d'Aviau de Sanzai, à Bordeaux, et que l'intrus disparut sans que j'aie jamais su ce qu'il était devenu, ce fut une joie qui tenait du délire. Nous eûmes l'honneur de le posséder au Bouilh pendant les deux premiers jours qui suivirent son entrée dans le diocèse. Nous réunîmes pour le recevoir tous les bons curés de notre ancien domaine, qui comprenait dix-neuf paroisses. La plupart, nommés récemment, revenaient des pays étrangers. D'autres avaient vécu cachés chez leurs paroissiens ou dans des maisons particulières. Notre saint archevêque se fit adorer de tous. Son entrée à Bordeaux fut un triomphe. La reconnaissance qu'on éprouvait s'en allait au grand homme qui tenait les rênes du gouvernement. Quand il se déclara consul à vie, elle se traduisit par une approbation presque unanime de ceux appelés à voter sur cette proposition.

Un peu plus tard, enfin, parurent dans les communes les listes où l'on devait inscrire son nom et

répondre par *oui* ou par *non* à la question de savoir
si le consul à vie devait se proclamer *empereur*.

M. de La Tour du Pin fut dans une agitation extraordinaire avant de se décider à mettre *oui* sur la
liste de Saint-André de Cubzac. Je le vis se promener seul dans les allées du jardin, mais je ne me permis pas de pénétrer dans ses incertitudes. Enfin, un
soir il rentra, et j'appris avec plaisir qu'il venait
d'écrire un *oui* comme résultat de ses réflexions.

Mme de Duras[170] arriva au Bouilh pour y attendre
son mari, qui devait venir la prendre pour la mener à
Duras, chef-lieu de sa famille, situé entre Bordeaux et
Agen. Ils venaient d'acheter Ussé[171], où Mme de Kersaint, mère de Mme Duras, avait colloqué les fonds
provenant de la vente de son habitation à la Martinique. La duchesse de Duras[172], mère d'Amédée[173],
y avait ajouté 400 000 francs de ses propres biens.
Cette belle habitation leur coûta 800 000 francs.
C'était un excellent marché.

Lorsque je revis Claire Duras, que j'avais laissée
à Teddington en proie à une passion malheureuse
pour son mari, je la retrouvai tout autre. Elle était
devenue un des coryphées de la société antibonapar-
tiste du faubourg Saint-Honoré. Ne pouvant se distinguer par la beauté du visage, elle avait eu le bon
sens de renoncer à y prétendre. Elle visa à briller par
l'esprit, chose qui lui était facile, car elle en avait
beaucoup, et par la capacité, qualité indispensable
pour occuper la première place dans la société où
elle vivait. À Paris, il est nécessaire de trancher sur
tout, sans quoi on est écrasé : en termes de marine, il
faut faire feu supérieur. Son caractère naturellement
présomptueux et dominateur la préparait par-dessus
tout à jouer un tel rôle.

En 1805, j'allai avec Élisa — Mlle de Lally — passer quelque temps à Bordeaux. Un jour, à la messe,

Élisa fut remarquée par un jeune homme, le plus distingué de Bordeaux par la naissance, la figure et la fortune : M. Henri d'Aux. Très petite de taille, la tête ornée de superbes cheveux noirs, elle avait un teint éblouissant, d'une fraîcheur de rose, et les plus beaux yeux du monde. Notre ami Brouquens, après des catastrophes de fortune causées par la chute de la compagnie des vivres de l'armée, était revenu s'installer à Bordeaux pour un temps indéfini. Il apprit, par des amis, que M. Henri d'Aux avait parlé à certains de ses camarades de la jeune personne élevée par Mme de La Tour du Pin en termes élogieux. Aucune des demoiselles de Bordeaux, aurait-il déclaré, n'avait ce maintien convenable et décent. Il prit des informations sur nous, sur notre manière de vivre, sur nos mœurs, etc.

Mon mari, qu'on avait nommé président du canton, sans qu'il l'eût sollicité, s'était rendu à Paris pour le couronnement. Je lui écrivis les propos que l'on m'avait rapportés et il en parla à M. de Lally. Celui-ci s'occupait alors de poursuivre le paiement d'une assez grosse somme dont il avait obtenu le remboursement, et que l'État lui devait depuis la réhabilitation de la mémoire de son père et la cassation de son arrêt de mort, c'est-à-dire depuis trois ans avant la Révolution. La dette de l'État avait été reconnue valable par le Conseil d'État. Mais, réduite des deux tiers comme tous les fonds, elle ne s'élevait plus qu'à la somme de 100 000 francs. Napoléon, qui désirait rallier M. de Lally à son gouvernement, voulut que sa réclamation eût un plein succès. M. de Lally, quand mon mari lui fit part du contenu de ma lettre, déclara sans hésiter que, s'il touchait cette somme, la donnerait à sa fille le jour de son mariage. Il tint parole. Nous arrangeâmes d'aller passer le carnaval à Bordeaux pour procurer à M. d'Aux l'occasion de voir Élisa à des bals de bonne compagnie, qui se donnaient dans les salons de l'ancienne Intendance.

Mon mari avait vu à Paris plusieurs personnes de ses connaissances de jadis, et qui toutes alors étaient dans le gouvernement, entre autres M. Maret, depuis duc de Bassano. Elles le pressèrent de tenter quelques démarches pour obtenir un emploi. Sans s'y refuser précisément, il répondit que, si l'empereur avait envie de le prendre, il saurait bien où le trouver, que le rôle de solliciteur ne lui convenait pas, etc. M. de Talleyrand ne comprenait les répugnances d'aucun genre, mais il sentait pourtant, par son esprit plutôt que par son cœur, qu'il y avait une sorte de distinction à ne pas se mêler à la foule des solliciteurs. Il se contenta de dire, en levant les épaules : « Cela viendra. » Et puis, il n'y pensa plus.

M. de La Tour du Pin revint au Bouilh. Il avait vu M. Malouet, qui venait d'être nommé préfet maritime à Anvers pour y établir le grand chantier de construction auquel il donna une si prodigieuse impulsion. Ces messieurs s'étaient entendus pour qu'Humbert, lorsqu'il aurait dix-sept ans, fût placé dans les bureaux de M. Malouet. L'institution des auditeurs au Conseil d'État n'existait pas encore. On commençait cependant à en parler, et nous fûmes d'avis qu'il serait utile à un jeune homme qui se destinait aux affaires de travailler pendant un certain temps sous les yeux d'un homme aussi éclairé et aussi habile que l'était M. Malouet. Comme il avait beaucoup d'amitié pour nous, nous pouvions lui confier notre fils en toute sécurité. La pensée de cette séparation, toutefois, pesait cruellement sur mon cœur.

Mon mari revint de Paris, et peu après je m'aperçus, mon cher fils, que j'étais grosse de vous. L'année précédente, j'avais fait une fausse couche. Je résolus, pour éviter un nouvel accident, de ne pas faire d'exercice violent pendant tout le temps de ma grossesse, au cours de laquelle je fus toujours plus ou moins souffrante.

Le 18 octobre 1806, comme je m'habillais le matin, j'aperçus mon bon docteur Dupouy, établi au Bouilh depuis quelques jours, qui passait sur la terrasse. Je lui demandai en riant d'où il venait si matin. Il me répondit qu'on était venu le chercher pour constater le décès d'une de nos voisines, morte subitement en sortant de son lit. Je connaissais beaucoup cette personne, avec laquelle j'avais précisément causé longtemps la veille. Cet événement me bouleversa au point que je fus prise à l'instant même des douleurs qui vous amenèrent au monde pour le bonheur de mes vieux ans.

Je ne me remis que lentement des suites de mes couches, avant été atteinte de la fièvre double tierce, pendant laquelle je ne cessai pourtant pas de nourrir.

Nous n'avions pas perdu de vue l'affaire importante du mariage d'Élisa. Sous le prétexte de faire vacciner le nouveau-né, nous allâmes, vers Noël, passer six semaines à Bordeaux, chez notre excellent Brouquens. Cet incomparable ami était parvenu à mettre dans nos intérêts M. de Marbotin de Couteneuil, ancien conseiller au Parlement, le propre oncle de M. d'Aux. Sa femme était sœur de la mère de M. d'Aux. Le jeune homme, après la mort de sa mère, survenue depuis longtemps déjà, avait voué à sa tante une véritable affection filiale. M. de Couteneuil désirait rentrer dans la judicature. M. de Lally passait pour avoir du crédit. Ce fut une raison de plus pour engager M. de Couteneuil à travailler au mariage de son neveu. D'ailleurs, orgueil à part, nous jouissions d'une assez grande considération à Bordeaux pour qu'une personne admise dans notre vie de famille depuis cinq ans en reçût une sorte de relief.

Les jeunes gens se retrouvèrent dans plusieurs bals. Élisa, qui dansait à ravir — dans ce temps on ne valsait pas, et la danse était un art — y brilla de tout son éclat. Ils se revirent dans des promenades, puis à des offices à l'église, où l'on était toujours sûr de rencontrer M. d'Aux. Enfin un jour Mme de Couteneuil se présenta chez moi officiellement pour me demander la main de ma jeune personne pour son neveu. Je lui répondis, en bonne et ancienne diplomate, que j'ignorais les projets de M. de Lally sur sa fille, mais que M. de La Tour du Pin irait lui faire part au Bouilh, où il se trouvait, de la proposition qu'on me transmettait.

Il y alla, en effet, et revint le lendemain avec M. de Lally. Tout fut bientôt arrangé. Puis suivirent les compliments, les dîners, les soirées. Nous reçûmes la visite du vieux père d'Aux. C'était un gentilhomme de la vieille roche, sans le moindre vestige d'esprit ni d'instruction. On racontait qu'il avait fait mourir sa femme d'ennui. Cela ne l'empêchait pas de posséder 60 000 francs de rente et plus.

À la signature du contrat, M. de Lally compta à M. d'Aux, comme il s'y était engagé, cent sacs de 1 000 francs, représentant la dot de sa fille. C'est la seule fois de ma vie que j'ai vu tant d'argent réuni.

La noce se fit au Bouilh, le 1er avril 1807. Il n'y avait encore de fleurs que des petites marguerites doubles, roses et blanches. Mme de Maurville, Charlotte et moi, nous fîmes un charmant surtout pour le dîner : le fond était de mousse, avec les noms d'Henri et d'Élisa écrits en fleurs.

CHAPITRE XXVII

Vers la fin de l'été, ou, pour mieux dire, en termes d'agriculture, tout de suite *après vendanges*, il fallut me séparer de mon cher fils Humbert pour la première fois. Ah! que cette séparation me fut cruelle! Combien j'eus besoin de toute ma raison, de ma soumission aux volontés de Dieu pour la supporter. Il partit avec son père, qui le conduisit jusqu'à Paris. Quel déchirement en l'embrassant pour une absence d'une durée indéterminée! La douleur de sa sœur aînée Alix fut également très vive. Charlotte avait alors onze ans. Elle était si avancée pour son âge, si raisonnable, que son frère ne la considérait plus comme une enfant. Elle perdait un compagnon de ses études et de ses jeux, un véritable ami. Avec le partant s'en allait la joie de notre intérieur. Quand, un mois plus tard, M. de La Tour du Pin revint sans son fils, notre douleur se raviva.

Le Bouilh était accablé de logements de gens de guerre. Toute l'armée en route pour l'Espagne passait à Saint-André-de-Cubzac. Nous avions souvent à héberger des officiers, chose fort importune, surtout quand j'étais seule, à cause de la nécessité de les recevoir à dîner et dans le salon. Il m'arriva à ce propos une petite aventure pendant l'absence de mon mari, dont je me tirai à mon avantage, mais après laquelle je demandai à loger à l'avenir le double de soldats ou de cavaliers, et pas d'officiers.

On avait envoyé au Bouilh deux officiers, dont un déjà assez âgé. Ce dernier, lorsqu'il vit notre beau château et la jolie chambre où on le logeait, entra dans une de ces fureurs démagogiques digne des plus beaux temps de la Convention. Elle était telle que, me rencontrant dans un corridor, il m'apostropha en jurant, et s'écria «qu'il savait qu'on avait coupé la tête à l'ancien maître de la maison, qu'il aurait souhaité qu'on en fît autant à tous les nobles possesseurs d'aussi belles demeures et qu'il se réjouirait si on mettait le feu au château». À sa mine, je jugeai qu'il était homme à mettre la menace à exécution. Aussi lui répondis-je avec le plus grand sang-froid : «Monsieur, je vous préviens que je vais porter plainte.»

Sur ce, j'écrivis le plus poliment du monde au colonel logé à Saint-André, pour l'informer des propos tenus par le capitaine, dont j'avais demandé le nom. Une demi-heure après, le colonel intimait au forcené l'ordre de revenir et de se rendre aux arrêts forcés.

À dater de ce jour, on ne nous envoya plus d'officiers. Nous eûmes bien encore quelques tapageurs, mais qui faisaient le train chez le maître valet.

Un soir, une douzaine de ces furibonds étaient abrités dans les écuries. Tout à coup un tapage effroyable se fit entendre dans le vestibule. Nous étions à table. Nous nous levâmes. Le colonel dînait avec nous. C'était Philippe de Ségur [174]. Son apparition, quand ils distinguèrent au milieu de nous leur chef, fut le *quos ego...* [175]. Jamais on n'a vu des figures si consternées que celles de ces terribles soldats. Ils disparurent dans le grenier à foin, et lorsqu'on se mit à leur recherche, le dîner terminé, ils étaient devenus invisibles.

Un jour de grande fête, j'assistais à la messe à Bordeaux. À un moment donné, j'avais remarqué que, pour une cause quelconque, l'attention de toute la congrégation était attirée vers le fond de la chapelle dans laquelle je me trouvais. Comme je me levais pour sortir, j'aperçus un superbe officier, enveloppé dans un ample manteau blanc, drapé avec grâce et qui, relevé sur le bras qui soutenait le sabre, laissait entrevoir un pantalon amarante à la mamelouk. Il se mêla à la foule pour quitter l'église et prit ensuite le chemin de la maison de M. de Brouquens. Il y entra, et comme je le suivais dans la cour, il se retourna et s'écria : « Ah ! c'est donc ma tante ! » Puis il me sauta au cou.

C'était mon neveu, Alfred de Lameth. Qu'il était beau ! On eût dit l'Apollon du Belvédère en uniforme d'aide de camp de Murat ! Le pauvre garçon aussi me fit ses derniers adieux. Il avait de tristes pressentiments, car, après avoir causé avec moi pendant deux heures de toutes ses folies de jeunesse, dont il commençait à se lasser, de la guerre où il n'avait pas encore reçu, disait-il, une égratignure, il exprima le désir de me laisser quelque souvenir de lui. En même temps, ouvrant son écritoire, il me donna ce couteau à manche de nacre qu'on a toujours pu voir sur ma table. Puis il m'embrassa tendrement à plusieurs reprises, et comme mes yeux se remplissaient de larmes, il me dit : « Oui, chère tante, c'est pour la dernière fois ! » L'infortuné garçon fut misérablement assassiné au milieu du quartier général du maréchal Soult, en Espagne, en traversant un petit village pour aller déjeuner chez le maréchal. On ne put découvrir le meurtrier. À titre de représailles, on livra le village à la fureur des soldats, qui en firent une sanglante et brûlante hécatombe.

Les affaires d'Espagne occupaient beaucoup à Bordeaux, où quelques réfugiés de ce pays étaient déjà arrivés. Ma tante nous écrivit de Paris que l'empereur devait se rendre en Espagne, accompagné peut-être par l'impératrice Joséphine, et que M. de Bassano ferait partie de leur suite. Elle conseillait à son neveu d'aller faire sa cour à l'empereur, et de voir M. de Bassano, qui lui portait de l'intérêt. M. de La Tour du Pin reçut cette lettre au moment où il partait à cheval pour Tesson. Une affaire de lettre de change réclamait absolument sa présence là-bas. «Je ne serai que deux jours, dit-il, j'ai bien le temps d'y aller», et il partit. Le lendemain arrivait à la poste l'ordre de préparer les chevaux pour l'empereur. Cela me désespéra, mais je n'en fus pas moins empressée de voir cet homme extraordinaire.

Mme de Maurville, ma fille Charlotte et moi, nous allâmes à Cubzac, résolues de n'en pas revenir que nous n'eussions vu Napoléon. Nous demandâmes asile à Ribet, le grand commissionnaire du roulage, que nous connaissions, et nous nous installâmes dans une chambre donnant sur le port. Le brigantin destiné au passage de la Dordogne se trouvait déjà avec ses matelots à leur poste. Toute la population du pays bordait la route. Les paysans, tout en maudissant l'homme qui leur enlevait leurs enfants pour les envoyer à la guerre, voulaient quand même le voir. C'était une folie, une ivresse. Un premier courrier arriva. On voulut le questionner. Le général Drouet d'Erlon, commandant du département, lui demanda quand l'empereur arriverait. Cet homme était tellement fatigué qu'on ne put en tirer pour toute réponse que le mot : «Passons.» Son bidet sellé, il l'accompagna dans le bateau, puis tomba comme mort au fond de l'embarcation, d'où on le tira pour le remettre à cheval de l'autre côté de la rivière.

Notre impatience devenait fiévreuse depuis le passage du courrier. Pour moi, j'étais absorbée par la fatalité qui retenait mon mari loin du lieu où l'appelaient ses fonctions. La municipalité de Cubzac était présente, et lui, président du canton, dont la place était là, se trouvait absent. C'était une occasion perdue qui ne se représenterait pas. J'en éprouvai une excessive contrariété. Enfin, après une attente qui dura la journée entière, vers le soir, une première voiture arriva, et peu après une berline à huit chevaux, escortée par un piquet de chasseurs, s'arrêta sous la fenêtre où nous nous trouvions. L'empereur en descendit, revêtu de l'uniforme de chasseur de la garde. Deux chambellans, dont l'un était M. de Barral, et un aide de camp l'accompagnaient. Le maire lui débita un compliment. Il l'écouta avec un air de grand ennui, puis descendit dans le brigantin qui s'éloigna aussitôt.

À cela se borna notre vue du grand homme. Nous retournâmes au Bouilh toutes trois, fatiguées et de mauvaise humeur.

Mon mari arriva le lendemain. Je lui donnai le temps de déjeuner seulement, et le forçai à partir pour Bordeaux, où l'on attendait l'impératrice le jour suivant. Dès son arrivée, il alla voir M. Maret, qui professait à son égard beaucoup d'amitié et d'intérêt. Il le trouva aimable et obligeant. Mais quel fut son étonnement lorsque celui-ci lui dit : «Vous avez éprouvé beaucoup de contrariété de la nécessité d'aller à Tesson, précisément quand l'empereur passait chez vous, et vous avez mis une grande diligence à revenir. — Vous avez donc vu Brouquens, répliqua M. de La Tour du Pin. — Non. — Mais alors, comment savez-vous cela ? — C'est l'empereur qui me l'a dit. » Vous sentez si mon mari fut surpris. «Mme de La Tour du Pin doit venir à Bordeaux», ajouta M. Maret; «elle restera ici pendant le temps du séjour de l'impératrice. Il y aura cercle demain; l'empereur veut qu'elle y soit.»

Mon mari m'envoya une voiture aussitôt, car il n'y avait pas à hésiter. J'avais quelques robes à Bordeaux, faites au moment où je menais Élisa dans les bals et aux soirées données à l'occasion de son mariage. Mais parmi elles il n'y en avait pas de noire, et la cour était en deuil. Le cercle était à 8 heures et il en était 5. Heureusement, j'avisai une jolie robe de satin gris. J'y mis quelques ornements noirs, un bon coiffeur arrangea des rubans noirs dans mes cheveux, et cela me sembla aller fort bien pour une femme de trente-huit ans qui, soit dit sans vanité, n'avait pas l'air d'en avoir trente. On se réunit dans la grande salle à manger du palais. Je ne connaissais presque personne à Bordeaux, excepté Mme de Couteneuil et Mme de Saluces qui précisément étaient absentes. Soixante à quatre-vingts femmes se trouvaient là réunies. On nous rangea selon une liste lue à haute voix par un chambellan, M. de Béarn. Il répéta que personne ne devait se déplacer sous aucun prétexte, sans quoi il ne retrouverait plus les noms pour les appliquer aux personnes, et nous recommanda de nous bien aligner. Cette manœuvre quasi militaire était à peine achevée, qu'on annonça à haute voix: «L'empereur!», ce qui me fit battre le cœur. Il commença par un bout et adressait la parole à chaque dame. Comme il s'approchait de l'endroit où je me tenais, le chambellan lui dit un mot à l'oreille. Il fixa les yeux sur moi en souriant de la manière la plus gracieuse, et, mon tour venu, il me dit en riant, sur un ton familier, en me regardant de la tête aux pieds: «Mais vous n'êtes donc pas du tout affligée de la mort du roi de Danemark?» Je répondis: «Pas assez, Sire, pour sacrifier le bonheur d'être présentée à Votre Majesté. Je n'avais pas de robe noire.

— Oh! voilà une excellente raison, répliqua-t-il, et puis vous étiez à la campagne!» S'adressant ensuite à la femme à côté de moi: «Votre nom, Madame?» Elle balbutia. Il ne comprit pas. Je dis: «Montesquieu — Ah! vraiment, s'écria-t-il; c'est un beau nom à porter. J'ai été ce matin à La Brède voir le cabinet de Montesquieu.» La pauvre femme reprit, croyant avoir trouvé une belle inspiration: «C'était un bon citoyen.» Ce mot de citoyen fit bondir l'empereur. Il lança à Mme de Montesquieu, de ses yeux d'aigle, un regard qui aurait pu la terrifier si elle l'avait compris, et répondit très brusquement: «*Mais non, c'était un grand homme.*» Puis, levant les épaules, il me regarda comme voulant dire: «Que cette femme est bête!»

L'impératrice passait à quelque distance de l'empereur, et on lui nommait les femmes dans le même ordre. Mais, avant qu'elle arrivât à ma hauteur, un valet de chambre vint me demander de passer dans le salon pour y attendre Sa Majesté. L'infortuné chambellan ne trouvant plus alors à la place qu'elle occupait sa Mme de La Tour du Pin, fit des barbouillages sans fin qui prêtèrent à la plaisanterie pendant toute la soirée.

Lorsque l'impératrice entra dans le salon, elle se montra extrêmement aimable pour moi et pour mon mari, qu'elle avait également fait appeler. Elle exprima le désir de me voir tous les soirs pendant son séjour à Bordeaux et se mit à jouer au trictrac avec M. de La Tour du Pin. On servit du thé et des glaces. J'espérais toujours revoir l'empereur. La déception fut cruelle quand j'appris que, sur l'arrivée d'un courrier de Bayonne, il avait aussitôt quitté Bordeaux pour s'y rendre.

L'impératrice était accompagnée de deux dames du Palais, Mme de Bassano et une autre dame dont je ne puis retrouver le nom; de sa charmante lectrice, devenue depuis la belle Mme Sourdeau, dont l'empereur Alexandre fut amoureux ; du vieux général Ordener, de M. de Béarn, etc.

L'empereur, quoique ayant, comme on dit vulgairement, *sur les bras* toute l'Espagne et toute l'Europe, avait pris le temps de dicter l'ordre des journées de l'impératrice dans le plus minutieux détail et prévu jusqu'à la toilette qu'elle devait porter. Elle n'aurait ni voulu ni pu en déranger la moindre particularité, à moins d'être malade au lit. J'appris par Mme Maret que l'empereur avait ordonné que nous viendrions, mon mari et moi, tous les jours passer la soirée, ce que nous fîmes.

Cependant la pauvre impératrice commençait à s'inquiéter cruellement des bruits de divorce qui circulaient déjà. Elle en parla à M. de La Tour du Pin, qui la rassura de son mieux. Il s'efforça ensuite d'arrêter les confidences que l'imprudente et légère Joséphine semblait disposée à lui faire et dont il ne paraissait pas prudent de se charger. Elle en voulait beaucoup à M. de Talleyrand, qu'elle accusait de pousser l'empereur au divorce. Personne ne s'en trouvait plus persuadé que mon mari, car il lui en avait parlé plusieurs fois pendant son dernier voyage à Paris, mais il se garda bien de dévoiler la chose à Joséphine. Accoutumée à l'adulation des uns, à la fausseté des autres, elle trouvait une grande douceur à causer avec M. de La Tour du Pin et à lui ouvrir son cœur sur un sujet qu'elle n'avait osé aborder avec aucune des personnes de son entourage. Elle mourait d'envie de partir pour Bayonne et demandait tous les jours à Ordener : « Quand partons-nous ? » À quoi il répondait avec son accent allemand : « À la férité, che né sais pas encore. »

Un soir, j'étais assise à côté de l'impératrice, auprès de la table à thé. Elle reçut un billet de l'empereur, de quelques lignes, et se penchant vers moi elle me dit tout bas : « Il écrit comme un chat. Je ne puis pas lire cette dernière phrase. » En même temps, elle me tendit le billet en mettant furtivement un doigt sur ses lèvres en signe de mystère. Je n'eus que le temps de lire des *tu* et des *toi*, puis la dernière phrase ainsi conçue : « J'ai ici le père et le fils ; cela me donne bien de l'embarras. » Depuis, ce billet a été cité, dans une note, mais fort amplifié. Il était de cinq à six lignes, écrit en travers d'une feuille de papier, déchiré et plié en deux. Si on me le montrait, je le reconnaîtrais.

Après le thé, le général Ordener s'approcha de l'impératrice et lui dit : « Votre Majesté partira demain à midi. » Cet oracle prononcé réjouit tout le monde. Le séjour à Bordeaux avait été une cause de dépense pour moi, qui avais dû, depuis dix jours, être parée chaque soir. Je mourais d'envie de revoir mes enfants. Élisa nourrissait son fils et n'était pas venue, à son grand regret, chez l'impératrice. Elle avait assisté seulement au cercle, où on lui fit un accueil très flatteur. Son mari s'était mis de la garde d'honneur à cheval, dont faisaient partie tous les jeunes gens distingués de Bordeaux.

Nous retournâmes au Bouilh, et, malgré la bonne réception des hauts personnages que nous avions vus à Bordeaux, nous n'entretenions que peu ou point d'espérances pour l'avenir. Comment croire, en effet, qu'un homme éloigné de toute intrigue, inconnu pour ainsi dire du pouvoir, puisqu'il n'avait été mêlé à rien de ce qui s'était passé depuis des années, vivait retiré dans son château, en une retraite d'autant plus profonde qu'il était à peu près sans fortune, eût attiré le regard de l'aigle maître des destinées de la France.

M. de La Tour du Pin était resté à Bordeaux pour

terminer quelques affaires, et je me trouvais assise auprès de ma lampe, en tête à tête avec une pauvre cousine, Mme Joseph de La Tour du Pin, que nous accueillions par bonté. À ce moment — 9 heures du soir sonnaient — un paysan envoyé exprès de Bordeaux arriva à cette heure indue avec un billet de mon mari, sur lequel étaient tracés ces simples mots : « Je suis préfet de Bruxelles... de Bruxelles à dix lieues d'Anvers ! » J'avoue que j'eus un grand mouvement de joie, dans laquelle la pensée de revoir mon fils me touchait surtout.

M. Maret ignorait la vacance de cette préfecture. Le travail du ministre de l'Intérieur arriva à Bayonne, tout comme s'il eût été présenté aux Tuileries ou à Saint-Cloud, car rien n'était jamais dérangé dans les habitudes de l'empereur. Il bouleversait la monarchie espagnole, il envoyait en prison et en exil ses deux rois, père et fils. Cela lui donnait *bien de l'embarras*, comme je l'avais lu écrit de sa propre main, mais malgré tout, quand le travail d'un ministre arrivait, il lisait, rectifiait, changeait les nominations. *Préfecture de la Dyle* : un nom était proposé pour ce poste. Il prend la plume, le raie, et écrit au-dessus : *La Tour du Pin*. Voilà ce que nous apprit par la suite M. Maret, qui ne soulevait jamais une objection, mais ne faisait aussi jamais une proposition. C'était une très honnête machine.

Mon fils se trouvait à Anvers, assis à son bureau de secrétaire de M. Malouet, lorsqu'il aperçut celui-ci traverser la cour en courant. Or, jamais on n'avait vu M. Malouet, le plus grave des hommes, hâter le pas pour quoi que ce fût. Il entra en criant : « Votre père est préfet de Bruxelles ! » Cher Humbert, combien sa joie fut grande !

(176) J'ai négligé d'écrire une particularité que je rapporterai ici. Je trouve, mon cher fils, qu'il est déjà assez singulier qu'ayant six mois accomplis de

ma soixante-quatorzième année, j'aie conservé un
aussi fidèle souvenir de toutes les choses qui me
sont arrivées! Cependant l'une d'elles m'avait tota-
lement passé de l'esprit. La voici:

Quelques jours avant le départ de M. de La Tour
du Pin du Bouilh pour se rendre à Bruxelles, je
reçus un courrier, en grande hâte, de notre ami
Brouquens, qui m'annonçait l'envoi d'une voiture à
Cubzac. Il m'informait en même temps que le roi
Charles IV d'Espagne et son indigne femme [177] arrivaient à Bordeaux, au palais, et que l'empereur
avait ordonné que je servirais de dame d'honneur à
la reine pendant son séjour à Bordeaux, qui serait
de trois ou quatre jours. Heureusement tous mes
vêtements de cérémonie se trouvaient encore chez
Brouquens. Mon paquet fut donc bientôt fait. Mon
mari m'accompagna, et nous partîmes. Aussitôt à
Bordeaux, je m'habillai à la hâte et me rendis au
palais, où Leurs Majestés espagnoles venaient d'arriver. En entrant dans le salon de service, je trouvai
des gens de connaissance, et le cri: «Venez donc,
nous vous attendons pour dîner!» me fut très
agréable, car je n'avais pris qu'une tasse de thé en
partant du Bouilh.

Le roi et la reine s'étaient retirés dans leur intérieur avec le prince de la Paix. Je trouvai là M. d'Au-
denarde et M. Dumanoir, l'un écuyer, l'autre
chambellan de l'empereur; le général Reille, M. Iye-
querdo, un chapelain, et deux ou trois autres Espagnols, dont j'ai ignoré les noms, qui ne parlaient pas
français. Nous nous mîmes à table. Ces messieurs
me dirent que deux autres dames d'honneur avaient
été nommées — Mme d'Aux (Élisa) et Mme de Piis
— et que j'étais chargée de les avertir d'avoir à se
rendre au palais le lendemain à midi. On m'informa, en outre, que Leurs Majestés recevraient les
autorités le matin et les dames le soir. M. Dumanoir

ajouta que personnellement je devais me trouver au palais à 11 heures pour être présentée à la reine, et que moi-même je présenterais ensuite les deux autres dames d'honneur désignées pour être de service auprès de la souveraine.

Pendant le repas, ces messieurs furent très empressés auprès de leur nouvelle camarade. Ils ne cessaient de répéter qu'ils m'emmèneraient jusqu'à Fontainebleau — menace que je pris fort au sérieux, en m'en défendant, et eux de dire : « Cependant, si l'empereur le voulait, il faudrait bien marcher ! » — Après le dîner, nous tâchâmes de trouver le moyen d'amuser le roi pendant les deux soirées qu'il passerait à Bordeaux, chose d'autant plus difficile qu'il ne voulait pas ou ne *pouvait* pas aller au théâtre, où l'on craignait l'effet que sa présence produirait. Je me souvins d'avoir entendu dire en Espagne qu'il aimait la musique avec passion, et que chaque soir il faisait sa partie dans un quatuor où il jouait ou croyait jouer l'*alto*. Nous résolûmes donc d'organiser un petit concert instrumental. On chargea de ce soin le préfet, M. Fauchet, qui, soit dit en passant, était de fort mauvaise humeur parce que sa femme n'avait pas été nommée auprès de la reine. Je n'y pouvais rien. Cette faveur m'avait même fort dérangée.

Une fois rentrée chez moi, il me revint encore dans la pensée qu'à Madrid on prétendait que, lorsque le roi faisait de la musique, il y avait toujours à côté de lui un musicien habitué à faire sa partie. En réalité, le substitut exécutait le passage, en donnant au roi l'illusion que c'était lui qui jouait. Je me promis d'user de la même supercherie, sans cependant la divulguer, par respect pour la Majesté royale déjà si éprouvée.

Le lendemain, à 11 heures, je me trouvai au palais, et M. Dumanoir demanda à entrer chez la reine pour me présenter. Se tournant vers moi, avant d'ouvrir la porte, il me dit: «N'allez pas rire!» Cela m'en donna envie, et, en vérité, il y avait de quoi, car je vis le spectacle le plus surprenant et le plus inattendu.

La reine d'Espagne se tenait au milieu de la chambre devant une grande psyché. On la laçait. Elle avait pour tout vêtement une petite jupe de percale très étroite et très courte, et sur la poitrine — la plus sèche, la plus décharnée, la plus noire que l'on pût voir — un mouchoir de gaze. Sur ses cheveux gris était disposée, en guise de coiffure, une guirlande de roses rouges et jaunes. La reine s'avança vers moi, la femme de chambre la laçant toujours, en opérant ces mouvements de corps que l'on fait quand on veut, en termes de toilette, se retirer de son corset. Auprès d'elle se trouvait le roi, accompagné de plusieurs autres hommes que je ne connaissais pas. La reine demanda à M. Dumanoir: «Qui est celle-là?» Il le lui dit. «Quel est son nom?» fit-elle. Il le lui répéta, et la reine adressa au roi quelques paroles en espagnol, auxquelles il répondit en disant que j'étais ou que mon nom était très noble. Puis elle acheva sa toilette, tout en racontant que l'impératrice lui avait donné plusieurs de ses robes, car elle n'avait rien apporté de Madrid. Ce degré d'avilissement me causa une impression pénible. On passa, en effet, à la souveraine une robe de crêpe jaune, doublée de satin de même nuance, que je reconnus pour avoir été portée par l'impératrice. Toute envie de rire m'avait alors abandonnée; j'étais plutôt prête à pleurer.

Lorsque la reine fut habillée, elle me congédia. J'allai dans le salon, où je trouvai Élisa et Mme de Piis, et nous attendîmes ensemble l'arrivée des autorités, que je devais présenter à Sa Majesté. À ce moment, un gros homme, avec un emplâtre noir sur le front, traversa le salon. Je le reconnus pour le fameux prince de la Paix. Il passa grossièrement devant nous, sans nous saluer, et nous fûmes d'accord pour constater que ni sa figure ni sa tournure ne justifiaient les faveurs que lui attribuait la chronique scandaleuse.

Les salons étant alors remplis, on avertit la reine. Je lui nommai un à un tous les chefs de corps ou d'administration, à commencer par l'archevêque, le seul à qui elle adressa la parole. M. Dumanoir en fit de même pour le roi, qui se montra beaucoup plus gracieux. La tournée finie, on retourna dans le petit salon, où la reine se mit à me parler tout haut, m'exprimant d'abord son inquiétude d'être sans nouvelles de l'arrivée de la Tudo, la maîtresse du prince de la Paix, puis me disant «qu'elle savait que ses deux fils[178] étaient prisonniers..., qu'elle en était bien aise, qu'il ne leur arriverait jamais autant de mal qu'ils en méritaient, que tous deux étaient des monstres et la cause de tous ses malheurs». Elle criait tout cela d'une voix très forte et sans que le pauvre bonhomme de roi cherchât à la faire taire. J'en frémissais. Enfin, elle nous congédia en disant: «À ce soir.»

Après avoir résisté aux sollicitations de mes compagnons de la cour improvisée, qui me voulaient à dîner, je rentrai chez moi, où je racontai les propos de cette méchante mère à mon mari.

Le soir, il y eut cercle et présentation de beaucoup de femmes que je ne connaissais pas. Mme de Piis me disait leurs noms, que je répétais à la reine. Puis l'on rentra dans le petit salon, où la musique s'établit, le roi criant à tue-tête: «Manuelito!» C'était le nom[179] du prince de la Paix. On donna au roi son violon; il l'accorda lui-même, puis le quatuor commença, le truchement imaginé par moi jouant la partie du roi, dans laquelle se perdait à tous moments le pauvre prince. On passa ensuite des glaces et du chocolat, et nous allâmes nous coucher.

Le lendemain, visite d'un quart d'heure le matin, et même musique le soir. Le jour d'après, à ma grande joie, j'appris le prochain départ des membres de la famille royale espagnole. Le préfet et l'archevêque vinrent prendre congé d'eux. Puis nous montâmes en voiture pour gagner le passage de la rivière, car il n'y avait pas encore de pont. Nous trouvâmes là le brigantin tout prêt, et la traversée effectuée, je pris congé de ces malheureux souverains. L'infortuné roi n'avait pas eu l'air un seul instant de comprendre la tristesse de sa position. Son attitude manquait complètement de dignité et de gravité. Pendant le passage de la rivière, il avait causé tout le temps avec mon domestique, qui se trouvait sur le pont. C'était un bon Allemand, qui ne voulait pas croire que ce fût le roi. Il me disait après : «Mais, Madame, il n'a donc pas de chagrin!»

Voilà l'histoire de mes courtes fonctions à la cour du roi Charles IV et auprès de la reine son horrible femme[180].

CHAPITRE XXVIII

C'est vers 9 heures du soir, comme je l'ai dit, que je reçus, par un messager, le billet de M. de La Tour du Pin m'annonçant sa nomination de préfet à Bruxelles. Toute à mes réflexions, je me sentis bientôt importunée par le bavardage sans portée de ma cousine Mme Joseph de La Tour du Pin. Je lui proposai donc d'aller nous coucher.

Quand mon mari arriva le lendemain matin pour déjeuner, il me trouva déjà toute préparée à l'entretenir du changement de notre existence et à lui confier les arrangements et les projets qui, selon moi, devaient en être la conséquence.

Charlotte avait alors onze ans et demi. Très avancée pour son âge, l'envie de tout apprendre la dévorait. Elle se mit à feuilleter tous les dictionnaires géographiques sur la Belgique, à examiner les cartes du pays, et quand son père, qui la connaissait bien, arriva et qu'il la questionna sur le département de la Dyle, elle en savait déjà tous les détails statistiques. Quant à la petite Cécile, déjà bonne musicienne à huit ans, et sachant bien l'italien, sa première question fut de demander si elle aurait un maître de chant à Bruxelles.

Mon mari fit tout de suite les arrangements nécessaires au Bouilh, et mit malheureusement sa confiance dans un homme dont il croyait pouvoir répondre comme de lui-même. On m'abandonna tous les soins de la maison et des emballages.

M. de La Tour du Pin avait reçu l'ordre de se rendre à Paris sans délai, M. de Chaban, son prédécesseur, ayant déjà quitté Bruxelles pour aller organiser les départements de la Toscane, qui venait d'être réunie à l'Empire. Notre ami Brouquens, plus heureux que mon mari lui-même de sa bonne fortune, vint le prendre quelques jours après, et ils s'en furent ensemble à Paris.

La nouvelle de cette nomination avait surpris tous ceux qui sollicitaient depuis longtemps des grâces sans les obtenir. Personne ne voulut croire qu'on fût venu chercher M. de La Tour du Pin à sa charrue, comme Cincinnatus, pour lui donner la plus belle préfecture de France.

Ce choix était pourtant le plus judicieux que la prodigieuse prévision de Napoléon pût faire, et en voici la raison. Bruxelles était une capitale conquise, et aucun effort n'avait été tenté pour la rattacher à la nouvelle patrie. Ville de cour et de haute naissance, on ne l'avait jusqu'alors gouvernée que par des instruments obscurs ou méprisables.

M. de Pontécoulant, son premier préfet, était un homme de naissance et de formes aristocratiques assurément. Ancien officier des gardes françaises, sa jeunesse s'était passée à Versailles et à Paris, et il aurait peut-être réussi à Bruxelles sans sa femme. Elle passait pour lui avoir sauvé la vie pendant la Terreur. Auparavant, elle avait été la maîtresse de Mirabeau, dont Lejai, son mari, était le libraire. On dit qu'elle avait été jolie, ce dont il ne lui restait aucun vestige. Depuis, étant déjà Mme de Pontécoulant, on l'avait vue dans les salons de Barras, ce qui ne constituait pas une recommandation. Emmenée à Bruxelles par son mari, ses antécédents avaient peu attiré la grande et haute société aristocratique qui jadis formait la cour de l'archiduchesse.

Entouré d'intrigants français qui s'étaient jetés sur la Belgique comme sur une proie, M. de Pontécoulant ne se préoccupait guère des soins de l'administration. L'empereur l'avait rappelé en le nommant au Sénat, et avait envoyé pour le remplacer M. de Chaban. Homme honnête, éclairé, ferme et excellent administrateur, il avait réformé beaucoup d'abus, puni des malversations et destitué leurs auteurs. Tous ses actes avaient été justes et éclairés. Il suffisait de marcher dans ses voies pour bien administrer le pays. Mais il n'avait exercé aucune action sur l'éloignement moral que les hautes classes conservaient pour la domination française. Cette tâche nous incombait, à mon mari et, j'ose le dire, à moi également, puisque la source de toute influence de cette nature se trouvait dans le salon.

M. de Chaban, il est vrai, était marié, mais sa femme, maladive, obscure, choisie, d'après les on-dit, dans les classes peu élevées de la société, ne recevait pas, et personne, par conséquent, ne l'avait jamais vue.

Une sorte de réputation romantique m'avait précédée à Bruxelles. Je la devais à mes aventures en Amérique, ébruitées par une note [181] du poème de *la Pitié*, de Delille. Cette dame de la cour de Marie-Antoinette, sœur de l'archiduchesse si aimée de tous en Belgique, qui avait été, dans ces pays lointains, traire les vaches et vivre au milieu des bois, se présentait avec quelque chose de piquant qui excitait la curiosité.

Après avoir procédé à tous mes arrangements au Bouilh et fait partir par le roulage tout ce que je croyais devoir nous être utile à Bruxelles de façon à diminuer la dépense très grande de l'établissement

d'une maison considérable, je partis en poste avec
Mme de Maurville, mes filles[182] et mon petit Aymar.

Mme Dillon était de retour d'Angleterre depuis
longtemps. J'allai la voir, car elle avait très bien
accueilli M. de La Tour du Pin quand, l'année précédente, il était passé par Paris avec Humbert. Ma
sœur Fanny avait grandi. Elle était alors âgée de
vingt-trois ans, et, sans être jolie, avait l'air très distingué. Plusieurs partis s'étaient présentés pour elle,
mais, de tous ses prétendants, celui qu'elle avait préféré et qu'elle aurait épousé n'existait plus : c'était le
prince Alphonse Pignatelli. Une maladie de poitrine
avait emporté cet aimable jeune homme. Il eût souhaité, avant de mourir, épouser Fanny, afin de pouvoir lui laisser sa fortune. Malgré ses instances elle
s'y refusa. Les jours de l'infortuné étaient comptés,
et elle estima qu'il y aurait de sa part absence de délicatesse envers la famille de M. Pignatelli, en s'unissant à lui, dans ses derniers moments, quoiqu'elle
l'aimât beaucoup et qu'elle eût été heureuse, même
en le perdant, de porter son nom. Pour moi, cela me
désola, car j'aurais préféré que ma sœur s'appelât
Pignatelli plutôt que Bertrand.

Et puisque ce nom vulgaire vient au bout de ma
plume, c'est le cas de raconter ce qui s'est passé lors
du dernier voyage de mon mari à Paris.

L'empereur avait itérativement témoigné à l'impératrice et à Fanny elle-même combien il désirait son
mariage avec Bertrand[183], amoureux d'elle depuis
longtemps. Ma sœur n'y voulait pas consentir et
l'empereur en était contrarié. Quand il connut ses
préférences pour Alphonse Pignatelli, il cessa toutefois ses sollicitations. Mais, après la mort du prince,
il recommença ses poursuites. Mme Dillon pria M. de
La Tour du Pin, précisément à Paris au moment où
elle avait promis une réponse définitive, de voir l'impératrice pour lui faire part du refus formel de ma

sœur. La commission était assez délicate. Cependant il s'en chargea. L'impératrice le reçut dans sa chambre à coucher, dont la profonde alcôve était fermée, dans la journée, par un épais rideau de grosse étoffe très ample, formant comme un mur de damas brodé et maintenu en place par une lourde bordure de crépines d'or. Elle le fit asseoir à ses côtés, sur un canapé placé contre le rideau. Comme ils étaient en tête à tête, M. de La Tour du Pin fit sans détours à l'impératrice la commission dont il était chargé, en s'excusant d'apporter une décision contraire aux désirs de l'empereur. L'impératrice insistant beaucoup, il exprima dans le cours de la conversation, qui fut assez longue, des sentiments fort aristocratiques qui ne déplurent pas. Enfin, après lui avoir parlé de lui-même, de moi, de nos enfants, de sa fortune, de ses projets, elle le congédia. Mon mari alla aussitôt rendre compte à Mme Dillon de l'entretien qu'il venait d'avoir. Le soir même, chez M. de Talleyrand, celui-ci le prit sous le bras, comme il avait l'habitude quand il voulait causer familièrement dans un coin : « Qu'aviez-vous à faire, dit-il, d'aller refuser le général Bertrand pour votre belle-sœur. Cela vous regardait-il ? — Mais Fanny l'a voulu, reprit M. de La Tour du Pin, et mon âge me permet de lui servir de père. — Enfin, reprit le fin renard, heureusement vous n'avez pas gâté vos affaires avec toute votre aristocratie. On aime cela aux Tuileries maintenant. — Qui donc vous a raconté tout cela ? demanda mon mari. Vous avez donc vu l'impératrice ? — Non pas, répliqua l'autre, mais j'ai vu l'empereur, qui vous écoutait ! » Ce fut peut-être cette conversation entendue derrière un rideau qui fit préfet à Bruxelles M. de La Tour du Pin.

Il me serait difficile de raconter mon séjour de Bruxelles avec exactitude. J'y fus reçue avec une extrême bienveillance. On y aime beaucoup le monde, et on était bien aise d'avoir enfin un salon de préfet tenu par une femme qui appartînt à la classe aristocratique. Les femmes des diverses autorités établies dans la ville ne réussissaient pas par leurs manières, et croyaient, très à tort, plaire au gouvernement en ne faisant aucun frais pour les dames belges. Deux d'entre elles étaient mes supérieures par les places qu'occupaient leurs maris : la femme du général commandant la division dont le chef-lieu était à Bruxelles, et la femme du premier président de la cour impériale, siégeant aussi à Bruxelles.

La première, Mme de Chambarlhac, était une belle Savoyarde, Mlle de Coucy. Elle avait pour neveu M. de Coucy, que nous avons connu depuis. On racontait qu'étant religieuse ou novice, son mari, dans une des campagnes d'Italie, l'avait enlevée et épousée. Quoique âgée de quarante ans, elle était encore assez belle. Accoutumée à vivre avec des militaires de toute espèce, elle avait pris un mauvais ton, entremêlé cependant de certaines lueurs aristocratiques. On comprend que je ne pouvais ni ne voulais me lier avec une semblable personne. Ses antécédents me repoussaient. Je me la représentais toujours en idée avec l'habit de hussard qu'elle avait revêtu, disait-on, pour suivre son mari dans plusieurs campagnes. Quant au général de Chambarlhac, c'était un sot qui, dès le premier jour, entra en hostilité avec mon mari par jalousie.

La seconde femme était celle du premier président, M. Betz, savant allemand de beaucoup d'esprit et de capacité. Elle appartenait à la classe la plus minime de l'échelle sociale. Assez laide à cinquante ans qu'elle avait alors, elle pouvait cependant avoir été belle. On la voyait toujours parée, décolletée, coiffée comme une jeune personne. Je la recevais chez moi, aux grandes soirées, mais je ne me souviens pas d'être jamais entrée chez elle, quoique je ne manquasse pas de lui faire des visites de loin en loin.

La très grande jalousie de ces deux dames provenait de ce qu'elles ne soupaient pas chez la *douairière*, dont les soupers constituaient la grande distinction et la ligne de démarcation entre les sociétés de Bruxelles.

La *douairière*: c'est ainsi qu'on désignait la duchesse douairière d'Arenberg, née comtesse de La Marck et la dernière descendante du *Sanglier des Ardennes*[184]. Elle représentait, comme le disait l'archevêque de Malines, l'abbé de Pradt, l'idéal de la *reine-mère*. Retirée dans la maison affectée aux veuves de la maison d'Arenberg, elle y avait un état simple, mais noble, et invitait tous les jours à souper un certain nombre de personnes de tout âge, hommes et femmes. Elle dînait toujours seule, sortait en voiture découverte quelque temps qu'il fît, et voyait, dans le cours de la journée, ses enfants, surtout son fils aveugle qu'elle aimait tendrement. Toutes les fois qu'une légère incommodité causée par la goutte empêchait ce dernier de sortir, elle ne manquait pas de se rendre chez lui. À 7 heures, elle recevait des visites jusqu'à neuf. À partir de ce moment, quelqu'un se présentait-il, le suisse demandait si on était invité à souper? Si la réponse était négative, on ne vous admettait pas. Les invités arrivaient alors, et tel était le respect dont on entourait la duchesse, que pas une personne dans Bruxelles ne se serait permis d'arriver à 9 heures et demie. À 10 heures, quand même quelqu'un se serait fait attendre jusqu'à ce moment, elle sonnait, et disait sans impatience: «À présent l'on peut servir.»

Après souper, on jouait au loto jusqu'à minuit. Quand son fils assistait à la soirée, il faisait une partie de whist ou de préférence une partie de trictrac avec M. de La Tour du Pin, s'il se trouvait là. La réunion ne comprenait jamais plus de quinze ou dix-huit personnes, choisies parmi les plus distinguées de la ville ou parmi les étrangers de marque. Mais la présence d'étrangers était rare, puisque la France, en guerre avec toute l'Europe, ne pouvait être visitée alors comme elle l'a été depuis.

J'avais souvent rencontré Mme la duchesse d'Arenberg à Paris, avant la Révolution, à l'hôtel de Beauvau, où l'on me traitait avec une grande bonté. De plus, je savais avoir été précédée à Bruxelles par des lettres de Mme de Poix et de Mme la maréchale de Beauvau, adressées à la duchesse. Dès le lendemain de mon arrivée j'allai donc, accompagnée de mon mari, voir cette respectable personne. Nous fûmes reçus avec une bienveillance toute particulière et invités à souper pour le lendemain même. La duchesse voulut aussi que je lui présentasse mon fils Humbert, venu à Bruxelles pour nous recevoir. Ce fut le signal de la considération avec laquelle nous devions être traités. Toute la ville se fit inscrire chez nous. On y vint en personne. Je pris un soin tout particulier de rendre les visites. Je n'en oubliai aucune. J'établis des listes raisonnées de toutes les personnes qui étaient venues chez moi. À la suite du nom, j'inscrivis un extrait des détails que j'avais pu recueillir sur chaque famille dans la conversation ou dans les nobiliaires que je me procurai à la bibliothèque de Bourgogne, qui était et est encore très riche en ouvrages de ce genre. J'avais comme aides dans ce travail, pour le présent, M. de Verseyden de Wareck, secrétaire général de la préfecture, et, pour le passé, un vieux commandeur de Malte, qui venait tous les soirs chez moi, le commandeur de Nieuport. Au bout d'un mois j'étais familiarisée avec le monde de Bruxelles, comme si j'y avais été toute ma vie. Je connaissais les liaisons de tout genre, les animosités, les tracasseries, etc. Ce fut un véritable travail dont je m'occupai avec l'ardeur que j'ai toujours mise à ce qui est nécessaire.

Plusieurs personnes se mirent bientôt dans notre intimité, entre autres M. et Mme de Trazegnies, le prince Auguste d'Arenberg, le commandeur de Nieuport, etc. Mon mari retrouva avec plaisir le comte de Liedekerke[185], un de ses anciens compagnons d'armes, avant la Révolution, dans le régiment de Royal-Comtois, dont M. de La Tour du Pin avait été colonel en second. Le comte de Liedekerke avait épousé Mlle Desandrouin[186], destinée à être à la tête d'une fortune immense, dont elle possédait déjà une bonne partie. Ils n'avaient qu'un fils[187] et deux filles[188]. Le jeune homme, alors âgé de vingt-deux ans, était auditeur au Conseil d'État. Comme on parlait d'en attacher un à la personne de chaque préfet pour former ces jeunes gens à la connaissance de l'administration et les employer comme secrétaires du cabinet particulier du préfet, M. de Liedekerke pria M. de La Tour du Pin, son ancien colonel, de demander son fils en cette qualité.

Notre fils Humbert quitta Anvers, où M. Malouet avait été pour lui un second père, et revint à Bruxelles pour se livrer à quelques études préparatoires nécessitées par son examen au Conseil d'État, qui devait avoir lieu dans quelques mois.

Au mois de septembre 1808, je reçus une lettre de Mme Dillon, ma belle-mère. Elle m'apprenait que ma sœur s'était enfin décidée, après bien des hésitations et des incertitudes, à épouser le général Bertrand, vaincue par sa constance d'une part, et de l'autre par les instances renouvelées de l'empereur, à qui on ne pouvait rien refuser, tant il mettait de grâce et de séduction à obtenir ce qu'il désirait. Ma sœur était alors d'une extrême frivolité, d'une frivolité de créole, comme sa mère. Napoléon avait voulu qu'elle accompagnât l'impératrice Joséphine dans un voyage de Fontainebleau. Pour qu'elle y fût à son avantage, il lui avait envoyé 30 000 francs pour sa toilette pendant les huit jours que dura ce déplacement, au cours duquel il obtint son consentement au projet d'union qu'elle avait écarté si obstinément jusque-là.

Il décida que le mariage se ferait tout de suite, bien que ma sœur alléguât que sa mère venait de perdre sa fille, la pauvre Mme de Fitz-James. L'empereur, en présence de ces longueurs et jugeant que les deux femmes, abandonnées à elles-mêmes, ne sortiraient jamais de leur embarras, dit à Fanny : «*Faites venir votre sœur, elle arrangera tout... Je pars pour Erfurt dans huit jours. Il faut être mariée alors.*»

J'en fus informée par une lettre du duc de Bassano, car ni Mme Dillon ni Fanny ne surent m'écrire. Quoique la lettre fût très aimable, elle avait si bien l'air d'un ordre, que la pensée de refuser ne me vint pas à l'esprit. Deux heures après l'avoir reçue, je partais pour Paris. À la pointe du jour, j'arrivai chez Mme d'Hénin, stupéfaite, à son réveil, de me voir auprès de son lit. Elle tenait toujours une chambre à notre disposition dans sa jolie maison de la rue de Miromesnil, où elle habitait alors. Je ne restai auprès de ma tante que le temps de changer de robe et d'envoyer chercher une voiture de remise, et, après avoir pris une tasse de thé, je me fis mener chez Mme Dillon, rue Joubert. Là j'appris que depuis quelques jours elle était à la campagne, non loin de Saint-Cloud, chez Mme de Boigne. Elle n'avait laissé aucun ordre pour moi. Je demandai donc le nom et le chemin de cette maison et je partis aussitôt pour m'y rendre, ayant auparavant écrit un mot au duc de Bassano pour lui annoncer mon arrivée.

J'arrivai à Beauregard, la maison de Mme de

Boigne, au-dessus de la Malmaison, après une heure et demie de route. Onze heures et demie sonnaient quand j'y parvins, et Mme Dillon était encore au lit. Fanny s'écria: «Ah! nous sommes sauvées, voilà ma sœur!» Sa mère, au contraire, fut saisie d'effroi à la pensée du mouvement que mon activité allait lui imprimer. Elle n'avait songé à rien. Je commençai par lui conseiller de se lever, de s'habiller, de déjeuner et de revenir, ainsi que ma sœur, à Paris avec moi. Le général Bertrand arriva à cet instant. Jusque-là, je ne l'avais jamais rencontré, et il savait probablement que mon mari avait été chargé par Mme Dillon de refuser ses propositions de mariage deux ans auparavant. Il se trouva très embarrassé, étant extrêmement timide de son naturel. Pour le mettre à son aise, je lui proposai une promenade dans le parc en attendant le moment où Mme Dillon serait habillée. Pendant cette promenade, qui dura plus d'une heure, nous nous entendîmes si facilement et si bien qu'en rentrant nous avions tout réglé et tout arrangé.

Nous trouvâmes dans le salon Mme de Boigne, que je n'avais pas revue depuis son enfance, et sa mère, Mme d'Osmond, sœur d'Édouard Dillon et de tous les Dillon de Bordeaux. Ni l'une ni l'autre de ces dames ne pouvaient me souffrir. Il fallut pourtant bien, quand on vint annoncer que l'on avait servi, qu'elles me proposassent de déjeuner, ce qui me convenait d'autant mieux que j'en étais encore à la tasse de thé prise à 7 heures du matin chez Mme d'Hénin. Le pauvre général, charmé de trouver enfin quelqu'un qui allait faire cesser les lenteurs de sa future belle-mère, nous vit monter avec bonheur en voiture pour rentrer à Paris, où il promit de nous rejoindre le soir.

Sans entrer dans de plus longs détails, je dirai que le lendemain matin tout était prêt, la signature du contrat décidée et fixée au surlendemain au soir. On affiha à la mairie. Le tribunal s'assembla extraordinairement par ordre. Le grand-juge Régnier fut réveillé à 5 heures du matin pour faire expédier je ne sais quel acte qui devait servir d'extrait de baptême à ma sœur, Mme Dillon ayant perdu celui qu'elle possédait, ou ne l'ayant peut-être jamais eu. Le courrier, même le plus diligent n'aurait pu aller à Avesnes, en Flandre, où ma sœur était née, et en revenir avant le jour désigné par Napoléon pour le mariage. Il avait, en outre, arrêté que la cérémonie aurait lieu à Saint-Leu, chez la reine Hortense[189]. Ayant annoncé qu'il se pourrait qu'il y assistât, cela rendit ladite reine fort attentive à exécuter de point en point tous les ordres donnés par l'empereur pour cette solennité. Ainsi, dans un moment où allaient se réunir autour de lui tous les potentats qui étaient alors à ses pieds, le grand homme avait trouvé le temps de régler les plus minutieux détails de la célébration du mariage de son aide de camp favori.

Je fus présentée à l'empereur à Saint-Cloud, par Mme de Bassano. Dès 8 heures du matin, il me fallut être rendue chez elle, en habit de cour et en toque à plumes. Il m'accueillit de la façon la plus gracieuse, me fit des questions sur Bruxelles, sur la société, *la haute société*, avec un sourire qui voulait dire : « Vous n'aimez que celle-là. » Puis il rit de m'avoir fait lever si matin, et se moqua un peu de Mme de Bassano à ce sujet, moquerie qu'elle prit d'un petit air boudeur qui lui allait à merveille. Il s'occupait fort d'elle alors, comme depuis elle me l'a conté.

Je vous vois sourire, mon fils, quand vous lirez que, comme j'arrangeais le salon pour la signature du contrat et que je voulus mettre sur la table une écritoire avec du papier et des plumes, je ne trouvai pas un meuble semblable dans tout l'appartement de ma belle-mère et de sa fille. Bien m'en prit d'y avoir songé. Heureusement le beau marchand de papier d'alors, d'Expilly, demeurait tout près. J'envoyai mon domestique chercher tout ce que la circonstance exigeait, et ma belle-mère fut agréablement surprise de ma présence d'esprit.

La soirée qui précéda le jour du mariage s'écoula d'une façon assez insipide. On fit de la musique. Le déjeuner du lendemain ne fut pas plus amusant. Le mariage devait avoir lieu à 3 heures et demie. Tous les *archi* arrivèrent : des maréchaux, des généraux, etc. On marcha en cortège à la chapelle. L'abbé d'Osmond, évêque de Nancy, et depuis archevêque de Florence, donna la bénédiction nuptiale. On servit ensuite le dîner, et après dîner on dansa. Il était venu beaucoup de jeunesse de Paris. La reine Hortense, qui aimait la danse et y excellait, se montra cependant de mauvaise humeur à la suite d'un petit incident assez amusant. L'empereur n'avait pas paru, mais il avait laissé savoir à la reine Hortense qu'après avoir examiné la parure d'émeraudes entourées de diamants que l'impératrice avait donnée à Fanny, il ne la trouvait pas suffisante. Comme il lui en connaissait une semblable, il la priait de l'ajouter à celle offerte par sa mère pour la compléter. Elle ne s'attendait à rien de ce genre et cela lui déplut fort. Mais il fallait se soumettre.

CHAPITRE XXIX

Je retournai à Bruxelles après quelques grands dîners de noce très ennuyeux, en particulier chez les quatre témoins, MM. de Talleyrand, de Bassano, Lebrun ; j'ai oublié le nom du quatrième. Je partis avec joie pour retrouver mon mari et mes enfants. L'automne et l'hiver s'écoulèrent fort agréablement à Bruxelles. Je donnai deux ou trois beaux bals. Mme de Duras vint passer quinze jours auprès de nous avec ses filles[190]. Je les fis danser et les menai au spectacle, dans une excellente loge de la préfecture. Elles s'amusèrent beaucoup.

La reine Hortense avait traversé Bruxelles au cours du dernier voyage qu'elle fit pour rejoindre son mari pendant quelques jours à Amsterdam. Je la vis à son passage. Elle affectait un ennui sans exemple de la nécessité d'aller remplir ses devoirs de reine.

Je ne me souviens plus si ce fut cette année-là qu'elle reçut à Aix-la-Chapelle la nouvelle de l'accouchement de sa belle-sœur[191], survenu à Milan, à 9 heures du matin. On le savait à midi à Paris, à 1 h 30 à Bruxelles, et, par un courrier de la poste à cheval, à 8 heures du soir à Aix-la-Chapelle. Le télégraphe, la vapeur et les chemins de fer ont changé le monde !

N'ayant pas la prétention d'écrire l'histoire, je ne

dirai rien du mariage de l'empereur Napoléon avec l'archiduchesse Marie-Louise. Je rapporterai seulement ce que ma sœur me raconta de l'arrivée de cette princesse à Compiègne. Elle en avait été témoin oculaire, et pouvait d'ailleurs par son mari, Bertrand, savoir certaines choses que d'autres ignoraient.

L'empereur se trouvait donc à Compiègne avec les nouvelles dames de l'impératrice, et dans une impatience sans bornes de voir sa nouvelle épouse. Une petite calèche attendait tout attelée dans la cour du château pour le conduire au-devant d'elle. Lorsque l'avant-courrier parut, Napoléon se précipita dans la calèche et partit à la rencontre de la berline qui contenait cette épouse tant désirée. Les voitures s'arrêtèrent. On ouvrit la portière et Marie-Louise s'apprêtait à descendre, mais son époux ne lui en donna pas le temps. Il monta dans la berline, embrassa sa femme et, ayant repoussé sans façon sa sœur, la reine de Naples, sur le devant de la voiture, il s'assit à côté de Marie-Louise. En arrivant au château, il descendit le premier, lui offrit son bras et la mena dans le salon de service, où toutes les personnes invitées étaient rassemblées. Il faisait déjà nuit. L'empereur présenta, l'une après l'autre, toutes les dames de la maison, puis les hommes. Cette présentation terminée, il prit l'impératrice par la main et la conduisit à son appartement. Chacun crut que la souveraine procédait à sa toilette. On attendit une heure, et l'on commençait à avoir grande envie de souper, lorsque le grand chambellan vint annoncer que Leurs Majestés *étaient retirées*. — Bertrand dit à l'oreille de sa femme : « Ils sont couchés. » La surprise fut grande, mais personne n'en laissa rien voir, et on alla souper.

Ma sœur apprit le lendemain par son mari que Marie-Louise avait présenté à l'empereur une permission ou déclaration signée de l'archevêque de Vienne, attestant «*que le mariage par procureur était suffisant pour que l'on pût se livrer à la consommation sans plus de cérémonie*». Comme mon beau-frère était l'homme le plus véridique, je ne doute pas un moment de l'authenticité de cette particularité.

À Bruxelles, on célébra par de grandes réjouissances ce mariage avec une archiduchesse. Les souvenirs de la domination autrichienne étaient loin d'être effacés. La noblesse de Bruxelles, jusqu'alors peu rapprochée du nouveau gouvernement, attirée maintenant par les bonnes façons d'un préfet de la classe aristocratique, trouva le moment favorable pour renoncer à ses anciennes répugnances, qui commençaient à lui peser.

M. de La Tour du Pin forma une garde d'honneur pour faire le service du château de Laeken, lorsqu'il apprit que l'empereur allait amener la jeune impératrice dans la capitale des anciennes possessions de son père, François Ier, empereur d'Autriche, en Belgique. Cette garde fut uniquement composée de Belges, à l'exclusion de tout employé français. Le marquis de Trazegnies en prit le commandement. On lui adjoignit le marquis d'Assche comme commandant en second. Beaucoup de membres des premières familles de Bruxelles figurèrent dans ses rangs. Les jeunes gens qui se destinaient à une carrière, soit dans l'administration, soit dans le militaire, profitèrent de cette occasion pour se faire connaître. Parmi eux se trouvait le jeune Auguste de Liedekerke, ainsi que notre pauvre fils Humbert. L'uniforme était fort simple : habit vert avec pantalon amarante. C'était un corps à cheval et très bien monté. Ma sœur vint à Bruxelles et logea à la préfecture. Elle assista à un grand dîner que nous donnâmes en l'honneur de cette garde et où les femmes parurent avec des rubans aux couleurs de l'uniforme.

L'empereur arriva pour dîner à Laeken. Le lendemain, il reçut la garde d'honneur et toutes les administrations. Le maire, le duc d'Ursel, lui présenta la municipalité. Le soir, il y eut cercle, et je présentai les dames, que je connaissais presque toutes. Marie-Louise n'adressa à aucune d'elles un mot personnel. Le nom le plus illustre — celui de la duchesse d'Arenberg ou de la comtesse de Mérode, née princesse de Grimberghe, par exemple — ne frappa pas plus son oreille que celui de Mme P... femme du receveur général.

Après le cercle, on m'appela à l'honneur de jouer avec Sa Majesté. Je crois que ce fut au whist. Le duc d'Ursel me nommait les cartes qu'il fallait jeter sur la table et me prévenait lorsque c'était à moi à donner. Cette espèce de comédie dura une demi-heure. Il me semble que le comte de Mérode était mon partner et M. de Trazegnies celui de l'impératrice. Après quoi, l'empereur s'étant retiré dans son cabinet, on se sépara, et je fus charmée de retourner chez moi.

Le lendemain devait avoir lieu un grand bal à l'Hôtel de Ville. Aussi fus-je un peu contrariée lorsqu'on me pria à dîner à Laeken, car je ne voyais pas trop comment je trouverais le moment de changer de toilette ou au moins de robe entre le dîner et le bal. Toutefois le plaisir de voir et d'entendre l'empereur pendant deux heures était trop grand pour que je ne sentisse pas tout le prix d'une telle invitation. Le duc d'Ursel m'accompagna, et comme il devait ensuite se trouver à l'Hôtel de Ville pour recevoir l'empereur, je donnai ordre que ma femme de chambre s'y trouvât avec une autre toilette toute prête.

Ce dîner a été une des choses de ma vie dont j'ai

conservé le souvenir le plus agréable. Voici quelles
étaient les places occupées par les convives, au
nombre de huit: l'empereur; à sa droite, la reine
de Westphalie, puis le maréchal Berthier, le roi de
Westphalie, l'impératrice, le duc d'Ursel, Mme de
Bouillé, enfin moi, à la gauche de l'empereur. Il me
parla, presque tout le temps, sur les fabriques, les
dentelles, le prix des journées, la vie des dentel-
lières, puis des monuments, des antiquités, des établissements de charité, du béguinage [192], des mœurs
du peuple. Par bonheur, j'étais au courant de tout
cela. «Combien gagne une dentellière?» dit-il au
duc d'Orsel. Le pauvre homme s'embarrassa un peu
en cherchant à exprimer le chiffre en *centimes*.
L'empereur vit son hésitation, et, s'adressant à moi:
«Comment se nomme la monnaie du pays? — Un
escalin ou soixante-trois centimes, dis-je. — Ah!
c'est bien», fit-il.

On ne resta pas plus de trois quarts d'heure à
table. En rentrant dans le salon, l'empereur prit une
grande tasse de café et recommença à causer.
D'abord sur la toilette de l'impératrice, qu'il trouva
bien. Puis, s'interrompant, il me demanda si je me
trouvais convenablement logée. «Pas mal, lui
répondis-je, dans l'appartement de Votre Majesté.
— Ah! vraiment, dit-il, il a coûté assez cher pour
cela. C'est ce coquin de... — le nom m'échappe — le
secrétaire de M. Pontécoulant, qui l'a fait arranger.
Mais la moitié de la dépense a passé dans sa poche,
n'en déplaise à mon frère», ajouta-t-il en se tournant vers le roi de Westphalie, «qui l'a pris à son
service, car il aime les fripons.» Et il leva les
épaules. Jérôme se préparait à répondre, lorsqu'il
s'aperçut que l'empereur avait déjà abordé un tout
autre sujet de conversation. Il avait sauté au duc de
Bourgogne et à Louis XI, d'où il descendit assez
brusquement à Louis XIV, en disant qu'il n'avait été

vraiment grand que dans ses dernières années. Constatant avec quel intérêt je l'écoutais, et surtout que je le comprenais, il retourna à Louis XI, et s'exprima ainsi: «J'ai mon avis sur celui-là, et je sais bien que ce n'est pas l'avis de tout le monde.» Après quelques mots sur les hontes du règne de Louis XV, il prononça le nom de Louis XVI, sur quoi s'arrêtant avec un air respectueux et triste, il dit: «*Ce malheureux prince!*»

Puis il parla d'autre chose, se moqua de son frère, qui accueillait en Westphalie *le rebut de la population française*, et Dieu sait le nombre de mauvaises plaisanteries que Jérôme aurait emboursées si, à ce moment, quelqu'un n'avait dit qu'il faudrait partir pour le bal.

M. d'Ursel et moi, nous nous précipitâmes en voiture, et ses chevaux, d'un temps de galop, nous menèrent à l'Hôtel de Ville. Je montai quatre à quatre. Une toilette toute prête m'attendait; je la revêtis, et je pus être rendue dans la salle de bal, ayant changé entièrement de costume, quand l'empereur arriva.

Il me fit compliment sur ma promptitude et me demanda si je comptais danser. Je répliquai que non, parce que j'avais quarante ans. À quoi il se mit à rire, en disant: «Il y en a bien d'autres qui dansent et qui ne dévoilent pas leur âge comme cela.» Le bal fut beau. Il se prolongea après le souper, où l'on but à la santé de l'impératrice, avec l'arrière-pensée qu'elle pourrait bien avoir des raisons pour n'avoir pas dansé.

L'empereur et sa jeune épouse partirent le lendemain matin. Un yacht très orné les transporta jusqu'au bout du canal de Bruxelles, où ils trouvèrent des voitures qui les menèrent à Anvers. En entrant dans le yacht, M. de La Tour du Pin aperçut le marquis de Trazegnies, commandant de la garde d'honneur. Craignant que l'empereur ne l'invitât pas à prendre place dans le yacht, où il ne pouvait tenir que peu de monde, il le nomma en ajoutant : « Son ancêtre connétable sous saint Louis. » Ces mots produisirent un effet magique sur l'empereur qui appela aussitôt le marquis de Trazegnies et causa longuement avec lui. Peu de temps après, sa femme fut nommée dame du palais. Elle fit semblant d'être fâchée de cette nomination, quoique au fond elle en fût ravie. Mme de Trazegnies est née Maldeghem et sa mère était une demoiselle d'Argenteau.

Après ce voyage de l'empereur, nous reprîmes notre train de vie ordinaire à Bruxelles. L'été se passa à visiter les différentes maisons de campagne où l'on nous invitait à dîner. Nous allâmes à Anvers pour assister au lancement d'un gros vaisseau de soixante-quatorze, l'un des neuf en ce moment sur le chantier. Notre excellent ami, M. Malouet, était à la tête des travaux en sa qualité de préfet maritime.

Notre fils Humbert se rendit à Paris pour passer son examen. C'était une chose bien imposante pour un jeune homme de vingt ans que de répondre à toute la série de questions que l'on posait. Mais ce l'était bien plus encore lorsque l'empereur, assis dans un fauteuil et devant qui le patient se tenait debout, prenait la parole et vous demandait des choses tout à fait inattendues. Humbert entendit l'examinateur dire à l'oreille de Napoléon, en le désignant : « C'est un des plus distingués », et cette bonne parole le réconforta. L'empereur lui demanda s'il connaissait quelque langue étrangère. À quoi il répondit : « L'anglais et l'italien, comme le français. » Ce fut cette facilité avec laquelle il parlait l'italien qui décida sa nomination à la sous-préfecture de Florence. Afin d'augmenter le nombre de places disponibles pour les auditeurs, on en envoyait comme sous-préfets dans les chefs-lieux, où les préfets les avaient jusqu'alors suppléés.

Quoique le temps qui s'est écoulé depuis l'époque dont je vais entreprendre le récit ait un peu brouillé mes souvenirs, il me semble que c'est dans l'été de l'année 1809 [193] qu'eut lieu la ridicule entreprise des Anglais sur Flessingue et sur Anvers.

M. de La Tour du Pin venait de subir la douloureuse opération de l'extirpation d'un ganglion qui s'était formé sous la cheville du pied. Depuis bien des années, toutes les fois qu'il heurtait cette petite tumeur, pas plus grosse qu'un pois, il ressentait une vive douleur. Dans les derniers mois, elle avait un peu grossi, ce qui l'exposait par conséquent davantage à en souffrir par le contact avec quelque corps dur. Ayant consulté un mauvais chirurgien de Bruxelles, celui-ci lui ordonna d'appliquer un caustique sur la partie malade, afin de détruire la peau et de rendre ainsi plus facile l'extirpation de la tumeur. Mon mari suivit malheureusement ce conseil. Quelques heures après l'application du caustique, il fut pris de douleurs atroces et une vive inflammation envahit tout le pied. Cela m'inquiétait, et j'envoyai une consultation, écrite par mon excellent médecin, M. Brandner, à ma tante à Paris. Elle la porta elle-même chez M. Boyer, qui la lut avec attention et écrivit en bas, avec une brutale franchise : « Si M. de La Tour du Pin n'est pas opéré d'ici quatre jours, dans huit il faudra lui couper la jambe. »

Cet arrêt terrifia Mme d'Hénin et la décida à expédier à Bruxelles M. Dupuytren, premier élève de M. Boyer. Il arriva à 5 heures du matin, et alla au bain avant de venir à la préfecture. Peu d'instants auparavant, j'avais reçu la lettre de ma tante, m'annonçant l'arrivée du chirurgien et me communiquant la déclaration de M. Boyer.

M. Dupuytren entra, visita la plaie, et comme mon mari lui demandait quand aurait lieu l'opération, il répondit : « Tout de suite. » Puis, après avoir parlé un moment à son aide, il me pria de me retirer, ajoutant que la chose serait bientôt faite. J'allai dans la pièce voisine, et les vingt minutes que dura l'opération me parurent vingt heures. Lorsque M. Dupuytren sortit, il me dit qu'il n'avait jamais fait une opération plus difficile. La sueur ruisselait de son front. Il se retira dans la chambre préparée à son intention et se coucha. Je trouvai mon pauvre mari fort pâle, et notre fils Humbert, qui était resté auprès de son père, plus pâle encore. Cependant le malade ne souffrait pas et s'endormit bientôt paisiblement. Il n'avait pas fermé l'œil depuis dix jours.

Le soir, je comptai cent louis à M. Dupuytren, plus les frais de poste de son voyage, et dix louis à son aide. Je lui donnai, de plus, un joli voile de dentelle, en le priant de l'offrir de ma part à Mlle Boyer, qu'il devait, disait-il, épouser dans quelques jours. Mais le mariage n'eut pas lieu. M. Dupuytren se brouilla avec M. Boyer, son maître et son bienfaiteur, n'épousa pas sa fille et garda mon voile.

M. de La Tour du Pin se remettait à peine de l'opération qu'il venait de subir. Il ne marchait même pas encore, lorsqu'un matin, ou pour mieux dire, une nuit, un exprès de M. Malouet apporta la nouvelle de l'entrée dans l'Escaut de la flotte anglaise, forte de plusieurs vaisseaux de haut bord et d'une multitude de bâtiments de transport. À la pointe du jour, le télégraphe l'avait apprise à Paris, d'où Napoléon était absent. L'archichancelier Cambacérès mit une grande activité à réunir des troupes. Tous les détachements furent transportés en poste. Il en résulta une activité et un mouvement prodigieux. Les Anglais, au lieu de prendre Anvers et détruire nos arsenaux et nos chantiers, comme cela leur eût été facile, s'amusèrent à assiéger Flessingue. Ils laissèrent ainsi le temps à Bernadotte de rassembler une armée composée de gardes nationales et des garnisons de quelques places. On peut lire les détails de cette ridicule tentative des Anglais dans tous les mémoires du temps. M. de La Tour du Pin n'avait rien à faire avec le militaire. Il réunit cependant toute la garde nationale du département de la Dyle, mais on l'accusa dans la suite d'y avoir mis de la lenteur, comme on le verra plus loin.

Je rapporterai ici une petite anecdote personnelle assez singulière.

Nous étions si animés par l'intérêt qu'inspirait cette expédition, que nous allions presque tous les jours à Anvers. À cette époque, le chemin de fer n'existait pas. Nous avions donc échelonné sur la route, comme relais, trois chevaux de tilbury. L'un d'eux se trouvait à Malines. Nous partions de Bruxelles à 5 heures du matin. À 8 heures nous arrivions à Anvers, où nous déjeunions avec M. Malouet, et à midi nous étions de retour à Bruxelles pour le courrier. Un jour, pendant le trajet, nous prenions une tasse de café chez l'archevêque de Malines, de Pradt, et dans la conversation, qui avait pour objet cette fameuse expédition des Anglais, l'archevêque nous dit: «Ce lord Chatham n'est qu'une bête. Au lieu d'entrer dans l'Escaut, d'où il ne sait plus comment sortir, il aurait dû descendre à Breskens et débarquer ses troupes là où nous n'avions pas un homme à leur opposer. Il aurait mis alors une partie de la Belgique à contribution: à Bruges, à Gand, à Bruxelles, etc.» M. de Pradt n'oublia aucun détail de ce plan de campagne. Il traça la route qu'on aurait dû suivre, stipula les sommes, les argenteries qu'on aurait prises, les églises, les caisses que l'on aurait pu piller, et termina en s'écriant: «Et qu'aurait-il

fait, lui, là-bas, au fond de l'Allemagne ? » Tout cela,
dit sur un ton cavalier et décidé, peu en harmonie
avec l'habit ecclésiastique, me parut si comique,
qu'en rentrant à Bruxelles je me mis à l'écrire à ma
tante, à ce moment à Mouchy, auprès de Mme de
Poix. Ma lettre n'arriva pas à destination, et je dirai
plus bas ce qu'elle devint.

Les gardes nationales des Vosges et des départements de l'Est, arrivées en poste de leurs montagnes, furent envoyées dans l'île de Walcheren, où
bientôt la fièvre les attaqua plus vivement que les
Anglais. Au bout de huit jours, les hôpitaux d'Anvers, de Malines, de Bruxelles, regorgèrent de
malades. M. de La Tour du Pin en installa un dans
le nouveau dépôt de mendicité, qu'on venait d'établir près de Bruxelles, dans l'abbaye de la Cambre.
La popularité dont il jouissait dans toutes les classes
se montra, en réponse à un appel personnel qu'il
adressa au public pour l'engager à contribuer par
des dons à l'installation de l'hôpital. En vingt-
quatre heures, 300 matelas, 400 paires de draps,
etc., furent déposés à la préfecture et transportés de
là à la Cambre. Je visitai, quelques jours après, l'hôpital ainsi improvisé. Les malades étaient tous de
jeunes conscrits. Dans une salle de cent lits, on ne
voyait pas un visage qui eût plus de vingt ans. Le
spectacle était affligeant.

Les ennemis de mon mari ne manquèrent pas, le
général Chambarlhac en tête, de tâcher de le des-
servir, au retour de l'empereur, en prétendant que
la garde nationale de Bruxelles n'avait pas marché
à Anvers par la faute du préfet. M. Malouet venait
d'être nommé conseiller d'État, et l'avertit des
intrigues que l'on fomentait contre lui. Le duc de
Rovigo, entre autres, poussait au déplacement
de M. de La Tour du Pin pour une raison personnelle. Il avait envoyé à Bruxelles Mme Hamelin,

célèbre intrigante et femme perdue de mœurs, pour engager le mariage de son beau-frère, M. de Faudoas, avec Mlle de Spangen, depuis Mme Werner de Mérode. Mon mari s'y refusa absolument et mit ainsi obstacle à l'union de cette jeune personne avec un très mauvais sujet. Elle lui en a conservé une vive et durable reconnaissance.

L'empereur fit une course en Belgique, mais il passa quelques heures seulement à Laeken. Mon mari s'y rendit et demanda une audience particulière. Avant qu'elle n'eût lieu, on annonça le corps de ville et l'état-major de la garde nationale. Napoléon, sur les rapports qui lui avaient été faits, les traita très durement. Le chef de la garde nationale, dont j'ai oublié le nom, chercha à se justifier en attaquant le préfet. Alors un jeune sous-lieutenant de la garde, sortant du groupe des officiers, dit hardiment: «Je demande la permission à Votre Majesté de démentir tout ce que Monsieur vient de dire.» Puis, entrant en matière, il expliqua tout ce qui s'était passé avec une hardiesse et une lucidité dont l'empereur fut charmé. Il l'écouta jusqu'au bout sans l'interrompre. Quand il eut fini, il le frappa sur l'épaule et dit: «Vous êtes un brave petit homme. Qui êtes-vous? — Chef du bureau de la garde nationale à la préfecture. — Votre nom? — Loiseau.» L'empereur, se retournant alors vers les accusateurs, prononça ces paroles: «Tout ce qu'il a dit est la vérité.» En rentrant dans son cabinet, il fit appeler M. de La Tour du Pin, et l'écouta avec bienveillance, d'irrité qu'il était auparavant.

Le soir même, Loiseau recevait un brevet de sous-lieutenant dans un régiment, et se mettait en route le lendemain pour rejoindre son corps. Le pauvre garçon a pris part à toutes les campagnes. À la dernière, il eut la figure fracassée. Je crois qu'il en est mort.

Vers la fin de l'hiver de 1810 à 1811, nous allâmes, M. de La Tour du Pin et moi, passer deux mois à Paris pour y accompagner notre fils Humbert, qui partait pour Florence. Ma sœur Fanny était à Paris avec ses deux enfants, dont le dernier, la petite Hortense, n'avait que trois mois. C'est au retour d'un long voyage fait en Allemagne en compagnie de son mari, le général Bertrand, et au cours duquel elle versa plusieurs fois, qu'elle accoucha. Peu de temps avant ses couches, elle avait passé quelques jours à Bruxelles avec moi. Le général Bertrand accompagnait l'empereur dans une visite des abords d'Anvers. À un moment donné, il roula avec son cheval au bas d'une digue. L'empereur lui cria du haut du talus : «Avez-vous la jambe cassée ? — Non, Sire. — Eh! bien, allez chez votre belle-sœur, à Bruxelles. Vous me rejoindrez à Paris.» Ils restèrent chez nous, l'un et l'autre, jusqu'au jour où Fanny, étant déjà dans le neuvième mois de sa grossesse, se décida à partir pour aller accoucher à Paris.

Mon cher Humbert partit pour Florence. Ce départ, prologue d'une longue absence, me fut bien sensible. Vous possédez, cher Aymar, les trois cent cinquante lettres qu'il m'a écrites dans sa trop courte vie. J'étais son amie autant que sa mère. Son éloignement me causa une douleur que chacune de ses lettres renouvelait. Aussi désirais-je vivement retourner tout de suite à Bruxelles. Mais mon mari trouvait convenable de ne pas quitter Paris avant les couches de l'impératrice, attendues d'un moment à l'autre.

Un soir, on me pria au spectacle donné aux Tuileries, dans une petite galerie où avait été construit un théâtre. On se réunissait dans le salon de l'impératrice. L'empereur vint droit à moi. Avec une extrême bienveillance, il me parla d'abord de mon fils Humbert, puis s'écria sur la simplicité de ma robe, sur mon bon goût, sur mon air si distingué, et cela à la grande surprise de quelques dames couvertes de diamants, qui se demandaient quelle pouvait bien être cette nouvelle venue. En entrant dans la galerie, on me plaça sur une banquette très rapprochée de l'empereur. Des acteurs admirables jouèrent *L'Avocat Patelin*[194]. La pièce, très comique, amusa singulièrement Napoléon. Il riait aux éclats. La présence du grand homme ne m'empêcha pas d'en faire autant. Cela lui plut beaucoup, comme il le dit après, en se raillant des dames qui avaient cru devoir garder leur sérieux. On considérait comme une grande faveur d'être invité à ce spectacle. Cinquante femmes au plus y assistaient.

Enfin l'impératrice commença à souffrir dans la soirée du 19 mars. Mme de Trazegnies, à ce moment à Paris, se rendit aux Tuileries et y passa la nuit avec tout le service, les grands dignitaires, etc. Le lendemain, vers 8 ou 9 heures, je courus chez elle, rue de Grenelle, à quatre portes de nous. Nous causions, M. de La Tour du Pin et moi, avec M. de Trazegnies, qui avait été aux nouvelles aux Tuileries, quand arriva sa femme, aussitôt assaillie par nos questions. Grosse elle-même, elle était harassée. Elle nous raconta que l'empereur était entré dans le salon de service où elle se trouvait avec ses compagnes, et leur avait dit : «Mesdames, vous pouvez aller chez vous deux ou trois heures. Le travail de l'impératrice est suspendu. Elle s'est endormie, et Dubois[195] annonce qu'elle accouchera vers midi seulement.» Sur cela chacun s'en fut de son côté. Mme de Trazegnies venait déjà de détacher son manteau — car on était en habit de cour — lorsque le premier coup de canon des Invalides se fit entendre. Aussitôt elle redescendit au plus vite et remonta dans sa voiture.

Nous allâmes dans la rue. Les voitures étaient arrêtées. Les marchands sur le seuil de leurs boutiques, les habitants aux fenêtres, comptaient les coups. On entendait ces mots à demi-voix : « Trois, quatre, cinq, etc. » Une minute à peu près s'écoulait entre chaque coup. Après le vingtième, il y eut un silence profond. Mais, au vingt et unième, des cris spontanés et très naturels de : « Vive l'empereur ! » éclatèrent. Quelques instants plus tard, nous fûmes témoins de l'accident arrivé à Victor Sambuy, dont le cheval s'abattit en tournant dans la rue Hillerin-Bertin. Il était premier page, et chargé de porter au Sénat la nouvelle de la naissance du roi de Rome, mission qui devait lui valoir 10 000 francs de rente. Comme il descendait le pont Royal, voyant la rue du Bac embarrassée, il crut bien faire en prenant le plus long. Sa chute lui donna une terrible secousse ; mais il ne perdit pas connaissance et put dire : « Remettez-moi à cheval. » Puis il but un verre d'eau-de-vie et se remit au galop à la poursuite de ses 10 000 francs.

Le soir, je dînai chez ma sœur [196], où l'on vint nous dire que le nouveau-né serait ondoyé à 9 heures et que les dames présentées pouvaient assister à la cérémonie.

Nous y allâmes, Mme Dillon, ma sœur et moi. On nous fit entrer par le pavillon de Flore et traverser tout l'appartement jusqu'à la salle des Maréchaux. Les salons étaient pleins de tout le monde de l'Empire, hommes et femmes. On se pressa pour tâcher d'être sur le bord du passage, maintenu libre par des huissiers, où devait défiler le cortège pour descendre à la chapelle. Nous avions savamment manœuvré pour nous trouver sur le palier de l'escalier et pouvoir nous mettre à la suite du nouveau-né. Nous jouissions, de ce point, du spectacle incomparable donné par les vieux grognards de la vieille garde, rangés en faction un sur chaque marche et tous la poitrine décorée de la croix. Tout mouvement leur était interdit, mais une vive émotion se peignait sur leurs mâles visages, et je vis des larmes de joie couler de leurs yeux. L'empereur parut à côté de Mme de Montesquiou, qui portait l'enfant [197] à visage décou-vert, sur un coussin de satin blanc couvert de den-telles. J'eus le temps de le bien voir, et la conviction m'est toujours restée que cet enfant-là n'était pas né le matin. C'est un mystère bien inutile à éclaircir, puisque celui qui en est l'objet a fourni une aussi courte carrière. Mais j'en fus troublée et préoccupée, sans assurément en faire part à personne, si ce n'est à mon mari.

CHAPITRE XXX

Peu de jours après, nous retournâmes à Bruxelles, où l'empereur s'annonça pour le printemps. Son frère Louis avait déserté le trône de Hollande, où la main de fer de Napoléon l'empêchait de faire le bien qu'il entrait dans ses intentions de réaliser. Il a laissé dans ce pays, comme je le tiens du roi Guillaume [198] lui-même, un souvenir très honorable. On appréciait tout autrement l'administration de M. de Celles, gendre de Mme de Valence, dont la mémoire là-bas est restée en horreur. L'empereur le plaça comme préfet à Amsterdam, où il fit tout le mal dont un homme, joignant l'esprit à la méchanceté, est capable quand il est sans principes.

Ce fut vers le printemps de cette année 1811, autant que je m'en souviens, que nous eûmes la visite, toujours redoutée, des préfets, d'un conseiller d'État en mission, espèce d'espion d'une catégorie relevée, décidé à trouver des torts même chez ceux qu'il ne pouvait s'empêcher d'estimer. M. Réal tomba en partage à M. de La Tour du Pin, qui reconnut, dès sa première visite, qu'il tâcherait de lui faire tout le mal possible. Nous lui donnâmes, pendant son séjour, un dîner suivi d'une réception. J'avais dit aux dames qui me témoignaient de la bienveillance qu'elles me feraient plaisir en venant passer la soirée chez nous. En rentrant après le dîner, dans le grand salon, nous y trouvâmes réunies les personnes les plus distinguées — femmes et hommes — de la société de Bruxelles. M. Réal fut stupéfait des noms, des manières, des parures. Il ne put se contenir et dit à M. de La Tour du Pin : « Monsieur, voilà un salon qui m'offusque terriblement. » À quoi mon mari répondit : « J'en suis fâché ; mais heureusement il ne fait pas le même effet à l'empereur. »

Napoléon vint en Belgique vers la fin de l'été avec l'impératrice. Il ne s'arrêta pas à Bruxelles. Mais, comme Marie-Louise continuait à être très souffrante depuis ses couches, il la laissa au château de Laeken[199]. On nous invita à y venir tous les jours pour passer la soirée et jouer au loto. Cela dura environ une semaine, et fut très ennuyeux. L'impératrice se montra d'une insipidité dont elle ne se départit pas. Chaque jour, elle me disait la même chose, en me donnant son pouls à tâter : « Croyez-vous que j'aie de la fièvre ? » Je lui répondais invariablement : « Madame je ne m'y connais pas. » Quelques hommes se trouvaient là pour causer pendant qu'on prenait le thé, entre autres le maréchal Mortier, M. de Béarn. Le duc d'Ursel, en sa qualité de maire, était chargé de proposer les promenades du matin, selon le temps. Marie-Louise, un jour qu'elle visitait le musée, avait eu l'air de remarquer un beau portrait de son illustre grand'mère Marie-Thérèse. Le duc d'Ursel lui proposa de le placer à Laeken, dans son salon. Mais elle répondit : « Ah ! pour cela, non ; le cadre est trop vieux. » Une autre fois, il lui indiqua, comme but de promenade intéressante, la partie de la forêt de Soignes connue sous le nom de pèlerinage de l'archiduchesse Isabelle, dont la sainteté et la bonté sont restées dans le cœur du peuple. Elle répliqua qu'elle n'aimait pas les bois. En somme, cette femme insignifiante, si indigne du grand homme dont elle partageait la destinée, semblait prendre à tâche de désobliger, autant qu'il était en son pouvoir, ces Belges dont les cœurs étaient si disposés à l'aimer. Je ne l'ai plus revue que détrônée, mais toujours aussi dépourvue d'esprit.

L'empereur, à son dernier passage à Malines, avait interpellé devant tout le monde M. de Pradt sur le plan de campagne qu'il avait imaginé pour remplacer celui de lord Chatham. Cela confirma M. de Pradt dans la pensée que j'étais coupable de l'avoir dénoncé à la suite du déjeuner qu'il nous offrit chez lui, à Malines, un matin, à mon mari et à moi, pendant l'expédition des Anglais à l'île de Walcheren, déjeuner au cours duquel il nous développa avec détail ce plan.

L'empereur aimait que chacun fît son métier. Aussi ne manqua-t-il pas de se moquer impitoyablement du projet d'invasion archiépiscopal. M. de Pradt me prit donc en horreur. Il en parla à M. de Talleyrand qui, de son côté, se railla et de lui et de son idée de mon espionnage. Cette plaisanterie dura pendant les quatre jours de la représentation du prince vice-grand Électeur — titre, je crois, des fonctions attribuées à M. de Talleyrand. Cela contribua à exaspérer l'archevêque et acheva de l'aigrir, non pas seulement contre moi, la chose m'eût été assez indifférente, mais également contre mon mari. Aussi mit-il le plus grand acharnement à lui nuire, et je ne pense pas me tromper en attribuant aux efforts de M. de Pradt et à ceux du commissaire général de police Bellemare, la destitution de M. de La Tour du Pin.

Vers le milieu du printemps, en 1812, nous commençâmes à voir passer des troupes en route pour l'Allemagne. Plusieurs régiments de la jeune garde vinrent à Bruxelles et y séjournèrent. D'autres ne faisaient que traverser la ville en poste. Des instructions arrivaient prescrivant de rassembler des chariots de fermiers attelés de quatre chevaux. Parfois on recevait l'ordre le matin seulement, et il fallait que le soir même quatre-vingts ou cent chariots fussent rassemblés, pourvus de fourrages pour deux jours. Les gendarmes galopaient dans tous les sens pour avertir les fermiers. Ceux-ci, obligés de quitter leurs charrues, leurs travaux, étaient de fort mauvaise humeur. Mais qui aurait osé résister? La pensée n'en serait venue à personne, depuis Bayonne jusqu'à Hambourg. Nous donnâmes quelques collations solides à des corps d'officiers qui arrivaient à 10 heures du soir pour repartir à minuit. Sans doute, bien peu de ces braves gens seront revenus de cette funeste campagne.

Pendant les derniers mois de cette même année, le jeune de Liedekerke[200] faisait une cour assidue à ma fille aînée Charlotte. Âgée, à cette époque, de seize ans, elle était très grande, et, sans être jolie, avait l'air éminemment distingué. C'était une *noble demoiselle* dans toute l'acception du terme. Son esprit à la fois vif et raisonnable, sa compréhension, sa mémoire avaient été au-devant du maternel intérêt avec lequel je m'étais consacrée à son éducation. Quoique déjà fort instruite, sa passion d'apprendre la dominait à un tel point qu'il fallait lui ôter ses livres et lui enlever le moyen d'avoir de la lumière la nuit, sans quoi elle aurait lu ou écrit jusqu'au jour. Cependant on ne pouvait lui reprocher aucune pédanterie, aucune prétention. Elle était gaie, originale sans être moqueuse. Les qualités de son cœur surpassaient encore celles de son esprit. Charitable par religion, serviable pour tous, elle ne laissait échapper aucune occasion d'être utile. Ses manières étaient si aimables et si séduisantes qu'on ne lui en voulait pas de sa supériorité.

Le jeune Liedekerke, inspiré par un entraînement du cœur associé à un certain esprit de calcul, comprit que Mlle de La Tour du Pin, avec ses agréments personnels, son nom et ses alliances, quoique sans fortune, convenait mieux à sa propre aisance que quelque bonne Belge bien riche et bien obscure. Il déclara à ses parents qu'il n'aurait jamais d'autre femme que ma fille. Son père[201] souleva quelques objections. Mais sa mère, dans l'espoir que la carrière politique de son fils serait favorisée par un mariage qui le sortirait de son pays, obtint le consentement de son mari. Le premier de l'an 1813, à 10 heures du matin, on m'annonça Mme de Liedekerke[202]. Elle me demanda ma fille pour son fils. J'étais préparée à cette demande, que je reçus et que j'accordai avec bonheur. Mme de Liedekerke voulut voir ma fille, qu'elle embrassa, et il fut convenu que dans six semaines le mariage se ferait. Nous ne donnâmes que 2 000 francs de rente à Charlotte, et ma tante, Mme d'Hénin, pourvut au trousseau.

Ma fille Cécile se trouvait au couvent des dames de Berlaimont depuis six mois pour faire sa première communion. Je lui promis de la reprendre le jour du mariage de sa sœur, et dans le même temps nous reçûmes la nouvelle qu'Humbert, alors sous-préfet à Florence, venait d'être nommé sous-préfet de Sens, département de l'Yonne. Cette nouvelle mit le comble à notre satisfaction. Nous ne nous attendions guère à la catastrophe qui nous allait atteindre.

M. de La Tour du Pin était allé à Nivelles assister au tirage de la conscription ou, pour mieux dire, à une nouvelle levée d'hommes nécessitée par la continuation de la guerre que l'empereur avait entreprise. Je me trouvais seule chez moi avant le déjeuner, lorsque je vis entrer le secrétaire général de la préfecture, la figure renversée, qui m'apprit que le courrier de Paris venait d'apporter la destitution de mon mari et son remplacement par M. d'Houdetot, préfet de Gand.

Cette nouvelle m'atteignit comme un coup de foudre, car j'y vis, dans le premier moment, une cause de rupture pour le mariage de ma fille. Cependant, je résolus de ne pas céder sans combattre, et me décidai, sans attendre M. de La Tour du Pin, à qui j'envoyai un courrier, de partir sur l'heure pour Paris. Je dois à M. de Liedekerke[203] de déclarer qu'il monta chez moi avec un empressement et une chaleur qui doivent le surprendre maintenant, s'il se rappelle cette circonstance, pour me conjurer de ne rien changer à nos projets.

Je laissai ma tante et Mme de Maurville emballer tout ce qui nous appartenait dans la préfecture, et à 4 heures je me mettais en route pour Paris. J'avais eu tant de choses à faire et à régler, en deux heures, que j'étais déjà fatiguée lorsque je partis. La nuit passée dans une mauvaise chaise de poste et l'anxiété causée par notre nouvelle position me causèrent une fièvre assez forte, avec laquelle j'arrivai à Paris à 10 heures du soir, le lendemain. Je descendis chez Mme de Duras, que je trouvai sortie. Ses filles venaient de se coucher. Elles se levèrent et envoyèrent chercher leur mère. Celle-ci, en rentrant, me trouva couchée sur son canapé, exténuée de fatigue. La place lui faisait défaut pour me loger. Mais elle avait les clefs de l'appartement du chevalier de Thuisy, notre ami commun. Ma femme de chambre et le domestique qui m'avaient suivie, allèrent m'y préparer un lit, dans lequel je me réfugiai aussitôt, sans y trouver le repos dont j'avais un grand besoin. Mme de Duras vint le lendemain de bonne heure avec Auvity[204], qu'elle avait envoyé chercher. Il me trouva encore beaucoup de fièvre. Mais je lui décla-

rai qu'il fallait me remettre sur pied coûte que coûte
et que je devais être en état de me rendre à Versailles
avant le soir. Il me donna alors une potion calmante
qui me fit dormir jusqu'à 5 heures. Je ne sais dans
quel état de santé je me trouvais. En tout cas, je ne
m'en occupai guère.

Je fis venir une voiture de remise, et, vêtue d'une
toilette fort élégante, j'allai chercher Mme de Duras.
Nous partîmes ensemble pour Versailles. L'empereur était à Trianon. Nous descendîmes dans une
auberge, rue de l'Orangerie, où on nous installa
ensemble dans un appartement. J'ouvris aussitôt
mon écritoire. Mme de Duras, à qui j'avais confié
seulement mon désir d'avoir une audience de Sa
Majesté, me voyant prendre une belle grande feuille
de papier, puis copier un brouillon que j'avais retiré
de mon portefeuille, me dit: «À qui écrivez-vous
donc? — À qui? répliquai-je, mais à l'empereur
apparemment. Je n'aime pas les petits moyens.»

La lettre écrite et cachetée, nous remontâmes en
voiture pour aller la porter à Trianon. Là, je demandai le chambellan de service. J'avais pris la précaution de préparer pour lui un petit billet. Le bonheur
voulut que ce fût Adrien de Mun, qui était fort de mes
amis. Il s'approcha de la voiture et me promit qu'à
10 heures, quand l'empereur viendrait au thé de
l'impératrice, il lui remettrait ma lettre. Il tint sa
promesse, et fut aussi satisfait que surpris quand, en
regardant l'adresse, Napoléon dit, se parlant à lui-
même: «Mme de La Tour du Pin écrit fort bien. Ce
n'est pas la première fois que je vois son écriture.»
Ces paroles confirmèrent mes soupçons que certaine
lettre, écrite à Mme d'Hénin, qui ne la reçut jamais,
et dans laquelle je lui racontais, assez plaisamment,
le plan de campagne imaginé par l'archevêque de
Malines pour remplacer celui de lord Chatham.
avait été saisie avant d'arriver à destination.

Après notre course à Trianon, nous revînmes à notre hôtel. Vers 10 heures du soir, comme nous étions, Claire et moi, à discuter si j'aurais mon audience *oui* ou *non*, le garçon de l'auberge, qui jusqu'alors nous considérait comme de simples mortelles, ouvrit la porte tout effaré et s'écria :

— De la part de l'empereur !

Au même moment, un homme fort galonné entrait en disant :

— Sa Majesté attend Mme de La Tour du Pin demain à 10 heures du matin.

Cette heureuse nouvelle ne troubla pas mon sommeil, et le lendemain matin, après avoir avalé un grand bol de café que Claire avait fabriqué de ses propres mains, pour me réveiller l'esprit, disait-elle, je partis pour Trianon. On me fit attendre dix minutes dans le salon qui précédait celui où Napoléon recevait. Personne ne s'y trouvait, ce dont je fus bien aise, car j'avais besoin de ce moment de solitude pour fixer le cours de mes pensées. C'était un événement assez important dans la vie qu'une conversation en tête à tête avec cet homme extraordinaire, et cependant je déclare ici dans toute la vérité de mon cœur, peut-être avec orgueil, que je ne me sentais pas le moindre embarras.

La porte s'ouvrit ; l'huissier, par un geste, me fit signe d'entrer, puis en referma les deux battants sur moi. Je me trouvai en présence de Napoléon. Il s'avança à ma rencontre et dit d'un air assez gracieux :

— Madame, je crains que vous ne soyez bien mécontente de moi.

Je m'inclinai en signe d'assentiment, et la conversation commença. Je ne saurais au bout de tant d'années, ayant perdu la relation que j'avais écrite de cette longue audience, qui dura cinquante-neuf minutes à la pendule, me souvenir de tous les détails de l'entretien. L'empereur chercha, en résumé, à me prouver qu'il avait *dû* agir comme il l'avait fait. Alors, je lui peignis en peu de mots l'état de la société de Bruxelles, la considération que mon mari y avait acquise, à l'encontre de tous les préfets précédents, la visite de Réal, la sottise du général Chambarlhac et de sa femme, religieuse défroquée, etc. Tout cela fut débité rapidement, et, comme j'étais encouragée par des airs d'approbation, je finis par annoncer à l'empereur que ma fille allait épouser un des plus grands seigneurs de Bruxelles. Sur ce, il m'interrompit, posa sa belle main sur mon bras, et me dit :

— J'espère que cela ne fera pas manquer le mariage, et, dans ce cas, vous ne devriez pas le regretter.

Puis tout en parcourant de long en large ce grand salon où je le suivais marchant à ses côtés, il prononça ces paroles — c'est la seule fois peut-être qu'il les ait proférées dans sa vie, et le privilège m'était réservé de les entendre — :

— *J'ai eu tort. Mais comment faire ?*

Je répliquai :

— Votre Majesté peut le réparer.

Alors il passa la main sur son front, et dit :

— Ah ! il y a un travail sur les préfectures ; le ministre de l'Intérieur vient ce soir.

Il nomma ensuite quatre ou cinq noms de départements, et ajouta :

— Il y a Amiens. Cela vous conviendrait-il ?

Je répondis sans hésiter :

— Parfaitement, Sire.

— Dans ce cas, c'est fait, dit-il. Vous pouvez aller l'apprendre à Montalivet.

Et avec ce charmant sourire dont on a tant parlé :

— À présent, m'avez-vous pardonné ?

Je lui répondis de mon meilleur air :

— J'ai besoin aussi que Votre Majesté me pardonne de lui avoir parlé si librement.

— Oh! vous avez très bien fait.

Je lui fis la révérence, et il s'approcha de la porte pour me l'ouvrir lui-même.

Je retrouvai, en sortant, Adrien de Mun et Juste de Noailles, qui me demandèrent si j'avais arrangé mes affaires. Je leur répondis seulement que l'empereur avait été très aimable pour moi. Sans perdre de temps, et prenant Mme de Duras qui, ne pouvant maîtriser son impatience, était venue m'attendre dans l'allée de Trianon, nous retournâmes à Paris.

Après avoir déposé Mme de Duras à sa porte, j'allai chez M. de Montalivet, où j'arrivai vers 2 heures et demie. Il me reçut avec amitié, d'un air fort triste, en me disant: Ah! je n'ai rien pu empêcher. L'empereur est très monté contre votre mari. On lui a fait mille contes. On prétend que l'on va chez vous comme à la cour.» Dans le but de m'amuser un peu de lui, je répondis: «Mais ne serait-il pas possible de replacer mon mari? — Oh! fit-il, je n'oserais jamais proposer une chose semblable à l'empereur. Quand il est indisposé, justement ou injustement, contre quelqu'un, on a de la peine à le faire revenir. — Eh! bien, répliquai-je d'un air un peu cafard, il faut baisser la tête. Cependant, lorsque vous irez ce soir pour présenter à signer les quatre nominations de préfet... — Mais, d'où savez-vous cela?» s'écria-t-il avec emportement. Sans avoir l'air de le comprendre, j'ajoutai: «Vous proposerez M. de La Tour du Pin pour la préfecture d'Amiens.» Il me regarda avec stupéfaction, et je repris tout simplement: «L'empereur m'a chargée de vous le dire.» M. de Montalivet poussa un cri, me prit les mains avec beaucoup d'amitié et d'intérêt, et en même temps, me regardant des pieds à la tête: «Vraiment, dit-il, j'aurais dû deviner que cette jolie toilette-là, le matin, ne m'était pas destinée. »

La nomination de M. de La Tour du Pin parut le soir même dans le *Moniteur*, et je reçus les compliments des gens de ma connaissance, qu'avait affligés la nouvelle de sa disgrâce. Dans le fait, cette destitution fut un bonheur pour mon mari, comme on le verra plus tard.

Je restai quelques jours à Paris, où j'attendis le comte de Liedekerke et M. de La Tour du Pin, qui vinrent m'y retrouver pour la signature du contrat de mariage de nos enfants. À cette époque, il y eut un cercle à la cour, et j'y allai avec Mme de Mun. J'étais mise fort simplement, sans un seul bijou, contrairement aux habitudes des dames de l'Empire, qui en étaient couvertes, et je me trouvai placée au rang de derrière, dans la salle du Trône, dépassant de la tête deux petites femmes qui se mirent, sans compliment, devant moi. L'empereur entra, il parcourut des yeux ces trois rangs de dames, parla à quelques-unes d'un air assez distrait, puis, m'ayant aperçue, il sourit de ce sourire que tous les historiens ont tâché de décrire et qui était véritablement remarquable par le contraste qu'il présentait avec l'expression toujours sérieuse et parfois même dure de la physionomie. Mais la surprise de mes voisines fut grande quand Napoléon, tout en souriant, m'adressa ces mots: « *Êtes-vous contente de moi, Madame?* » Les personnes qui m'entouraient s'écartèrent alors à droite et à gauche, et je me trouvai, sans savoir comment, sur le rang de devant. Je remerciai l'empereur avec un accent très sincèrement reconnaissant. Après quelques mots aimables, il s'éloigna. C'est la dernière fois que j'ai vu ce grand homme.

Je repartis pour Bruxelles, où je désirais vivement retrouver mes enfants et où j'avais d'ailleurs mille choses à faire. M. de La Tour du Pin passa par Amiens pour préparer notre installation. Il vint ensuite me rejoindre, avec mon cher Humbert, de retour de Florence, et qui avait reçu à Paris sa nomination à la sous-préfecture de Sens. Qui aurait prévu, à ce moment, que dix mois plus tard, il en serait chassé par les Wurtembergeois ?

Lorsque M. de La Tour du Pin arriva de Bruxelles, dans les derniers jours de mars, il me trouva établie avec mes enfants chez le marquis de Trazegnies, qui nous avait offert une bonne et cordiale hospitalité. M. d'Houdetot avait annoncé, sans délicatesse, qu'il prendrait possession de la préfecture le surlendemain même du jour de mon retour à Bruxelles. Je désirais qu'il ne trouvât aucun vestige de notre séjour de cinq ans dans la maison qu'il allait habiter. Tout ce qui nous appartenait était emballé et parti. Quant au mobilier de la préfecture, chaque objet avait été remis à la place désignée par l'inventaire. Rien ne manquait. M. d'Houdetot prit de l'humeur de cette exactitude, et fut plus sensible encore aux regrets que toutes les classes exprimaient hautement du déplacement de M. de La Tour du Pin. Il chercha un prétexte pour retourner à Gand et y demeurer jusqu'à notre départ, fixé au 2 avril. Ma fille devait se marier le 1er [205].

Mon mari pouvait dire, comme Guzman [206] :

J'étais maître en ces lieux, seul j'y commande encore.

Il fit donc venir le chef de la police, M. Malaise, et l'engagea à empêcher qu'il n'y eût quelque manifestation trop prononcée de la part du peuple lors du mariage de notre fille. Le maire, le duc d'Ursel, fixa dans le même but une heure avancée de la soirée, 10 heures et demie, pour le mariage à la municipalité. Cela n'empêcha pas le peuple de se porter en

foule dans toutes les rues où nous devions passer et
à l'Hôtel de Ville, brillamment illuminé. On n'entendait que des phrases de regret et de bienveillance
à l'adresse de M. de La Tour du Pin. Lorsque nous
revînmes, après le mariage à l'Hôtel de Ville, chez
Mme de Trazegnies, nous trouvâmes tous les salons
du rez-de-chaussée éclairés, et établie dans la rue,
sous les fenêtres, pour nous donner une sérénade,
une troupe nombreuse composée de tous les musiciens de la ville. Mon mari fut, comme de raison,
fort sensible à ces manifestations de la bienveillance
publique.

Le lendemain, ma fille se maria dans la chapelle
particulière du duc d'Ursel. Après un beau déjeuner de parents et d'amis, elle partit avec son mari
pour Noisy[207], où son beau-père l'avait précédée de
quelques heures. Je la conduisis jusqu'à Tirlemont.
Ce fut une cruelle séparation. Il fallait cependant
que je parusse heureuse!... J'étais loin de l'être!...
Mon gendre, peu de temps auparavant, avait été
nommé sous-préfet du chef-lieu, à Amiens. Nous ne
devions donc pas, grâce au ciel, être longtemps loin
l'une de l'autre, Charlotte et moi.

CHAPITRE XXXI

Ce fut au mois d'avril 1813 que nous arrivâmes à Amiens, où nous étions destinés à voir se dérouler des événements auxquels nous étions loin de nous attendre. Nous y trouvâmes notre beau-frère, le marquis de Lameth, dont l'amitié nous avait déjà ménagé une réception très favorable de la part de la noblesse et des gens en vue de la ville, jusqu'alors fort mécontents de leurs préfets.

Les autorités étaient assez mal composées. Au chef-lieu, l'un des hauts fonctionnaires, le receveur général, un régicide, venait de se suicider. On l'avait remplacé par son gendre, M. d'Haubersaert. Un magistrat, M. de La Mardelle, procureur général, ancien officier de hussards, se comportait comme s'il n'avait pas changé d'état. Les présidents étaient tout à fait communs. Leurs femmes se faisaient remarquer par des tournures grotesques, des manières ridicules. Elles appelaient en public leurs maris *ma poule* ou *mon rat*. Comme général commandant la division nous avions M. d'Aigremont. Sa femme était jolie et assez bonne enfant. Un tel milieu ne pouvait convenir ni à Charlotte ni à moi, et dès le début de mon séjour, je m'arrangeai pour ne composer ma société que des gens considérables de l'endroit. Le dépôt du régiment des chasseurs de la garde tenait garnison à Amiens. Le major, M. Le

Termelier, homme très agréable et de la meilleure compagnie, le commandait. La famille de Bray, négociants très considérés d'Amiens, fit aussi partie de nos relations, ainsi que plusieurs autres personnes dont j'ai malheureusement oublié les noms.

Nous nous trouvions très bien établis à Amiens, quand nous commençâmes à entendre gronder l'orage. On était si confiant dans la fortune de Napoléon, que l'idée ne venait à personne d'admettre qu'il eût d'autre ennemi à craindre que les frimas qui lui avaient été si fatals pendant la campagne de Russie.

Cependant, après la bataille de Leipzig, commencèrent les réquisitions, les levées d'hommes et l'organisation des gardes d'honneur. Cette dernière mesure jeta la désolation dans les familles.

M. de La Tour du Pin eut besoin, dans cette circonstance, de toute sa fermeté. Il servait le gouvernement de bonne foi, et la pensée de restauration n'avait pas encore surgi dans son esprit. Il ne la prévoyait ni ne la désirait. Toutes les fautes et tous les vices, causes de la première Révolution, lui étaient encore trop présents à la mémoire pour qu'il pût écarter la crainte de voir la famille royale exilée ramener avec elle, par faiblesse, des abus de tous genres. Le mot si bien justifié : « Ils n'ont rien oublié, ni rien appris ! » revenait souvent à sa pensée. Cependant il tâchait, autant que possible, d'apporter des adoucissements dans l'application de l'organisation des gardes d'honneur. C'était parmi les gens riches qu'on trouvait le plus de résistance à certaines mesures, et je lui ai souvent entendu répéter · « Ils donnent plus volontiers leurs enfants que leur argent. » Dans une ville de fabriques de laines, comme Amiens, les réquisitions étaient très pesantes, et mon mari redoutait surtout l'avidité et la friponnerie des réquisitionnaires.

Le canon de Laon, que nous entendîmes à Amiens,

nous donna la première pensée de l'envahissement du territoire. Quelques jours plus tard, M. d'Houdetot, le préfet de Bruxelles, fuyant devant l'invasion, entra un soir dans notre salon au moment même où le receveur général, M. d'Haubersaert, qui voyait tout en beau, nous disait qu'il venait de recevoir une lettre de Bruxelles, et que la Belgique était à l'abri d'un coup de main.

Bientôt après, on signala l'apparition d'un corps de Cosaques, commandé par le général Geismar, dans les plaines aux environs de la ville. C'est à cette époque que passa à Amiens le général Dupont, sous l'escorte de gendarmes. Il avait d'abord été transféré du château de Joux, où Napoléon l'avait fait enfermer après la capitulation de Baylen, à la citadelle de Doullens. On le conduisait maintenant à Tours, afin qu'il ne fût pas délivré par les alliés. Il n'alla pas plus loin que Paris, et la sévérité dont il avait été l'objet fit sa fortune.

Les Cosaques s'approchèrent si près d'Amiens qu'on les voyait du clocher de la cathédrale. L'escadron de chasseurs en garnison dans la ville, commandé par notre aimable major, se porta au-devant d'eux, et leur en imposa si bien qu'ils ne reparurent plus.

Ma fille Charlotte attendait le moment de ses couches, et nous n'osâmes pas hasarder de la laisser à la préfecture dans la pensée que, si la ville était prise, la maison du préfet serait une des premières livrées au pillage. Nous l'établîmes dans un appartement, obligeamment mis à notre disposition, avec sa sœur Cécile et toi-même, mon cher fils[208]. On y transporta également la plus grande partie des effets que nous avions à la préfecture, où je restai avec mon mari.

Un soir, un homme qui nous était inconnu arriva de Paris. C'était Merlin de Thionville. Il avait reçu la mission, disait-il, de former un corps franc, et possédait un ordre du ministre de la police, Rovigo, pour enrôler dans les prisons tous les individus qui n'y étaient pas détenus pour crime capital. Il emmena tous ces vauriens, dont on n'entendit plus parler.

Ma tante, Mme d'Hénin, était installée pour l'automne au château de Mouchy, près de Beauvais, chez son amie la princesse de Poix. Mme de Duras s'y trouvait également avec ses filles[209] et on m'invita à y venir passer quelques jours.

Je partis donc pour Mouchy, où je demeurai trois jours. J'y arrivai deux heures avant le dîner, et après avoir été voir la bonne princesse de Poix et ma tante, je montai chez Mme de Duras.

Je partis un matin, après déjeuner, pour retourner à Amiens, en passant par Paris. Ne voulant pas y coucher, je descendis dans l'appartement de M. de Lally, qui était à Mouchy.

Après le temps nécessaire pour faire une légère toilette, j'allai chez M. de Talleyrand, que je trouvai dans sa chambre, et seul. Il me reçut, comme toujours, avec cette grâce familière et aimable dont il ne s'est jamais départi à mon égard. On a dit de lui beaucoup de mal — il en méritait peut-être davantage, quoiqu'on ne soit pas toujours tombé juste, — et on aurait pu lui appliquer le mot de Montesquieu sur César: «Cet homme qui n'avait pas un défaut, quoiqu'il eût bien des vices.» Eh bien! malgré tout, il possédait un charme que je n'ai rencontré chez aucun autre homme. On avait beau s'être armé de toutes pièces contre son immoralité, sa conduite, sa vie, contre tout ce qu'on lui reprochait, enfin, il vous séduisait quand même, comme l'oiseau qui est fasciné par le regard du serpent.

Notre conversation, ce jour-là, n'eut rien de parti-

culièrement remarquable. Seulement je trouvai qu'il
répétait avec une certaine affectation que M. de La
Tour du Pin était *bien, très bien*, à Amiens. Je lui fis
part de mon intention de partir le lendemain matin.
Il me dit de n'en rien faire. L'empereur était attendu
précisément dans la journée du lendemain, il le verrait, viendrait me trouver en sortant de chez lui, et
me laisserait savoir pour quelle heure je pourrais
commander mes chevaux de poste, ce qui ne serait
certainement pas avant 10 heures du soir.

Je rentrai chez moi fort ennuyée d'être retenue
encore vingt-quatre heures à Paris. Après avoir écrit
à mon mari pour l'informer de ce retard, je tâchai
d'occuper ma journée du lendemain en allant déjeuner chez ma bonne amie Mme de Maurville, et en
faisant quelques visites. Paris m'avait paru morne
mais avant qu'il fît nuit, j'entendis quelques coups
de canon qui annonçaient l'arrivée de l'empereur.
Le grand homme rentrait dans sa capitale, mais il y
était suivi par l'ennemi !

À 10 heures, mes chevaux étaient attelés et attendaient à ma porte. Le postillon commençait à s'impatienter, moi aussi, lorsqu'à 11 heures arriva M. de
Talleyrand : « Quelle folle de partir par ce froid, dit-il,
et en calèche encore ! Mais où êtes-vous donc ici ?
— Chez Lally. » Prenant alors une bougie sur la
table, il se mit à regarder les gravures pendues dans
de beaux cadres autour de la Chambre : « Ah !
Charles II, Jacques II, c'est cela ! » Et il remit le flambeau sur la table. « Mon Dieu ! m'écriai-je, il est bien
question de Charles II, de Jacques II ! Vous avez vu
l'empereur. Comment est-il ? que fait-il ? que dit-il
après une défaite ? — Oh ! laissez-moi donc tranquille avec votre empereur. C'est un homme fini.
— Comment fini ? fis-je. Que voulez-vous dire ? — Je
veux dire, répondit-il, que c'est un homme qui se
cachera sous son lit ! » Cette expression, sur le

moment, ne me surprit pas autant qu'après la suite de notre conversation. Je connaissais, en effet, la haine et la rancune de M. de Talleyrand contre Napoléon, mais jamais je ne l'avais encore entendu s'exprimer avec une telle amertume. Je lui fis mille questions auxquelles il répondit par ces seuls mots : « Il a perdu tout son matériel... Il est à bout. Voilà tout. » Puis, fouillant dans sa poche, il en tira un papier imprimé en anglais et, tout en mettant deux bûches dans le feu, ajouta : « Brûlons encore un peu du bois de ce pauvre Lally. Tenez, comme vous savez l'anglais, lisez-moi ce passage-là. » En même temps, il m'indiqua un assez long article marqué au crayon, à la marge. Je prends le papier et je lis : *Dîner donné par le prince régent*[210] *à Mme la duchesse d'Angoulême*.

Je m'arrête, je lève les yeux sur lui, il a sa mine impassible : « Mais lisez donc, dit-il, votre postillon s'impatiente. » Je reprends ma lecture. L'article donnait la description de la salle à manger, drapée en satin bleu de ciel avec des bouquets de lis, du surtout de table tout orné de cette même fleur royale, du service de Sèvres représentant des vues de Paris, etc. Arrivée au bout, je m'arrête, je le regarde stupéfaite. Il reprend le papier, le plie lentement, le remet dans sa vaste poche et dit, avec ce sourire fin et malin que seul il possédait : « Ah ! que vous êtes bête ! À présent partez, mais ne vous enrhumez pas. » Et, sonnant, il dit à mon valet de chambre : « Faites avancer la voiture de madame. » Il me quitte alors et me crie en mettant son manteau : « Vous ferez mille amitiés à Gouvernet de ma part. Je lui envoie cela pour son déjeuner. Vous arriverez à temps. »

J'atteignis de si bonne heure Amiens que M. de La Tour du Pin n'était pas encore levé. Sans perdre un instant, je lui raconte la conversation ci-dessus, qui m'avait préoccupée toute la nuit au point de m'empêcher de dormir. Il y trouva l'explication de certaines phrases embarrassées de Merlin de Thionville, et me recommanda de garder le secret le plus absolu sur ce que j'avais appris, car si c'était par de pareils moyens, dit-il, que les Bourbons prétendaient monter sur le trône, ils n'y resteraient pas longtemps.

Depuis quelques jours, un auditeur au Conseil d'État en mission extraordinaire était arrivé à Amiens pour accélérer, déclarait-il, la levée des gardes d'honneur. C'était un jeune homme de la plus charmante figure et de manières élégantes. Il se nommait M. de Beaumont. Peu à peu, on le vit déployer des prétentions exorbitantes. Quoiqu'on ne trouvât rien à reprendre ni à blâmer ouvertement à sa manière d'être, M. de La Tour du Pin le faisait observer de très près, et apprit bientôt qu'il avait des conciliabules avec tous les gens les plus mauvais de la ville. Notre fils Humbert avait amené de Florence un jeune Italien, dont il s'était séparé à Sens, à la suite d'une scabreuse affaire de femme. M. de La Tour du Pin le nomma à un emploi dans les bureaux de la préfecture, et il donnait des leçons d'italien à mes filles. Son intelligence était prodigieuse. On le chargea de suivre les faits et gestes de M. de Beaumont. Il ne fut pas long à découvrir ses menées contre mon mari et ses liaisons avec tous les anciens terroristes de la ville, ainsi que ses relations avec André Dumont, sous-préfet d'Abbeville.

M. de La Tour du Pin résolut de se débarrasser de lui. Il le fit mander dans son cabinet. Une fois en sa présence, il lui déclara que sa conduite était connue ; que la tranquillité de la ville était compromise ; que, comme préfet, il en avait la responsabilité ; qu'il entendait que dans une heure il eût quitté Amiens, et que dans deux heures il fût hors du département. Il ajouta que s'il ne se soumettait pas de bonne grâce, deux gendarmes convoqués dans son antichambre allaient s'assurer de sa personne. Notre homme fut si surpris de cette déclaration, qu'il n'osa pas résister.

En même temps, mon mari prescrivait à Humbert de partir pour Paris, afin de recueillir des nouvelles. Mon fils était à Amiens depuis quinze jours. Chassé de sa sous-préfecture par les Wurtembergeois, il s'était réfugié auprès de nous pour prendre quelque soin de sa santé, compromise à la suite d'une pleurésie contractée à Sens et dont il était fort malade quand l'ennemi s'approcha de cette ville. Voulant, à tout prix, éviter d'être fait prisonnier, il avait au dernier moment quitté Sens au milieu de la nuit, suivi de deux soldats malades qu'il avait recueillis et soignés à la sous-préfecture. Il se fit hisser sur un cheval, un des soldats monta en croupe pour le soutenir, et il partit ainsi par la route de Melun, où il arriva presque mourant. Les deux militaires lui prodiguèrent tant de soins, qu'au bout de deux jours ils purent le mettre dans une voiture et le transporter à Paris, chez Mme d'Hénin, où il acheva de guérir. De là, il vint à Amiens nous rejoindre. Pour récompenser ses deux sauveurs, il les fit entrer dans la garde. Il devait plus tard les retrouver à Gand.

Humbert arriva à Paris, chez M. de Talleyrand, au moment où celui-ci recevait comme hôte l'empereur Alexandre. Il passa la nuit sur une banquette que M. de Talleyrand lui avait désignée, en lui enjoignant de n'en pas bouger, afin de le trouver sous sa main quand il jugerait à propos de le faire repartir pour Amiens. À 6 heures du matin, M. de Talleyrand lui frappa sur l'épaule. Humbert le vit coiffé et habillé : «Partez, lui dit-il, avec une cocarde blanche, et criez : Vive le roi ! »

Humbert n'était pas bien sûr d'être éveillé. Se secouant, il partit néanmoins, et arriva à Amiens, où la nouvelle des événements avait déjà pénétré, et où M. de La Tour du Pin ne savait trop s'il convenait de l'accueillir ou de la repousser. Mais la voix publique ne tarda pas à se faire entendre. Les réquisitions, les gardes d'honneur, etc., avaient exaspéré toutes les classes. La crainte de l'étranger portait le trouble à son comble. Dans un moment, comme par une commotion électrique, les cris de: «Vive le roi!» sortirent de toutes les bouches. On se précipita dans la cour de la préfecture pour réclamer des cocardes blanches, dont Humbert, en quittant Paris, avait rempli tous les coffres de sa calèche. La provision en fut bientôt épuisée. J'en réservai néanmoins suffisamment pour le corps d'officiers, qui vint avec Le Termelier, leur brave major, en tête, les recevoir de ma main. Leurs physionomies, néanmoins, démentaient la sincérité de cette démarche, qu'ils faisaient à contrecœur. Un seul d'entre eux, âgé, avec la moustache blanche, me dit tout bas: «Je la reprends avec plaisir.» Les plus jeunes étaient mornes et tristes. Il leur semblait que la gloire leur échappait.

Dans la journée, quand le bruit de l'arrivée de Louis XVIII se répandit, on commença à nous courtiser, M. de La Tour du Pin et moi. Quelques jours après, lorsqu'on apprit que le préfet partait pour Boulogne pour aller au-devant du roi, que Sa Majesté s'arrêterait à Amiens et qu'elle coucherait à la préfecture, un grand nombre de personnes vinrent m'offrir des objets de toute nature susceptibles d'orner ou d'embellir la maison: qui des pendules, qui des vases, des tableaux, des fleurs, des orangers.

M. de Duras, entrant d'année[211], avait traversé la ville pour aller au-devant du roi à Boulogne. Malgré tant de bouleversements, il avait conservé tous les préjugés, toutes les haines, toutes les petitesses, toutes les rancunes d'autrefois, comme s'il n'y avait pas eu de révolution, et répétait certainement dans son for intérieur ce propos que nous lui avions entendu tenir dans sa jeunesse, quoiqu'il l'ait désavoué depuis : « Il faut que la canaille sue. »

M. de Poix s'était aussi mis en route pour Boulogne, mais il s'arrêta à Amiens, fort préoccupé de la réception que lui ferait le roi, à cause de Juste de Noailles, son fils, chambellan de l'empereur, et de sa belle-fille, dame du palais de l'impératrice. J'eus beau lui dire que, comme dans tant d'autres familles, il avait payé une terrible dette à la Révolution, dont son père et sa mère avaient été les victimes, cela ne le rassurait pas. Mais le temps me manquait pour relever son courage, et je confiai à ma fille[212] le soin de le sermonner, tandis que j'ordonnais l'arrangement de la table de vingt-cinq couverts que le roi devait honorer de sa présence. Je me trouvai dans la salle à manger lorsqu'un monsieur y entra et dit quelques mots à mon valet de chambre sur un ton qui me déplut. M'étant approchée, je lui demandai sans façon de quoi il se mêlait. Il voulut m'en imposer, en déclarant qu'il appartenait à la suite du roi. Sa surprise fut grande quand il dut constater que j'étais décidée à rester maîtresse chez moi et peu disposée à l'y laisser commander. Il s'en alla en grommelant. C'était M. de Blacas.

Un mot de M. de La Tour du Pin m'avait annoncé que le roi l'avait reçu avec beaucoup de bonté, et qu'il logerait à la préfecture avec Mme la duchesse d'Angoulême. Tout était prêt à l'heure dite. Douze jeunes demoiselles de la ville, à la tête desquelles se trouvait ma fille Cécile, avec sa délicieuse figure de quatorze ans, attendaient pour présenter des bouquets à Madame.

La voiture dans laquelle avaient pris place le roi et Madame fut traînée par la compagnie des meuniers d'Amiens, qui revendiquèrent cet ancien privilège. Ces braves gens, au nombre de cinquante à soixante, tous vêtus de neuf, à leurs frais, en drap gris blanc, avec de grands chapeaux de feutre blanc, menèrent d'abord la voiture royale à la cathédrale, où l'évêque entonna le *Te Deum*. On avait tenu fermées les portes de l'église, et on ne les ouvrit que lorsque le roi fut assis dans son fauteuil au pied de l'autel. Alors on entendit comme le bruit d'une inondation, et, dans moins d'une minute, cette église immense fut remplie au point qu'un grain de poussière ne serait pas tombé à terre.

En pensant, à l'heure actuelle, à la masse de sottises qui ont précipité son frère, Charles X, du trône, je ressens presque de la honte de l'émotion que me causa la vue de ce vieillard remerciant Dieu de l'avoir ramené sur le trône de ses pères. Madame se prosterna au pied de l'autel en fondant en larmes, et tout mon cœur s'unit aux sentiments qu'elle devait éprouver. Hélas ! cette illusion ne dura pas vingt-quatre heures.

Les fariniers ramenèrent ensuite le roi à la préfecture, où il reçut les corps constitués et toute la ville, hommes et femmes, avant le dîner, avec cette grâce, cette présence d'esprit, ce charme spirituel, qui le distinguaient éminemment. À 7 heures, on se mit à table. Le dîner était excellent, les vins parfaits, ce à quoi le roi fut singulièrement sensible, et ce qui me valut beaucoup de compliments aimables. M. de Blacas découvrit alors seulement que cette femme de préfet, avec qui il avait cru pouvoir prendre, lui simple gentilhomme provençal, un ton léger, se trouvait être une dame de l'ancienne Cour. Il fut fort confus de sa maladresse et m'entoura de mille cajoleries pour me faire oublier son attitude première, sans néanmoins y réussir.

Mon gendre cessait d'être français pour devenir sujet du nouveau roi des Pays-Bas, ce même prince d'Orange que j'avais revu en Angleterre dans une fortune si peu assurée. Il retourna avec ma fille à Bruxelles, dans sa famille, et cette séparation me fut cruelle. Je revins à Paris, et nous nous établîmes, mon mari et moi, dans un joli appartement, rue de Varenne, n° 6, où notre fils Humbert s'installa également.

Le soir même de mon arrivée, j'allai, avec Mme de Duras, à une fête que donnait le prince Schwarzenberg, généralissime des troupes autrichiennes. Là, je vis tous les vainqueurs, je fus témoin de toutes les bassesses dont ils étaient entourés, on pourrait dire accablés.

Quel spectacle curieux pour un esprit philosophique! Tout rappelait Napoléon: les meubles, le souper, les gens. La pensée me venait que, parmi tous ceux qui étaient là réunis, les uns, quand ils avaient été battus, tremblaient devant l'empereur, que les autres briguaient autrefois sa faveur ou seulement son sourire, et que pas un ne me semblait digne d'être son vainqueur. Ah! certes, la situation était intéressante, quoique profondément triste. Mme de Duras n'y voyait que le bonheur d'être femme du premier gentilhomme de la chambre d'année. La chute du grand homme, l'envahissement du pays, l'humiliation d'être l'hôte du vainqueur, ne paraissaient pas la troubler. Pour moi, j'en éprouvais un sentiment de honte, qui n'était probablement partagé par personne.

M. de La Tour du Pin prévoyait que la carrière administrative, tout en convenant à ses goûts, allait tomber dans une classe inférieure à celle où il avait le droit de se placer. Il désira reprendre son rang dans la carrière diplomatique, où la Révolution l'avait trouvé. M. de Talleyrand, ministre des affaires étrangères, lui proposa la mission de La Haye. Le nouveau roi de Hollande le désirait, et M. de La Tour du Pin accepta volontiers ce poste, quoiqu'il eût pu prétendre à une mission plus élevée. Mais un mot de M. Talleyrand : « Prenez toujours celle-là », lui fit deviner que l'on avait dessein de l'employer autrement.

Mon fils Humbert fut séduit, hélas ! par l'agrément d'entrer dans la maison militaire du roi. Le général Dupont était ministre de la Guerre. Ancien aide de camp de mon père, il professait pour moi un grand attachement. Humbert, désireux de se marier, préférait rester à Paris plutôt que de s'en aller comme préfet dans quelque petite ville éloignée de la France. Sa charmante figure, son esprit, ses manières, son instruction, lui ouvraient les portes des meilleures maisons de Paris, de tous les mondes. On le nomma lieutenant des *mousquetaires noirs* — nom provenant de la couleur de leurs chevaux. Cela lui donnait le grade de chef d'escadrons dans l'armée.

CHAPITRE XXXII

À l'époque où le congrès de Vienne fut décidé, je me trouvais un matin dans le cabinet de M. de Talleyrand. M. de La Tour du Pin était allé à Bruxelles pour assister au couronnement du nouveau roi Guillaume Ier et remettre ses lettres de créance. Il devait revenir dans un jour ou deux.

Je me préparais à quitter le cabinet du ministre des Affaires étrangères, et j'avais déjà la main sur le bouton de la porte pour l'ouvrir, lorsqu'en regardant M. de Talleyrand, j'aperçus sur son visage cette expression que je lui connaissais quand il voulait jouer quelque bon tour de son métier : «Quand revient Gouvernet ? demanda-t-il. — Mais, demain, répondis-je. — Oh ! pressez son retour, parce qu'il doit partir pour Vienne. — Pour Vienne, répliquai-je, et pourquoi ? — Vous ne comprenez donc rien. Il va ministre à Vienne, en attendant le congrès, où il sera l'un des ambassadeurs.» Je m'écriai, mais il ajouta : «C'est un secret. N'en parlez pas, et envoyez-le-moi dès qu'il descendra de voiture.»

Je l'attendis impatiemment, gardant le secret de la bonne nouvelle, excepté pour mon fils Humbert.

Cette nomination suscita beaucoup d'envieux à mon mari. Mme de Duras fut outrée. Elle aurait voulu que M. de Chateaubriand, pour qui elle était alors dans toute l'effervescence de sa passion, obtînt ce poste. Adrien de Laval ne se consola même pas par la promesse de l'ambassade d'Espagne, et tous de crier à l'abus, parce que mon mari conservait en outre sa place de La Haye.

Nous décidâmes en famille, quoique j'éprouvasse un très vif chagrin, que M. de La Tour du Pin partirait seul pour Vienne, et que je resterais à Paris pour m'occuper du mariage d'Humbert. M. de La Tour du Pin écrivit à Auguste, notre gendre, disposé déjà à embrasser la carrière diplomatique dans son pays, pour l'engager à le suivre à Vienne en qualité de secrétaire particulier ou simplement de voyageur, puisque, redevenu sujet des Pays-Bas, il n'était plus français. Nous pensâmes que si, après le congrès, M. de La Tour du Pin restait à Vienne, nous n'aurions pas de peine d'obtenir du roi des Pays-Bas d'attacher Auguste à la légation de Vienne. Nous aurions alors été retrouver nos maris, Charlotte et moi. Ces projets, comme beaucoup d'autres, furent bouleversés par les événements publics et particuliers. Il fut toutefois convenu que j'accompagnerais mon mari jusqu'à Bruxelles. Là, il prendrait son gendre, et je ramènerais ma fille avec son enfant[213] à Paris. Ce qui fut fait.

Avant de quitter Paris, où restait Humbert, je mis Aymar en pension chez un maître, M. Guillemin, dans la rue Notre-Dame-des-Champs, établissement sur lequel je possédais les meilleures attestations.

Notre voyage de retour, de Bruxelles à Paris, se passa fort agréablement, quoique je me sentisse fort triste et contrariée de n'avoir pas accompagné M. de La Tour du Pin à Vienne. Rien cependant ne me laissait prévoir que son absence dût être aussi longue qu'elle le fut en réalité. De plus, l'assurance qu'on m'avait donnée que deux courriers extraordinaires partiraient par semaine des Affaires étrangères, me permettait d'espérer que je recevrais régulièrement des nouvelles aussi fraîches que possible de mon mari.

Nous passâmes par Tournai, où nous visitâmes en détail les deux belles fabriques de tapis et de porcelaines, ainsi que la cathédrale. Nous vîmes là la superbe châsse de saint Éleuthère, qui venait d'être déterrée du lieu — un jardin — où elle avait été cachée dès la toute première invasion des Français. Notre voyage se continua par Amiens. Nous restâmes deux jours dans cette ville pour régler quelques affaires de mobilier avec M. Alexandre de Lameth qui venait d'être nommé préfet pour succéder à M. de La Tour du Pin.

À notre arrivée à Paris, nous y trouvâmes des nouvelles de nos voyageurs. Je m'installai dans mon appartement, et Charlotte prit possession des chambres précédemment occupées par son père.

Le général Dupont, fort dévoué à mes intérêts, à titre d'ancien aide de camp de mon père, fit donner la croix de la Légion d'honneur à Auguste, en récompense de ses bons services comme sous-préfet d'Amiens, au moment de la Restauration. Je la lui envoyai à Vienne, ce qui lui causa un grand plaisir.

Régulièrement, il eût dû obtenir cette distinction sur la proposition de l'abbé de Montesquiou, alors ministre de l'Intérieur. Mais je n'étais nullement en faveur auprès de lui, et il m'aurait donc été désagréable d'avoir recours à son intervention. Je n'avais d'ailleurs aucune raison personnelle de le faire, car ni mon mari dans la diplomatie, ni mon fils dans l'armée, ne dépendaient de son ministère. M. de Montesquiou avait repris, avec l'habit, le maintien ecclésiastique : mais je ne pouvais oublier que je l'avais vu au spectacle, vêtu d'un gilet rose, riant de tout son cœur des farces de Brunet, et son attitude nouvelle me paraissait ridicule et affectée. De plus, à la suite d'une circonstance que je vais conter, nous étions assez mal ensemble.

J'ai déjà dit que lorsque le roi arriva d'Angleterre, M. de La Tour du Pin avait été au-devant de lui à Boulogne. À son passage à Abbeville, une des sous-préfectures de son département, il crut devoir déclarer au sous-préfet, André Dumont, qu'il jugeait impossible, en raison des antécédents malheureusement trop célèbres de sa vie passée, qu'il le présentât au roi. Son rôle à la Convention, sa conduite comme représentant du peuple en mission, paraissaient, aux yeux du préfet, constituer un obstacle insurmontable à sa présentation au nouveau souverain. M. de La Tour du Pin lui demanda donc — s'il ne s'exécutait pas de bonne grâce, il le lui ordonnait — de s'éloigner d'Abbeville, sous un prétexte quelconque, au moment où le roi passerait. Un des conseillers de préfecture le remplacerait temporairement.

André Dumont, de sanguinaire mémoire, accepta cet arrêt, appelé, d'un commun accord, à rester secret entre lui et M. de La Tour du Pin. Le roi lui-même ignora ce qui s'était passé. Malgré cela, le régicide en conçut une grande rancune contre son préfet. Aussitôt après le départ de M. de La Tour du Pin pour Vienne, il fit imprimer une brochure dans laquelle, s'appuyant sur la longanimité avec laquelle on avait traité d'autres régicides, il se présenta comme la victime du mauvais vouloir de mon mari, qu'il accusait d'injustice, d'abus de pouvoir et même de malversation, etc.

On m'écrivit d'Amiens que ce libelle était envoyé à Paris pour y être distribué par les soins de M. Benoît, secrétaire en chef du département de l'Intérieur et ami de Dumont. Mon fils Humbert alla trouver M. Benoît qui le reçut assez mal. Il essaya, sinon de justifier Dumont, ce qui n'eût pas été possible, mais de démontrer que la sévérité de mon mari avait été excessive.

De mon côté, je me rendis chez M. Beugnot, ministre de la Police, pour lui signaler cette publication, qu'il aurait pu peut-être empêcher. C'eût été très opportun, car elle était de nature à porter préjudice à M. de La Tour du Pin dans sa nouvelle situation. Il fallait prévoir que ceux qui voulaient lui nuire chercheraient à en tirer parti.

M. Beugnot se montra très obligeant et fort aimable, comme il l'était toujours. La conversation se continua ensuite sur d'autres sujets, en particulier sur les menées bonapartistes, qu'il était de bon air de nier à la cour et dans les salons royalistes, mais dont se préoccupait beaucoup le ministre de la Police. Après une longue causerie en tête à tête, il finit par me demander : «Voyez-vous Mme Dillon, votre belle-mère ? — Assurément, lui répondis-je. — Eh ! bien, reprit-il rendez-lui un service. Déclarez-lui que Mme Bertrand n'a pas besoin de *bonnets brodés.*» J'aurais voulu en savoir davantage, mais il prétendit que cela suffisait, et je le quittai.

Le lendemain, j'allai, avec mes filles, faire une visite à ma belle-mère. Elle souffrait déjà de la maladie qui devait l'emporter trois ans plus tard. Après avoir causé de choses indifférentes, en me levant je lui dis à voix basse : «Ma sœur n'a pas besoin de *bonnets brodés.*» Elle poussa une grande exclamation, et s'écria : «Lucie, au nom du ciel, qui vous a dit cela ? — M. Beugnot», répondis-je. En entendant ce nom ; elle se renversa dans son fauteuil, et dit à voix basse : «Ah ! tout est perdu ! »

Hélas ! non, rien n'était perdu pour les conspirateurs, car on s'entêtait à ne pas croire à la conspiration. Aux Tuileries, chez les ministres, chez Mme de Duras, chez la duchesse d'Escars, c'était à qui, parmi les royalistes, tournerait le plus en ridicule les

trembleurs, qui voyaient Napoléon partout. On faisait de la musique, on dansait, on s'amusait comme
des écoliers en vacances. À cette époque, un soir,
chez Mme de Duras, se trouvaient deux ou trois
généraux, en compagnie de leurs femmes, toutes fort
parées, entre autres le maréchal Soult et la maréchale. M. de Caraman se pencha derrière moi, et me
dit : « Voilà les yeux de Notre-Dame-del-Pilar qui
vous regardent. » Le bruit courait, en effet, que les
deux énormes diamants qui pendaient aux oreilles
de la maréchale avaient été enlevés à l'image miraculeuse de la vierge de ce nom, si vénérée en
Espagne. La riche parure n'empêchait pas cette
dame fort laide d'avoir l'air d'une vivandière.

Ma pauvre Charlotte, dont la petite fille[214] avait
été sevrée à huit mois, eut le malheur de la perdre.
Le désespoir éprouvé par Charlotte de la perte de
son enfant me suggéra la pensée de l'envoyer à
Vienne avec son mari. Comme son père l'aimait tendrement, sa présence là-bas serait, pour lui aussi, un
bonheur inexprimable. Je possédais une excellente
calèche de voyage. Je me chargeai de l'achat et de
l'emballage de tous les détails des élégantes toilettes
destinées à être portées par ma fille dans les fêtes du
prochain congrès. De plus, je mis à sa disposition ma
femme de chambre, personne fort habile. Rien ne
manqua à son équipement. Grâce à mon activité
habituelle, les résolutions une fois prises, le surlendemain ma fille était prête à se mettre en route. Le
même jour, elle partait pour Vienne avec son mari,
porteur des dépêches de M. de Talleyrand, qui n'avait
pas encore quitté Paris.

Je restai seule avec ma jeune Cécile, alors âgée de
quinze ans, et mes deux fils, Humbert et Aymar.

Cet hiver, quand je fus débarrassée de toute
inquiétude au sujet de la santé de mon fils, j'allai

beaucoup dans le monde. Je tâchais de ramasser des nouvelles, des on-dit, souvent même des caquets pour en faire la matière des lettres que j'écrivais régulièrement à M. de La Tour du Pin, deux fois par semaine, par les courriers des Affaires étrangères. Logeant tout près de ce ministère, je fermais seulement mes lettres lorsque M. Rheinhardt, chargé de cette partie de l'expédition des courriers, m'envoyait un garçon de bureau pour les prendre. Si, depuis, cette correspondance n'avait été brûlée, elle servirait à rendre ces mémoires plus piquants et plus intéressants. Maintenant que tant de jours ont passé sur ma tête, que la vieillesse est venue, et que ma mémoire est plus ou moins altérée, je sens que beaucoup de faits et de détails m'échappent.

Comment mon temps se passait-il depuis cette restauration de la monarchie? J'allais d'abord aux Tuileries, quand le roi recevait les dames, à peu près une fois ou deux par semaine. En qualité d'ancienne dame du palais de la reine, j'avais les honneurs. C'est-à-dire qu'au lieu de me mêler à la foule des femmes qui se pressaient les unes sur les autres dans le premier salon, dit de Diane, en attendant que le roi eût été *roulé* dans la salle du Trône, — car il ne pouvait pas marcher, — je prenais place directement, ainsi que les autres femmes qui jouissaient du même privilège, sur les banquettes qui garnissaient cette salle. Là, nous trouvions beaucoup d'hommes qui avaient, eux aussi, les entrées, et, installées fort à notre aise, nous causions jusqu'au moment où la parole sacramentelle: «Le roi!» nous faisait dresser sur nos jambes et prendre un maintien plus ou moins convenable et respectueux. Puis on défilait une à une devant le fauteuil royal.

Le roi avait toujours une chose drôle ou aimable à me dire. Ainsi, le jour de la saint Louis, il y eut grand couvert dans la galerie de Diane. Une barrière posée en long dans la plus grande partie de la galerie donnait passage à toutes les personnes qui voulaient voir la table en fer à cheval, autour de laquelle était assise la famille royale. Le roi occupait seul le fond de la table, faisant face aux curieux; sur un des petits côtés se trouvaient M. le duc d'Angoulême et sa femme; en face, M. le duc de Berry, et peut-être le duc d'Orléans; mais pour ce qui concerne ce dernier, je ne saurais l'affirmer. Derrière le roi se tenaient les grandes charges debout et les femmes sur des gradins. Ce jour-là, j'avais préféré rester *peuple*, afin de passer le long de la barrière avec mes filles[215]. Le roi m'aperçut dans la foule qui défilait, et me cria: «C'est comme à Amiens!» Cela m'attira une grande considération parmi le bon peuple.

M. le duc de Berry donna, ce même hiver, deux bals, où il invita toutes les notabilités bonapartistes: les duchesses de Rovigo, de Bassano, etc. Elles ne dansèrent pas et avaient l'air d'une humeur massacrante, malgré les avances et les soins du prince et de ses aides de camp.

Je me trouvais dans le salon de Mme de Staël le soir du jour où le duc de Wellington arriva à Paris. Cent autres personnes, également curieuses de voir ce personnage déjà célèbre, étaient là réunies. Mes relations avec le duc remontaient au temps de mon enfance. Nos âges différaient peu, et lady Mornington, sa mère, était fort liée avec ma grand'mère, Mme de Rothe. Nous avions passé, le jeune Arthur Wellesley, sa sœur lady Anne et moi, bien des soirées ensemble. Je retrouvai plus tard lady Anne en Angleterre, à Hampton-Court, quand j'y fus pour voir le vieux stathouder prince d'Orange. Je me fis reconnaître du duc comme une ancienne amie. Aussi, dans ce salon où tant d'yeux étaient fixés sur lui, mais où il ne connaissait personne, fut-il bien aise de trouver quelqu'un qui pût lui répondre, s'il questionnait.

Parmi les personnes présentes se trouvait un homme qui brûlait du désir de lier conversation avec le héros du jour. C'était M. de Pradt, le ci-devant archevêque de Malines. Mme de Staël les mit en rapport. M. de Pradt s'étant assuré que le duc parlait parfaitement français, commença à lui expliquer l'Europe et la France. Une demi-heure durant, il parla sans s'arrêter. Quant au duc, à peine put-il placer quelques exclamations que l'archevêque prenait pour de l'admiration. Le prodigieux amour-propre de M. de Pradt l'emportait souvent au-delà des bornes permises. Ainsi, en parlant de l'empereur, poussa-t-il l'audace jusqu'à prononcer ces paroles : « Enfin, mylord, Napoléon a dit un jour "Il n'y a qu'un homme qui m'empêchera d'être maître de l'Europe." » Chacun s'imagina que la suite de son discours allait être : « Et cet homme, mylord, c'est vous ! » Mais point du tout ; il poursuivit ainsi : « Et cet homme, c'est moi ! » Le duc de Wellington s'écria : « Oh ! oh ! » et ne put s'empêcher de lui rire au nez, ce dont l'archevêque ne se déconcerta nullement.

M. de Blacas tenait un grand état. Son outrecuidance ne lui permettait pas de concevoir le plus léger soupçon de conspiration. Il levait les épaules, se mettait à rire et se moquait de ceux enclins à penser que Napoléon était terriblement près de nous.

Un jour Humbert rentra très préoccupé. Il avait rencontré, en revenant du quartier des mousquetaires, deux généraux — je ne puis me souvenir de leurs noms, l'un était mulâtre — qu'il avait connus à Sens assez intimement. Ils l'engagèrent à venir déjeuner avec eux au Jardin Turc. Humbert accepta. Après les huîtres et le vin de Champagne, ces messieurs commencèrent à le tâter sur la marche du gouvernement, sur le mécontentement général, sur les regrets qu'ils éprouvaient de ne plus servir l'empereur. Puis, le vin de Champagne aidant, ils en vinrent à des indiscrétions dont Humbert fut fort frappé et qui lui inspirèrent beaucoup d'inquiétude. Il était loin de prévoir, cependant, l'audace avec laquelle Napoléon oserait débarquer sur la côte de France; mais la conversation de ses deux compagnons de table lui laissa clairement comprendre qu'un enrôlement se préparait. Les deux généraux en question étaient des gens assez obscurs, mais Humbert remonta facilement, par la pensée, jusqu'aux chefs de la conspiration, et surtout à la reine Hortense, chez qui se réunissait le comité directeur bonapartiste. Ayant raconté à Mme de Duras le déjeuner et la conversation auxquels il avait assisté, elle en conçut également des inquiétudes et en fit part à son mari. Celui-ci en parla au roi; mais M. de Blacas était là pour tout atténuer et pour tourner en ridicule les gens qui croyaient à un retour de l'empereur.

Un soir des premiers jours de mars, je me trouvais chez Mme de Duras, aux Tuileries. Il y avait du monde, entre autres le général Dulauloy et sa femme. Je surpris entre eux deux ou trois signes imperceptibles qui excitèrent vivement ma curiosité. Ils semblaient dire: «Non, ils ne savent rien.» Mme Dulauloy paraissait, en outre, craindre quelque chose et témoignait d'une grande envie de s'en aller, surtout lorsque M. de Duras traversa le salon, venant du coucher du roi. À ce moment, elle rougit, se leva et sortit en emmenant son mari. Je restai la dernière et j'attendis que Mme de Duras revînt de la chambre de son mari, où elle l'avait suivi. Je la vis très troublée, et elle me dit: «Il y a quelque chose de terrible, mais Amédée ne veut pas me le dire.» Je rentrai alors chez moi en compagnie d'Humbert et nous fîmes, comme cela arrive toujours, toutes les conjectures imaginables, excepté la véritable. Le lendemain matin, la nouvelle du débarquement au golfe Juan se répandit dans Paris. Elle fut apportée par lord Lucan. Parti la veille au soir pour l'Italie, il rencontra à quelques postes de Paris le courrier qui arrivait de Lyon avec la nouvelle. Il revint aussitôt sur ses pas et rentra à Paris, où il la fit connaître.

Les conséquences de cet événement rentrent dans le domaine de l'histoire. Je me contenterai donc de rapporter ici ce qui m'est personnel.

Je connaissais trop bien d'une part la cour, d'autre part la force du parti de Napoléon, pour conserver des doutes un moment sur l'efficacité des mesures que l'on allait adopter.

M. de La Tour du Pin, quoiqu'un des quatre ambassadeurs de la France au congrès de Vienne et employé par intérim aux affaires diplomatiques françaises en Autriche, n'en était pas moins toujours resté titulaire du poste de ministre de France en Hollande. J'estimai que je ne pouvais demeurer à Paris quand Napoléon allait y arriver, et que je devais me rendre à Bruxelles ou à La Haye. Mes projets furent soumis au roi par M. de Jaucourt, ministre des Affaires étrangères par intérim. Il approuva ma détermination, et je me préparai donc à partir.

Humbert, dès que le départ du roi fut résolu, ne put quitter le quartier des mousquetaires. Je me trouvai, par conséquent, absolument seule pour faire face à tous les arrangements du voyage que j'allais entreprendre avec ma fille Cécile, âgée de seize ans, et mon fils Aymar, qui en avait huit.

J'ai souvenir de beaucoup de petits embarras dont je me tirai avec mon sang-froid ordinaire. Après tant d'années écoulées, ils n'offrent plus guère d'intérêt. Je conterai cependant le fait suivant. Je m'étais rendue chez le ministre des Finances dans la soirée pour toucher le montant des appointements de M. de La Tour du Pin, que je désirais emporter. Le même soir, le roi devait partir à minuit. En entrant dans le cabinet du ministre, avec qui j'étais assez liée depuis longtemps, je le trouvai dans une colère épouvantable : «Regardez», me dit-il en me montrant une centaine de petits barils semblables à ceux dans lesquels on vend des anchois, «j'ai fait préparer ces barils, qui contiennent chacun 10 000 ou 15 000 francs en or. Je voulais en confier un à chaque garde du corps appelé à accompagner le roi, et ces messieurs refusent de s'en charger sous prétexte qu'ils ne sont pas faits pour cela.» Tout en disant ces mots, il signa mon récépissé, dont j'allai aussitôt toucher le montant. Je portai ensuite la somme chez mon homme d'affaires pour qu'il me la changeât en or. J'avais bien demandé à M. Louis de me remettre un des barils d'or réunis dans son cabinet, mais il s'y était absolument refusé. Quand je quittai mon homme d'affaires, 9 heures avaient déjà sonné, et il me dit de revenir à 11 heures et qu'il me remettrait alors l'or qu'il se serait procuré.

À 11 heures sonnant, je retournai chez mon homme d'affaires, rue Sainte-Anne. Il me remit 12 000 francs en rouleaux de napoléons. J'avais un cabriolet de louage à l'heure. En remontant dans la voiture, je dis au cocher : «Chez moi.» Je logeais rue de Varenne, n° 6. Nous voulons prendre par le Carrousel ; mais à cause du départ du roi, on n'y passait pas. Mon cocher longe alors la rue de Rivoli. Au moment de s'engager sur le pont Louis XVI, il entend sonner minuit. S'arrêtant tout court, il me déclare que pour rien au monde il ne fera un pas de plus. Il loge, dit-il, à Chaillot, les portes doivent être fermées à minuit ;

il demande à être payé et m'invite à continuer mon chemin *à pied*.

J'eus beau faire appel à toute mon éloquence, lui promettre un pourboire superbe pour me mener seulement jusqu'à un fiacre. Il refuse. Force m'est de descendre, quoique saisie d'une frayeur mortelle. Heureusement, au même moment, j'entends le bruit d'une voiture. C'était un fiacre, et vide, grâce à Dieu ! Je m'y précipite en offrant au cocher une généreuse gratification pour me ramener chez moi.

Aussitôt rentrée, j'envoie chercher les chevaux de poste. Malgré mon *service extraordinaire*, malgré la signature du ministre, j'attends jusqu'à 6 heures les deux misérables chevaux destinés à être attelés à une petite calèche, dans laquelle je prends place avec Aymar, ma chère Cécile, et une petite femme de chambre belge que j'avais gardée à mon service après l'avoir élevée.

Notre voyage ne fut marqué par aucun incident. Seulement, vers Péronne ou Ham, nous vîmes déboucher au grand trot, par un chemin de traverse croisant la grande route, un régiment de cuirassiers à la débandade. En passant près de nous, ils crièrent : « Vive l'empereur ! »

Nous arrivâmes sains et saufs à Bruxelles, où je pris un tout petit logement, rue de Namur, chez un M. Huart, avocat. Il doit avoir été depuis, je crois, ministre du roi Léopold[216].

Je trouvai à Bruxelles toutes les personnes de ma connaissance, tant en Belges qu'en Français. Tout le monde me fit bon accueil, à l'exception des bonapartistes, tels que les Trazegnies et les Mercy, entre autres.

Le roi de Hollande[217] était à Bruxelles. Je me présentai à lui, et il me reçut parfaitement. Nous étions assis sur un canapé dans l'ancien cabinet de M. de La Tour du Pin. Se tournant vers moi, il me dit :

« Dans ce salon, je tâche de m'inspirer du moyen de me faire aimer comme l'était votre mari. » Hélas ! le pauvre prince n'a pas réussi. Je lui parlai avec insistance des intérêts de mon gendre, devenu alors son sujet. Probablement est-ce cette conversation qui lui a ouvert la carrière diplomatique. Je souhaite qu'il s'en souvienne.

Mme de Duras était aussi venue à Bruxelles avec sa fille Clara et sa mère, Mme de Kersaint. Quelques jours après notre arrivée, cette dernière fut frappée d'une attaque d'apoplexie foudroyante, le soir, en prenant le thé.

Avant ce triste événement, nous passions un jour la soirée ensemble, Mme de Duras et moi, quand on vint nous annoncer qu'un *monsieur* de notre connaissance désirait nous parler. On ajoutait qu'il n'osait se présenter dans notre salon parce qu'il n'était pas habillé. À cette époque, on s'attendait toujours à quelque chose de singulier. Nous sortîmes donc sur le palier, à l'hôtel de France. Devant nous, nous voyons un valet de chambre fort crotté, que Mme de Duras reconnut à l'instant. Il nous ouvre la porte d'une chambre et nous nous trouvons en présence de M. le duc de Berry. Il nous raconta que le colonel *d'un corps franc*, c'est-à-dire d'un rassemblement de brigands, nommé Latapie, l'avait dévalisé, pillé ses équipages et lui avait pris jusqu'à ses chemises. Comme je connaissais très bien Bruxelles, il me chargea de lui procurer tout un nouveau trousseau. Je le mis aussitôt en rapport avec la bonne Mme Brunelle, à qui je fus bien aise d'apporter cette bonne aubaine. Plus tard, j'aurais encore à parler de ce Latapie, dont je viens de citer le nom.

Ma chère fille Charlotte arriva quelque temps après toute seule de Vienne, accompagnée de sa femme de chambre et du valet de chambre de son père. Elle m'apprit que le congrès s'était dissous à la nouvelle de la descente de Napoléon à Cannes. Chacun avait couru au plus pressé, et les puissances, toutes prêtes à devenir ennemies, s'étaient réconciliées devant l'imminence du danger commun. On ne songea plus qu'à faire payer cher à la France l'accueil fait au héros qui, en la rendant si puissante et si glorieuse, lui avait suscité tant d'ennemis.

M. le Dauphin[218], dans les provinces méridionales, avait rassemblé une sorte de parti qui aurait pu prendre de l'importance sous un autre chef. On cherchait quelqu'un qui porterait à ce prince l'assurance de l'union des puissances pour anéantir Napoléon. M. de la Tour du Pin, toujours dévoué, accepta de se rendre à Marseille et de joindre M. le Dauphin. Il partit. Son gendre le suivit jusqu'à Gênes et me rapporta de là des nouvelles de mon mari à Bruxelles. Le jeune de Liedekerke retrouva dans cette ville sa femme, et je pus lui annoncer à son arrivée que j'avais assuré sa position auprès du roi[219] son maître.

CORRESPONDANCE

(1815-1846)

EXTRAITS

Sauf les premières citées dans cet extrait de la correspondance, la plupart des lettres de Mme de La Tour du Pin ont été écrites à Félicie de Duras, comtesse de La Rochejacquelein[1] et avant même de lire les quelques-unes d'entre elles reproduites ci-dessous, une question vient aux lèvres.

Étant donné qu'en 1821, date de départ de la correspondance suivie entre Mme de La Tour du Pin et Mme de La Rochejacquelein, la première avait cinquante et un ans alors que la seconde n'en avait que vingt-trois, comment une affection si vive de ces deux femmes l'une pour l'autre a-t-elle pu naître, vivre et survivre, alors que plus d'un quart de siècle de différence d'âge les séparait ? Cette question se pose avec d'autant plus d'acuité qu'il faut noter que depuis les jours sombres de l'Émigration, Mme de La Tour du Pin avait été très liée avec la mère de Félicie, la duchesse de Duras[2] et qu'il aurait été donc plus normal, à première vue, que ce soit à cette dernière qu'elle écrive.

La réponse est très simple et tient en deux faits : Félicie ne s'entendait guère avec sa mère. Mme de La Tour du Pin, se détachant de la duchesse de Duras, avait pris le parti de Félicie.

Il faut maintenant expliquer ces faits.

Félicie de Duras, veuve sans enfants à dix-sept ans du prince de Talmont avait épousé le 14 septembre

1819 le comte Auguste de La Rochejacquelein[3] malgré l'opposition de la duchesse de Duras. Mais la séparation de la mère et de la fille ne date d'ailleurs pas de cet événement. Elle remonte à 1814, c'est-à-dire, en fait, au premier mariage de Félicie. Sans mettre fin à leurs rapports, les deux femmes cependant les limitèrent à la plus extrême banalité. L'intimité était absente. Une pensée souvent citée de Mme de Duras elle-même exprime parfaitement cette terne situation : «Il y a des êtres dont on est séparé comme par les murs de cristal dépeints dans les contes de fées. On se voit, on se parle, on s'approche, mais on ne peut se toucher.»

Plus l'amour de la duchesse de Duras pour sa fille était grand — et Dieu sait qu'il l'était — plus sa déception de la voir s'émanciper des tentacules de sa tendresse était sans remèdes. Cette mère qui aimait sa fille à la folie sentait bien d'ailleurs que l'objet de sa prédilection lui avait échappé cette fois-ci définitivement. Elle écrivit, vers la fin de l'année 1819 peu après le second mariage de Félicie : «La douleur, c'est d'avoir vu une influence étrangère altérer peu à peu les goûts, les sentiments, les opinions que j'avais placés dans ce cœur qui n'est plus celui qui comprenait le mien.»

Mais que reprochait donc l'auteur d'Ourika et d'Édouard à sa fille ? Quelles incompatibilités avaient donc contribué à les séparer l'une de l'autre ?

Mme de Duras avait rêvé d'une fille pétrie de culture littéraire et artistique. Félicie, d'ailleurs, était attirée par la musique et la peinture. D'où les illusions d'une mère qui, rapidement, durent s'envoler...

Devenue, à quinze ans par son premier mariage, belle-fille du prince de Talmont, général de la cavalerie vendéenne, elle avait naturellement été séduite par l'héroïque légende de sa belle-famille. Subjuguée par son entourage elle se passionna pour la vie à la campagne, pour la chasse, le tir, l'équitation. Les lettres et les arts furent bien vite oubliés.

Pour la duchesse de Duras ce fut un premier coup. Ce coup fut porté à nouveau en 1819, lors du second mariage de Félicie. En épousant le frère d'Henri de La Rochejacquelein, elle renouait avec le même milieu que celui du prince de Talmont, elle retrouvait les mêmes goûts, les mêmes habitudes.

Ainsi, par deux fois, avant d'avoir atteint vingt ans, Félicie s'était liée aux gloires de la Vendée et à tout ce qui, depuis la Restauration, représentait la réaction la plus violente et l'exaltation royaliste la plus pure.

Et comment dans ces familles les La Trémoille-Talmont, les La Rochejacquelein aurait-on pu approuver le libéralisme, les amitiés, les relations de la duchesse de Duras ?

Ainsi le fossé se creusa entre la mère et la fille.

Par ailleurs, il reste maintenant à expliquer pourquoi Mme de La Tour du Pin s'est en même temps écartée de la duchesse de Duras et liée si intimement avec la jeune Félicie.

Le refroidissement des relations de Mme de La Tour du Pin et de Mme de Duras date des débuts de la liaison de cette dernière avec Chateaubriand. De toutes les amies de la duchesse, Mme de La Tour du Pin est la plus dure. Elle ira en 1810 jusqu'à reprocher à Claire de Duras de se donner «en spectacle à tout Paris»... Jugement bien sévère ! La «chère Claire» fait preuve d'un grand cœur et de beaucoup d'intelligence en accueillant ces reproches avec liberté d'esprit et en conservant son affection à son amie.

Un fait demeure : la duchesse de Duras déçoit Mme de La Tour du Pin qui reporte sur Félicie toute la tendresse qu'elle a pour les Duras. L'auteur du Journal retrouve chez la fille tout ce qu'elle avait espéré de la mère, épouse de son ami d'enfance, le duc de Duras. Félicie la comble alors que Mme de Duras l'a irritée.

De plus Félicie vit selon les idées de Mme de La Tour du Pin au sein d'un milieu dont elle partage les principes, les regrets, les aspirations. Plus la mère et la fille s'éloignent l'une de l'autre, plus Mme de La Tour du Pin incline à remplacer Claire de Duras dans le cœur de Félicie. Et puis, enfin, inconsciemment sans doute, elle retrouve en Félicie l'image de Cécile[4], sa propre fille qui vient de mourir, puis plus tard celle de son enfant Charlotte[5], comtesse de Liedekerke Beaufort lorsque celle-ci à son tour décédera en 1822.

Voilà pourquoi il y a en définitive à partir de 1821 des «Lettres à Félicie» plutôt que des lettres à Claire de Duras, cette ancienne amie de la même génération avec laquelle d'ailleurs Mme de La Tour du Pin finira par se réconcilier.

En 1814 le marquis de La Tour du Pin a été nommé
par Louis XVIII ministre plénipotentiaire aux Pays-Bas.

À MADAME DE STAËL

Bruxelles, le 5 avril 1815,
rue de Namur, n° 1283

J'ai bien envie d'avoir de vos nouvelles, ma très chère, et depuis quinze jours que je suis tourmentée de ce désir, ce n'est que d'aujourd'hui seulement que j'ai découvert que vous ne saviez pas où j'étais, d'abord, et qu'ensuite il n'était pas bien clair que vous m'aimassiez assez pour songer à m'écrire. Après ces deux belles pensées, je me décide à vous dire que je veux absolument que vous me rangiez, non pas dans le nombre de ceux qui vous admirent, parce que cela est tout simple, mais dans celui, bien plus petit, de ceux qui vous connaissent et qui vous aiment.

Je ne vous apprendrai sûrement pas que mon plus cher intérêt[6] s'est beaucoup rapproché de vous, et que le Congrès de Vienne l'a chargé de l'honorable et périlleuse mission d'aller faire connaître ses intentions dans le midi de la France. Il n'est pas impossible qu'il passe chez vous, et je voudrais pour mon repos le savoir sous votre toit hospitalier. Au lieu de cela, je crois qu'il est à Turin, cherchant les moyens de remplir sa mission. Écrivez-moi si vous en savez quelque chose et de mon côté je vous dirai ce que nous faisons ici.

Notre sauveur Wellington y est arrivé avant-hier, ayant ma fille[7] pour courrier, il attend sir X... et M. D... qui ont dû arriver cette nuit et qui viennent combiner avec lui le commencement des opérations militaires. Notre héros est généralissime depuis l'Oder jusqu'à Ostende et attend à tous moments un renfort de vingt mille Portugais, qui sont les meilleures troupes de l'Europe, à ce qu'il dit.

Nous vivons ici comme dans un camp, au milieu des canons, des tambours et des trompettes. Les alarmistes ou les bonapartistes, qui sont presque toujours la même chose, voudraient nous faire craindre l'invasion des Français, mais je ne puis croire qu'avec les inquiétudes que le Midi et l'Ouest donnent à Napoléon il songe à faire la guerre au dehors : je sais au contraire qu'il fait tout au monde pour qu'on lui donne la paix, car, ainsi que M. de Flahaut l'a été dire à tous les ambassadeurs l'un après l'autre avant leur départ, c'est un autre homme, rien n'égale sa modération, sa douceur, la libéralité de ses idées, etc., etc., il fait patte de velours.

À propos de velours, vous aurez su que c'était dans une corbeille de velours vert que Mme de Montesquiou avait projeté d'emporter le précieux rejeton[8], et que je n'étais pas si folle, il y a trois ans, quand je disais que son fils Anatole était allé à Vienne pour le chercher. La mère et le fils sont maintenant détenus à Brünn.

Il est certain que Marie-Louise avait dit à son

père, il y a deux mois, qu'elle ne voulait pas trahir Napoléon, mais qu'elle devait au repos de l'Europe de dire qu'il était indispensable de le surveiller de très près. On ne fit aucune attention à ce propos que l'empereur d'Autriche lui-même n'a répété que le jour où il a su le débarquement.

Cet aveuglement général tient du miracle. Rien de plus chevaleresque que tout ce que l'empereur de Russie a dit dans cette occasion, mais vous savez tout cela par Vienne.

Le roi se porte bien, il est à Gand. *Monsieur* va et vient de cette ville-ci à cette ville-là. M. le duc d'Orléans n'est pas ici : *Je ne l'ai pas rencontré* depuis notre retraite. Le plus pur de la Maison du Roi est cantonné au nombre de quatre ou cinq cents dans les environs de Gand : Humbert, mon fils, est du nombre. Les maréchaux Marmont et Victor sont auprès du roi. Pour moi je suis ici, tourmentée à l'excès de ne pas avoir de nouvelles de M. de La Tour du Pin. Je vous prie d'écrire à Turin et d'y envoyer un petit mot pour lui, s'il y est ou si M. d'Osmond sait où il est. Si vous savez, ma très chère, ce qu'est l'inquiétude raisonnée pour les personnes qui sentent avec force et qui ne sont pas légères, vous devinerez ce que je souffre, c'est une situation qui use ma vie comme une lime, et si vous me voyiez maintenant vous ne me diriez plus «ma belle».

Parlez-moi de vous et d'Albertine[9], d'Auguste[10], de M. Constant qui a attaché tant de gloire à son nom par ce bel article, le dernier et le plus excellent. Dites-moi où vous en êtes du mariage de votre fille[11] ; je n'admets que cet accident politique puisse changer la disposition du futur, et, si cela était, vous ne devriez pas le regretter.

Mon gendre[12], à l'unisson de tout ce que nous sentons, a voulu suivre son beau-père et lui sert de secrétaire, de valet de chambre, de courrier, mais avant tout d'ami.

Adieu, ma chère, écrivez-moi, aimez-moi comme une de ces personnes au monde que vous aimez le mieux.

Vous savez que le funeste abbé[13] est resté à Cirey. Mille autres sont ici, mais, dans ce moment d'épreuve si Dieu envoyait tout à coup des jupons à tous ceux qui ne sont pas des hommes, nous serions dans un vrai couvent. J'embrasse Albertine. Mille choses à M. Schlegel.

Ma tante[14] est ici avec son gros ami[15] que l'on consulte. Mon amie[16] dont vous étiez jalouse y est aussi avec sa fille Clara[17] : Félicie est restée à Paris. M. de Chateaubriand est aussi à Gand.

Vous ai-je dit que les souverains vont se réunir à Francfort qui sera le quartier général ?

À LADY BEDINGFELD[18], SA COUSINE

Bruxelles, avril 1815.

[...] Je reçus votre lettre deux ou trois jours après que nous sûmes ce misérable à Lyon et s'avançant à grandes marches sur Paris. Rien ne peut vous donner une idée du désespoir et de l'horreur de cette dernière semaine. Le roi partira-t-il ou restera-t-il ? La fortune, l'existence, le bonheur et la vie de tant de personnes étaient compromis dans la solution de ces deux questions, que rien n'égale l'ardeur et l'impatience avec lesquelles on voulait en être certain. Ensuite, pour les têtes les plus froides, et je me flatte que la mienne en était une, tout intérêt se perdait dans l'immensité de l'intérêt public ; et la vue de tant de fautes commises, de tant de confiance accordée là où elle aurait dû être refusée et refusée à ceux qui en auraient été dignes, me mettait la mort dans l'âme. Enfin est arrivé le moment décisif, et, le roi partant, je n'ai pu ni voulu rester à Paris [...].

Je suis venue ici sans obstacle avec ma seconde fille Cécile, mon petit Aymar. J'y ai été huit longs jours avant d'y avoir des nouvelles de mon fils Humbert qui était parti avec le roi. Je savais trop bien son opinion pour douter qu'il ne fût pas avec lui, jusqu'au dernier soupir, mais tant d'événements avaient pu arriver que j'en ai eu les plus mortelles inquiétudes. Enfin il est retrouvé. Il est à Gand avec le roi, disposé à faire tout ce qu'on voudra lui commander, et à bien le faire, car dans ce moment d'épreuves, il s'est montré aussi noble, aussi fort, aussi homme que pouvait le désirer ma tendresse maternelle. Je suis sûre qu'Edward[19], qui l'aime, sera bien aise de savoir qu'il s'est bien conduit. Ils ont eu ensemble cet hiver quelques conversations qui étaient comme le pressentiment de tout ce qui est arrivé.

Mais je n'étais encore qu'au commencement de ma triste histoire car au bout de huit jours que j'étais ici, j'ai vu arriver un matin, toute seule avec sa femme de chambre et un domestique, Charlotte qui venait de Vienne où vous savez qu'elle a passé avec son père et son mari tout le temps du Congrès. Elle m'a appris que tous deux étaient partis pour le midi de la France, mon mari chargé par le Congrès d'y faire connaître les dispositions hostiles des Puissances. Nous n'avons de leurs nouvelles que de Milan, mais je calcule qu'ils n'auront pu pénétrer en France et qu'ils auront su en arrivant à Turin le malheur de M. le duc d'Angoulême[20], qui nous a jetés ici dans la plus grande tristesse.

À MADAME DE STAËL

Bruxelles, le 7 mai 1815.

J'ai enfin des nouvelles de mon pauvre mari, ma très chère, par *le Moniteur*, et vous les avez lues comme moi. Il est dur d'être réduit à regarder comme un bonheur d'apprendre, par la gazette, que son plus cher intérêt est à quatre cents lieues de soi[21], sans rien de plus.

C'est le 18 avril qu'il s'est mis en route de Barcelone pour Madrid et je ne sais pas ce qu'il fera ensuite. Je voudrais qu'il revînt en Angleterre et ici et qu'il restât tranquillement à faire son ambassade soit ici soit à Vienne, surtout qu'il ne fût point à la Cour ni dans le ministère dont la seule pensée me donne la fièvre. Ah, que vous êtes bonne de vouloir causer avec moi. Vous savez bien que je ne cause pas et que Dieu m'a refusé le don de la parole, quoiqu'il m'ait accordé celui de la pensée. Je voudrais quelquefois n'avoir pas même celui-là et être de plus sourde et aveugle.

Ma chère, croyez-moi, restez dans votre solitude. Il ne fait pas ici un temps qui convienne à votre santé ; la mienne ne s'y soutient qu'en ne sortant pas de ma chambre. Je vous ai mandé que Mathieu[22] était bien portant en Angleterre avec Madame[23], du retour de laquelle ici on ne parle pas encore. Vous avez su que M. Laisné[24] n'avait pas voulu le suivre et était resté chez lui, résolu de tout supporter et de tout entreprendre.

Tout ce qui vient de Paris veut nous faire croire qu'une révolution peut éclater d'un moment à l'autre, qui, en nous délivrant du chef ralentirait l'ardeur des alliés à se jeter sur la France. Les préparatifs qu'il fait à Paris donnent à penser que, nouvel Érostrate, il veut entraîner avec lui la ruine des plus beaux monuments des arts, et tout ce qu'on entend dire confirme cette idée vraiment diabolique. Ici vous voudriez bien savoir ce que nous ferons ? et moi, je voudrais bien le savoir et pouvoir vous l'écrire, mais les trois ou quatre couleurs différentes de la cire qui cachetait votre lettre ne me mettent nullement en train de causer. Alexis[25] est venu de Vienne il y a quatre jours et y est retourné cette nuit : est-ce pour aller chercher son patron ?

M. de Blacas[26] va, à ce que l'on croit, faire un voyage en Angleterre. Vous arrangerez tout cela à votre guise. Mme de Vitrolles est venue à Gand et retournée à Paris où elle avait été passer huit jours ; elle croit être sûre de la vie de son mari[27], qui est retenu sans aucune sévérité.

Les deux maréchaux Victor et Marmont vont prendre quelques bains à Aix-la-Chapelle : mon fils, qui est aide de camp du premier, ne s'arrange pas de cette oisiveté ; il se rappelle à votre souvenir et à celui d'Albertine que je vous prie d'embrasser de ma part. Il est vrai qu'il nous arrive tous les jours des déserteurs, entre autres le Chancelier[28] et M. Beugnot, celui-ci avec le même sarrau bleu qui lui avait servi pour se sauver des mains du général Maison l'année dernière, pour entrer au gouvernement provisoire. On attend M. Ferrand, etc., et je ne jurerais pas que l'abbé de Pradt ne nous arrivât aussi, car il suffit qu'on heurte un homme dans une rue à Paris pour qu'il se croie permis de venir être du conseil à Gand et qu'on l'y reçoive. Adieu, Adieu, ma chère, ne me faites pas parler. J'oubliais le duc et la duchesse de Levis ! je vous dis qu'il ne nous manque rien. Mille amitiés. Ma tante[29] vous dit mille choses. J'envoie votre lettre à Claire[30] qui en sera ravie ; c'est charité que de lui écrire : elle s'ennuie à la mort.

Les nations de l'Europe ont mis Napoléon hors la loi. Les armées de la coalition se concentrent sur le territoire des Pays-Bas. Elles n'ont pas besoin d'envahir la France pour détruire l'« usurpateur ». Celui-ci vient à elles et joue sa carte ultime le jour de la bataille de Waterloo.

Waterloo, combat de géants, eut, parmi cent conséquences, celle de donner un lustre sans égal à l'événement le plus futile en soi : un bal. Le bal de Waterloo.

Il est offert, pour deux cents invités, par le duc et la duchesse de Richmond qui ont loué une maison rue de la Blanchisserie à Bruxelles afin d'être plus près de leurs trois fils qui servent dans l'armée anglaise.

Le marquis et la marquise de La Tour du Pin y retrouvent leur fille Charlotte, son mari le comte Auguste de Liedekerke Beaufort et les parents de celui-ci. Mais à peine ont-ils traversé les salles de bal au son des cornemuses qui exécutent le Highland Reel and Sword Dance, *à peine se sont-ils assis pour souper, que la nouvelle éclate...*

Cent vingt-quatre mille Français ont passé la Sambre. Une lourde menace pèse sur le carrefour des Quatre-Bras. L'ennemi est aux portes de Bruxelles.

On sait la suite. Les militaires quittent le bal. À travers les rues, chacun court aux armes. Le gendre des La Tour du Pin, Auguste de Liedekerke Beaufort, attaché à l'état-major du prince d'Orange, se distinguera le lendemain au combat.

Wellington, présent au bal, s'est fait apporter une carte. « Si Napoléon n'est pas arrêté aux Quatre-Bras, je dois le battre ici. » Ici, c'est Mont-Saint-Jean.

Mont-Saint-Jean. La bataille de Waterloo...

Cette bataille, Mme de La Tour du Pin l'évoque dans une lettre à lady Bedingfeld.

À LADY BEDINGFELD, À BATH

Bruxelles, le 22 juillet 1815.

Ma chère cousine,
Je reçois à l'instant votre chère et bonne lettre qui m'a fait le plus grand plaisir. Et je ne l'avais pas attendue pour donner tous mes soins au pauvre jeune Browne[31] qui a bien des raisons pour m'intéresser. Il n'y a que quelques jours que je l'ai découvert dans un mauvais logement près de la rivière, ou du ruisseau bourbeux qui porte ce nom. Il est maintenant aussi bien logé que possible au Parc chez des personnes de ma connaissance intime, le marquis d'Assche et sa femme. Il aura tous les soins qu'il pourrait avoir dans sa propre famille : mais je dois vous avouer qu'il est cruellement blessé, il a la cuisse cassée d'une balle très haut, aux deux tiers plus près de la hanche que du genou, et la jambe du même côté aussi cassée d'un coup de feu au milieu du mollet. Il a souffert extrêmement, et comme il a les nerfs fort sensibles, il est à craindre que la suppuration qui s'établit fortement ne lui cause une fièvre nerveuse. Je ne suis pas contente de la vivacité de ses yeux et de ce qu'il a des couleurs, tandis qu'il devrait être pâle. Je voudrais qu'il eût une sœur noire pour le soigner, mais il ne s'en soucie pas et dit qu'on se moquerait de lui.

Jamais je ne pourrai vous peindre l'horreur du spectacle que j'ai eu sous les yeux pendant deux jours. La bataille du seize commença vers midi et nous entendions la canonnade et même la mousqueterie comme si c'eût été à un quart de lieue. Toute la population était sur les remparts du haut de la ville, prêtant l'oreille avec une curiosité et un effroi qui faisaient frémir à voir.

Vers le soir les blessés commencèrent à arriver; c'était la chose la plus horrible que j'aie vue de ma vie. Tout le lendemain, 17, il ne cessa d'en arriver par chariots et le 18 on recommença à entendre ce terrible canon qui, bien que victorieux, nous envoyait encore des milliers de victimes.

Tout à coup, on dit: «Voilà les Français.» À ce cri toutes les portes, fenêtres, boutiques se fermèrent; cette alarme causée par un régiment à cheval hollandais fut le pire de tous nos maux. Ces malheureux traversèrent toute la ville au grand galop se tenant aux crins et frappant leurs chevaux les uns aux autres avec leurs sabres nus, et faisant galoper de même des chariots de blessés et de bagages. Toute leur route était hérissée de malles, de portemanteaux, de bonnets, de manteaux. Ils imprimèrent la terreur à tout ce qu'ils rencontraient et les malheureux blessés de la veille se faisaient emporter sur la route d'Anvers sur des chaises, des matelas, des chevaux. C'était la fin du monde.

Jamais rien ne pourra vous donner une idée d'une ville de 70 000 personnes saisie d'une terreur panique et voulant s'enfuir tout entière. Cette alarme que deux minutes avaient suffi pour causer fut plusieurs heures à s'apaiser, et lorsque la nouvelle que la bataille était gagnée arriva, on ne voulait pas la croire.

J'aurais bien mieux aimé rester ici qu'aller à Paris où tant de choses me feront de la peine à voir et à entendre. Hélas, ma chère Charlotte, je crois la pauvre France perdue à jamais et je ne crois pas qu'on l'a sauvée par la route qu'on a prise.

M. de La Tour du Pin est plus admirable que jamais, au milieu de ces discordes. Il conserve encore sa manière de voir avec une pénétration, une force et une justesse qui augmentent à chaque moment mon estime pour son caractère. Mon fils Humbert est heureusement dans les mêmes sentiments que son père. Il a été à Gand avec le roi et en est revenu avec lui, mais si la fidélité n'est pas un tort, elle n'est pas un titre, soyez-en sûre, ma chère Charlotte.

Le nec plus ultra de mon ambition serait que M. de La Tour du Pin fût ambassadeur en Angleterre. Je ne désespère pas entièrement que cela puisse être. Je le préférerais beaucoup à aller à Vienne, à cause de vous et de ma famille, mais je vous assure que les calculs de l'ambition sont bien hors de propos maintenant : avant de savoir s'il y aura des ambassadeurs, il faut savoir s'il y aura à représenter.

M. de La Tour du Pin va présider le collège électoral à Amiens et c'est pour cela qu'il me demande à Paris. Je n'ai aucun plaisir à y aller, et je ne me promets que celui de revoir notre cher et admirable duc de Wellington que je n'ai pas vu depuis la veille de la bataille. Mon mari a passé une heure avec lui, le lendemain, et le duc lui disait qu'il avait acheté la gloire d'avoir sauvé la France par trop cher, qu'elle lui coûtait tous ceux qu'il aimait, ceux qui savaient les secrets de son âme et qu'il ne voulait plus de renommée à ce prix. Combien on aime cette bonté dans un si grand homme.

Je conçois bien que vous admiriez la conduite de Bertrand[32], et je l'admirerais comme vous si je ne savais que le duc de Fitz-James[33] avait été chargé par lui de remettre au roi une lettre par laquelle il lui jurait de ne jamais prêter la main à aucune entreprise de Bonaparte contre la France. Cela change complètement la chose et le jugement que mérite sa conduite[34].

Après la seconde abdication de Napoléon, le roi reprend la route de Paris. Comme tant d'autres, les La Tour du Pin l'accompagnent.

*M. de La Tour du Pin consigne brièvement les évé-
nements de sa vie au début de cette nouvelle période:
la seconde Restauration.*

« *On convoqua les collèges électoraux en août 1815.
Je fus nommé président de celui de la Somme et
presque en même temps pair de France. Vers le milieu
d'octobre, j'allai à Bruxelles remettre mes lettres de
créance au roi Guillaume et assister à son couronnement. Pendant ce temps, M. de Richelieu fut nommé à
la place de M. de Talleyrand. En janvier 1816 j'eus l'effroyable malheur de perdre mon fils Humbert* [35] [...].
*Je partis dans les premiers jours de février 1816 pour
Bruxelles et La Haye, où j'allais reprendre mes fonctions de ministre.* »

*La même année, au mois de septembre, Cécile de La
Tour du Pin — âgée de seize ans — fut fiancée à
Charles, comte de Mercy-Aryenteau* [36], *qui, inconso-
lable, entra peu après dans les ordres.*

*L'illusion du bonheur fut de courte durée. Avant
même d'avoir pu se marier, Cécile de La Tour du Pin
tomba malade, fut envoyée par ses parents de La Haye
à Nice à la recherche d'un climat moins rude, mais
ne se remit point, et mourut le 20 mars 1817. Mme de
La Tour du Pin, accablée par ces coups successifs du
destin, écrit à Mme de Staël:*

Berne, le 24 avril 1817.

Votre fille Albertine, ma très chère, m'a écrit une
charmante lettre dont je vous prie de la remercier
tendrement. C'est à vous que je réponds, parce que
c'est de vous qu'elle me parle et que notre vieille
amitié se trouve toujours la même. Vous aviez la
bonté de penser à mes malheurs au milieu de vos
souffrances, et je parlais bien souvent aussi de l'inquiétude que me causait votre maladie. Il ne faut

pas que vous soyez enlevée à ce monde qui vous admire. C'est à moi, ma chère, qu'il faut envoyer la mort. Que fais-je maintenant sur terre ? J'avais placé mon orgueil, ma gloire, ma tendresse, mes espérances, dans ces deux enfants dont le ciel a voulu me priver. Celle que je viens de perdre réunissait tout ce qui fait que l'on est adorée. Après une telle perte il n'est plus possible de se relever ; tout est fini pour moi maintenant, le monde et ses distractions me sont en horreur, je suis rentrée dans la carrière de la douleur pour ne plus en sortir.

Je ne repousse pas la douceur des consolations ; ma fille Charlotte m'en offrirait beaucoup, si j'en pouvais recevoir, mais elle est elle-même inconsolable ; on ne remplace pas une amie comme celle qu'elle a perdue.

Je voudrais que M. de La Tour du Pin allât vous voir à Coppet quand vous y serez ; cela lui ferait du bien ; mais sa douleur le rend si sauvage, que je doute qu'il veuille sortir de sa solitude. Ma fille a pris pour l'été une jolie maison à moitié chemin d'ici à Thun ; nous allons nous y établir d'ici quelques jours, le séjour de la ville m'importune malgré la solitude où je vis ; peut-être celui de la campagne ne me conviendra pas davantage ; ma vie est sans but. Le vide que m'a laissé cette adorable créature ne pourra jamais se remplir.

Adieu, soignez votre santé ; c'est un grand ennui que la maladie. Vous pouvez employer votre temps à des choses tellement plus utiles qu'il faut laisser les sots être malades ; ils n'ont rien de mieux à faire. Embrassez Albertine pour moi ; je la remercie du sensible souvenir qu'elle conserve de mon angélique fille. Adieu, ma très chère, je vous embrasse avec une amitié de vingt-cinq ans.

Trois ans plus tard — en 1821 — le marquis est nommé ambassadeur de France à Turin.

Turin, le 21 janvier 1821.

Je me jette à vos jolis petits pieds, ma chère Félicie 31, je m'y prosterne, je m'y humilie, j'avoue toute ma paresse, toute ma négligence, etc., mais ce que je n'avouerai pas, c'est d'avoir vécu dans l'ignorance de mon péché: tous les matins je me suis levée en me disant: «*Aujourd'hui, sans que rien ne puisse m'en empêcher, j'écrirai à Félicie*»; et même je vous ai écrit dix lettres, plus intéressantes et surtout plus tendres les unes que les autres, mais elles sont toutes restées dans mon encrier... Elles y sont encore.

Mais voici ma vie: je me lève à sept heures et demie, s'il fait beau je vais à la messe, sinon je m'occupe de mon ménage; à huit heures et demie je commence cette toilette soignée que vous connaissez; elle dure sans interruption jusqu'à dix heures. Le déjeuner sonne: on mange, on cause jusqu'à onze heures et demie. Je rentre ensuite dans ma chambre et c'est alors que je devrais vous écrire, mais M. de La Tour du Pin a son cabinet à côté de moi; il vient me dire mille fadaises; tantôt c'est la gazette, puis une nouvelle de Naples ou de Laybach [38], puis il me fait je ne sais quelle proposition de promenade, ou bien il me dit de regarder le Mont Viro que je vois de ma fenêtre. Tout cela fait passer la matinée comme un songe. Trois fois la semaine il faut écrire à Charles [39], à Charlotte [40], à Aymar [41], et voilà il est cinq heures, il faut dîner, puis aller au salon, ou au théâtre pour entendre Veluti, Donzelli et la Mirandi qui chantent comme des divinités et qu'il n'y a que moi qui écoute... À la fin du Carnaval nous n'aurons plus d'opéra et plus de Veluti à mon grand chagrin. [...]

C'est d'autant plus abominable à moi de ne pas vous avoir écrit que j'avais juré à Charlotte de vous écrire une longue lettre sur elle en réponse à une sorte de sermon qu'elle avait reçu de vous; que je vous dise du bien d'elle et je ne demande pas mieux, car elle est charmante en tous points; je n'en fais pas les honneurs : on n'a pas plus d'esprit, un cœur plus adorable et une conduite plus irréprochable; en outre elle est divertissante, ce qui est un point pour moi qui trouve tant de gens qui m'ennuient. Cet ennui je leur rends peut-être avec usure mais c'est leur affaire.

Voulez-vous que je vous parle de Turin, chère Félicie? Je suis sûre que lorsque votre souvenir a passé le Mont Cenis pour venir jusque dans cette belle plaine du Piémont, vous m'y voyez dans des bouquets d'orangers, etc. Détrompez-vous, s'il vous plaît, et sachez que depuis le jour de Noël, il fait ici plus froid qu'à Paris. Nous avons de la neige, de la glace et du brouillard. La proximité des Alpes d'un côté et d'une certaine colline de l'autre nous empêche de jouir des bienfaits de notre latitude. Cela ne rend pas Turin moins sain; on se porte à ravir ici, on respire librement, on n'a pas mal à l'estomac, bien qu'on y mange des perdrix rouges; en un mot, on y est à merveille. Tout ce que je demande c'est d'y rester et la pensée d'un changement me désespérerait. [...]

Parlez-moi de vous, ma chère Félicie, et de votre mère. Dites mille tendresses à votre père pour moi, je le voudrais tous les jours dans ma loge de l'Opéra pour entendre Veluti dont je suis folle. On dit que sa voix a baissé; mais quelle expression!

À l'Italienne nous entendons le même opéra tous

les jours pendant trois semaines et nous en aurons
un autre aussi tous les jours jusqu'à Mardi gras.
Tout le monde parle dans la salle comme dans la
rue et cause et rit, excepté quand le morceau favori
commence. Plus on fait des visites dans votre loge et
plus cela est beau : il vient plus de 25 ou 30 personnes dans la mienne. Le premier arrivé s'en va
quand il entre un nouveau, et cette navette dure
toute la soirée.

Adieu chère petite, aimez-moi, pardonnez-moi, je
vous embrasse de toute mon âme.

*Comment en deux mots décrire cette Italie de 1821
d'où Mme de La Tour du Pin écrit à Félicie ? Depuis la
chute de Napoléon, la péninsule a retrouvé ce qu'elle
croyait disparu à jamais : le despotisme, le morcelle-
ment, le joug autrichien.*

*Sous l'influence du carbonarisme, société secrète
libérale, une insurrection a éclaté le 2 juillet 1820 à
Naples.*

*Le général Pepe, ancien officier de Murat, chef du
soulèvement, a imposé ses conditions à Ferdinand
de Bourbon, roi des Deux-Siciles, qui, tremblant, a
accordé à son peuple la constitution dite de 1812.
Invoquant les «foudres de la vengeance divine» s'il
violait cette concession, le roi Ferdinand appelait en
même temps, de façon à la fois secrète et pressante,
l'intervention de l'Autriche.*

*Metternich, bien décidé à répondre à cet appel et à
faire jouer les principes de la Sainte-Alliance, réunit
le Congrès de Troppau, puis celui de Laybach où Ferdinand Ier fut invité à se rendre pour s'entendre avec
les alliés.*

*De son côté Richelieu, de la part de la France et par
la voix du duc de Blacas, offrait une médiation tout*

*officieuse de Louis XVIII entre le Bourbon de Naples
et ses sujets.*

Turin, 14 février 1821.

[...] Cette affaire de Naples nous donne beaucoup
de souci. C'est une grande erreur que de nommer
cela une révolution d'armée; c'est bien la nation
tout entière qui veut un changement de régime. Si
on le lui avait donné il y a un an, elle se serait
contentée de peu, mais quand les peuples se font
leur part, ils la font grosse, et la folie a été de ne pas
faire sa part soi-même. Se défendront-ils ou ne se
défendront-ils pas? Voilà la question qui est dans
toutes les bouches. Je pense pour ma part qu'ils
seront subjugués et non soumis, et que nous devons
nous attendre, ou dans ce moment ou plus tard, à
des massacres et à des réactions de tous genres
dans ce beau et malheureux pays. Au reste toutes les
combinaisons sont affligeantes, soit que le joug de
plomb des Autrichiens s'appesantisse sur l'Italie,
soit qu'ils en soient repoussés par le volcan sur
lequel ils marchent avec une si imprudente sécurité
et qu'ils pensent éteindre par leur seule présence. Il
y a malheur et danger dans toutes les hypothèses,
gloire pour personne et moins que cela pour ceux
qui auraient pu se jeter noblement entre les combattants et qui auraient eu un si beau rôle à jouer.
Voilà bien de la politique pour moi...

*Mme de La Tour du Pin avait raison d'écrire: «Il y a
malheur et danger dans toutes les hypothèses, gloire
pour personne...» Pour le roi Ferdinand moins que
pour n'importe qui. S'étant rendu à Laybach, après*

avoir dix fois juré à ses sujets de défendre la Constitu-
tion, il supplia les souverains de la Sainte-Alliance de
la détruire. L'Autriche fut chargée par les alliés de la
répression. Le général autrichien Fremont battit sans
peine Pepe à Rietti, ramena Ferdinand à Naples (mars
1821).

Mais ce «volcan» sur lequel les Autrichiens «mar-
chent avec une imprudente sécurité et qu'ils pensent
éteindre par leur seule présence» s'alluma aussitôt
ailleurs, comme Mme de La Tour du Pin l'avait prévu.
Où cela? Au Piémont même, à Turin où son mari est
ambassadeur de France accrédité auprès du vieux
petit roi Victor-Emmanuel.

Toujours sous l'influence du carbonarisme, la jeu-
nesse de Turin, puis les troupes d'Alexandrie se soulè-
vent (10 mars 1821). Victor-Emmanuel ne tente pas de
résister; il abdique, laissant la couronne à son frère
Charles-Félix et la régence à son neveu, le prince
Charles-Albert de Savoie, duc de Carignan.

Celui-ci accepte d'abord la Révolution, proclame
une constitution, puis s'enfuit. Charles-Félix, le nou-
veau roi, ordonne aux troupes restées fidèles de se
concentrer à Novare. Bientôt elles écraseront, avec
l'aide des Autrichiens, les insurgés.

Turin, le 27 mars 1821.

C'est encore de ma bonne chambre, ma chère
Félicie, que je réponds à votre adorable lettre. Un
témoignage d'intérêt dans le moment de la tribula-
tion fait un bien extrême et votre chère lettre m'a
fait prendre courage au milieu de la sombre vapeur
où je vis; et si je dis vapeur, c'est que ce n'est pas
autre chose et qu'il eût suffi du plus léger souffle
pour la dissiper; mais, ma chère, les courtisans sont
une race abandonnée de Dieu, qui fera toujours

faire des fautes aux princes, des gens qui ne savent jamais dire que «Prenez garde» sans jamais donner un conseil de force. Des gens qui ne connaissent que les subterfuges, la mauvaise foi. Ah que j'ai vu de vilaines et plates choses depuis un mois, j'en suis affadie. On conspire ici en étant venu auparavant chercher un passeport pour s'enfuir; et vous avez maintenant à Paris tous nos nobles conspirateurs, qui après avoir perdu leur pays se sont enfuis à tire d'aile. C'est la joie d'Aymar que de venir me dire tous les passeports qu'il leur délivre. Je n'entrerai pas dans les détails, car la gazette les donne assez exactement. Je suis désolée de l'abdication de notre petit roi[42], qui était excellent. Le nouveau[43] va se croire forcé de se faire ramener ici par les Autrichiens et par 150 000 Russes qui vont venir dévorer cet admirable et malheureux pays. Encore aujourd'hui, si le roi avait le courage de quitter Modène et de venir se joindre au prince de Carignan qui a relevé l'étendard royal à Novare, il régnerait ici dans huit jours. Mais il n'en fera rien parce qu'il a peur, que ses courtisans ont peur, et que tout le monde a peur, excepté 300 étudiants de Pavie qui se sont enfermés ici dans la citadelle avec un régiment révolté et 87 pièces de canon, bombes, etc., et qui nous menacent trois fois par jour de nous bombarder, mais ceux-là aussi ont peur, et si cela ne devait pas finir par du sang on en pourrait rire; mais l'armée rebelle qui est à Alexandrie se battra (du moins je le crois) autrement que les Napolitains. Une bataille les écrasera, parce que les Autrichiens seront quinze contre un et qu'il leur faut bien cela pour combattre. Tout ce qui a du sang dans les veines se fera tuer et il ne restera que les lâches qui se sauveront encore, car les lâches se sauvent toujours. Quand le roi[44] sera venu, tout le monde voudra avoir été pour lui et ceux qui n'oseraient pas aujourd'hui passer sur le glacis de la citadelle (où je me promène tous les jours) crieront qu'il faut tout tuer et tout punir. C'est une laide chose que la plupart des hommes ; je préfère de beaucoup les grands coupables aux traîtres honteux. Ceux-là me font horreur, mais ceux-ci me dégoûtent. [...]

Les nouvelles de Naples sont que l'armée autrichienne y est entrée le 23, que personne n'a combattu, que tout le monde s'est enfui et que le roi [45], qui avait levé les pieds et les mains pour jurer la Constitution, etc., dit maintenant que c'est comme non avenu — et n'allez pas croire, ma chère petite, que je trouve cela beau et que j'approuve qu'un roi manque à la foi jurée... Je suis charmée que la révolution soit étouffée dans Naples, mais le moyen en est immoral et le roi a fait une chose méprisable, sauf le respect que je lui dois. Mon petit Victor-Emmanuel [46] n'en ferait pas autant ; il aime mieux être un honnête particulier et il a raison.

Un corps autrichien ayant, effectivement, rejoint les troupes fidèles au nouveau roi de Piémont, Charles-Félix, l'élan des libéraux fut brisé en quelques heures devant ces forces réunies (8 avril 1821).

L'ordre fut rétabli. Le gouvernement autrichien, de son côté, châtia sans pitié les velléités libérales de ses sujets italiens.

Metternich triomphait partout. Il pouvait écrire : «Voilà ce qu'est une révolution prise à temps.» *Par l'occupation du Piémont et de Naples, l'Autriche devenait maître de l'Italie, s'installant définitivement comme le gendarme de l'Europe.*

*

Mme de La Tour du Pin, femme d'ambassadeur, relate les événements qui troublent l'Italie, émet des opinions que souvent l'histoire, aujourd'hui, confirme. Dans sa lettre du 21 janvier, elle a déjà dit comment elle vivait. Une fois l'ordre rétabli, elle trouva à nouveau le temps de dépeindre cette vie de chaque jour. Pour nous qui sommes moulus par le tourbillon d'une existence quotidienne sans cesse accélérée, comment ne pas apprécier une description où l'on sent transparaître, quelle qu'en soit la monotonie, un rythme plus humain que celui, fébrile, qui, de nos jours, use et brise ?

Turin, le 27 juillet 1821.

Charlotte[47] qui est une tracassière, dit, ma chère petite, que vous vous plaignez de moi, que vous dites que je n'ai rien à faire, que je puis bien vous écrire, etc., etc. Rien n'est si vrai que tout cela. La fatalité est que vous l'ayez dit aujourd'hui, car j'avais précisément l'intention de vous écrire et vous allez croire que ce n'est qu'à vos reproches que vous devez ma lettre. [...]

Vous voulez savoir notre vie... Vous connaissez la maison sur une pointe escarpée de trois côtés, descendant à pic vers deux petites vallées et l'extrême pointe sur le grand chemin et sur le Pô, au-delà duquel la plaine admirable, fertile, ombragée du Piémont se déploie à nos yeux comme un panorama, terminée de tous côtés par la belle chaîne des Alpes depuis le Saint-Gothard jusqu'à la Méditerranée. On ne peut rien voir de si beau que cette vue.

La maison est petite : le rez-de-chaussée est composé d'un vestibule, de la salle à manger, de la cuisine, de l'office, de la chambre de Charles[48] et de la chapelle ; le premier étage des salons, de la chambre de Charlotte, de la mienne et celles de M. de La Tour du Pin et des enfants.

Nous nous réunissons à dix heures précises autour d'un déjeuner servi en service bleu et blanc anglais, très joli et très complet. D'un côté de la table, moi, la bouilloire, les tasses, la boîte à thé ; de l'autre, en face Charlotte et Charles, à un bout grand-papa et à l'autre Hadelin[49]. « Que voulez-vous ? Du froid ou du chaud ? Des œufs frais ? Du beurre ? Du fruit ? » Charles répond : « Moi je ne mange pas de viande à déjeuner, cependant donnez-moi de ces rognons au vin de Madère. » Je m'écrie : « Les œufs me font un mal affreux. Donnez-moi, malgré tout, une cocotte ou un peu d'omelette à l'oseille. »

Après déjeuner nous baguenaudons dans le jardin s'il ne fait pas trop chaud. Nous causons des gazettes et des lettres. Nous nous affligeons de ce qui est arrivé à ces 150 demoiselles grecques que le Sultan a données à ses janissaires pour les amuser et qu'ils ont jetées à la mer. Nous philosophons un peu. Nous pensons que, M. Bérenger, tout libéral qu'il est, a des chances de remonter sur le trône de Constantinople, que saint Louis, du haut des cieux, nous trouve bien indignes de ne pas faire une croisade chrétienne contre les Turcs, et que c'est une drôle de chose qu'une alliance sainte qui ne défend pas les chrétiens.

Après cela nous allons chacun où bon lui semble. L'ambassadeur va à Turin, moi dans ma chambre, Charlotte va dans la sienne, on dessine dehors. Charles nous fait alternativement des visites. À deux heures, un valet de chambre court la maison et le jardin. Il propose un petit luncheon, du fruit à l'un, un bouillon à l'autre, et même une drogue infâme (du *vermouth* que chacun aime ici), et qui est amère à faire fuir.

À quatre heures et demie M. Rouen[50] arrive de

Turin; il amène souvent un convive, soit un diplomate, soit un naturel du pays, un Doria, un Spinola,
un Orsini, un La Villa; on joue au whist, puis on
dîne. Après dîner Charlotte monte à cheval avec
Charles quand la chaleur ne lui a pas permis de
monter le matin. Nous, nous restons dans le jardin,
ou nous allons nous promener en calèche. Ou bien
(ce qui me met hors de moi), au moment de sortir, il
arrive une visite, des gens en eau, essoufflés et s'es-
suyant le visage pendant une heure.

Le soir je reste seule à ma tapisserie; M. de La
Tour du Pin, Charlotte et Charles font une partie de
whist au mort. À dix heures on va se coucher ou lire
une heure ou deux dans sa chambre. Voilà notre
vie, la plus monotone du monde comme vous voyez,
mais dont nous nous arrangeons tous parfaitement
bien.

Si nous vous avions, chère petite, ici avec nous,
combien cela nous rendrait heureux. M. de La Tour
du Pin vous aime à la folie; il dit que vous serez la
patronne d'Aymar quand il entrera dans le monde,
que vous le protégerez, etc.

Turin, 11 mars 1822.

[…] Parlez-moi, chère amie, toute affaire cessante,
du livre de votre mère; qu'est-ce, je vous prie? Est-ce
de la politique, de la morale, du roman, des pensées?
L'avez-vous entendu lire? La voilà donc auteur,
j'étais sûre depuis longtemps qu'elle en viendrait là.
Quelle honte pour moi, qui ne puis enfanter que
de la tapisserie! et tout au plus écrire mon livre de
comptes. — Je meurs d'envie d'avoir ce livre, s'il
s'imprime, du moins, s'il ne s'imprime pas, de savoir
ce dont il traite. Écrivez-moi cela au plus vite. Ma
tante[51] me mande que votre mère l'a lu chez Mme de

Poix[52]. Je vois d'ici la petite table, le verre d'eau et de sucre et les deux bougies. Ah! mon Dieu, que je suis bien aise de ne pas avoir été là! J'en ai une curiosité extrême, car, ma chère, nous ne faisons pas de livres, et c'est tout au plus si nous en lisons tant nous sommes insipides, mais quel pays et quel soleil! Dieu nous y conserve. — Adieu.

Voilà donc la première allusion à l'ancienne amie devenue auteur. Louis XVIII disait de ce premier roman, d'Ourika, «que c'était un Atala de salon». Le mot fit fortune. Ceci dit comment faut-il juger la duchesse de Duras, écrivain? «Elle est une Mme de La Fayette au petit pied et une Mme de Staël en raccourci. Toute duchesse qu'elle est, elle montre que "les barrières sociales sont la fatalité contre laquelle viennent se briser les élans du cœur".» Sa négresse Ourika, sauvageonne au cœur pur, se meurt d'amour et de solitude chez des aristocrates français qui l'adorent. Elle pose des problèmes raciaux que notre siècle est en train de résoudre en montrant bras dessus bras dessous au quartier Latin à Paris des étudiants noirs et des étudiantes blanches, filles de notaires de Châteauroux[53].»

Sur le plan de l'histoire littéraire, cette lettre de Mme de La Tour du Pin confirme la thèse selon laquelle le roman Ourika était déjà composé avant que Chateaubriand, l'ami de la duchesse, ne parte pour son ambassade à Londres (mars 1822) et qu'il en avait pris connaissance. On peut affirmer que le grand écrivain fit profiter la duchesse de son talent, l'aida, la corrigea.

On peut dire aussi qu'Ourika révèle la vie intérieure de la duchesse de Duras. Il s'agit de mémoires déguisés et parce que déguisés d'autant plus sincères. «Les faits sont mêlés à dessein de détails étrangers. Mais les sentiments et les impressions, enhardis et comme libérés par la sécurité du roman, s'y montrent à nu, sans déguisement ni fausse honte... Jamais consolée de ses chagrins, jamais distraite de ses maux, elle est fébrilement occupée de ceux qu'elle aime, et la voici (dans ce roman) qui prononce un mot navrant, lequel serait de l'égoïsme tout pur s'il n'était de l'amour à sa plus haute puissance, amour privé de son objet et retombé sur soi, amour désespéré : «Je n'avais plus pitié que de moi-même[54].»

*

La lettre précédente était la dernière écrite avant la mort de Charlotte, comtesse Auguste de Liedekerke Beaufort, le 1ᵉʳ septembre 1822 au château de Fau-blanc près de Lausanne à l'âge de vingt-six ans. La lettre suivante est la première écrite par Mme de La Tour du Pin après ce nouveau deuil.

Tant de morts.

Son père, le comte Arthur Dillon, mort sur l'écha-faud le 13 avril 1794. Son beau-père, Jean Frédéric, comte de La Tour du Pin, dernier ministre de la Guerre de Louis XVI, guillotiné le 28 avril 1794.

Sa mère, morte en 1782. Sa belle-mère, morte le 21 novembre 1821.

Et puis les enfants. Elle en avait eu six : Humbert, Séraphine, Charlotte, Édouard, Cécile, Aymard. Tous lui avaient été maintenant enlevés par la mort, tous sauf Aymar, le benjamin.

Ainsi, un seul enfant lui restait. Et deux petits-enfants, ceux de Charlotte : Hadelin et Cécile. Cécile (alors âgée de quatre ans) surtout, puisque celle-ci lui fut confiée pour son éducation par son père Auguste de Liedekerke Beaufort alors ambassadeur des Pays-Bas en Suisse et qui ne garda auprès de lui que son fils (alors âgé de six ans).

Turin, le 16 septembre 1822.

Ma chère Félicie, je me reproche de ne pas vous avoir encore écrit depuis mon retour ici, tous les jours je l'ai voulu, mais j'ai eu, outre le chagrin mortel qui me dévore, une multitude de tracas domestiques des plus déplaisants qui m'ont forcée à des distractions dont je ne pouvais me tirer. Enfin la machine du ménage est remise en train, me voici rendue à ma bonne chère fille d'adoption[55]. La seule hélas qui me reste et pour laquelle le triste mois que nous venons de passer ensemble a augmenté ma tendresse vraiment maternelle.

Nous avons en commun, chère Félicie, des souvenirs cruels qui nous lient pour la vie, ils ont comme formé l'époque de votre enfance. Maintenant je vous vois et je vous sens pour moi, non pas une femme de vingt-quatre ans, mais une amie sûre et fidèle sur laquelle je puis compter pour tous les jours qui me restent à passer dans cette triste vie. Nous avons vu un grand spectacle pour nous faire mépriser tout ce que ce monde peut offrir, chère enfant.

Le deuil cruel de Mme de La Tour du Pin est traversé de graves soucis. Il faut vendre la terre de Tesson en Saintonge «[...] ce dernier morceau de nos propriétés. Et quand nous n'aurons plus rien, au moins ne pourra-t-on pas nous taxer de mauvaise volonté envers nos créanciers. Cela m'est si égal de n'avoir rien, quand j'ai l'espoir que mon cher Aymar aura de quoi être indépendant !»

Puis les intrigues se succèdent pour arracher au marquis de La Tour du Pin son poste de Turin. Elles

*créeront jusqu'en 1830 autour du ministre une
pénible atmosphère d'insécurité : « Monsieur de Chateaubriand*[56] *a passé une heure et demie dans ma
chambre, il y a trois semaines, et j'espère qu'il m'y
laissera. »*

Turin, le 18 janvier 1823.

[... La tapisserie] m'amuse et me distrait et j'accueille comme un devoir tout ce qui me distrait ; il y
a tant de malheurs dans mon cœur que si je me
replie un moment sur moi-même je me sens dans un
découragement si grand que je deviens incapable
d'être utile ou agréable à ceux que j'aime et ce n'est
pourtant que pour cela que je veux encore vivre.

Turin, décembre 1823.

[...] Votre mère a envoyé *Ourika* à M. de La Tour
du Pin. C'est joli et bien écrit, mais je n'aime pas
ce mélange de vérité et d'invention, l'un nuit à
l'autre. Ourika toute véritable était plus intéressante ; Mme de Beauvau[57] ne se lassait pas de voir
les bras noirs de cette petite autour de mon col ; cela
m'ennuyait à mort.

Turin, le 19 avril 1824.

[...] Quand il y a un opéra, je vais quelquefois
entendre de la musique que j'aime — et pour aller
avec Aymar, quand il est ici, parce qu'alors il me *cha-
prone* (cela se nomme ainsi quand on est au théâtre
avec une femme) il reste avec moi, car il n'est pas
permis de laisser *sa* dame seule. Dans l'été il n'y a

plus de société à Turin; les jeunes femmes vont toutes à la campagne pour expier les robes de tulle et les chapeaux de l'hiver, et pour songer comment elles feront pour en avoir d'autres l'hiver d'ensuite; aussi pour faire l'enfant, qu'elles font toutes, régulièrement, tous les carêmes, afin d'être accouchées et rétablies avant le Carnaval, et avoir envoyé cet enfant à la campagne, d'où on ne le fait revenir que lorsqu'il revient tout seul. Voilà notre vie, elle est assez monotone, mais j'aime la monotonie, et j'en ai besoin; elle me fait un bien extrême.

Turin, le 11 septembre 1824.

Chère Félicie, vous m'avez écrit une lettre adorable et qui m'a touchée jusqu'au fond du cœur. J'ai fait partager à mon excellent mari la très douce émotion qu'elle m'a laissée. Pourquoi dites-vous que vous m'êtes inutile? Ma chère enfant, c'est plutôt à moi de dire cela : je m'étonne qu'une personne jeune, aimable, distinguée comme vous, conserve à une vieille et morose personne comme moi, une amitié si constante et si fidèle. J'en jouis tout en ne le comprenant pas, car je me trouve si peu aimable, si peu attachante. J'ai toujours excusé ceux qui ont cessé de m'aimer. Et le nombre en est grand. Le fait est que l'on m'aime beaucoup ou pas du tout. En vérité, maintenant, je ne connais que Charles[58] et vous qui m'aimiez véritablement, sans y être obligés, comme M. de La Tour du Pin et Aymar. Cela me suffit.

La triste nouvelle de la mort de ma tante[59] est venue affliger M. de La Tour du Pin sans cependant le surprendre, car son état était depuis longtemps si alarmant qu'il s'attendait à sa fin. Celle-ci ne lui en a pas été moins sensible. Elle était le seul chaînon qui l'attachait encore au monde dans lequel il a passé sa jeunesse : il n'a plus rien au-dessus de lui dans sa famille ; tout a disparu. Il a supporté cette perte avec cette adorable douceur et ce courage imperturbable qui ne l'abandonne jamais. Mais j'ai senti cruellement pour lui l'absence de Charles qui lui est aussi dure qu'elle me l'est à moi-même. C'est un sacrifice affreux que Dieu nous a fait faire que celui de vivre avec un ami si cher, car je ne me fais pas illusion : je vois bien que nos destinées ne nous permettront de nous réunir que des instants, tandis que j'avais espéré que nous passerions notre vie ensemble, et je suis assez vieille pour que cela n'eût pas engagé la sienne tout entière.

Vous me parlez d'aller à Rome, ma chère Félicie. Croyez-vous donc que pour ma propre satisfaction je quitterais mon mari ? Ah non. Ce n'était que pour sa tante que je pouvais être loin de lui, car elle ne m'aimait pas. Si l'un de nous devait aller à Rome, ce serait plutôt Aymar, quoiqu'il soit aussi bien nécessaire à son père. Il le soigne avec une tendresse sans pareil.

J'imaginais bien ce que vous me dites sur le congé. De toute façon, M. de La Tour du Pin n'a pas voulu en demander un.

Ce que M. de La Tour du Pin voudrait ce serait de rester ici jusqu'au jour (si Dieu le conserve) où il aura soixante-dix ans, c'est-à-dire encore quatre ans. Son esprit, sa tête et son âme sont assurément comme s'il en avait quarante. Je voudrais que son poste lui fût assuré, et que sa retraite fût réglée de ce jour-là, c'est-à-dire le 1er janvier 1830. Il est maintenant le doyen du Corps diplomatique de la France. Si quelque nouveau venu veut avoir sa place auparavant, au moins qu'on lui laisse ses appointements jusqu'au jour où il aura ses soixante-dix ans. Voilà, chère Félicie, ce qu'il faut dire aux personnes qui peuvent avoir de l'influence.

Ma tante a laissé le Bouilli[60] à Aymar[61], ainsi que ce qu'elle avait en outre ; mais il a 4 000 francs de rente viagère à payer, tant à ses gens qu'à Mme de Maurville (notre cousine), à laquelle elle a laissé 3 000 francs de rente. Ce qu'elle peut avoir d'argent disponible donnera à peine de quoi servir ces 4 000 francs de rente. Elle avait donné 50 000 francs à Charlotte[62] lors de son mariage ; elle les a laissés, femme de raison, à ses enfants. De plus elle donne à Cécile[63] les autres mille francs que nous étions obligés à donner à ma fille Charlotte. Vous voyez, ma chère Félicie, que cette succession n'enrichira Aymar qu'en lui gardant son toit paternel qui ne rapporte pas de quoi manger. Enfin, cela vaut encore mieux que rien. Dans le temps que nous vivons il n'est peut-être pas si mal d'avoir où aller être indépendant.

Aymar va avoir dix-huit ans ; il se développe beaucoup ; il a de l'esprit, du jugement, du tact, de belles et nobles manières. Il n'est pas embarrassé de parier avec des gens qui lui sont supérieurs. Il aime les savants et les gens âgés, et sait tirer parti de tout pour son instruction. On le chargerait tout à l'heure d'une mission difficile au bout de l'Europe, que je serais sûre qu'il ne se tromperait pas d'un mot ou d'une idée. Il a le don de se faire aimer de tous ceux qui le connaissent : quoiqu'on ne sache pas en quoi cela consiste, il est sûr que c'est une chose qui n'appartient pas à tout le monde.

Pour lui, cela vient de ce qu'ayant vécu toute sa vie avec des gens de tous les pays, il a contracté une tolérance universelle des manières, des coutumes et des usages. [...]

Mlle Gérard [ma couturière] ne m'a pas envoyé son mémoire ce qui m'empêche de vous envoyer de l'argent. J'ai déjà un beau manteau de mérinos noir, doublé et ouaté en soie noire ; aussi je préfère que celui où sera la fourrure soit en satin… De fait, je ne sais plus comment on habille une femme de cinquante ans qui pourtant se lace et a une taille qui n'est pas déformée. Je trouve que tout ce qu'on me fait a l'air trop jeune et montre trop mes formes. Je ne puis parvenir à donner à ma taille un air de cinquante ans. Cela me désole, car je voudrais avoir l'air vieille dans la rue. […]

Je vous demande, chère amie, de m'écrire des nouvelles. M. de La Tour du Pin a perdu, avec sa tante, sa seule correspondante intime : personne ne le tiendra plus au courant. Ce serait un véritable service d'amie que de m'écrire souvent tout ce qu'on peut dire de l'état des choses. Je vous le demande. […]

Quelle folie a votre mère de s'être dégoûtée de cet Andilly[64], et quelle folie d'aller ailleurs et pas à Ussé.

Voilà comment la noblesse française se perd : c'est en étant toujours à Paris. Le roi qui lui persuaderait d'être dix mois de l'année dans ses terres la réhabiliterait.

Adieu, je vous embrasse maternellement, très chère enfant.

P.S. Décidément je ne veux pas me faire faire de manteau, à moins que le roi ne guérisse, ce qui n'est pas probable.

Songez, ma très chère, à mes cinquante-cinq ans. Jamais je ne puis me faire de corset à mon goût. J'ai les hanches grosses, mais la taille, aux reins, est mince d'une manière disproportionnée et j'ai les reins si faibles que j'ai besoin d'être soutenue au ventre et au derrière. Il me faudrait comme un demi-corset, qui me tînt que le bas de la taille, car d'un autre côté, je ne puis rien supporter de serré ni sur les épaules ni sur la gorge. Pour que je sois *confortable*, comme dit ma femme de chambre, il faudrait que je fusse habillée en deux pièces, une cuirasse pour le bas de la taille, et rien pour le haut. Travaillez sur ce thème avec votre intelligence accoutumée. Ah! quelles bêtises je vous dis là.

« Décidément, je ne veux pas me faire faire de manteau à moins que le roi ne guérisse… » La marquise avait bien raison de prévoir un deuil de Cour qui rendrait inutile l'achat d'un manteau à la mode. *Louis XVIII était sur le point de mourir.*

« Le 16 septembre 1824, à quatre heures trente de l'après-midi se déroula pour la dernière fois dans notre Histoire un cérémonial fameux: "Le Roi est mort" dit le médecin placé près du lit. Alors le premier gentilhomme de la Chambre se tourna vers Monsieur et dit d'une voix forte: "Vive le Roi" — Charles X parut sur le devant de la scène. » (Duc de Castries)

Ce changement politique ne modifie pas la vie des La Tour du Pin. Cet événement ne les affecte pour ainsi dire pas. Bien d'autres soucis les assaillent. Il suffit pour s'en convaincre de lire la lettre qui suit.

Comme l'indique la lettre précédente, la princesse d'Hénin venait de mourir et avait légué sa fortune (et notamment la propriété du Bouilh qu'elle avait rachetée après la Révolution pour lui) à son petit-neveu Aymar de La Tour du Pin.

Turin, le 25 septembre 1824.

Chère Félicie, vous savez peut-être déjà la catastrophe du pauvre Aymar, et comment ce malheureux régisseur Bezard, dont vous m'avez entendu souvent me plaindre, s'est enfui en Angleterre en emportant tout ce qui était disponible de la fortune de ma tante d'Hénin, c'est-à-dire à peu près cent mille francs.

C'était le plus clair de ce qu'elle laissait à Aymar. Maintenant que cet homme a emporté tout l'argent comptant et que les charges restent sur le Bouilh qui ne rapporte guère, la succession de ma tante, seul espoir de salut pécuniaire qui nous restait pour notre cher fils, est complètement anéanti.

Ce coup est dur à supporter, après tant d'autres. Toutes les pensées de M. de La Tour du Pin, toute son activité, toute sa sagacité, tendaient depuis huit ans à des arrangements qui avaient pour but de réunir quelque fortune sur la tête d'Aymar. Voir renverser en un moment cette espérance paternelle est une peine à laquelle il est difficile de se résigner.

Tous les sacrifices que nous avions faits pour conserver le toit paternel d'Aymar sont comme non avenus. La divine Providence se joue des desseins et des calculs des hommes. Non seulement Aymar ne pourra pas garder ce toit de ses pères, mais nous vendrons aussi notre terre de Tesson en Saintonge que nous aurions pu espérer conserver. Et quand nous n'aurons plus rien à payer, alors seulement nous retournerons dans ce qui nous restera.

Si M. de La Tour du Pin vit encore quelques années et conserve sa place, peut-être réparerons-nous un peu, pour notre fils, le mal qui vient de le frapper à son premier pas dans le monde.

Au reste, Aymar a pris cette catastrophe de la meilleure grâce du monde. Ce n'est pas une petite satisfaction pour moi de voir que j'ai réussi à lui former un cœur qui sait supporter les coups de la fortune. Si je n'ai pas autre chose à lui laisser que de la force d'âme, je ne croirai pas qu'il soit tout à fait déshérité.

Charles X remanie le ministère. Notamment, les Affaires étrangères, vacantes depuis l'éviction de

Chateaubriand, sont reprises par le baron de
Damas [65].

Tout le désir de Mme de La Tour du Pin à partir de
ce moment est d'obtenir de ce dernier qu'il offre un
congé à son mari, de manière que toute la famille
puisse aller séjourner à Rome où se trouve Charles de
Mercy-Argenteau. Elle prie Mme de La Rochejacquelein d'intervenir et, à ce sujet, lui écrit: «L'amitié est
une vertu que vous pratiquez si bien qu'il ne vous
est plus possible d'y manquer sans valoir moins» et
elle ajoute: «Peut-être trouverez-vous un jour M. de
Damas sur votre chemin...». Au fil de plusieurs
autres lettres, elle fait grief au nouveau ministre de ne
point favoriser ce voyage à Rome qu'elle désirait tellement entreprendre pour revoir le fiancé de feue Cécile
et pour le voir célébrer sa première messe. Finalement, grâce à l'intervention de la duchesse d'Angoulême, elle obtient satisfaction et c'est de Rome qu'elle
écrit la lettre suivante à Félicie.

Rome, le 23 novembre 1825.

Chère Félicie, malgré vos indignités, vos paresses,
etc., etc., je ne puis pourtant laisser partir M. de
Montmorency [66] sans lui donner une petite lettre
pour vous.

Je crois vous avoir écrit que par l'adorable bonté
de Madame la Dauphine, mon mari a eu un congé
dont nous avons profité pour venir ici, voir notre
très cher bon prélat [67] et rejoindre Aymar qui était
déjà à Rome depuis quelques mois.

Je me suis intimement liée avec Mme de Esterhazy [68] l'amie de Madame la Dauphine et je puis
dire que nous nous sommes aimées à la première
vue. Cette famille est vraiment adorable: Aymar y
est aimé et accueilli comme un frère par les trois

aimables garçons et les trois filles dont elle est composée. Il y va deux fois par jour et cette aimable société est pour lui un avantage immense, car ils sont tous si bien-pensants, si pieux, si bons.

Je voudrais qu'il eût une fortune à offrir à une de ces aimables filles, mais il n'a à donner que la faim et la soif. Nous ne pouvons y songer.

J'aime tout à Rome : le complet désordre des édifices, les rues tortueuses, les maisons inégales en hauteur, dont pas une seule n'est en alignement ou à angle droit avec sa voisine, les contrastes si frappants dont l'esprit est sans cesse tourmenté.

Rome, le 30 décembre 1825.

Ma chère enfant, je voudrais bien savoir ce que M. Mortier[69] qui vous porte cette lettre va faire à Paris. Hier matin, il ne savait rien de son départ.

Nous pensons que c'est pour porter ce que l'on nomme le terne, c'est-à-dire les trois noms que le pape présente au roi, pour en choisir un pour être nommé nonce à Paris. Je voudrais bien savoir quels sont ces trois noms et si Charles en est un[70]. [...]

Prenez garde, en questionnant sur cela, qu'on ne puisse se douter que c'est de moi que vous tenez ce renseignement, de peur que si cela ne revenait ici les intérêts de notre ami n'en soient compromis. [...]

Votre mère a envoyé *Édouard* à mon mari. Je n'aime pas ce roman quoiqu'il soit bien écrit, mais rien n'est si maladroit que de dire tout cela dans le temps où nous vivons. Elle rabaisse la noblesse et irrite l'autre classe. Voilà un beau résultat. Les peintures de l'ancien monde manquent de vérité. Messieurs de Laval, de Fitzjames, et de La Tour du Pin réunis, disaient qu'ils ne savaient pas où elle avait appris que l'on refusât de se battre avec un homme comme Édouard... Mais qu'est-ce que de telles futilités dans ce moment?

Adieu, chère bonne et négligente amie, je vous embrasse, je vous aime et je vous prie, vous conjure de m'écrire.

*En une phrase lapidaire, Paul Guth a résumé la trame du roman: «Un roturier aime une grande dame mais ne peut pas l'épouser.» Sainte-Beuve considérait qu'*Édouard *constituait le «principal titre de gloire de la duchesse de Duras».* Édouard *inspira Fromentin lorsqu'il écrivit* Dominique. *Dans ce roman à clef, Mme de Duras déguise son amie La Tour du Pin sous le nom de Madame de C...*

En mars 1826, Mme de La Tour du Pin est de retour à Turin.

Turin, le 18 mars 1826.

Vraiment 230 francs c'est beaucoup, mais j'aime mieux cela que de perdre, comme vous dites, cette belle robe. Vous aurez donc, ma chère petite amie, la bonté de la faire faire, et refaire. Votre couturière aura vu qu'elle est trop longue. Le morceau de trop en haut pourrait être utilisé pour le bas des manches. Je désire aussi qu'elle reste un peu en blouse tout autour, car voici comme je suis construite, si vous l'avez oublié: des épaules fort larges, beaucoup de gorge qui ne remonte pas, puis une taille assez mince, et ensuite, sauf le respect que je vous dois, des hanches, etc., etc., de très vastes dimensions. Ainsi quand j'ai des robes qui n'ont pas d'ampleur, cela me va très mal.

Je ne sais plus si je vous ai jamais parlé de la

demande que M. de La Tour du Pin avait faite à
M. de Damas. (Ceci entre nous): Aymar voudrait
entrer dans le corps diplomatique. Vous m'avouerez,
ma chère Félicie, qu'un fils aîné, chef de famille, et
élevé dans la maison de son père, ambassadeur
depuis douze ans, sans compter l'avantage de parler
toutes les langues que l'on parle en Europe, excepté
le russe et le polonais, pouvait se flatter qu'on lui
accorderait plus qu'au dernier petit attaché sans
naissance. [...]

M. de Damas n'a pas compris un mot de tout cela,
quoique M. de Lally le lui ait expliqué. Ce refus a
contrarié fortement Aymar, qui a du goût pour cette
carrière pour laquelle on dirait qu'il a été fait exprès.
C'eût été une grande récompense et une satisfaction
pour son père. Enfin, ma chère, cela nous aurait
convenu parfaitement, mais M. de Damas n'a rien
compris, rien senti de tout cela. Il a répondu que cela
était physiquement impossible.

Adieu, je vous embrasse et je vous aime.

Turin, le 28 juin 1826.

Précisément au moment où je disais: «Félicie est
la plus grande paresseuse qui existe», voilà une
lettre qui m'arrive «ab irrato». Voilà que vous vous
fâchez, que vous m'accusez de laconisme, de négligence, de cent choses dont je ne me sens pas coupable. Et cependant, chère petite amie. *Comme les
torts que l'on imagine sont bien plus difficiles à effacer que ceux qui sont véritables.*

*Depuis le décès de la princesse d'Hénin, Mme de La
Tour du Pin songeait à se rendre au Bouilh. Finale-*

ment, en septembre, elle accomplit ce voyage, accom-
pagnée d'Aymar.

Au Bouilh, le 19 septembre 1826.

Ma chère bonne Félicie, me voici au Bouilh, où j'ai
emmené mon érésipèle, mes trois saignées, méde-
cines, etc., etc. Je me suis guérie en route et me voilà
toute leste !

Très heureusement pour moi, toute la population
du canton a voulu et veut me voir. Tous ceux à qui
j'ai donné un sol et un morceau de pain, il y a vingt
ans, m'en remercient aujourd'hui. Tous ceux qui
pensent bien trouvent que la Restauration est vraie
seulement aujourd'hui, parce que voici la femme de
leur seigneur ! Et cependant, je sens fort bien que
cette seigneurie n'est pas revenue. Si «notre chère
dame» demandait la corvée pour niveler son pré, on
l'enverrait promener.

Quoi qu'il en soit, Aymar est reçu avec beaucoup
de considération. Il a tout d'un coup pris un excellent maintien de maître de château, au milieu des
débris de ses meubles, que des anglo-vandales ont
détruits de fond en comble (nous avions loué à de
vilains Écossais, pendant deux ans, et ils ont tout
détruit, j'en suis outrée).

Chère Minette, si vous voulez de mon bivouac, il
est à vous comme celle qui l'habite. Il me faudrait
savoir quand, précisément, vous viendrez.

*Ce n'est que vers la fin de l'année 1826 que Mme de
La Tour du Pin et son fils regagnent l'Italie.*

Turin, le 21 janvier 1827.

Ma chère Félicie, voici le nonce qui vous porte ma plus belle nippe dans ce petit paquet : c'est une robe que je voudrais faire teindre en noir, mais avec un soin incroyable car vous voyez qu'elle est très belle. Je voudrais un autre corsage, beaucoup plus grand, plus haut, plus long, plus large : on pourrait faire ce corsage avec les manches, qui sont trop étroites. La ceinture est un peu trop serrée, il faut la tenir d'un doigt plus large. Que le nouveau corsage, sans être tout à fait en guimpe, soit au moins de la largeur de la main plus haut devant et derrière, et qu'il y ait quelque collet derrière qui ne nécessite pas de mettre un shawl, puisque cette robe est très habillée...

J'en suis pressée et je vous prie de songer en la faisant refaire que j'aurai cinquante-sept ans le mois prochain, quoiqu'il soit vrai de dire que j'ai une taille de trente-six ans. Mais je ne veux pas montrer cette taille ; il faut qu'elle soit sinon cachée, du moins dissimulée, à la gorge, aux épaules, etc. Je vous prie de mettre vos bons soins à cette commission.

Tâchez que cette robe me revienne avant la fin du Carnaval, tout arrangée, et toute refaite, et qu'on la teigne d'un noir bien fin, sans détruire le luisant s'il est possible. Au cours de la conversation que vous aurez avec votre couturière, n'oubliez pas les considérations morales sur l'âge et l'existence de la personne qui doit la porter. Dès qu'elle sera faite et emballée, veuillez la faire mettre à la diligence, à l'adresse de M. de La Tour du Pin. [...]

Je crains que ces deux têtes folles, Mme de Senft et sa fille[71] [...] n'aient pas le sens commun, ni l'une ni l'autre. Maintenant elles m'ont en horreur autant qu'elles m'adoraient il y a un mois. J'ai refusé de mener la fille dans ma loge au Théâtre Royal parce qu'elle était si inconcevable et si impertinente, qu'elle aurait exilé les 25 ou 30 hommes qui m'y viennent voir tous les soirs. De plus, j'ai horreur de «chaproner» quelqu'un, à plus forte raison une folle de ce genre... Voilà pourquoi elle me déteste. Je vous dis cela parce que je suis sûre qu'elle aura écrit cent sottises sur moi à ses amis de Paris, et que vous retrouverez un jour ou l'autre quelques-unes de ces sottises sur votre chemin.

J'ai aussi à vous dire que j'ai donné le plus beau bal possible. Il y avait bien 400 personnes dans mon grand salon, qui a cinquante pieds en tous sens. C'était pour entamer le Carnaval.

Adieu, le nonce me fait presser de donner mon paquet. Je vous embrasse, chère enfant, de tout mon cœur.

Mais l'événement le plus marquant de 1827 est la maladie, puis la mort de la duchesse de Duras.

Mme de La Tour du Pin se trouve à Saint-Gervais en séjour pour éviter les chaleurs estivales de l'Italie. La duchesse de Duras se rend, elle, en Suisse pour tenter de se rétablir. Elle est accompagnée de Félicie. C'est le début du rapprochement entre la mère et la fille.

Vont-elles rencontrer Mme de La Tour du Pin qui ne les a pas vues l'une et l'autre depuis si longtemps?

St Gervais, ce dimanche 29 juillet 1827.

Chère Félicie, je réponds à l'instant à vos trois lettres. Je ne savais où vous trouver et ce n'est que depuis deux heures que j'espère que cette lettre pourra vous atteindre à Lausanne.

J'ai été agréablement surprise du retour de votre

mère à la raison. Dieu veuille que cela dure! Ma chère Félicie, vous n'aurez jamais rien à vous reprocher envers elle, comme vous n'avez rien à réparer. Je ne vous engage pas à lui parler de moi, si cela doit porter atteinte à la bonne harmonie dont je désire qu'elle règne entre vous. Elle a eu des torts envers moi, que j'attribue entièrement au peu d'emprise qu'elle a sur ses passions et sur son caractère. Je les lui pardonne de tout mon cœur, mais celui-ci ne sent plus le besoin d'un rapprochement. Il ne pourrait d'ailleurs pas s'effectuer de ma part : l'amitié ne se refait pas. De plus, le caractère que votre mère a développé depuis quelques années est l'antipode du mien.

Si je me trouvais avec elle, je la soignerais, le jour et la nuit, comme mon prochain, mais l'amitié... Ah! cela est une autre chose. Mon cœur est à vous, ma chère Félicie, mais votre pauvre mère l'a trop méconnu pour l'avoir conservé.

Pardonnez-moi de vous dire cela, mais je suis trop vraie pour vous parler d'une autre façon.

St Gervais, le vendredi 3 août 1827.

[...] Si je cédais à la forte tentation que j'avais d'aller vous voir à Lausanne, ma présence ferait plus de mal que de bien dans votre intérieur. Votre mère, qui connaît bien ses torts envers moi, ne se méprendrait pas sur ma venue : elle saurait bien que c'est pour vous, et elle vous punirait de la préférence que je vous aurais témoignée. [...] Cela aggraverait le mal, et peut-être détruirait le frêle édifice de votre rapprochement, ce que je ne me pardonnerais pas. J'ai donc sacrifié ce bonheur que je pouvais avoir, et je vous prie de m'en savoir gré, car cela m'a beaucoup coûté.

Finalement cependant les deux amies se rencontrent à Arona. Cette rencontre ne semble pas avoir porté de fruits.

Turin, le 25 août 1827.

Est-ce un rêve, ma chère Félicie, que notre rencontre? Hélas! non, c'est une réalité, une triste réalité! Si votre mère m'avait dit un mot, je serais restée cette soirée avec vous à Arona, mais dans l'incertitude du succès que cette démarche aurait, et craignant de détruire le frêle édifice de votre rapprochement, je ne l'ai pas osé. J'ai consulté M. de La Tour du Pin et il a dit que cette nouvelle rencontre ferait peut-être plus de mal que de bien.

J'ai été bien combattue, mais la raison l'a emporté. Ah! chère amie! quelle expression que celle de sa figure, et ces yeux qui ne disent rien, et cette froideur qui n'était que factice, et ces larmes sur elle-même! J'en étais consternée, anéantie! Comment ce médecin peut-il dire qu'elle n'est pas malade? Elle l'est physiquement et moralement.

Je lui ai écrit. Dites-moi quel effet lui aura fait ma lettre.

En septembre, *Mme de Duras s'installe à Nice. Félicie demeure à ses côtés. Mme de La Tour du Pin va enfin réellement rejoindre l'ancienne et vieille amie. Elle se rend sur la Côte d'Azur. Elle la retrouve. Elle la voit. Elle exulte. Elle est «rétablie dans ses* anciens droits». *Son «cœur était léger et satisfait d'avoir retrouvé» son ancienne amie.*

Turin, le 6 octobre 1827.

Nous sommes arrivés trop tard mercredi, ma chère Félicie, pour que je puisse vous écrire. Quoique étant partis de Nice vers quatre heures, nous ne sommes arrivés à Tende qu'à huit, sans être sortis de voiture. Le lendemain de même nous ne sommes descendus sur le noble péristile de Casa Francia (comme disent les cochers piémontais), qu'à onze heures et demie, où nous avons soupé avec plaisir, ayant épuisé nos vivres dès midi. Cependant le col de Tende, toutes ses horreurs, ses tournants et ses dangers m'ont paru tous autres que je les avais trouvés en allant, car mon cœur était léger et satisfait d'avoir retrouvé mon ancienne amie votre mère, et vous, ma jeune amie. Puisque je devais les quitter, j'emportais au moins un bon souvenir et la certitude que j'étais rétablie dans mes anciens droits.

Je lui écris aujourd'hui, à cette pauvre mère, un très petit mot, afin qu'elle puisse le lire. À vous-même, ma très chère, je n'en dirai pas long, car j'ai un fagot de lettres à écrire aujourd'hui, et je n'ai que deux heures avant que le courrier parte.

«Les derniers mots "chère amie, c'est comme autrefois" retentissent encore à mon oreille et à mon cœur et me font un mal affreux» (lettre de Mme de La Tour du Pin à Félicie du 14 janvier 1828). Voilà ce que dit la duchesse de Duras à Mme de La Tour du Pin lors de leur finale réconciliation. Le 15 du même mois, Chateaubriand écrivait à Mme de Cottens :

«Je suis menacé d'un grand malheur: Mme de Duras se meurt à Nice. [...] Au moment où je vous écris, j'ai envoyé savoir des nouvelles de mon admirable et ancienne amie, et peut-être vous apprendrai-je, avant de fermer cette lettre, l'arrêt fatal.»

Le 16 janvier, Mme de Duras décédait.

L'autre amie de la mère de Félicie, la plus ancienne, la plus fidèle, la plus sincère malgré la brouille due grandement à une sincérité sans détours, que dit-elle, elle, à Félicie, en apprenant cette mort qui la bouleverse? Voici:

Turin, le 28 janvier 1828.

Je ne voudrais pas, ma chère amie, que vous alliez jusqu'à Paris avant de recevoir le tendre et triste témoignage de la douleur que je partage avec vous et que je sens comme vous. C'est un sentiment qui est si familier à mon cœur que la douleur, que celle-là de plus est venue rouvrir toutes mes blessures.

Je n'ai qu'un regret de plus que vous, c'est de ne l'avoir pas revue à son dernier moment. A-t-elle su que je ne l'avais pas pu? et que M. de La Tour du Pin avait résisté à toutes mes instances, à toutes mes prières, à cause de ma santé qui est si dérangée et à cause de ces terribles montagnes?

Écrivez-moi, mes chères amies[72], et croyez, l'une et l'autre, que vous retrouverez en moi les sentiments et la tendresse de celle que vous avez perdue. Je vous ai vu naître toutes deux, et je ne vous ai jamais séparées dans mon cœur de mes propres enfants.

Adieu, chère Félicie, chère Clara, pensez à moi et aimez-moi, comme votre mère, et comme votre amie.

Lucie.

P.S. — M. de La Tour du Pin se joint à moi pour tout ce qu'il y a de plus tendre et de plus affectueux pour vous deux.

Gênes, le 14 avril 1828.

Ma chère Félicie, c'est encore moi qui viens vous ennuyer de ma personne, mais ce n'est pas pour moi, écoutez donc bien ceci, faites attention, asseyez-vous, n'ayez pas de distraction!

Voici une personne qui m'aime à la folie, bien que jeune et jolie! Elle marie son frère et elle est chargée de faire emplette d'un shawl pour la corbeille! Elle n'en trouve ici que de très vilains, très chers, vieux... de véritables guenilles. Je vois cela. Je dis: j'ai ma Félicie à Paris qui nous arrangera cela.

Et voici qu'on m'écrit le billet ci-joint: 1 200 francs! Un shawl blanc, long, le plus distingué que l'on pourra trouver pour ce prix! On le met à l'adresse de l'ambassadeur et on le donne à M. de Montcalm[73] qui le rapporte!

Je vous enverrai de l'argent par le courrier qui suivra celui où vous m'aurez dit que vous l'avez acheté.

Vous sentez quelle sera la fureur de toute cette famille si ce shawl n'est pas parfaitement choisi! Enfin, il faudra soigner l'emballage: un rouleau, avec de la toile cirée, cacheté, et l'adresse bien mise. Je dis cacheté parce que M. de Marcellus[74] s'est accusé *lui-même* d'avoir trouvé le carton où était ma robe[75] trop grand et de l'avoir mise *lui-même* dans un plus petit. «*E come!*»

Cette expression-là sert à tout en Italie... M. Untel est un fripon... *E come!* Un fat... *E come!* Un saint... *E come!* Je vous aime, ma chère Félicie... *E come!*»

En janvier 1828, le comte de La Ferronays[76] succède à M. de Damas aux Affaires étrangères.

C'est à ce changement et aux conséquences qui pourraient en découler pour son mari que Mme de La Tour du Pin fait maintenant allusion.

Gênes, le 18 avril 1828.

Chère bonne amie, votre excellente lettre m'est parvenue ici où nous sommes depuis le jeudi de la Passion et où nous restons jusqu'au 25 de ce mois, pour retourner ensuite à Turin où nous attendrons Auguste qui m'annonce qu'il viendra passer quelque temps avec nous.

Que vous êtes bonne, ma chère enfant, de veiller à nos intérêts! Combien mon excellent mari est reconnaissant de ce que vous avez fait! Il est vrai que M. de Montcalm avait été porteur de dépêches lorsqu'il partit pour Paris à la fin de l'année. M. de La Tour du Pin, ayant eu des preuves évidentes de la malveillance de M. de Damas, le chargeait de veiller à ses intérêts dans le cas où l'on aurait le désir de lui ôter sa place, comme cela paraissait certain.

Il en est tout autrement avec M. de La Ferronays, dont le noble et loyal caractère et les opinions modérées concordent avec celles de M. de La Tour du Pin et lui font accueillir avec bienveillance et même avec plaisir tout ce que son expérience et ses lumières peuvent lui suggérer. Il sait les désirs et les intentions de mon mari. Nous avons tout lieu de croire qu'il ne l'oubliera pas et qu'il ne sacrifiera pas les intérêts d'un honnête homme qui est dans sa soixante-dixième année et qui sert si bien le roi Charles X, quoique cela ait été trop souvent méconnu.

Nous savons que M. de Chabrol[77] remue ciel et

terre pour avoir l'ambassade de Turin (ce qui me semble une sorte de vol ; mais dans ce triste temps d'ambition personnelle et d'indélicatesse où nous vivons, cela passe pour une chose toute simple). Nous ne doutons pas qu'elle lui ait été promise si M. de La Tour du Pin veut la quitter. [...]

Je voudrais que chacun se remît dans sa province et tâche de regreffer un peu sa considération sur celle de ses ancêtres.

Au lieu de cela, notre pauvre noblesse fait de son mieux pour effacer les souvenirs, sur lesquels elle aurait dû se replanter, puisqu'il n'y a que les ancêtres que les industriels ne peuvent acheter... Ce ne sera pas avec toutes les machines à vapeur du monde qu'on se fera une généalogie. Croyez-vous que je ne sois pas indignée que Mlle de Montmorency épouse un petit gentillâtre comme M. de Couronne[78] ? et pourquoi fallait-il que cela se mariât ?

Adieu, très chère, adieu. Je vous embrasse tendrement.

Turin, le 27 [   ] 1828.

[...] Voilà donc Mme de Chalais[79] morte ! C'est une des personnes du monde que j'ai toujours trouvée la plus déplaisante, ce qui fait que cela m'est égal...

M. de La Ferronays est fort bienveillant pour mon cher mari, et je m'en réjouis, parce que cela nous donne de la sécurité, que nous étions loin, très loin, d'avoir sous M. de Damas qui était malveillant pour nous : si sa vie ministérielle avait duré un mois de plus, il est plus que probable qu'il aurait déplacé M. de La Tour du Pin.

M. de La Tour du Pin ne demande rien que de rester où il est, et il est si peu intrigant qu'il n'a même pas eu le désir d'aller à Paris en ce moment...

Adieu, chère amie, je vous embrasse tendrement.

*Mais en 1829, alors qu'elle séjourne pour tout l'été
à la campagne, elle informe Félicie que « M. de La
Tour du Pin a l'intention de demander un congé après
la fête du roi afin de passer une très grande partie de
l'hiver à Paris avec Aymar. » Elle songe, elle, à s'installer pendant ce temps au Bouilh, mais revient vite
— on va le voir — sur cette résolution.*

Rivalta, le 5 juillet 1829.

Votre chère petite lettre ne m'est parvenue qu'hier,
ma bonne Félicie!

Vous me verrez avant le jour de l'an, je vous en
préviens. Je faisais le brave! Je disais: j'irai au
Bouilh passer l'hiver; je ne me souciais pas de mon
mari, ni de mon fils; ils pouvaient bien passer l'hiver à Paris sans moi, etc., etc. Mais voici qu'un beau
jour, Auguste[80] se met à me faire un sermon sur
ma personnalité: je préfère ce qui me plaît à ce qui
convient le mieux à son beau-père! Si j'apprends au
Bouilh que celui-ci est souffrant à Paris, la tête me
tournera! M. de La Tour du Pin est trop vieux pour
s'imposer des privations inutiles! Il a besoin de mes
soins, il passera ses soirées seul tandis qu'Aymar
sera au bal, ou à l'Opéra! Enfin, Auguste me per-
suade... et je consens d'aller à Paris pour tenir compagnie à ces messieurs, leur faire leur thé le matin,
leur faire leur petit ménage.

Mais je fais mes conditions: je ne veux pas aller
du tout dans le monde, même pas à la Cour. Je ne
veux jamais, mais ce qui s'appelle à la lettre jamais,

sortir le soir. Je veux rester chez moi, auprès d'une table ronde avec un tapis, ma lampe, mon ouvrage, le piano, les livres, mon chien et ma petite Cécile[81].

Si quelques personnes veulent venir me voir j'en serais charmée, je les recevrai de mon mieux! Si l'on ne vient pas... «*pazienza*»... Je n'aime à voir que les gens qui ont vraiment envie de me voir. J'ai horreur de penser à cette vieille ambassadrice de soixante ans qui arrive dans une soirée et dont les jeunes disent, les uns: «*Qui est cette vieille femme-là?*», les autres: «*Ah! qu'elle est vieillie!*»

Les réverbères des rues de Paris ne m'éclaireront pas; cela est décidé. À cette condition, je veux bien y aller. Je n'ai pas un seul devoir à remplir, ce qui prouve que je ne suis plus assez jeune pour cela.

J'aime le «*home*» dans quelque lieu qu'il soit et, quoique je sois à mille lieues d'être insociable, je suis accoutumée à ce que l'on vienne me chercher et, d'ailleurs, à ne jamais avoir besoin de personne pour passer mon temps.

En vue de leur installation à Paris, Aymar s'y rend en éclaireur dans le courant de l'année puis regagne l'Italie.

Rivalta, le 9 août 1829.

[...] Cet Aymar a du bonheur! Rien au monde, pour un jeune homme de son âge, ne peut valoir une amie, une sœur, un conseil, un guide comme vous. Il en sent tout le prix. Vos conseils, cher Caton, sont exécutés et suivis. On est sage comme un écolier qui va faire sa première communion. On se modère. On n'attaque pas les gens. [...]

Mais parlons un peu ménage. Établissons, d'abord, que le congé, qu'on ne veut demander qu'en novembre, est accordé et qu'on arrive à Paris vers les derniers jours de l'année. [...]

Nous avons envie d'aller dans un hôtel garni, et d'y prendre pour un mois un logement, composé d'une antichambre, un salon, chambre à coucher d'une part pour Monsieur, et de l'autre pour Madame, cette seconde un peu plus grande parce que j'ai ma petite Cécile avec moi... S'il y avait un cabinet attenant où elle pût coucher, cela n'en vaudrait que mieux. Surtout aussi des garde-robes avec lieux à l'anglaise (condition *sine qua non*). Une chambre de femme de chambre sur le même plain-pied, assez grande, car ladite femme de chambre a une petite fille de quatre ans. Par ailleurs, il faut qu'elle ait une cheminée pour faire le déjeuner, etc., car dans ces appartements d'hôtel garni, il n'y a pas de réchauffoir, ou petit office, ce qui est pourtant bien nécessaire.

Nous ne demandons pas de linge, ni de couverts. Nous voudrions pouvoir être nourris à la carte, et par conséquent que le cuisinier fût assez bon pour choisir le dîner tous les matins.

Il faut que ce soit un hôtel garni très convenable dans un beau quartier. Vous aimez votre Saint-Germain, qui est triste, loin de tout, et où l'on ne voit rien. Moi, je voudrais voir quelque chose par ma fenêtre. J'aime les quais, les places, le quartier près des Tuileries, où je voudrais me promener tous les jours.

Chère Félicie, je vous le dis sans détour : je n'aime pas le Faubourg Saint-Germain, à moins que ce ne soit sur le quai. Mais quant à passer la rue Saint-Dominique, je n'en veux pas entendre parler. Pour revenir au logement dont j'ai parlé, il faut aussi une très bonne chambre pour Aymar et une pour le domestique qui peut n'être pas de plain-pied, quoique cela vaudrait mieux. Puis un endroit pour serrer du bois est nécessaire, car je crains que nous en brûlions beaucoup.

Dites-moi franchement, si cela vous gêne de nous chercher cela, et si vous voulez que je vous mette en rapport avec notre homme d'affaires, qui me paraît, par ses lettres, être un beau parleur !...

Vous sentez qu'avec ma petite Cécile de onze ans qui ne me quitte jamais et moi ne voulant pas du tout aller dans le monde, j'ai besoin d'être située un peu gaiement et à portée de distraire ma petite par quelques objets extérieurs et dans le voisinage d'une promenade. Répondez-moi vos pensées sur cela. Chère enfant, je vous embrasse.

Ainsi donc la marquise de La Tour du Pin se décide à passer à Paris l'hiver de 1829-1830 en compagnie de son mari et de son fils Aymar.

Est-ce simple envie de revoir la capitale ? En vérité, non ! Le marquis de La Tour du Pin était décidé à se retirer des affaires. La tournure que prenaient les événements et qui laissait présager la révolution de Juillet non seulement le confirme dans sa décision, mais l'incite à s'installer à Versailles.

C'est de cette ville royale, évocatrice de tant de souvenirs pour elle, que Mme de La Tour du Pin écrit à Félicie.

Versailles, le jour de la Pentecôte 1830.

[...] Voici quarante-deux ans je quêtais dans cette même chapelle de Versailles. On me trouvait belle et blanche, avec ma robe rose et des émeraudes pour six millions sur ma jeune personne. Ce souvenir m'amuse, car Dieu m'a fait la grâce d'être toujours satisfaite de la situation dans laquelle Il me place et je le remercie de ce qu'au milieu du malheur dont Il a voulu me frapper, tout en sentant sensiblement la peine de perdre ce qui m'était si cher, jamais le murmure n'a approché de mon cœur, et quant aux peines de fortune, je n'y pense seulement pas ; et j'ai la paix du cœur, la tranquillité de l'esprit qui me laisse jouir de ce qui me reste...

Jeudi nous avons eu le Roi[82] et les Grandes Eaux, mais je me tiens *in the background* parce que je ne veux être vue ni de la Cour de France, ni de la Cour de Naples. Je laisse les empressements aux dames de Versailles. Allez-vous dire encore que je suis fière ? Au moins ne sera-ce que ce que Goldsmisth nomme *the beggarly pride !* Quoi qu'il en soit, je ne regarderai les eaux jouer au milieu du bon peuple que pour amuser Cécile.

Quelques mois plus tard, les fameuses Ordonnances signées par Charles X le 25 juillet 1830 provoquent l'insurrection connue sous le nom de Trois Glorieuses. Le roi abdique pour éviter une guerre civile généralisée et s'exile.

Le 29 juillet 1830, alors que Charles X avait encore théoriquement la situation bien en main, Talleyrand, avec sa clairvoyance habituelle, interrompit la dictée de ses Mémoires *et déclara à son secrétaire : « Mettez en note que le 29 juillet 1830, à midi cinq minutes, la branche aînée des Bourbons a cessé de régner en France ! »*

Le 14 août, le marquis, légitimiste fervent, refuse le serment demandé par Louis-Philippe.

Au Bouilh, le 21 août 1830.

Chère Félicie, mon mari me charge de vous envoyer la copie de la lettre qu'il a écrite au Chancelier. Comme il n'a pas reçu de réponse, et qu'il a vu dans la gazette que l'on ne lirait plus ces sortes de lettres à la Chambre des pairs, il s'est décidé à la faire insérer dans les papiers publics[83]. [...]

Où êtes-vous? Que faites-vous? Écrivez-moi donc. J'en ai besoin plus que jamais.

Pour nous, ma chère, nous sommes ici, tant que notre cher fils ne trouvera pas d'acquéreur pour sa belle et charmante maison. Nous tâchons de ne manger que ce que le sol produit. Nous sommes abîmés dans nos affaires, ne sachant de quel côté faire tête à l'orage, vivant dans cette grande maison avec deux servantes et mon savoir-faire, sans que la vue de toutes les privations et de tous les inextricables embarras nous fasse un instant tourner les yeux du côté[84] où j'aurais été si bien accueillie. Dieu merci! une semblable pensée ne m'atteint pas! La devise des d'Escars est le refrain de tous nos moments! Vous savez qu'Aymar, par une sorte de pressentiment, s'était fait graver un cachet, un dauphin se jouant sur la mer agitée avec ces mots: *Exceltat in adversis*. Il en trouve maintenant l'application. Au reste nous devrions demander le Dauphiné puisqu'on manque au Traité!!! [...]

Et pourquoi pas?

Les La Tour du Pin avaient été souverains du Dauphiné: Humbert II, dauphin de Viennois de la maison de La Tour du Pin, succéda au XIVᵉ siècle à son frère Guigues VIII et éleva à son apogée la puissance des dauphins qui s'étendait de la Bresse à la Provence en faisant la paix perpétuelle avec la Savoie et fiançant son fils André à l'héritière du roi de Navarre. Ayant eu la douleur de perdre ce fils, et voulant «à jamais assurer le bonheur de ses sujets», il donna le Dauphiné à la France en 1343.

Après avoir commandé la croisade de 1345, justement préoccupé de l'avenir, il abandonna définitivement sa couronne «à son très cher fils» — le fils aîné de France, Charles duc de Normandie, plus tard Charles V. «Ce don librement fait» à sa parenté «la plus rapprochée» et en même temps la plus puissante garantissait, de son vivant, «l'avenir du Dauphiné et l'intégrité de ses institutions».

Une seule condition à ce don : désormais le fils aîné du roi de France porterait le titre de dauphin... Cette condition n'était plus remplie!

Au Bouilh, le 21 novembre 1830.

Chère enfant, j'étais tourmentée de ne pas avoir de vos nouvelles.

[...] Mais quelle idée de croire qu'Aymar aurait été chez vous, sans être sûr que vous y fussiez. Je ne conçois pas ce qui a pu faire courir ce bruit. Il a été dernièrement trois semaines dans ce maudit bien que nous ne pouvons pas vendre, près de Saintes. Il y retournera du 5 au 10 du mois prochain. C'est de là qu'il ira vous voir, sur son petit cheval, si vous êtes chez vous.

Écrivez-lui à Tesson, par Saintes, Charente-Inférieure, dans cette époque-là, et je dis du 5 au 10 parce qu'allant à cheval, il attend le beau temps ; il aura des affaires et restera là huit jours au moins. Il prendra ici un passeport pour l'intérieur, car Dieu merci! depuis la liberté dont nous jouissons, il faut avoir un passeport pour changer de département.

Ce cher Aymar n'a pas l'air de s'ennuyer dans cette retraite profonde où nous vivons, mais moi, je m'ennuie pour lui, et souvent je regrette de ne pouvoir lui fournir de quoi aller un peu à Paris, quoique dans le fond j'aime autant qu'il n'y aille pas, car, de même qu'un grand et illustre diplomate me le disait à Paris : «Vous n'avez pas la voix du pays.» [...]

Les jours passent comme des instants. Le soin de Cécile, celui du ménage, quelques heures dehors quand il fait beau pour planter, de l'ouvrage obligé, nécessaire, et pas pour m'amuser, tout cela fait une vie utile, une vie selon l'ordre et telle que les femmes doivent l'avoir. Je ne regrette rien de ce dont la vanité pourrait regretter de se voir privée ! Je ne songe plus à tous ces valets en livrée, à ces chevaux, à ces voitures, à ce bon cuisinier... Tout cela est aussi loin de moi que si jamais je n'en avais approché. Et je vous assure que je n'ai pas de mérite à m'en passer. Ma cuisinière paysanne avec sa cotte rouge fait assez de progrès. Quand je lui ai appris un plat, que j'ai moi-même appris dans *le Cuisinier royal*, je suis ravie.

Je pense souvent à votre pauvre mère, qui aurait si bien compris tout cela, et elle me manque plus que jamais dans ce renversement d'existence.

Mon Dieu ! Que Mme de La Tour du Pin est loin de la réalité ! Les durs problèmes matériels de la vie quotidienne avec lesquels elle est confrontée absorbent toute son attention... Non, Aymar n'est pas prêt de s'ennuyer ! Non, Mme de La Rochejacquelein, la chère Félicie, ne va pas lui rendre visite !

Aymar chevauche vers l'aventure et Félicie l'organise. Mais quelle aventure ?

Le dernier soulèvement de la Vendée !…

La comtesse de La Rochejacquelein anime ce sou-
lèvement royaliste. Aymar de La Tour du Pin, qui
réside alors auprès d'elle, y prend part avec ardeur. Il
est arrêté en novembre 1831, emprisonné à Fontenay,
relâché sur un non-lieu quatre mois plus tard.

Au Bouilh, le 18 mai 1832.

[…] Vous croyez bien que notre bonheur a été
grand de revoir ce cher bien-aimé garçon. Je voudrais que ce fût pour longtemps… Toutes ces allées
et venues sont chères ; les avocats, les amendes, etc.,
etc., tout cela met à sec nos pauvres ressources.
Nous vendons tout ce que nous pouvons, mais voici
que tout est épuisé et il faut pourtant bien bêcher les
vignes. Les beaux et bons sentiments sont admirables, mais bref, il faut finir par manger, et c'est là
le difficile, pour ne pas dire l'impossible. Et tout
cela dans cette belle maison que nous voudrions
tant vendre et que personne ne veut… C'est une
mauvaise situation si Dieu n'y met pas la main. Tout
cela pourtant n'empêche pas les roses de fleurir, les
arbres de verdir et les rossignols de chanter — mais
moi, ma chère enfant, je ne reverdis pas, je deviens
vieille et caduque, et les vicissitudes de la vie ne
m'amusent plus comme elles faisaient autrefois. Il
n'y a que mon cœur qui est toujours le même, et je
désespère qu'il refroidisse jamais — aussi n'y a-t-il
rien au monde qui me soit antipathique comme les
cœurs froids. Adieu, je vous embrasse.

À l'annonce de l'arrivée de la duchesse de Berry,
Aymar se précipite en Vendée et y reprend les armes.

La duchesse est arrêtée. Aymar peut s'enfuir à Jersey.
De là il passe en Angleterre, puis en Allemagne et en
Suisse.

Son père écrit alors dans le journal la Guyenne *un*
article qui le fait condamner à trois mois de prison et
amende. La marquise obtient de partager cette capti-
vité (20 déc. 1832-20 mars 1833).

À HADELIN[85]

Au fort du Hâ, 21 janvier 1833.

[...] Ton oncle [Aymar] a adopté ce qu'il croit être
la ligne du devoir et de l'honneur... advienne que
pourra... [Ayant tout sacrifié] il est aussi éloigné des
intrigues que des concessions; c'est un *preux* des
anciens temps. Je pense bien que ce n'est pas le
moyen de faire fortune dans celui où nous vivons,
mais comme le disait un cachet que tu avais: *a man
is never lost on a straight road.*

Je t'écris de la prison de ton cher grand-père, où
j'ai la permission de m'enfermer avec lui, ce qu'il a
la bonté de trouver agréable. Tu seras bien aise de
savoir (car tu aimes les détails) la vie que nous
menons en prison. Notre chambre est fort claire et
au soleil, elle a les quatre murs blancs, deux lits fort
propres, plusieurs tables, une armoire-buffet qui
contient la vaisselle de notre déjeuner, une commode
où ton grand-père met ses effets, une armoire où je
mets les miens. Dans un coin un panier à bois, deux
cruches et trois balais de diverses formes, parce que
j'aime la propreté. Ton grand-père a un excellent
fauteuil à lui et je me suis arrangé une chaise de
paille dans une des fenêtres, avec une autre devant
moi où je mets mon ouvrage. Cette partie de la

chambre se nomme le salon, tandis que la partie des balais s'appelle la cuisine, et le fond : la chambre à coucher. Je me lève à six heures et demie, je fais le feu, je m'habille, j'arrange la toilette de ton grand-père, je lui fais chauffer une tasse de chocolat que j'ai mis fondre la veille au soir. Il la prend dans son lit sans pain ; il se lève à huit heures, s'habille et lit la *Gazette de Guyenne,* qui arrive à neuf avec ma femme de chambre (ou, comme on dit en France pour celles qui font tout : *ma bonne*). Elle fait les lits, balaye la chambre, arrange le déjeuner — que nous faisons à dix heures et demie —, le lave quand il est fini et s'en va à onze heures pour ne revenir que le lendemain. Vers midi il vient quelques personnes voir ton grand-père successivement ; six seulement ont la permission d'entrer tous les jours, sans autorisation du commissaire de police chargé des prisons — qui, d'ailleurs, accorde toujours les permissions journalières demandées par les autres personnes qui viennent en grand nombre. Le geôlier, qui est le meilleur homme du monde, accueille tous ceux qui ont une raison valable pour entrer. [...]

Passé cinq heures, il ne nous vient plus personne, nous mettons notre petit couvert, nous allumons la lampe et nous dînons tête à tête à six heures : une bonne soupe et deux plats de viande (ou un de viande et un de poisson) ; nous avons notre vin et notre dessert, qui consiste dans des pommes cuites ou des confitures. Puis une petite goutte de vin de Médoc à la santé de la prisonnière de Blaye et de son fils, et voilà notre petit repas fini. Nous le déblayons, à nous deux, et, quand tout est remis en ordre, je me mets à ma place près de la lampe et je travaille. Ton grand-père lit ; la *Gazette* arrive entre sept et huit, nous la lisons et elle nous fournit un peu de conversation. Il se couche à neuf heures et demie et moi je veille jusqu'à onze. Voilà notre vie, mon bon ami... Il faut encore y ajouter que tous les deux jours, quelque temps qu'il fasse, je vois ta sœur au Sacré Cœur d'une heure à deux et demie ; il faut une demi-heure pour aller et autant pour revenir, ce qui me fait une bonne promenade. [...]

Le mauvais côté de notre vie de prison, c'est que nos fenêtres, qui ne sont pas grillées (inconvénient qui me serait parfaitement égal), donnent sur une grande cour plantée de platanes, qui est le séjour et la promenade de 80 ou 100 coquins détenus dans cette prison générale pour tous les crimes que l'on peut imaginer, depuis des enfants de douze ans jusqu'à des vieillards, tous gens de la lie du peuple, couchant sur la paille dans des chambres qui se ferment au coucher du soleil. Tu sens que cette compagnie est un peu bruyante, et turbulente malgré trois sentinelles qui la tiennent en respect. D'un autre côté, les prisonniers un peu messieurs, qui ont de quoi manger à table d'hôte, se réunissent toute la journée dans une salle au-dessous de notre chambre, qui n'a qu'un simple plancher à travers les fentes duquel nous entendons le bruit incessant de leur conversation, de leurs jeux, de leurs disputes et nous sentons l'odeur de leur dîner et ensuite de leurs pipes. Cela est assez désagréable, il faut en convenir, mais j'y suis accoutumée, et la pensée que ma présence est si utile à ton grand-père me ferait regarder de plus graves inconvénients comme un plaisir. [...]

C'est le 11 du mois prochain que ton oncle sera jugé aux assises de Bourbon-Vendée[86], il est probable qu'il sera condamné (et en sa qualité de contumace) au maximum de la peine. Malheureusement il s'ensuivra le séquestre du Bouilh, ce qui mettra le comble à nos embarras et à notre gêne. Mais la volonté de Dieu soit faite... Il y a des gens qui me nomment la Tour du Pain, il serait plus vrai d'écrire « sans pain ».

Fin mars, M. de La Tour du Pin est libéré, ayant purgé sa peine. Son épouse et lui décident de s'exiler afin de retrouver Aymar alors en Suisse et conviennent de le rejoindre à Nice, alors terre piémontaise.

Nice, le 14 mai 1833.

[...] Nous n'avons osé prendre une maison que pour un mois, car nous craignons qu'on ne s'offusque en France de la présence d'Aymar si près de la frontière... Et où irions-nous? Nous n'avons pas les moyens de nous éloigner davantage! Enfin ne nous désolons pas avant le temps. [...]

Je suis comme vous, je ne veux pas croire à cette grossesse[87] quoique ce soit plus une volonté qu'une conviction; mais elle veut qu'on y croie, elle veut tout plutôt que la prison. Elle a mis de côté toute dignité personnelle dit-on, mais qui est-ce qui sait quelque chose de cette prison si bien fermée, si hérissée de canons, de soldats, avec une double de sentinelles à 50 pas les unes des autres? C'est un mystère bien noir que tout cela. Ah! que cette pauvre femme a été mal conduite!

Les La Tour du Pin apprennent qu'Aymar a été condamné à mort.

Nice, le 14 juin 1833.

[...] Voilà donc que *nous sommes condamnés à mort* et pourquoi ne l'êtes-vous pas aussi? J'en suis fâchée, parce que cela a plus de physionomie et que vous l'avez bien mérité. [...]

Nous trouvons que nulle part la vie n'est aussi bon marché qu'ici. Nous allons changer de maison, et en prendre une encore beaucoup plus petite que celle où nous sommes : il faut faire vie qui dure. Nous avions pris une cuisinière, nous allons la renvoyer, et n'avoir plus que ma petite femme de chambre qui fera la cuisine, tant bien que mal, avec mes conseils et mon aide bien souvent. — J'ai toujours dit que je mettais mes facultés dans des tiroirs pour les en tirer au besoin ; quand il a fallu ouvrir le tiroir de la dame, de l'ambassadrice, j'ai fermé celui de la bonne femme ; maintenant j'y retrouve tout ce qui m'est nécessaire dans ma nouvelle position — et j'ai parfaitement oublié le reste et sans le moindre vestige de regret ou de murmure, en me souvenant de ce mot du valet de chambre de Mme de Tessé : « V'la qu'est comme v'la qu'est », qui renferme autant de résignation que de bonne humeur...

À Pignerol — Piémont — le 10 oct. 1833.

[... Vous devez savoir] toutes les tribulations de notre pauvre princesse[88] ; comment, au même moment qu'on lui permettait de venir et qu'on le lui faisait dire par M. M. de la Ferronnais[89] et Montbel[90], on faisait expédier par l'Autriche l'ordre de ne pas la laisser passer. Elle est arrivée à Venise, où elle était encore il y a quatre jours, ayant envoyé M. de Chateaubriand à Prague pour éclaircir cette affaire, lequel a dit, en partant : « Mes phrases n'y peuvent plus rien. » Cette dissension de famille rendue si publique est la plus sotte, la plus impolitique, la plus inconcevable des choses possibles[91]. C'est tout entier de l'invention de M. de Blacas[92], qui gâte toujours tout ce qu'il touche. On ne veut pas voir le Lucchesi[93] à Prague et elle ne veut pas y aller sans lui. L'enfant[94] est resté à Livourne, chez des Français dont je ne sais pas le nom. Tout cela est peut-être du rabâchage pour vous. Si j'étais à Turin, je saurais plus de choses, mais ici je ne sais rien... En somme je suis au découragement le plus complet sur notre pauvre cause. Mon mari a été à Turin pour son certificat de vie qu'il doit prendre tous les trois mois. Il y est resté huit jours et nous est revenu découragé. Comme je vous le dis, les puissances ne s'embarrassent guère de notre jeune roi[95] ; elles pensent, un peu tard, à l'esprit révolutionnaire qui les talonne, et, quoiqu'elles n'aient aucune confiance dans Louis-Philippe qu'elles croient fourbe, faible et méprisable, elles le tolèrent parce qu'il y est et que ce serait une trop grande affaire que de l'en ôter. Ainsi donc, si nous sommes réduits à nos propres forces, nous garderons ce misérable, parce qu'il n'y a pas de bassesse qu'il ne soit prêt à faire pour se conserver où il s'est mis ; et il ne tombera pas par le mépris, car les Français sont trop démoralisés maintenant pour sentir que, plus on avilit celui auquel on obéit plus on se rend soi-même méprisable.

Pour nous, ma chère amie, dont vous voulez que je vous parle, nous sommes établis ici dans un extrait de maison, à vingt minutes (pour moi, qui ne cours pas) de la jolie petite ville de Pignerol, à quinze milles de Turin, avec deux vélocifères par jour qui y vont et qui en reviennent. Notre maisonnette est sur une jolie colline, ce qui lui donne une vue ravissante. Nous ne connaissons à la ville que la marquise de Prie, que vous avez vue à Paris. C'est une personne de la meilleure compagnie, qui est toujours au fait de tout, ce qui est très commode pour des solitaires comme nous. [...] Les jours se passent trop vite, avec le dessin, la musique, la lecture, le whist, le trictrac, la tapisserie le soir et la couture le matin, les gazettes et tout ce qu'on nous prête, car on a grande pitié de nous... Les Piémontais, nobles et généreux, n'ont pas la philosophie de comprendre que des gens qui ont occupé dix ans une situation si élevée sous leurs yeux puissent être très heureux en ayant à peine le nécessaire ; chacun veut venir au secours de l'ennui qu'ils sont persuadés que nous devons éprouver ; nous avons bien à nous applaudir d'être restés dans ce pays et nous pensons à y rester tout à fait, si nous parvenons à vendre tout ce que nous avons en France — ce à quoi nous *tendons de toutes nos forces* et de tous nos désirs.

C'est précisément pour liquider tout ce qui leur reste que les La Tour du Pin vont se rendre en France, à Bordeaux et à Paris — sans Aymar, bien entendu, puisqu'il est condamné à mort par contumace.

À HADELIN

Bordeaux, 7 octobre 1834.

[...] Nous sommes en train de vendre tout ce qui nous reste pour payer nos créanciers ; après quoi il ne nous restera presque rien, mais il faudra bien s'en contenter et s'arranger dans le peu qu'il y aura. [...] ton pauvre grand-père passe sa vie entre les avoués, les avocats, les notaires et les tribunaux. [...]

*Dès son arrivée à Paris, la marquise prévient Féli-
cie qui, elle, séjourne à la campagne. Elle ne fréquen-
tera pas le salon de la sœur de celle-ci, la duchesse de
Rauzan.*

Paris, le 2 mars 1835.

[...] Vous croyez bien que je ne vais pas montrer
mon vieux nez dans l'élégant samedi, ni aux heures
de réception... Chère amie, nous sommes de notre
village, nous autres ; nous avons des répugnances.
À Paris on est convenu de n'en plus avoir ; avant tout
on veut causer, on veut avoir des êtres à deux pieds
dans sa chambre, n'importe de quelle espèce ils sont,
verts ou tricolores. On voit un libéral qui était aux
barricades ; on l'appelle *M. Juillet*, cela ne fait rien
du tout. Il n'y a que d'aller aux Tuileries qui soit
« de mauvais goût ». Du reste « on est convenu, dit-on,
de ne se pas parler politique », ou bien ce qu'on s'en
dit ne cause aucune aigreur, car les mauvaises opinions ne sont rien là où les mauvaises actions sont
indifférentes. On est tout à fait ridicule si l'on est surpris de quelque chose... Mme de Valence[96] part pour
l'Italie, voulant encore voir Rome et le tombeau de sa
fille. Je suis bien aise qu'elle s'en aille, parce qu'elle
vient sans cesse chez moi, et que si je vais chez elle je
crains d'y faire de mauvaises rencontres ; sa fille
Gérard[97] est aussi venue me voir, ce dont je me serais
bien passée, car je crains ces attouchements-là. [...]
On dit : À quoi cela sert-il de se tenir dans une
ligne d'exaltation ?... Hélas ! À quoi cela sert-il d'être
conséquents, d'être dévoués, d'être fidèles à ses principes, à ses opinions, de se respecter soi-même ; dans
un pays où l'égoïsme a usé tous les angles ; tous les
Français sont comme des cailloux roulés dans un
torrent. [...]

J'ai vu hier votre père, je l'ai embrassé. Il est tout surpris de ce que je ne suis pas décrépite et de ce que j'ai des dents. Il s'écrie en me regardant en face : « Quelle sérénité, quelle tranquillité dans cette figure ! » Ah mon Dieu, ce n'est que sur l'enveloppe que tout cela est si uni mais seulement il n'y a qu'à s'entendre sur les causes du chagrin ; moi je ne souffre que dans mon cœur, dans mes goûts, dans ma vanité, dans mes souvenirs d'affluence, je ne trouve rien à quoi je puisse songer plus d'une seconde ; mais ne pas voir ceux que j'aime, *voilà où est ma douleur.*

Paris, le 21 avril 183⌐

[...] Le gouvernement français n'a pas de vertige de chute, je vous en réponds... la garde nationale de Paris est toute à L.P. et personne ne veut rien de qui pourrait faire ferme⌐ une boutique cinq minutes. La classe ouvrière est employée dans les nombreux travaux que le gouvernement entreprend et qui tendent tous à l'embellissement de Paris et quand les gazettes vous disent qu'il n'y a pas d'étrangers à Paris, n'en croyez pas un mot. On ne trouve pas à se loger dans les hôtels garnis, et Longchamp, où il y avait bien quelques fiacres il faut en convenir, s'étendait sur deux files, de la rue Grange-Batelière à l'Arc de triomphe de l'Étoile. [...]

N'allez pas vous amuser à croire que parce qu'il y a des caricatures sur les ministres et sur le roi Philippe à toutes les vitres des cabinets de lecture, et aux marchands d'estampes, cela ôte un cheveu de force à son gouvernement. C'est devenu un petit amusement de la rue, qui a perdu de son prix par sa multiplicité.

La marquise, de retour à Bordeaux, s'occupe de la vente du Bouilh.

Bordeaux, 5 juin 1835.

[...] L'adjudication définitive du Bouilh s'est faite hier. C'est un colon de l'île de France, M. Hubert de Lisle, qui l'a acheté pour 160 000 francs qui iront en entier aux créanciers qui ont fait exproprier ton oncle.

Mon ami, il ne faut pas croire que ce soit une chose indifférente dans la vie que de voir vendre le toit paternel de son fils, et le lieu où l'on a passé beaucoup d'années heureuses, où l'on a élevé ses enfants, où ils sont nés, où l'on a conçu beaucoup de projets, où l'on comptait laisser ses restes mortels et passer ses vieux jours. C'est une immense calamité que je sens d'autant plus que la vie de campagne était entièrement dans mes goûts, que je prenais le plus grand intérêt aux travaux agricoles, que je m'occupais avec délices des petits embellissements de la demeure de mon fils, que l'activité (que l'âge n'a pas encore altérée) se portait sur des occupations utiles et charitables pour rendre heureux à peu de frais les gens de la campagne qui m'entouraient.

Tout cela a dû s'effacer et se dissiper hier comme une légère vapeur lorsque s'est éteint le petit bout de bougie qui a transporté à un autre toutes ces occupations de ma vie ! [...]

À LA COMTESSE DE LA ROCHEJAQUELEIN

Bordeaux, dimanche 14 juin 1835.

[...] J'aurais dû répondre tout de suite, mais c'était le moment de l'adjudication de ce Bouilh, où je laisse tant de doux souvenirs et dont nous voici dépouillés. Je m'en voulais de ce que cela me faisait un peu mal. C'est une sorte de mort anticipée que de voir ainsi le toit paternel se dérober à vous. Je me garde bien de le dire à Aymar, car à quoi bon lui faire de la peine ? Pauvre garçon ! Je le dis encore moins à son père, parce qu'il le sent trop, et qu'il voudrait bien croire que cela m'a été parfaitement égal... Enfin c'est fait, il n'y faut plus penser. Mais ce qui est dur, c'est qu'il faut nécessairement que j'y aille, au moins pendant trois ou quatre jours, pour arranger, pour dire : «Ceci est à vous, et ceci est à moi... Mais je veux bien vous le vendre, si vous voulez... Mais attendez un moment que j'aie fait une caisse de mes grands-pères, tous bons légitimistes du reste. Descendez de votre muraille, lord Middleton[98], qui vous êtes donné tant de peine pour remettre votre maître Jacques II[99] sur son trône, et vous, ma grande tante qui êtes revenue d'Écosse avec Charles-Édouard[100], belle duchesse de Perth[101], entrez sans façon dans cette caisse et allez dans le grenier de je ne sais qui, car je n'ai plus de maison où vous donner asile — jusqu'à ce que vous tapissiez les murs d'un cottage dans la Vendée, car on ne peut pas vivre sans un tout petit château en l'air, où réfugier l'imagination de ses espérances et c'est celui-là que j'ai construit ; mais sa base me semble bien fragile, et les ouvriers qui devraient l'édifier ne sont pas encore nés, ou dorment d'un sommeil si profond qu'il n'y a pas d'espoir de les voir se réveiller...

Pour en revenir à moi, j'irai donc à ce Bouilh, où pour tâcher de repousser tant et tant de souvenirs, je me donnerai un mal physique et une fatigue extrême pour en finir le plus tôt possible de ce supplice d'un nouveau genre.

Aymar est banni non seulement de France, mais aussi du Piémont, sur les instances du gouvernement français qui trouve les émigrés trop proches de la frontière. Il s'exile en Suisse :

« Je reçois une lettre d'Aymar, qui me dit qu'il a été mis à la porte de Gênes fort poliment par M. de Maistre [102] *sur un ordre spécial du roi. J'aime assez cette distinction qui complète l'ingratitude ajoutée à l'oppression. J'en suis charmée, car je craignais qu'il ne fût excepté, et cela m'était tout à fait insupportable. »*

La marquise séjourne alors un an en France avec son mari, jusqu'à la fin d'août 1835. Fieschi [103] *attente à la vie de Louis-Philippe, sans succès, au moyen d'une « machine infernale » qui fait de nombreuses victimes. Mme de La Tour du Pin assiste aux obsèques de celles-ci.*

Paris, mercredi 5 août 1835.

[...] Il est une heure, et depuis dix heures et demie le convoi passe sur le boulevard. Cela n'est pas encore fini, quoique les corbillards soient passés au milieu du convoi. Nous ne le voyons que très imparfaitement de notre fenêtre du n° 22 (rue Louis-le-Grand, Hôtel de la Manche) et j'en ai le cou tordu. Il y a tout Paris sur les boulevards, et je n'ai pas la moindre envie de me mêler à cette foule, d'ailleurs fort silencieuse ; mais les Parisiens aiment tant les spectacles, de quelque nature qu'ils soient, qu'ils y courent avec fureur. La garde nationale est tout entière à ce convoi ; on me dit à l'instant qu'il y a plus de 30 000 hommes réunis là, sans compter la troupe de ligne. [...]

Cette lettre commencée hier 5 ne part que ce matin 6, et je puis te dire que jamais, en aucun temps, on n'a vu un enthousiasme semblable à celui de la revue d'hier au soir dans les Tuileries. La garde nationale est folle de zèle ; les lois passeront donc comme miel. On ne voit plus une caricature dans Paris ; nous allons être moraux, religieux, etc., etc. Aujourd'hui le *Te Deum*, les tapisseries des Gobelins, etc. L'archevêque entonnera l'hymne. [...]

En septembre 1835, les La Tour du Pin rejoignent Aymar à Neufchâtel. Puis ils vont s'établir à Lausanne où ils seront en rapports quotidiens avec les filles que le duc de Berry avait eues d'Amy Brown pendant son émigration en Angleterre, la princesse de Faucigny Lucinge et la baronne Athanase de Charette.

Montfleuri, 25 mars 1836.

[...] La princesse de là-haut dit que je suis très mondaine ; elle est un petit peu surprise de ce que, vieille comme je suis, on me fait des avances, et qu'on vient me voir. La pauvre femme, quand elle va quelque part, a l'air de quelqu'un qu'on mène à la potence. Avant-hier, chez Mme Gangler, il y avait trente personnes ; elle n'a pas ouvert la bouche ; et *elle me faisait honte* par compatriotisme. Pas un mot aimable à la maîtresse de maison, qui chantait comme un ange. Aymar lui avait dit: «Mais pourquoi sortez-vous, puisque cela vous désole?» et, vraiment, elle a une manière ridicule hors de chez elle.

Montfleuri, 31 mars 1836.

[...] Athanase devient d'un ennui profond, triste comme un enterrement, des soupirs à tourner un moulin, voulant faire de l'idéologie, de la métaphysique, n'y comprenant rien lui-même — et un amour-propre des mieux conditionnés.

Montfleuri, 13 avril 1836.

[...] Le Prince a aussi ses peines, parce que... vous voyez bien... je m'en vais vous dire... vous comprenez... au bout du compte... (Aymar le contrefait admirablement).

8 mai 1836.

[Encore à propos d'Athanase Charette] Je n'ai jamais vu de ma vie, soit dit entre nous, un homme s'accrochant comme lui à toutes les épines de la vie, et aux épines bien plus qu'aux choses pénibles. Tantôt c'est sa santé; il a mal ici ou là, à la tête, au pied, etc. Il se fait plaindre par deux ou trois femmes qui le dorlotent et le gâtent à impatienter. Il passe sa vie à aller de chez Mme Gangler chez Mme de Cottens, de là chez moi, et retour (comme disent les voituriers). Il n'a jamais lu un livre ni une gazette. Enfin, chère amie, tout en l'estimant de tout mon cœur, je le trouve vide — mais vide de façon que je ne sais comment soutenir la conversation, même sur les faits les plus incontestables, et par exemple : « Fait-il beau ? » — « Mais... je... ne... sais... pas... bien... », etc. Et comme cela sur tout, il ne raconte jamais rien. Peut-être le ferait-on parler sentiments ou métaphysique vague, mais je n'entends rien à ces sortes de choses ; je suis *a matter of fact* personne. Tout cela, chère amie, je ne le dis qu'à toi, et je te défends très expressément d'en dire un mot à Aymar, ou à d'autres, parce que c'est peut-être ma faute de trouver tout cela ; ce pauvre homme me témoigne beaucoup d'amitié, et j'en ai véritablement beaucoup pour lui, et surtout une parfaite estime et un intérêt très véritable, mais il ne m'amuse pas, voilà tout, et je ne suis pas assez jeune ou assez gaie pour aimer qu'on vienne me faire du lamentable sur tout, et jamais autre chose et des soupirs à enfler une voile.

Mme de La Rochejaquelein, qui séjourne auprès des La Tour du Pin de septembre 1836 à mai 1837 voit mourir, en février 1837, le marquis de La Tour du Pin[104].

Avant de repartir, elle décide d'offrir à Mme de La Tour du Pin et à ses enfants la jouissance de son pavillon — Ste Luce — de Lausanne. Mme de La Tour du Pin est, dès lors, réduite à un train de vie des plus modestes, celui que permet sa pension de veuve d'ambassadeur.

D'autre part elle apprend qu'Aymar sera peut-être amnistié.

Ste Luce, le 27 mai 1837.

[...] Combien je sens tout ce que tu étais dans ma vie, chère amie ; ta bonté et tes soins m'avaient fait une sorte d'illusion sur ma situation, et dès que tu as été partie il s'est débordé une mer d'amertume dans laquelle je suis comme engloutie. Je prie Dieu de me donner des forces; je combats tant que je peux contre le découragement et l'abattement, et, d'un autre côté, je crains le trouble, cette amnistie qui (j'ai envie de dire: me menace) ouvrira un champ à des changements d'existence.

Ste Luce, le 18 juin 1837.

[...] Tu t'es beaucoup trop frappée du mot que j'avais dit sur l'amnistie; je suis assez indifférente sur ce sujet. Je me trouve très bien ici, et j'ai peur d'en sortir et de mourir loin de celui que je n'ai pas quitté pendant tant d'années; chère amie, j'aime *le sol* qui le renferme, et voilà tout le secret de ma répugnance. Quant à ma personne, elle m'est complètement indifférente.

Mme de La Tour du Pin s'intéresse de moins en moins aux événements et finit par se demander pourquoi elle pose encore des questions à sa chère Félicie.

Lausanne, le samedi 27 juillet 1839.

[... Cela] me rappelle un vieux comte de Pons, qui était émigré avec sa femme à Genève en 90; ils étaient toujours assis dans une fenêtre vis-à-vis l'une de l'autre, et toutes les trois minutes l'un disait à l'autre: «Ah! Monsieur, Monsieur (ou Madame), qu'ce c'est qu'tout ça!» Ils sont morts beaucoup d'années après, en n'ayant jamais dit autre chose et je suis tentée de les recommencer.

Ste Luce, le 10 novembre 1839.

[...] Maintenant il faut parler un peu d'Henri V. Il n'y a rien de plus vrai qu'il est tombé à Rome comme une bombe, et qu'on n'avait pas voulu lui viser ses passeports à Vérone. Ma foi, il s'en est passé [...]. *La Gazette de Lausanne* a jeté feu et flamme, et ne parle de rien moins que d'une descente dans le midi de la France, organisée par Madame pour et avec son fils... N'est-ce pas insoutenable de penser que nous avons passé six mois à Florence et que si nous y étions restés, comme nous avons été au moment de le faire, nous aurions vu Madame et ce cher fils! J'en suis enragée. Au reste, peut-être est-ce pour le mieux, car «le hasard» n'est que l'incognito de la Providence.

Lundi, 25 novembre 1839.

[...] Pour en revenir à mes plaisirs, je travaillerai, j'aurai la récureuse, j'écrirai mes mémoires, j'arrangerai les pots de fleurs pour l'hiver et j'irai aujourd'hui dîner chez Mme de Cottens, qui viendra dîner avec moi demain. Le temps ne me pèse jamais, et un peu de solitude est un plaisir que je ne suis pas fâchée d'essayer de temps en temps.

Quel moral ne nous faudrait-il pas pour répondre à toutes les exigences du temps? Avec une centaine d'hommes distingués on ne trouverait peut-être pas encore à extraire les qualités nécessaires pour accomplir les destinées de celui pour lequel nous faisons tant de vœux, et César «qui n'avait pas un défaut quoiqu'il eût bien des vices» aurait peut-être été encore insuffisant à sa place. Ces pensées sont décourageantes, je le sens bien, mais je ne puis m'en défendre, et tous les moments qui s'écoulent me montrent le siècle et les hommes devenus tellement mauvais et méprisables, que je doute fort qu'on les maîtrise avec des vertus et des qualités. Je ne vois que l'Ante-Christ qui puisse commander maintenant.

Lausanne, 8 décembre 1839.

[...] Que dis-tu d'Alger? que de sang répandu et de misères! que des troupes se battent et que des soldats soient tués, cela est tout naturel, mais ces pauvres colons qui avaient bêché, bien labouré et compté sur l'avenir! Et voir arriver ces Arabes qui tuent tout, jusqu'au chat du logis; cela fait mal[105].

Ste Luce, dimanche 15 décembre 1839.

[...] M. X... a été faire sa cour à Henri V. Il a été frappé de la *prudence* et de *l'énergie* du jeune homme, qualités qui ne vont pas souvent ensemble à vingt ans. Ainsi, même en retranchant l'entraînement de parti, l'exagération et le romantique, il en reste encore qu'il est extrêmement distingué; et cela est bien consolant, car, alors même qu'il ne serait jamais ce qu'il doit être — ce qu'à Dieu ne plaise! — il y a encore du bonheur pour ceux qui ont suivi sa fortune, dans l'assurance qu'il en serait digne — mais c'est la France qui n'est pas digne de lui.

*Au début de 1840, la comtesse de La Rochejaque-
lein offre à Aymar de La Tour du Pin un voyage en
Italie pour qu'il aille faire sa cour à Henri V (le comte
de Chambord).*

Samedi, 8 février 1840.

[...] J'ai une lettre d'Aymar ce matin; il L'a vu
déjà deux fois et seul; il est ravi de Lui, et particulièrement de sa voix, de son langage, de ses expressions.

*La marquise ne peut s'empêcher de rêver d'une
« amnistie » politique. Pourvu qu'elle soit « de nature
à être acceptée sans rien renier de ses antécédents et
en restant dans la virginité de sa réputation, Aymar
en profiterait ».*
Et soudain, l'amnistie semble proche.

Ste Luce, 6 mai 1840.

Aymar attend ta réponse pour savoir s'il va aller
te trouver [afin de décider] avec toi notre vie future,
car tu es, chère amie, le seul aimant qui nous attire
en France, assurément, et il n'y en a pas d'autres
— car je ne doute pas que, sans toi, nous ne quitterions peut-être pas notre asile, et je trouve qu'il y
aurait plus de distinction et de grâce à ne pas aller
se jeter tout d'abord dans cet immense bourbier, où
il y a si peu de place où l'on puisse marcher à pied
sec, sans craindre d'enfoncer. Quand on n'a ni feu
ni lieu comme nous et qu'il s'agit de *choisir* un
domicile stable, c'est une grande question puisque,

pauvres comme nous le sommes, une fois que nous aurons planté notre tente, il ne s'agira plus de changer. [... Sur Aymar :] Si distingué et si pauvre, si fait pour s'associer avec tout ce qu'il y a de plus élevé, sans en avoir le moyen, c'est à présent seulement qu'il va commencer à sentir la mauvaise fortune, en perdant la grâce de l'exil et l'honneur de la persécution qui servaient de vernis à toutes les privations. [...]

Mais Aymar n'est pas amnistié.
La marquise emmène sa petite fille, Cécile, prendre les eaux à Baden, en Suisse.

Baden, samedi 18 juillet 1840.

[...] Quel pays que cette Suisse ! quelle fertilité, quelle aisance, quel *confort* ! que de villages qui satisfont le cœur par leur élégance, par le soin que chacun a le loisir de prendre de son habitation. Jamais je n'ai vu tant de fleurs, communes ou exotiques, selon la fortune du propriétaire, depuis le rosier ordinaire bien attaché sur le mur de planches, jusqu'au dahlia soutenu par des piquets peints en vert. Tout atteste le soin et le bonheur de l'habitant. Ah ! que notre pauvre France, avec ses orgueilleux châteaux et ses tristes *cabanes*, est loin d'être aussi consolante à traverser. Tu vas dire que je suis devenue républicaine en traversant la Suisse, et c'est vrai que toute ma journée d'hier a été remplie de ces idées qui naissent tout naturellement en traversant ce délicieux pays.

Baden, lundi 27 juillet 1840.

[...] On nous a joué *la Marseillaise* à dîner, à cause du 27[106] puis on a quêté autour de la table pour la musique, mais j'ai dit un gros *rien*.

Baden, le vendredi 30 juillet 1840.

[...] Crois-tu à la guerre que les lettres de Paris annoncent? On dit que la signature de ce traité met Thiers en fureur, casse le col à Guizot, etc.; mais que la France s'en ira attaquer l'Angleterre, la Prusse, l'Autriche et la Russie! C'est ce que je ne pourrai jamais croire. Napoléon seul a osé de ces choses-là, et encore il a fini par succomber. Il est certain que cette nouvelle humiliation, jointe au mécontentement général, peut donner beaucoup de force aux républicains et pourrait bien causer un mouvement en France; qui vivra verra[107].

La comtesse de La Rochejaquelein est allée à Venise voir Henri V (le comte de Chambord).

Lausanne 6/2/1841.

[...] Je me mets en pensée à côté de ce cher Prince que je ne verrai pas; je lui ai fait un maintien, dans mon imagination, un regard, un son de voix. Peut-être vaut-il mieux que je ne le connaisse pas, car celui que je me suis fait est si bien que peut-être le véritable ne me satisferait pas autant.

19 février 1841.

[...] Pour te plaire, j'écris beaucoup dans le livre rouge[108] mais je n'y ai encore que seize ans, et je m'en sens tellement davantage, que j'ai peur de ne pas aller jusqu'au bout de l'histoire.

Lausanne, dimanche des Rameaux 1841.

[...] Sophie de Blonay[109] la noble demoiselle... qui épouse-t-elle ? Ma foi, je te le donne en mille, en cent mille ; elle épouse un homme qui l'a vue pour la première fois ici le 15 mars, qui l'a revue le lendemain à la promenade, qui en est devenu passionnément amoureux, qui l'a demandée huit jours après, et à qui on l'a accordée tout de suite... il l'épousera dans un mois. Ils passeront l'été ici, l'hiver prochain à Paris, après quoi il vient à la campagne pour deux ou trois ans, pour arranger leurs affaires — c'est un beau lieu, sur le bord d'une rivière ; ils voient passer des bateaux à vapeur deux ou trois fois par jour, et ils aperçoivent des montagnes dans le fond du tableau, peut-être sera-ce les Pyrénées ? les Alpes ? ou les monts Carpathes ? Rien de tout cela, ce sont les monts Himalaya, ni plus ni moins ; et l'heureux époux de cette fille aux nobles ancêtres n'est autre que M. Freeman[110]. Tout le monde est surpris, et véritablement on ne comprend guère que les parents aient saisi avec tant de félicité les 200 000 francs de rente de cet homme dont on ne connaît pas l'origine. Au reste, on ne leur a rien caché, et M. de Lucinge, chez qui s'est conclue cette affaire, leur a dit ce qu'il est : sa mère, à ce qu'il paraît, s'est enfuie de chez son mari et a été vivre avec un homme dont elle a eu trois enfants, deux fils et une fille. Après la mort de cette femme qui avait repris son nom de fille (Freeman), ses enfants sont restés sans fortune. Mme ou Mlle Brown, qui était son amie, a élevé l'aîné, lui a donné une pacotille ; il a été dans l'Inde, il a fait fortune, *ecco !* mais ce qu'il y a de drôle, c'est que tout le monde croit ici qu'il est le fils de Mme Brown et que cela paraît une bonne et valable raison pour lui donner Mlle de Blonay, parce qu'on est persuadé que Mme Brown est la très légitime femme de M. le duc de Berry et que M. de Blonay, le ministre, disait hier à M. de Tinsseau que M. Mortier[111] lui avait dit lui-même, à Berne, que lorsqu'il était à Rome, en 1826, il avait *vu* et *tenu* l'acte de mariage de ladite Brown avec le duc — ce qui ne ferait pas, cependant, que Freeman, qui a trente-huit ans, fût son fils. Enfin, tu arrangeras cela comme tu voudras, mais le fait du mariage est positif... Les Blonay sont en train de se ruiner... Peut-être est-ce là la raison de leur facilité.

Lausanne, avril 1841.

[...] Nous rions de tes fureurs sur le mariage Freeman, car si j'avais dix-huit ans et un beau nom, j'aimerais mieux épouser cet homme de rien, qui a fait sa fortune honnêtement, que presque tous les pairs de France. [...]

Nous venons d'emballer les Charette, qui ne peuvent pas cacher leur joie de s'en aller, surtout Mme de Charette, qui est ravie.

Mme de La Tour du Pin se sépare de sa petite-fille Cécile, qui doit se rendre chez son père en Belgique et surtout se marier. La marquise est effondrée de ce départ.

8 mai 1841.

Les séparations sont sérieuses, à mon âge, celle qui m'attend encore me pèse cruellement sur le cœur — je crois que je la sentirai plus que je ne le crois. Cette petite est devenue une amie, une compagne, avec laquelle je causais de tout, je sens qu'elle va me manquer horriblement, plus que je ne lui manquerai peut-être si elle trouve ce qu'elle va chercher dans son pays... Allons, j'aime mieux ne pas parler de cela, car je ne remédierais à rien ; je suis comme les chats : quand ils souffrent, ils vont tout seuls dans un coin du grenier.

[...] Pour moi, je n'ai de projets, comme tu sais, que ceux d'Aymar, sur lequel je ne veux pas exercer la moindre influence, là où il ira, je désire aller aussi.

Mercredi, 19 mai 1841.

[...] Et ce que tu me dis sur Aymar me touche jusqu'au fond du cœur, et je voudrais bien être persuadée que je lui suis aussi nécessaire que tu me le dis. Mais, chère amie, songe donc que si je vis encore quelque temps, je perdrai tous les jours quelque chose de mes «agréments»... J'ai beau me couvrir d'eau glacée tous les jours, cela peut me rendre propre, mais ne me rendra pas jeune. Encore, si j'étais riche ! mais être pauvre et vieille, et vouloir que je ne sois pas un fardeau, je crois que c'est trop exiger de la nature humaine. [...]

C'est au moment où je finis cette lettre que le mariage Freeman s'accomplit à Interlaken...

8 juin 1841.

[...] Céder sur tout ce qui n'est pas essentiel, mais être barre de fer dans les choses qui sont importantes, voilà ce qu'il faudrait. Du sang-froid, peu de paroles, et une volonté ferme — voilà ce que je te souhaite. Et puis, sur les petites choses, céder toujours et avec grâce.

La comtesse de La Rochejaquelein se souvient des guerres de Vendée et s'attriste en songeant au retour improbable du roi.

Ste Luce, 5 septembre 1841.

[...] J'ai trouvé ta bonne lettre de Landebaudière [112], dont je te remercie. Je conçois parfaitement tout ce que tu y ressens de tristes souvenirs et d'espérances déçues, et je n'ai nulle tentation de te dire que *tu te montes*, mais il faut pourtant appeler la raison à son aide, précisément dans de semblables pensées, qui sont si loin de nous, malheureusement, que tous les jours, tous les instants repoussent à des distances immenses. Ainsi, tout concourt à les repousser, et à douter peut-être s'il a jamais fallu les avoir. Qui sait si leur peu de succès ne prouve pas que Dieu ne les avait pas inspirées, et si ce n'est pas par un sentiment d'orgueil qu'on regrette tant de ne pas voir triompher ses opinions et ses désirs ? La providence ne fait rien en vain, c'est ma conviction... [...] Le

pays que tu habites est-il, en ce moment, véritablement plus malheureux qu'il ne l'était il y a dix ans ?
Le paysan est-il plus pauvre ? Le commerce n'a-t-il
pas gagné aux routes qui ont été ouvertes ? Y a-t-il
moins de travail, moins d'industrie, moins de bien-
être ? Voilà de ces choses de fait par lesquelles il faut
juger du bien-être du peuple. Je te parais dure et
sèche, je le sais bien, en disant cela ; mais il faut partir du point où l'on est, et se demander quelle dose
d'amour-propre froissé entre dans la tristesse que
l'on ressent.

27 septembre 1841.

Le pauvre Freeman est donc parti hier pour
l'Inde, sans sa sotte femme — qui n'est peut-être pas
grosse. Il ne l'avait épousée que pour la mener avec
lui, et elle l'avait promis, mais la mère Blonay est
plus habile que le bon Freeman qui est le plus faible
du monde, malgré sa grande barbe. Elle l'a persuadé qu'il devait s'en aller sans sa femme et il l'a
cru. [...]

*Auguste de Liedekerke Beaufort, reparti pour Rome
où il est ambassadeur des Pays-Bas, demande à la marquise de venir à Bruxelles tenir la maison de Cécile. La
marquise ne quitte pas Ste Luce sans déchirement.*

Strasbourg, 22 novembre 1841.

[...] Tu me demandes, chère amie, *si je serai bien* à
Bruxelles. Hélas, je ne le sais pas encore. Rien n'est
entier dans la vie. Je crois que je fais bien d'y aller, et

que cela sera utile ; après cela, je ne dois plus trop présumer de moi-même : je suis très baissée, moralement et physiquement. Peut-être aurai-je encore assez d'esprit pour les Belges, qui n'en ont guère ; et, pour *l'agrément*, j'irai encore bien quelque temps sur ma vieille réputation, mais il n'y faut pas trop compter... Je me rejetterai sur le respect et la considération, mais ces deux choses mêmes, sans argent, ne signifient rien, et c'est une assez fausse position que celle que j'aurai là, venue pour servir de chaperon à ma petite-fille et passant pour être à ses frais. Heureusement que je n'ai pas le sot orgueil d'être honteuse d'être pauvre et que la grandeur d'âme de Cécile ne me rendra pas cette position lourde.

À son arrivée à Bruxelles, la marquise apprend les pourparlers de mariage de ses petits-enfants. Cécile épousera le baron de Beeckmann à la Noël 1841, Hadelin, une Hollandaise fortunée — Isabelle de Dopff — en janvier 1842.

Une fois les deux mariages célébrés, la marquise séjourne à Noisy, propriété de son gendre Auguste. Dans une lettre à Félicie elle évoque le château de Vêves [113]*, berceau des Beaufort, à cette époque délaissé.*

Noisy, le 6 février 1842.

Ah ! Quel bijou que ce vieux château ! Il est bien entretenu pour la solidité extérieure et avec 25 000 francs on le rendrait très habitable intérieurement. Il est sur un rocher au confluent de trois petites vallées avec un beau ruisseau coulant clair et rapide et faisant tourner un moulin. Mais pourtant, quoiqu'il domine les vallons, il n'en est pas moins

dans un fond, dominé par de petites montagnes boi-
sées qui seront charmantes dans deux mois.

Je demeurerais là volontiers si c'était un ancêtre
d'Aymar qui était passé sous cette petite porte de fer
en baissant son cimier, car elle est très basse et
conduit dans la petite cour carrée que les gens sans
imagination, comme il y en a tant, trouveraient
triste. [...]

*De Noisy toujours, elle écrit à Hadelin alors en
voyage de noces : «Ah ce vieux château de Vêves...
quel bijou! J'en suis folle. Aucun dessin n'en donne
la moindre idée... J'ai envie d'aller m'établir.»*
La marquise revient à Lausanne en mai 1842.

Lausanne, 10 juin 1842.

[...] Je viens de lire le dernier ouvrage de Dickens,
Barnaby Rudge, qui n'est qu'un canevas pour illus-
trer le célèbre *riot* de lord George Gordon[114] en
1780; le récit en est tout à fait historique, et assurément une des choses les plus sérieuses que l'on
puisse lire. Toutes nos insurrections sont des plaisanteries auprès de celle-là; on est devenu si raisonnable qu'on ne voit plus que des querelles de
gazettes qui m'ennuient à la mort. Il y a bien les dissensions du curé de Lausanne avec le Comité catholique qui nous occupent dans notre petit coin, et qui
me font découvrir qu'Aymar aurait très bien tenu sa
place dans une assemblée délibérante, comme c'eût
été son état [... il] me disait hier: «Je sens que j'aurais aimé les affaires» et ce mot me faisait mal, en
songeant comment sa triste position et la ruine de
sa situation sociale rendaient inutiles ses qualités et

ses avantages intellectuels. [...] Et les châteaux en Espagne que je fais pour lui!... s'il me tombait une fortune!... ce qui n'arrivera sûrement pas.

12 juillet 1842.

[...] Me voici à mon bureau en attendant le maréchal Marmont[115], que j'ai déjà vu hier deux heures, qui m'ont été très agréables; il a été si content de me retrouver, et avec la même amitié que par le passé, et le même accueil, que cela l'a beaucoup touché. Nous avons bien causé des choses et des personnes, des sottises, des bêtises, des turpitudes, etc., etc. Il est ici avec une Mme Esterhazy mère d'un jeune homme qui est à l'ambassade d'Autriche à Paris, et qui en arrive; elle a loué pour trois mois Renain sur Roche... Le Maréchal va s'y établir avec elle et une demoiselle de compagnie (comme ont toutes les dames allemandes). Il m'a envoyé tout à l'heure un portefeuille plein de cahiers, portion de ses mémoires, dont il a déjà dix volumes qui ne paraîtraient qu'après lui... Il a vu presque tous les jours notre cher Henry pendant son dernier séjour à Vienne; il dit qu'on ne peut être mieux de tous points, qu'il a pris un aplomb, une noble assurance, une conversation facile et nourrie, enfin qu'il est tout ce qu'on peut désirer, et que sa santé est parfaitement remise. Il m'a conté, de M. de Polignac[116], des choses qui passent toute compréhension en sottise et en présomption, en ignorance, en aveuglement. On ne peut s'empêcher de gémir en songeant que tant d'existences ont été détruites par cet imbécile-là!... Le Maréchal ne pense plus à la France, dit-il; il est très bien vu à Vienne, et en aime fort la société. [...]

13 juillet 1842 : accident mortel du duc d'Orléans[117], *fils aîné de Louis-Philippe.*

26 juillet 1842.

[...] Tu ne dis pas un mot de cette mort, qui deviendra pourtant une grande affaire, mais non pas pour nous tant que le père vivra. Quelle extravagance que tout ce que l'on a fait à Notre-Dame ! Quelles folles dépenses quand on crie toujours misère ! Il est bien évident que l'on tourne à la religion, et nos sots royalistes de province sont capables de s'y laisser attraper. D'ici à deux mois tu verras la veuve[118] se faire catholique, si elle est régente... Je suis très frappée du langage désespéré et alarmé des journaux de Louis-Philippe, qui répètent de cent manières que « la Monarchie est ébranlée » ; il me semble qu'ils sont bien maladroits de manifester ainsi leur crainte et leur faiblesse, et d'avertir les faibles que le moment est venu de les abandonner. Ce vieux Philippe ne s'en va pas mourir encore, et il a quatre fils qui n'auront malheureusement pas envie d'abandonner la partie quand le père mourra ; c'est cette nombreuse famille qui fait notre malheur... Hier le maréchal Marmont m'a conté comment le duc de Reichstadt a désiré, du consentement du prince de Metternich, qu'il lui racontât toute la vie de son père, le bon et le mauvais ; ce récit dura deux mois, il allait chez lui trois fois la semaine, et ce jeune homme, déjà mourant, écoutait avec ardeur et fièvre tous ces détails. La révolution de Juillet l'a tué ; il trouvait très juste qu'Henri V régnât, mais, quand il vit un usurpateur sans antécédents, comme Louis-Philippe, sa jeune ambition s'éveilla, et il dit : « Pourquoi pas moi ? ». Il l'avait en horreur, et sa mort a été un malheur pour les royalistes. Le Maréchal croit que ce jeune homme avait une grande âme et un esprit juste, mais la lame a usé le fourreau et il sentait qu'il ne pouvait pas vivre à l'âge d'homme...

Toujours à propos de la mort du duc d'Orléans.

5 août 1842.

[...] Et ces quatre frères[119] qui restent tu les comptes donc pour rien ? Il n'y en a pas un dont la France comme elle est maintenant, ne s'accommodât mieux que de notre cher Prince, et quand je vois un La Rochejaquelein crier *d'une voix ferme* : « Je le jure ! », je me couvre la tête de cendres, et je me dis qu'il n'y a plus rien à attendre d'un parti qui sert *d'appoint* pour élire des républicains. Au reste, ceux-ci sont décidément ceux que je préfère, parce qu'ils savent ce qu'ils veulent et qu'ils sont fidèles à leurs principes et à leurs idées. [...] Mendelssohn est arrivé le lendemain du concert fédéral ayant été retenu par quelque accident en route. C'est un petit homme mince et maigre, de trente-cinq à quarante ans, avec un front large et une physionomie spirituelle, tu sais qu'il tient le premier rang maintenant parmi les musiciens de l'Allemagne. J'espère l'entendre sur le piano demain ou après.

Hôtel Byron, Vevey 19 août 1842.

[...] Il y a eu un bon orage hier au soir, qui a rafraîchi le temps, la montagne est d'une fraîcheur délicieuse ; il y a des effets de soleil admirables et le

lac est bleu foncé. Comme on le voit dans sa longueur, la chaîne du Jura est très éloignée et, dans la
vapeur du matin, le coteau de Lausanne est seul
éclairé ; la Savoie et ce côté-ci sont dans l'ombre la
plus noire. On ne peut rien voir de plus beau... Ce
qui me dégoûterait de l'hôtel Byron, ce sont tous les
Anglais, Anglaises et enfants de ladite nation qui
glissent comme des âmes dans les corridors, avec
un air de profond ennui. [...]

*La marquise décide de se rendre en Italie pour vivre
plus modestement.*

Lausanne, 26 septembre 1842.

[...] Ta bonté pour nous est alarmée de notre résolution de retraite et d'économie, mais, chère amie, il
y a déjà longtemps que nous en sentions l'indispensable nécessité. Le séjour de Lausanne, même en
acceptant de toi, avec autant de confiance que de
bonheur, un asile gratuit, nous devenait trop dispendieux. Ne fût-ce que le chauffage (puisqu'il nous
faut descendre dans ces détails) était ruineux ; il
nous fallait nécessairement deux personnes, et souvent des aides, pour tenir l'appartement propre ;
quatre à cinq personnes à prendre le thé tous les
soirs, les parties d'Aymar, le jeu, les tirs, les chars,
les *pics-nics*, qu'on ne peut pas refuser quand on se
trouve comme lui en tête de la société des hommes.
Tout cela faisait un laisser-aller tout à fait au-dessus
de nos moyens ; et une fois que nous nous sommes
avoué cela l'un à l'autre, j'ai proposé l'éloignement
comme un remède plus efficace et plus aisé que de
se retrancher tout et de mettre par là tous les indif-

férents au fait de notre situation, ce qui est assez pénible dans un lieu où la manie de savoir les affaires les uns des autres est poussée à l'extrême. Il y a une certaine vergogne dans la pauvreté que je tiens à conserver... Le mot *privation* n'est pas dans mon dictionnaire; dès que je crois qu'une chose est nécessaire, je l'embrasse avec une certaine passion romanesque dont l'âge n'a pas diminué l'ardeur, et je voudrais pouvoir assumer sur moi les chagrins, les privations de ce fils sur lequel j'ai reporté tout ce que mon cœur possède de tendresse et d'abandon. [...] C'est à Lucques que nous irons; j'ai des renseignements sur cette ville qui me la représentent comme très bon marché et fort agréable. Le pays est charmant, les arts y sont cultivés et cela peut être utile à Aymar. Je ne cherche pas la société, mais j'aime à voir des humains dans les promenades, les rues ou les églises. J'aimerais la campagne si j'étais riche et que j'en eusse une à moi; pauvre et retirée, j'aime les villes, et les gens qui passent dans la rue sont quelque chose dans ma vie... Pour nous, qui n'avons rien dans ce qui se nomme notre Patrie, il n'y a pas de *pays étranger* et nous allons (*the world before them*) nous mettre en route.

La marquise s'installe à Lucques au début de novembre 1842.

Lucques, 8 décembre 42.

[...] J'aime me promener autour de la ville, sur un beau rempart qui domine partout des vues agréables. [...] cette petite ville sera beaucoup plus heureuse quand elle sera retournée sous la paternelle domination du grand-duc de Toscane[120] et qu'elle sera débarrassée des Douanes, du transit et de toutes choses très ennuyeuses qui font que l'on ne peut avoir un pot de moutarde ou une livre de thé de Livourne sans que ce soit une affaire. C'est ce qui me ferait préférer Pise, s'il n'y avait pas tant de mourants étrangers.

Lucques, 1er janvier 1843.

[...] Je ne sais si ce que je dis a le sens commun, car je n'entends que de la musique et des tambours. La petite armée de Lucques fait autant de bruit que la Vieille Garde, et le jour de l'an la met dans un train incroyable. Quoiqu'il pleuve à verse, la musique n'en va pas moins jouer à la porte de tous les officiers des airs charmants — car cette musique est excellente, et je remarque que lorsqu'elle joue des airs d'opéra, on entend qu'elle les chante intérieurement — puis des valses délicieuses.

La marquise et son fils s'installent finalement à Pise, séjour encore moins coûteux.

Pise, 25 mars 1843.

Mon pauvre Maréchal m'adore toujours, ce qui ne l'a pas empêché d'avoir une attaque d'apoplexie et de me l'écrire avec une naïveté parfaite, comme un homme qui a si souvent vu la mort de près qu'il est tout en familiarité avec elle. Il reste à Venise jusqu'au printemps et a vu tous les jours notre cher Prince pendant le mois qu'il y a passé. Il en a été on ne peut plus content sous le rapport moral, et voudrait qu'il pût un peu allonger la courroie qui le rappelle à Goritz[121] dès qu'il a la pensée ou le désir de s'en éloigner, qu'il cessât d'être un petit garçon qui n'a pas un établissement à lui, qui ne peut pas prier quelque ami de venir le voir *chez lui* sans la permission de la chère tante[122]. Il est bien certain que dans ce ménage, où languit sa pauvre sœur[123], il n'y a rien pour lui à apprendre, et cela n'avance pas ses affaires, au contraire. D'abord il faudrait qu'il allât tout l'été à des eaux, car il boite et beaucoup, non pas que l'accident ne soit bien réparé, mais cette tension des muscles si prolongée lui a laissé une faiblesse considérable, et l'on croit que des bains fortifiants lui seront bons. Il faut croire que la chère tante ne s'y opposera pas, mais je n'en répondrais pas, car il est d'usage dans la maison — et parmi ses *courtisans* (car le pauvre Prince en a) — de dire qu'il marche très bien. Hélas je voudrais voir plus clair que je ne vois dans sa destinée ! et je suis bien découragée de son avenir.

Pise, 15 juin 1843.

[...] Il faudra bien se résoudre, et s'accoutumer à trouver que le pessimisme n'est pas un bon parti, car nous n'avons rien à espérer pour l'avenir ; j'en suis bien persuadée. Notre pauvre parti joue un triste rôle. Je me tiens à quatre pour ne pas admirer la conduite du duc d'Aumale à Alger, et quand je pense au *fuss* que l'on a fait pour cette petite guerre d'Espagne et au vainqueur du Trocadéro... ah ! mon Dieu, que c'était petit[124] !

23 juin 1843.

Eh bien, voilà Joinville marié[125] ! et tu verras que d'Aumale, qui a tourné au héros, épousera la petite reine d'Espagne[126]. Et notre pauvre Prince n'épousera personne et s'amoindrit tous les jours davantage ; il s'éteint tout à fait. Mais qu'il voyage donc ! qu'il fasse le tour du monde, qu'il aille en Amérique, qu'il sorte de cette torpeur, de cette nullité ! Cela fait pitié — ou qu'il se fasse prêtre, une bonne fois, et qu'il soit cardinal, et n'en parlons plus ! [...] Le maréchal Marmont m'a écrit, de Lucerne où il passera l'été, que les boues de Padoue ont fait grand bien à notre cher Prince et qu'il ne boite presque plus. J'en suis bien aise mais je voudrais qu'il se mariât, qu'on parlât un peu de lui. Hélas, hélas ! S'il ne doit jamais être que ce qu'il est, je lui souhaite que le bon Dieu le prenne dans son saint Paradis ; c'est ce qui pourrait lui arriver de plus heureux. Il ne peut pas vieillir dans la situation où il est, et où il restera — car personne n'a envie de l'en tirer. Peut-être lui-même ne s'en soucie pas. [...]

Fin 1843, Henri V comte de Chambord, installé à Londres, reçoit à Belgrave Square plus d'un millier de visiteurs français.

Pise, 7 janvier 1844.

[...] Il fait un temps divin et le beau monde se promène après la messe de midi, ni plus ni moins qu'aux Tuileries au mois de mai. À propos de ce palais, où l'on fait et dit tant de sottises, il paraît que l'occupant de ce logis n'est pas d'une très bonne humeur... Il y a une petitesse qui me charme dans les petites vengeances qu'il tire des maires et des officiers qui ont été à Londres... J'ai eu la constance d'écrire dans un cahier les noms des visiteurs qui y sont allés.

Le ministère Guizot, inquiet de ce pèlerinage passionné, avait fait insérer dans l'adresse de 1844 la phrase: «L'opinion publique flétrit de coupables manifestations.» Le 26 janvier 1844, à la Chambre, Berryer s'empressa de rappeler le voyage de Guizot à Gand, peu avant Waterloo.

7 février 1844.

Ce que je sais, c'est que la reine Victoria a été vaincue par les instances du roi des Belges[127], qui s'était chargé de la faire renoncer au désir qu'elle avait de voir le Prince, car grande était la frayeur de Saint-Cloud — et l'on faisait sonner toutes les cloches pour obtenir qu'elle s'abstînt de le voir, ce qui aurait fort déconcerté *l'Entente cordiale*. [...]

Dans toute cette affaire de la *flétrissure*, ce coquin de Guizot s'est montré détestablement hypocrite et menteur. M. de Chateaubriand est bien bon s'il ne publie pas que ce n'était pas pour l'intérêt public mais bien pour le sien propre que Guizot était venu à Gand, où il tâchait de se concilier tous ceux qui y étaient. On disait: «Ce petit Guizot est vraiment très spirituel»: et maintenant... Ah! que le monde est singulier à voir quand on a vécu aussi longtemps que moi!

3 avril 1844.

[...] J'ai fait un cri de joie en voyant la nomination de M. de Sainte-Beuve à l'Académie, parce que j'ai senti comme il en était heureux! Fais-lui mon très sincère compliment, je te le demande; il est si rare de penser à quelqu'un qui obtienne ce qu'il a désiré. Les mânes de la mère Angélique s'en seront émues.

21 mai 1844.

[...] J'écris les rhapsodies de ma vie. La vieillesse ne me tient encore que par les talons où j'ai des douleurs (de goutte, je crois, ou de rhumatisme) qui me rendent la marche pénible et désagréable. Du reste, je me porte très bien; et mes cheveux ne veulent pas décidément devenir blancs; j'ai deux bandeaux qui ne seraient pas déplacés sur un front de trente ans: cela est presque ridicule.

25 juin 1844.

[...] Nous avons lu *Rancé*[128] dont je te remercie. Cela me donne l'idée de quelqu'un qui travaille à de beaux ouvrages et qui balaie la chambre; on trouve de tout dans des balayures. Il aurait mieux valu pour l'auteur qu'il eût laissé ce fatras de citations dans son portefeuille que de les coudre avec du fil de toutes les couleurs, comme il l'a fait; mais il n'a pas résisté à la joie de parler un peu de lui. J'espère qu'il n'écrira plus: la décrépitude du génie a quelque chose de plus affligeant que celle des bonnes gens tout ordinaires. [...]

Nous avons vu l'autre jour les Custine; nous leur avons trouvé l'air triste et préoccupé. La femme devient décidément vieille ; rubans, fleurs, perruque, rien n'y fait : il faut en passer par là.

26 sept. 1844.

[...] Que dis-tu de la belle paix du Maroc[129] ? Comme tout s'arrange au gré de Louis-Philippe ! Comme tout lui réussit ! On dit que le roi et la reine de Naples vont en France pour que M. d'Aumale épouse la jeune princesse napolitaine[130]. Il faut baisser la tête sous tous ces succès-là.

11 octobre 1844.

[...] As-tu lu *l'Histoire de dix ans*[131] ? Je lis le quatrième volume et il m'intéresse au plus haut degré. Je le trouve, dans son opinion — qui est incontestablement républicaine — d'une sagacité merveilleuse, d'un intérêt puissant et d'une très grande impartialité. Je pense bien qu'il n'aura pas réussi aux Tuileries. [...] Je n'ai pas la plus légère nuance d'espoir de voir notre roi légitime remonter sur le trône où il devrait être assis — et même, si tu veux que je te l'avoue, je ne le désire pas, car... mais cela n'est bon à rien et, si je me jetais une fois dans les «car»... cela ne finirait pas. [...]

Comme nous trouvons que les appartements meublés sont beaucoup trop chers, nous allons en louer un que nous meublons, ce qui — avec mon savoir-faire — sera très bon marché, car il ne nous faut, pour soutenir noblesse, qu'un joli petit salon bien arrangé... j'ai renoncé à la tapisserie, qui est un plaisir trop cher.

À cette époque, Charles-Louis de Bourbon, de la maison de Lucques, issue de celle d'Étrurie, était duc souverain de Lucques et maria son fils le prince Ferdinand-Charles à Louise-Marie-Thérèse, fille du duc de Berry et sœur d'Henri V, le comte de Chambord. Les émigrés français en Italie se réjouissaient. Ils pensaient que le Prétendant, accompagné de la duchesse d'Angoulême, allait rendre visite à sa sœur. Ils allaient pouvoir le rencontrer, lui témoigner leur fidélité.

30 décembre 1846.

Tu voulais des nouvelles, chère amie; en voici, tirées d'une lettre de Mme de Custine que je reçois ce matin même. «Le duc de Lucques est arrivé ici vendredi dernier, précédant le jeune couple de quelques jours. M. de Custine s'est empressé d'aller lui faire son compliment, hommages, etc., etc., et sur le bonheur des légitimistes de voir Mme la Dauphine et Henri V venir à Lucques. À tout cela la figure du duc se rembrunissait.» Il a dit enfin : «Aujourd'hui Mademoiselle fait partie de ma famille, et je ne puis rien tolérer qui me mette en hostilité avec Louis-Philippe.»

Le jeune couple arrive à Camajore mardi soir. M. de Custine s'empresse d'écrire à Mme de Montbel, dame d'honneur provisoire, pour lui demander quel jour nous pourrions avoir l'honneur de voir leurs altesses royales. À quoi on lui répond le billet ci-joint : *Je regrette monsieur le comte, de ne pouvoir répondre d'une manière satisfaisante à la lettre que vous m'avez fait l'honneur de m'écrire, mais leurs Altesses Royales ne peuvent vous recevoir, comme vous le désiriez. Recevez, Monsieur, etc.*

Le lendemain les Custine ont été faire une visite à

Mme de Montbel — en quoi se trouve qu'ils ont fait une bêtise. Ils paraissent avoir acquis la certitude qu'avant le mariage on avait traité avec le cabinet des Tuileries et promis que toute accointance avec les royalistes serait évitée ou rompue. Mme la Dauphine ne viendra pas à Lucques, et Henri V n'en approchera jamais. Aymar vient d'écrire un billet fort digne à Mme de Montbel pour demander à faire sa cour aux époux, il sera probablement refusé, et alors il se permettra d'en dire son avis au duc père.

Cette lâcheté était au-delà de toute prévoyance. Tu penses bien que je n'irai pas montrer ma vieille figure à cette jeune princesse avec le souvenir des bontés dont la reine, sa grande tante[132], voulait bien combler ma jeunesse. J'espère pour elle qu'elle ne prendra pas la toilette[133], ne voulant pas voir les personnes. Voilà tout ce que tu auras de moi, chère amie ; et je pense que tu sentiras comme moi que cette lâcheté tarit tout l'intérêt que pouvait exciter cette jeune princesse. Quand je dis qu'elle ne prendra pas la toilette, je veux dire qu'on ne la lui enverra pas et qu'on la vendra pour les pauvres. [...]

Pise, 24 novembre 1846.

[...] Nous n'avons cette année ici que les borgnes et les boiteux. Tout ce qui a quelques écus dans sa poche et qui n'est pas malade s'en est allé à Rome. Même une charmante petite madame d'Honinc-thun[134] et son mari vont s'en aller aussi, à notre grand chagrin. Je la voyais tous les jours, car j'ai assez le vol de la jeunesse, me souvenant que j'ai été jeune moi-même et qu'on n'a pas besoin d'être grognon parce qu'on est pauvre et vieille, ce qui est assez repoussant déjà sans y ajouter d'être maussade et exigeante. Et, soit que j'eusse le pressentiment du jour où j'atteindrai ce n° 77[135] qui va m'arriver dans deux mois, soit que j'aie été souvent fort ennuyée par des vieux grognons, je me flatte, si Dieu me prête vie, d'avoir acquis la coquetterie de la vieillesse.

On ne sait plus grand-chose de la marquise, qui mourra à Pise le 2 avril 1853. La dernière lettre des archives de Noisy-Vêves, de la fin de 1848, fait allusion au mariage[136] du comte de Chambord «fait presque en cachette, ce qui a été une grande bêtise à mon sens». Que pensa-t-elle des révolutions de 48? Conserva-t-elle jusqu'à la fin des amitiés fidèles? Put-elle écrire longtemps encore? Eut-elle la satisfaction de voir ses anciens amis commander des coffrets Renaissance sculptés par son fils, Aymar qui «devait travailler pour vivre»? Existe-t-il d'autres archives qui puissent nous l'apprendre?

Au terme de ce chapitre, il faut mentionner une curieuse et imprévisible coïncidence. Les lettres de Fanny Dillon, demi-sœur de la marquise de La Tour du Pin au général comte Bertrand[137] son époux, viennent, elles aussi, d'être publiées. Comment ne pas partager le sentiment de leur préfacier, J. Tulard, lorsqu'il souligne l'intérêt évident de tout historien pour une «correspondance familière» et quand il évoque la délicieuse rêverie que doit susciter la lecture de «lettres jaunies par le temps, où l'on croit parfois saisir encore un peu de l'âme de ceux qui les écrivirent». Je souhaite que ce but soit, ici, atteint.

NOTES

PRÉFACE

1. J. Turquan, *les Belles de l'Émigration*.

2. J. Bertaut, *les Belles Émigrées*.

3. Je trouve une preuve supplémentaire de cette garantie d'authenticité au niveau de la sincérité d'un témoignage personnel dans la révélation d'un renseignement à ce jour inconnu et que voici. Je lis en marge de son manuscrit : « Le 14 mai 1849, ayant lu une partie du cahier à mon fils (à Pise), je me suis aperçue que cela l'avait ennuyé, ce qui a été une petite humiliation pour mon amour-propre que je lui pardonne très volontiers. » Ainsi non seulement la marquise n'écrivait pas pour être lue, mais la seule personne dont elle pouvait espérer, dans l'intimité, susciter l'intérêt, la décourage. Si elle poursuit sa rédaction c'est donc vraiment et uniquement pour elle-même.

Cette annotation marginale apporte aussi peut-être une explication... Ce désintérêt de son seul fils survivant, Aymar, n'aurait-il pas eu sur sa mère plus d'influence qu'elle ne l'avoue ? N'a-t-elle pas, un jour, de ce fait, cessé d'écrire, nous privant ainsi de la suite du *Journal* qui se termine en 1815, alors que son auteur vécut jusqu'en 1853 ? Heureusement Mme de La Tour du Pin laissa une correspondance qui éclaire la deuxième partie de sa vie. C'est une des originalités de la présente édition d'en publier des extraits.

4. F. Masson, « Arthur Dillon », *Revue de Paris*, 1910.

5. J. Weygand, « le Régiment Dillon », *Revue des Deux Mondes*, 15 septembre 1958.

6. Arthur, comte Dillon, père d'Henriette-Lucy.

7. La façon dont fut maintenu le commandement est bien plus curieuse que ne le rapporte Jacques Weygand. Henri,

père du jeune Arthur Dillon, était encore vivant à cette époque. Il avait même été le troisième colonel propriétaire du régiment en 1741, pendant un an. Mais en 1742 il avait épousé lady Charlotte Lee, arrière-petite-fille du roi Charles II par la duchesse de Cleveland et il s'était installé en Angleterre. Cette situation ne lui permettait évidemment pas de reprendre la tête d'un corps de troupe au service de la France. Il en allait de même pour son fils aîné destiné à lui succéder en Grande-Bretagne. La propriété du régiment fut donc réservée par Louis XV à son fils cadet, Arthur, mentionné ci-dessus qui, lui, n'avait pas d'obligations outre-Manche.

8. Il s'agit ici des lois anglaises anticatholiques.

9. Par un décret de juillet 1791, colonels propriétaires et régiments étrangers furent rayés d'un coup de plume. Le premier bataillon du régiment Dillon deviendra le 87e de ligne. Un jour de 1918, ce régiment croise le général anglais Dillon. Les hommes, avertis par leurs officiers, se redressent sous le poids du sac, scandent le sol de leurs godillots et acclament en lui le descendant des colonels de la brigade irlandaise.

En 1791, le deuxième bataillon, se trouvant aux Antilles, passe à la solde anglaise et se reconstitue en régiment sous les ordres de Henry Dillon, frère cadet d'Arthur.

10. En Angleterre, il était l'Honorable Arthur Dillon, frère de Charles, douzième vicomte Dillon.

11. Les uns disent que cette dame était Lucile Desmoulins, veuve de Camille Desmoulins, lui-même exécuté le 5 avril, d'autres qu'il s'agissait d'une demoiselle Browne, parente de lady Kenmare (sœur d'Arthur Dillon).

12. Près de Dinant (Belgique).

JOURNAL D'UNE FEMME DE CINQUANTE ANS

Chapitre I

1, 2, 3, 4. Cf. Liste des principaux personnages au début du volume.

5. Louis-Joseph-Xavier-François, né à Versailles, le 22 octobre 1781, mort à Meudon, le 4 juin 1789.

6. Cf. annexe I, tableau généalogique.

Chapitre II

7. Robert Lee, quatrième et dernier earl of Lichfield. Cf. annexe I.

8. Henry-Augustus, treizième vicomte Dillon. Cf. annexe I.

9. Marie-Sophie-Dorothée, princesse de Wurtemberg, seconde femme de l'empereur Paul Ier.

Chapitre III

10. Marie-Joséphine-Rose Tascher de La Pagerie, plus tard l'impératrice Joséphine.

11. Alexandre de La Touche et Betsy de La Touche, plus tard duchesse de Fitz-James.

12. Élizabeth-Frances Dillon, dite Fanny, naquit le 24 juillet 1785. Elle était la fille de Marie de Girardin, veuve du comte de La Touche de Longpré, et du comte Arthur Dillon, veuf de Mlle de Rothe.

Par son père elle était donc la demi-sœur de la marquise de La Tour du Pin. Par sa mère, elle avait un demi-frère, Alexandre, et une demi-sœur, Betsy, qui devint duchesse de Fitz-James. (Cf. note 11 ci-dessus.)

Il faut aussi indiquer que sa grand-mère maternelle, Mme de Girardin, avait pour sœur Mme de La Pagerie, mère de Joséphine, si bien que l'impératrice était tante à la mode de Bretagne de Fanny Dillon. (Cf. note 10 ci-dessus.)

En 1808, elle épousa le général comte Bertrand. (Concernant son mari et son mariage, cf. note 183 du chapitre XXVIII) La comtesse Bertrand s'éteignit en 1836.

13 et 14. Cf. liste au début du volume.

Chapitre IV

15. Jean-Charles de Fitz-James, troisième duc de Fitz-James.

16. Charles de Fitz-James, deuxième duc de Fitz-James, maréchal de France.

17. À cette époque, le comte de Gouvernet.

18. Cécile-Thérèse de Rioult de Curzay (1707-1787) épousa en 1725 Louis-Étienne-Antoine Guinot marquis de Monconseil (1685-1782), page de Louis XIV, lieutenant-général, inspecteur général de l'infanterie, commandant de la Haute-Alsace, introducteur des ambassadeurs. Belle, très en vogue et mondaine, la marquise de Monconseil fut propriétaire du château de Bagatelle de 1747 à 1775, où elle reçut notamment le roi Stanislas Leczinski avec lequel elle était très liée. Les archives de Noisy-Vêves conservent les lettres que lui adressa ce souverain. Du mariage de M. et Mme de Monconseil naquirent un fils, mort en bas âge, Cécile-Marguerite-Séraphine, épouse du comte de La Tour du Pin et donc mère du mari de Mme de La Tour du Pin,

auteur des Mémoires. et Adélaïde-Félicité-Henriette, princesse d'Hénin. (Cf. également annexe II, tableau généalogique.)

19. Louis-Apollinaire de La Tour du Pin Montauban.

20 et 21. Cf. liste au début du volume.

22. Claire-Suzanne de La Tour du Pin de Gouvernet devint par son mariage marquise de Lameth. (Cf. annexe II, et note 36 ci-dessous concernant son mari.)

23. Cf. note 18, ci-dessus.

Chapitre V

24. Cf. annexe I.

25. La Folie-Joyeuse

26. Châles.

27. Henri, XIe vicomte Dillon. (Cf. annexe I.)

Chapitre VI

28 et 29. Cf. liste au début du volume.

30, 31, 32, 33. Cf. annexe I.

34. Cf. liste au début du volume.

35. Cf. annexe II.

36. Augustin-Louis-Charles marquis de Lameth (1755-1837), colonel du régiment de la Couronne, épousa en 1777 Cécile-Suzanne de La Tour du Pin de Gouvernet, sœur du marquis de La Tour du Pin de Gouvernet. Elle décéda en 1793.

37. Charles, Alexandre et Théodore de Lameth.

38. Fils du marquis de Lameth. Cf. récit de sa mort p. 364.

39. Louise Charlotte de Béthune épousa en 1778 le marquis de La Charce, dit le marquis de La Tour du Pin.

40. Le comte de Provence, depuis Louis XVIII et le comte d'Artois, depuis Charles X.

41. Louis-Jean-Marie duc de Penthièvre, fils du comte de Toulouse.

42. Louis-Henri-Joseph duc de Bourbon, fils du prince de Condé.

43. Louis-Antoine-Henri duc d'Enghien, fils du duc de Bourbon.

44. Une poignée de main.

45. Sœur de Louis XVI.

46. Marie-Joséphine-Louise de Savoie, femme du comte de Provence.

47. Comte de Provence.

48. Mesdames Marie-Adélaïde et Marie-Louise-Thérèse-Victoire.

49. Louis-Joseph-Xavier-François, premier Dauphin, né à Versailles le 22 octobre 1781, mort à Meudon le 4 juin 1789.

50. Il s'agit du régiment Royal-Comtois. On peut noter une coïncidence : après avoir été page du comte de Provence à Versailles (privilège rare pour un étranger, puisqu'il était originaire de la principauté de Liège) Hilarion, comte de Liedekerke Beaufort (1762-1841), servait à cette époque comme jeune lieutenant dans ce régiment. C'est alors qu'il rencontra M. de La Tour du Pin (qui en était alors lieutenant-colonel), père d'Alix-Charlotte qui devait devenir sa belle-fille. (Cf. *le Comte Hilarion, souvenirs et biographie*, par Christian de Liedekerke Beaufort, Noisy-Celles, 5561-Belgique, et note 185.)

Chapitre VII

51. Marie-François-Henri de Franquetot, marquis puis duc de Coigny, pair et maréchal de France (1737-1821).

52. Mme de Genlis était la nièce, et sa fille, Mme de Valence, était par conséquent la petite-nièce de Mme de Montesson.

53. Louis-Philippe duc d'Orléans, né en 1725, mort en 1785, père de Philippe-Égalité

Chapitre IX

54. Située dans l'aile du château donnant sur le parterre du Midi et sur la terrasse et la rue de la Sur-Intendance.

55. La Ménagerie, petit château isolé, situé dans le grand parc, à l'extrémité d'un des bras du canal et en face de Trianon.

56. Saint-Louis et Notre-Dame, rue de la Paroisse

57. Il y a ici erreur de nom de la part de l'auteur des Mémoires. Le comte de Puységur, Pierre-Louis de Chastenet, lieutenant-général, quitta le ministère de la Guerre le 12 juillet 1789. Il eut pour successeurs : du 13 juillet au 3 août 1789, le duc de Broglie, Victor-François, maréchal de France ; intérim du 15 juillet au 3 août 1789, comte de Saint-Priest, ministre de l'Intérieur ; du 4 août 1789 au 15 novembre 1790, comte de La Tour du Pin de Gouvernet, Jean-Frédéric, lieutenant-général.

58. Bourg à deux lieues de Forges.

59. « S'il vous plaît, Madame, que font-ils donc tous ? »

Chapitre X

60. Le département de la Guerre était installé dans une partie du bâtiment formant l'aile Sud de la Cour des ministres.

61. Le comte d'Artois quitta en réalité Paris dans la nuit du 16 au 17 juillet 1789.

62. Victor-Amédée III, roi de Sardaigne.

63. Quartier de Constantinople habité par les descendants des Grecs qui restèrent à Constantinople après la prise de cette ville par Mahomet II en 1453.

64. César-Henri comte de La Luzerne.

65. Était chef d'état-major ou major-général de la garde nationale.

66. Appelée à cette époque : Salle des Spectacles de la Cour.

67. Femme du ministre des Affaires étrangères.

68. De la rue de la Sur-Intendance dans laquelle venait aboutir à angle droit la rue de l'Orangerie.

69. Terrasse de l'Orangerie sous les fenêtres des appartements de la reine Marie-Antoinette.

70. Le petit parc était situé à l'ouest du château et comprenait dans son enceinte les jardins, les bosquets et les bassins.

71. La Ménagerie : cf. note 55, ci-dessus.

72. Cette porte ouvrait sur la rue du Grand-Commun — prolongement de la rue de la Chancellerie — qui passait entre le bâtiment de l'aile Sud de la Cour des ministres et le Grand-Commun.

73. Le ministre de la Guerre était installé dans une partie du bâtiment qui formait l'aile Sud de la Cour des ministres et non de la Cour royale, comme le dit Mme de La Tour du Pin.

74. La grande galerie du château de Versailles.

75. Sœur de Louis XVI.

76. Marie-Joséphine-Louise de Savoie, femme du comte de Provence.

77. Il est plus exact de dire : de la Cour des ministres.

78. Appartement de la princesse d'Hénin, situé au-dessus de la Galerie des princes, tout en haut des bâtiments formant l'aile Sud du château, bâtiments qui donnaient d'un côté sur la terrasse de l'Orangerie et de l'autre sur la rue de la Sur-Intendance.

79. Ministère de la Guerre, installé dans une partie du bâtiment qui formait l'aile Sud de la Cour des ministres.

80. Erreur de l'auteur. Il faut lire de la rue de la Sur-Intendance. La rue de l'Orangerie était située plus loin au sud et aboutissait perpendiculairement dans la rue de la Sur-Intendance.

81. Ou Cour des ministres.

82. La plupart des documents, qui relatent les événements des journées des 5 et 6 octobre 1789, donnent à ce garde du corps le nom de Varicourt.

83. Ce garde du corps s'appelait Deshuttes.
84. M. de Miomandre de Sainte-Marie.
85. La rue de la Sur-Intendance.
86. Plus exactement le parterre du Midi.
87. Nicolas Jourdan, surnommé dans la suite le coupe-tête, servait de modèle dans les ateliers de peinture.
88. Le garde du corps Deshuttes.
89. De la rue de la Sur-Intendance.
90. M. de Vallori ou de Varicourt (cf. note 82 ci-dessus).

Chapitre XI

91. Nom donné à l'administration spéciale chargée de régler les dépenses du roi consacrées aux divertissements de tous genres lorsqu'ils n'étaient pas habituels.
92. Cf. liste des principaux personnages au début du volume.
93. Marie-Thérèse, princesse de Bourbon (1778-1851), fille de Louis XVI, devint duchesse d'Angoulême par son mariage avec son cousin germain le duc d'Angoulême, fils de Charles X.
94. Louis-Charles, Dauphin, depuis Louis XVIII, et Marie-Thérèse-Charlotte, duchesse d'Angoulême.
95. Sœur de Louis XVI.
96. Comte et comtesse de Provence.
97. Futur beau-père de Charlotte de La Tour du Pin, Hilarion comte de Liedekerke Beaufort (1762-1841), alors major du «Royal-Liégeois», participa à la répression des troupes rebelles et manqua de peu d'être tué. Il eut aussi à ce moment l'occasion de revoir M. de La Tour du Pin qu'il avait connu lorsqu'ils étaient tous deux officiers du «Royal-Comtois» (cf. note 50 ci-dessus). Il raconte «l'affaire de Nancy» dans ses souvenirs. (Cf. *le Comte Hilarion, souvenirs et biographie* par Christian de Liedekerke Beaufort, Noisy-Celles, 5561 — Belgique, et note 185 ci-dessous.)

Chapitre XII

98. Le 15 novembre 1790.
99. Comte de Provence, depuis Louis XVIII, et comtesse de Provence.
100. *Relation d'un voyage à Bruxelles et à Coblentz, 1791. Mémoires relatifs à l'histoire de France pendant le* XVIIIᵉ *siècle,* tome XXXIII. *Mémoires sur l'émigration, 1791-1800.* Paris, Firmin-Didot, 1877.
101. Le 13 septembre 1791 : le roi accepte la Constitution. Le 14 septembre 1791 : séance de l'Assemblée nationale où le

roi signe la Constitution et jure de la maintenir et de la faire exécuter.

102. Le 1er octobre 1791 : première séance de l'Assemblée législative.

103. Guillaume V, prince d'Orange.

104. Baron Henri Fagel.

105. Général baron Robert Fagel.

106. Le 6 novembre 1792.

107. C'est à Rochefort, dans les Ardennes belges, que La Fayette fut arrêté. — Les archives de Noisy-Vêves conservent une lettre inédite de M. Douxchamps, échevin de la ville de Namur, adressée au vicomte Desandrouin, maire de Namur, et dans laquelle il annonce cette arrestation, en annexant la liste de tous les officiers qui accompagnaient La Fayette :

« Namur le 23 août 1792 »

« Monsieur

« Le vacarme occasionné par le départ de Monsieur de La Fayette, qui a excité la curiosité la moins polie, a tellement augmenté la lenteur ordinaire de la distribution des lettres, qu'il n'y a pas eu de possibilité, Monsieur, de satisfaire par le même courrier, au contenu de celle dont vous m'avez honoré.

« J'ai l'honneur de vous envoyer la liste des officiers qui accompagnent le général français, qui est parti ce matin à onze heures, précédé d'un détachement de hussards commandé par un officier de ce corps.

« Le major Paulus auquel on a confié la direction du cortège n'a rien pu m'apprendre au moment de son départ sur l'endroit destiné à reléguer ces Messieurs, n'ayant eu d'autres instructions que de diriger la première marche jusqu'à Nivelle pour y être rendu le soir, jusqu'à ce que des ordres ultérieurs lui parviennent ou qu'il trouvera à son arrivée, de manière que l'on ne sait s'il sera conduit à Mons et, de là, transféré à la citadelle d'Anvers, ce qui serait très fort l'avis du général Lambesch qui a été un moment ici et qui s'est expliqué à cet égard.

« Monsieur de La Fayette paraît extraordinairement mécontent de son arrêt et prétend que bien loin de pouvoir être considéré comme prisonnier de guerre, l'on ne pouvait même l'arrêter ni contrarier son dessein de passer librement, comme émigré, en Hollande ou en Angleterre où l'on croit qu'il se rendait directement ; il se propose de discuter les motifs de son mécontentement marqué et de faire son apologie en justifiant la nécessité de sa fuite par la publication d'un mémoire qui a déjà été ébauché ici,

*mais les Limbourgeois qui en ont fait la capture ont exécuté ponc-
tuellement leur service, sans que l'éloquence de ces Messieurs ait
pu les en détourner et sans beaucoup s'inquiéter si le résultat de
leur démarche devait produire des mémoires, des discussions, ce
qu'il ne leur convenait pas d'approfondir. La curiosité outrée
de la foule qui se pressait dans les cours de l'hôtel d'Harscamp
pour aller se rassasier fort bêtement de la vue de cette compagnie
a paru déplaire souverainement à ces Messieurs qui ont paru
très piqués d'être, comme ils le disaient, exposés en spectacle...»*

Le reste de la lettre ne concerne pas La Fayette et ses compagnons.

Voici, d'autre part, le texte de l'annexe à la lettre citée ci-
dessus :

«*Liste des officiers français arrêtés le 19 août 1797 à dix
heures du soir par les volontaires Limbourgeois commandés par
Monsieur l'officier Grandry près de Rochefort :*

Officiers	Domestiques	Chevaux
La Fayette, général	3	10
Delannoy, maréchal de camp	2	6
De La Tour Maubourg, maréchal de camp	2	8
De Lameth, maréchal de camp	1	
Bureau de Pusi, capitaine	1	2
La Colombe, colonel	2	3
Louis Romeuf, capitaine	1	4
Alexandre Romeuf, lieutenant		
Victor Maubourg, colonel	1	2
Charles Maubourg, lieutenant		1
Carmer, capitaine	1	1
Senonville, capitaine	1	1
Cadignand	1	2
Pitet, commissaire de guerre	1	2
Gouvion, aide de camp	1	2
Masson, aide de camp	1	2
Darbelay, adjudant général		3
Du Roure, maréchal de camp	1	3
Sicard, colonel	1	3
Dagrin, aide de camp		
Sontereau, aide de camp	1	2
Victor Romeuf, lieutenant		
Langloy, lieutenant colonel	1	2
Total :	23	59

«*Nota : On trouve que ces Messieurs sont les meilleurs officiers de l'armée de La Fayette.*»

108. C'est par erreur que Mme de La Tour du Pin place le camp de Famars entre le Quesnoy et Charleroi ; il était situé entre le Quesnoy et Valenciennes.

109. Arthur comte Dillon périt sur l'échafaud le 13 avril 1794 (cf. récit de sa mort *in* Préface).

110. L'auteur désigne sans doute sous ce nom l'hôtel du «Grand Laboureur».

Chapitre XIII

111. Philippe-Antoine-Gabriel-Victor-Charles de La Tour du Pin la Charce dit le marquis de La Tour du Pin, et, en 1775, comme héritier du dernier marquis de Gouvernet, le marquis de Gouvernet.

112. Cf. note précédente.

113. Second fils de la famille Dillon (cf. annexe I).

114. Son fils Aymar (cf. liste des principaux personnages au début du volume).

115. Après la Révolution, à son retour en France, Mme de La Tour du Pin, toujours reconnaissante, lui rendit visite. Il s'appelait M. Potier.

Chapitre XVI

116. Robert Lee, quatrième et dernier Earl of Lichfield (cf. note 7 ci-dessus et annexe I).

117. Mme de La Tour du Pin commet une erreur en disant que le conventionnel Julien de Toulouse, qui aurait eu à cette époque trente-quatre ans, avait succédé à Tallien à Bordeaux comme commissaire de la Convention. Robespierre, de sa propre initiative, envoya dans cette ville, pour remplacer Tallien et contrôler les actes d'Ysabeau, un jeune homme à opinions très exaltées, membre du club des Jacobins, âgé de dix-neuf ans seulement, Jullien de Paris, fils aîné du conventionnel Jullien de la Drôme.

118. «Vaisseau de guerre français à l'avant».

Chapitre XVII

119. D'après les historiens de la guerre d'Amérique, c'est le général Gates qui, après avoir remplacé dans son commandement le général Schuyler, aurait fait capituler le général Burgoyne à Saratoga.

120. Mme de La Tour du Pin, son mari et M. de Chambeau.

121. Humbert et Séraphine de La Tour du Pin (cf. liste des principaux personnages au début du volume).

122. Erreur de l'auteur. Il faut lire l'état de Massachusetts, le Connecticut se trouve au sud de ce dernier.

123. Arthur comte Dillon (cf. récit de sa mort *in* préface).

124. Northampton est une ville de l'État de Massachusetts, et non la capitale du Connecticut.

125. En réalité cet établissement fut fondé en 1625, avant la naissance de Guillaume III.

126. Guillaume III monta sur le trône d'Angleterre en 1688.

Chapitre XVIII

127. Cf. liste au début du volume et préface.

128. Mail-coach public.

129. La maison occupée par les La Tour du Pin était construite en bois et en briques séchées. Elle n'avait qu'un étage. Les fondations — toujours les mêmes de nos jours — sont en pierre. Après le départ des La Tour du Pin, la maison brûla. Une nouvelle construction de vingt pièces fut érigée vers 1812.

Les premiers propriétaires connus de ce manoir furent le docteur et Mme Donhauser qui la vendirent aux sœurs de Saint-Joseph de Carondelet. La maison fait maintenant partie d'un ensemble qui constitue la maison provinciale de cet Ordre. Elle s'appelle «Mulberry Hill», du nom d'un arbre qui aurait été planté par Talleyrand dans le jardin et qui a maintenant disparu. Elle est située sur une colline — comme l'indique également son nom — d'où la vue s'étend jusqu'aux crêtes de la chaîne des montagnes environnantes.

L'adresse est la suivante: Maison Provinciale des Sœurs de Saint-Joseph de Carondelet, De La Tour Road, Latham, Albany.

Le 10 novembre 1963, une citoyenne d'Albany, Mme Goetz, qui s'intéressait beaucoup à Mme de La Tour du Pin, fit poser une plaque commémorative sur un des murs de la maison. La cérémonie eut lieu en présence du consul de France à New York (cette métropole faisant partie du comté d'Albany). L'inscription se traduit comme suit: «Fuyant la révolution française, la marquise de La Tour du Pin vécut sur ce site de 1794 à 1796 comme l'indique son autobiographie.»

130. La vérité est que lady Dillon, morte le 19 juin 1794, avait fait à Mme de La Tour du Pin un legs de trois cents gui-

nées, selon les termes mêmes de son testament, «pour porter mon deuil».

131. Le traîneau de luxe.

Chapitre XIX

132. Ville du Cap-Français brûlée en 1793, à cette époque, chef-lieu de la colonie française de Saint-Domingue. Aujourd'hui ville de la République d'Haïti sous le nom de Cap-Haïtien.

133. La piastre espagnole de l'époque, celle dont il s'agit vraisemblablement, valait un peu plus de cinq francs.

134. Petit-lait.

135. Filé chez soi.

136. «Quel noble toit à porcs!»

137. *Voyage dans les États-Unis d'Amérique, faits de 1795 à, 1798*, par le duc de La Rochefoucauld-Liancourt, 8 volumes, 1800.

Chapitre XX

138. Emmery, comte de Grozyeux, président de la Constituante le 4 janvier 1790.

Chapitre XXI

139. «Est-ce possible? Entendez-vous dire que nous sommes libres?»

140. «Oui, sur mon honneur, à partir de ce moment, aussi libres que je le suis moi-même.»

141. Acte par lequel on affranchit un esclave.

142. Louis-Philippe, duc d'Orléans (1725-1785), père de Philippe-Égalité.

143. M. et Mme de La Tour du Pin, leur jeune fils Humbert et M. de Chambeau.

144. Une autre passagère de la *Maria-Josepha*.

145. «Oh! Je vois maintenant, celui-là est une femme!»

146. Les colonies agricoles étrangères qui donnèrent naissance aux deux petites villes de La Carlota et de La Carolina, furent en réalité fondées en Espagne, vers 1768, par M. Olavidès, homme d'État espagnol, alors intendant de Séville.

Le comte d'Aranda était à cette époque Premier ministre de Charles III, et le comte de Florida Blanca ne fut appelé à ce poste qu'en 1777.

147. M. Broun.

Chapitre XXII

148. Ou *la Vierge à la perle*.

149. 10 août 1557. Jour de la fête de saint Laurent, patron de l'Escurial.

150. Philippe II, roi d'Espagne, 1527-1598.

151. Fils de Philippe II et de Marie de Portugal, 1545-1568.

152. Château royal de la Granja qui se trouve dans la ville de Saint-Ildefonse.

153. Alix, dite Charlotte de La Tour du Pin de Gouvernet. La concernant et concernant son mari, Auguste, comte de Liedekerke Beaufort (cf. liste au début du volume).

154. La terre de Cénevières fut en réalité achetée par Mme Haurissart, née Anne de Labiche, avec l'autorisation de son mari.

Chapitre XXIII

155. Comtesse Edward de Rothe (cf. liste au début du volume).

156. Troisième fils de lady Jerningham (cf. annexe I`

157. Frances ou Fanny Dillon (cf. note 12 du chap. III) épousa plus tard le général comte Bertrand (cf. note 183 ci-dessous).

Chapitre XXIV

158. Edward de La Tour du Pin de Gouvernet, mort dans la même localité à l'âge de trois mois (1798).

159. Ned, diminutif anglais d'Edward.

160. Bas-bleu.

161. «La voiture de Miss White embarrasse le passage.»

162. «Dans ces lieux où la belle Isis* et son époux Thame mêlent leurs flots qui coulent pour toujours unis.»

* Dans la partie supérieure de son cours la *Thames* — Tamise — est aussi désignée sous le nom d'Isis, jusqu'au point où elle reçoit un affluent nommé la *Thame* ou *Tame* selon l'orthographe de Prior.

163. Gérard Honthorst, dit Gérard des Nuits.

164. Comte Guillaume d'Olliamson, fusillé à Paris le 16 thermidor an VII (3 août 1799). La marquise de La Tour du Pin place par erreur cet événement dans le courant de l'été 1798.

165. La pelouse.

Chapitre XXV

166. Sa fille, Cécile de La Tour du Pin de Gouvernet. La concernant et concernant soit fiancé, cf. liste au début du volume.

167. Sa petite-fille, Cécile de Liedekerke Beaufort. La concernant et concernant son mari, cf. liste au début du volume.

Chapitre XXVI

168. Elle fut vendue en 1797.

169. Élisabeth dite Élisa de Lally-Tollendal (cf. note concernant son père *in* liste au début du volume).

170. Claire de Kersaint, duchesse de Duras (cf. liste au début du volume).

171. Château d'Ussé, près de Chinon, en Indre-et-Loire.

172. La duchesse de Duras mère était née Louise-Henriette-Charlotte-Philippine de Noailles.

173. Amédée de Durfort, duc de Duras, époux de Claire de Kersaint (cf. liste au début du volume).

Chapitre XXVII

174. Paul-Philippe, comte de Ségur, à cette époque major commandant un régiment de hussards, né en 1780, mort en 1873.

175. Expression de menace suspendue que Virgile, dans l'*Énéide*, met dans la bouche de Neptune, lorsque, pour apaiser la tempête, il apostrophe les vents déchaînés, sur la demande de Junon, par le roi Éole, dans le but de détruire la flotte montée par Énée et les Troyens (*Énéide*, livre I).

176. Cette fin de chapitre était intercalée dans la dernière partie des Mémoires avec une annotation de l'auteur indiquant la place qu'elle devait occuper dans le texte.

177. La reine d'Espagne, Marie-Louise.

178. Ferdinand, prince des Asturies, depuis Ferdinand VII, roi d'Espagne, et Don Carlos, qui prit plus tard le titre de Charles V, à l'avènement au trône de sa nièce Isabelle, reine d'Espagne, qu'il ne voulut pas reconnaître.

179. Don Manuel Godoï.

180. Fin de la partie intercalée. (Cf. ci-dessus note 176.)

Chapitre XXVIII

181. *La Pitié*, poème par Jacques Delille, à Paris, chez Giguet et Michaud, imprimeurs-libraires, rue des Bons-Enfants, n° 34, an XIII. «Notes du chant IV» p. 213.

182. Alix, dite Charlotte, et Cécile.

183. Le général comte Henri Bertrand (1773-1844), grand maréchal de Napoléon Iᵉʳ, dont ce dernier devait dire un jour : «Bertrand est désormais identifié à mon sort.» Il épousa Fanny

Dillon, demi-sœur de la marquise de La Tour du Pin (cf. note 12). Depuis deux ans, il soupirait en vain auprès de la belle Fanny lorsque celle-ci se décida enfin, sur l'intervention de l'empereur lui-même : au début de septembre 1808, le mariage fut décidé et l'empereur, devant, peu après, partir pour Erfurt, fit presser les choses. Il chargea la marquise de La Tour du Pin de préparer le mariage et arrêta que la cérémonie aurait lieu à Saint-Leu chez la reine Hortense. Le mariage civil fut célébré le 16 septembre 1808 (Paris, Ier arrondissement) et le mariage religieux le 17 du même mois (chapelle de Saint-Leu, évêché de Versailles).

Du mariage du général comte Bertrand et de Fanny Dillon naquirent plusieurs enfants : une fille, Hortense, et quatre fils, Napoléon, Henri, Arthur et Alphonse Bertrand. Les fils sont morts sans postérité. Hortense, du nom de sa marraine, la reine de Hollande, mère de Napoléon III, épousa M. Amédée-Gourcy-Williams Thayer (1799-1867). Des trois enfants nés de ce mariage aucun ne survécut à ses parents.

184. Guillaume de La Marck, né vers 1436, mort décapité en 1485.

185. Hilarion, comte de Liedekerke Beaufort, fils de Jacques-Ignace, comte de Liedekerke, et de Marie-Robertine, comtesse de Beaufort. Dans la préface de ses souvenirs publiés par Christian de Liedekerke Beaufort *(le Comte Hilarion)*, Paul Guth a tracé son portrait :

« *Né en 1762, mort en 1841, le comte Hilarion au nom pittoresque traverse une des périodes les plus tragiques de l'histoire de France et de l'Europe : la Révolution, le Consulat, l'Empire. Nous considérons toujours un peu les survivants de ces années de feu comme les sauteurs qui, au cirque, plongent dans des cerceaux enflammés. Nous nous demandons comment ils ne se sont pas brûlés.*

« *Le comte Hilarion est né au château de Fontaine, dans la partie des Pays-Bas autrichiens qui forme la Belgique actuelle. Il sert comme officier au régiment Royal Comtois, puis au régiment Royal Liégeois dont on le nomme lieutenant-colonel en 1791.*

« *Sous le Consulat et l'Empire, il commande à Bruxelles le 2e escadron de la Garde d'Honneur. En 1814, il siège à la première Chambre des États généraux du royaume des Pays-Bas. Il devient inspecteur des Eaux et Forêts, grand maréchal de la cour du roi Guillaume Ier, surintendant des palais royaux de Belgique.*

«*À travers toutes ces charges le comte Hilarion montre les deux caractères propres au siècle où régnait la monarchie bicéphale de Voltaire et de Rousseau: l'esprit et la sensibilité. Il y a un comte Hilarion qui rit et un comte Hilarion qui pleure. Le second s'émeut en retrouvant ses parents, son château, ses arbres. Il annonce déjà les nostalgies romantiques d'un Chateaubriand. Le premier cherche le trait, le mot qui mord, mais en les feutrant d'une bonhomie belge, délicieuse.*»

Il a déjà été question du comte de Liedekerke Beaufort (cf. notes 50 et 97 ci-dessus).

186. Épouse d'Hilarion, comte de Liedekerke Beaufort, Julie Desandrouin (1769-1836) était la dernière descendante des marquis et vicomtes Desandrouin dont le nom au XVIIIᵉ siècle est lié au développement de nombreuses industries de la région de Charleroi et du nord de la France et surtout à la fondation de la compagnie des Mines d'Anzin. Son père, Pierre-Benoît vicomte Desandrouin (1742-1811) devint trésorier général des Pays-Bas. L'impératrice Marie-Thérèse se plaisait à louer l'amour sincère du peuple chez ce haut fonctionnaire riche, désintéressé et ambitieux «*qui trouve, disait-elle, dans son propre cœur la récompense de son zèle à être utile*».

187. Auguste, comte de Liedekerke Beaufort. En ce qui le concerne, voir la note consacrée à son épouse, Alix, dite Charlotte de La Tour du Pin de Gouvernet, *in* liste au début du volume.

188. Hermeline de Liedekerke Beaufort, qui épousa Alphonse, comte de Cunchy, et Clara de Liedekerke Beaufort, décédée jeune sans avoir été mariée.

189. Hortense-Eugénie de Beauharnais qui épousa Louis Bonaparte, roi de Hollande.

Chapitre XXIX

190. Les filles de la duchesse de Duras: Félicie (cf. liste au début du volume) et Clara. Celle-ci naquit à Londres en 1799 et fut l'enfant adorée de sa mère. Son mariage avec le comte Henri-Louis de Chastellux fut célébré le 31 août 1819 dans l'église des missions étrangères à Paris. La duchesse de Duras se sépara avec peine de Clara, tout en donnant à cette union son plein consentement.

À partir de ce moment les événements de sa vie se confondent avec l'existence de son époux. Elle meurt quelques mois après celui-ci, en 1863.

Né le 28 février 1786, décédé le 3 mars 1863, Henri-Louis de Chastellux, duc de Rauzan, était le fils d'Henri-Georges-César comte de Chastellux, maréchal de camp, et d'Angélique-Victoire de Durfort-Civrac, et frère puîné de César-Laurent, comte de Chastellux, pair de France.

Le jour même de la célébration de son mariage, le roi Louis XVIII lui conféra le titre de duc de Rauzan, du nom d'une des principales seigneuries de la maison de Durfort.

Par ordonnance royale de Charles X en date du 21 décembre 1825, le duc de Rauzan fut comme prévu substitué aux rang, titre et qualité de pair de France de son beau-père le duc de Duras qui n'avait pas de fils.

En 1814 la Restauration favorisa son goût pour la diplomatie en le nommant, le 20 juin, secrétaire d'ambassade à Rome. Deux ans plus tard, le 22 juin 1816, il fut promu premier secrétaire de la légation française à Berlin, poste qu'il occupa jusqu'en 1819.

Nommé colonel de la 12e légion de la garde nationale de Paris le 23 octobre 1822, il abandonna au bout d'un an ce commandement afin de se consacrer entièrement à la diplomatie. Il fut d'ailleurs aussitôt nommé (13 novembre 1822) premier secrétaire de la légation française à Vérone où il suivit Chateaubriand qui devait participer au Congrès qui porte le nom de cette ville.

Grâce à l'influence de sa belle-mère, le duc de Rauzan fut élevé au rang de directeur des travaux politiques au ministère des Affaires étrangères le 1er janvier 1823 par Chateaubriand. Il occupa ces fonctions jusqu'au 6 juin 1824.

Le duc de Rauzan devint ensuite (15 juillet 1825) ministre plénipotentiaire au Portugal, pays alors divisé entre la jeune reine Dona Maria et l'infant Don Miguel. Placé dans une position délicate lors de la guerre civile fratricide qui opposa les deux partis, Rauzan défendit la jeune reine jusqu'au jour où il estima que sa présence n'était plus utile à Lisbonne. Il rentra alors en France (1827).

Trois ans plus tard, nommé ambassadeur à Turin, il se préparait à se rendre à ce nouveau poste où il devait remplacer M. de La Tour du Pin lorsque survint la révolution de Juillet. Fidèle à la branche aînée des Bourbons, il renonça à une carrière qu'il aimait et se renferma dans la vie privée.

De son mariage avec Clara de Durfort naquirent un fils et trois filles. Son fils Amédée-Gabriel-Henri (1821-1857) s'unit le 13 janvier 1842 à sa cousine germaine Marguerite de Chastellux, fille de César-Laurent comte de Chastellux. Dont postérité.

L'aînée de ses trois filles Césarine-Claire-Marie (1820-1866) épousa en 1842 Ernest marquis de Lubersac (1812-1878). La seconde, Charlotte-Henriette-Natalie (1824-1848) épousa en 1846 Claude-Henri de la Croix de Chevrières, marquis de Pisançon. Quant à la dernière, Félicie-Georgine (1830-1897), elle épousa en 1849 Xavier comte de Blacas (1819-1876).

La comtesse de Blacas hérita du château d'Ussé, propriété de sa tante Félicie, comtesse de La Rochejaquelein qui ne laissa pas de descendants. En outre, de même que cette dernière, après le décès de Mme de La Tour du Pin (1853), avait continué à entretenir une correspondance assidue avec le comte Hadelin de Liedekerke Beaufort, petit-fils de la marquise, de même le comte et la comtesse de Blacas resserrèrent encore ces liens d'amitié entre les deux familles et poursuivirent cette correspondance. Ce fut d'ailleurs la comtesse de Blacas qui remit à Hadelin de Liedekerke Beaufort les lettres de Mme de La Tour du Pin adressées à la comtesse de La Rochejaquelein et dont une partie fait l'objet du présent ouvrage.

191. Princesse Auguste-Amélie de Bavière, qui avait épousé, en 1806, le prince Eugène de Beauharnais, vice-roi d'Italie.

192. Communauté de «béguines», femmes vivant en commun sous des règles monastiques, mais sans prononcer de vœux.

193. 31 juillet 1809.

194. Comédie de Brueys et Palaprat (1706).

195. Antoine Dubois, chirurgien.

196. Fanny Dillon, comtesse Bertrand.

197. Le roi de Rome.

Chapitre XXX

198. Guillaume Ier, roi des Pays-Bas.

199. Cela n'est pas tout à fait exact. L'empereur partit le 19 septembre 1811 pour visiter le camp de Boulogne, la flotte française et le nord de l'Empire. Après son départ, l'impératrice se rendit à Laeken, près de Bruxelles, où elle arriva dans la nuit du 21 au 22 septembre, et où elle devait attendre les ordres de l'empereur. Elle le rejoignit le 30 septembre à Anvers.

200. Auguste, comte de Liedekerke Beaufort (cf. la note consacrée à son épouse *in* liste au début du volume).

201. Hilarion, comte de Liedekerke Beaufort (cf. note 185 ci-dessus).

202. Comtesse de Liedekerke Beaufort (cf. note 186).

203. Auguste, comte de Liedekerke Beaufort.

204. Le docteur Auvity, médecin.

205. Erreur de mémoire de l'auteur : le mariage civil eut lieu le 20 avril 1813.

206. Personnage de la tragédie de Voltaire : *Alzire ou les Américains*, acte V, scène VII (1736).

207. Propriété des Liedekerke Beaufort dans les Ardennes belges, à Celles, près de Dinant. À cette époque la famille habitait le manoir de Noisy, l'ancestral château féodal de Vêves ayant été, dès 1750, jugé trop incommode. Aujourd'hui, ce dernier, restauré, ouvert au public, abrite de nombreux souvenirs des La Tour du Pin.

Chapitre XXXI

208. Aymar de La Tour du Pin de Gouvernet. En ce qui concerne ses sœurs — Charlotte et Cécile — et lui-même, cf. liste au début du volume.

209. Félicie, future princesse de Talmont, puis comtesse de La Rochejaquelein (cf. liste), et Clara, future duchesse de Rauzan (cf. note 190 ci-dessus).

210. Prince de Galles, fils du roi d'Angleterre George III.

211. C'est-à-dire désigné pour prendre son service d'une année auprès du roi, comme gentilhomme de la chambre.

212. Alix, dite Charlotte, comtesse de Liedekerke Beaufort (cf. liste au début du volume).

Chapitre XXXII

213. Marie de Liedekerke Beaufort, née au commencement de 1814, décédée la même année.

214. Marie, cf. note précédente.

215. Alix, dite Charlotte, comtesse de Liedekerke Beaufort, et Cécile de La Tour du Pin (cf. liste au début du volume).

216. Léopold Ier, roi des Belges.

217. Guillaume Ier, roi des Pays-Bas.

218. Duc d'Angoulême ; ne prit le titre de Dauphin que le 16 septembre 1824, à l'avènement au trône de son père, le roi Charles X.

219. Guillaume Ier, roi des Pays-Bas

CORRESPONDANCE

1 et 2. Cf. liste au début du volume.

3. En ce qui le concerne, cf. note consacrée à son épouse *in* liste au début du volume.

4 et 5. Cf. liste au début du volume.

6. Son mari.

7. Comtesse (Auguste) de Liedekerke Beaufort.

8. Le roi de Rome.

9. Fille de Mme de Staël.

10. Fils de Mme de Staël.

11. Albertine, le 16 février 1816, épousa le duc de **Broglie** (1785-1870).

12. Comte Auguste de Liedekerke Beaufort.

13. L'abbé de Pradt.

14. La princesse d'Hénin (cf. liste au début du volume).

15. Le marquis de Lally-Tollendal (cf. liste au début du volume).

16. La duchesse de Duras (cf. liste au début du volume).

17. Fille de la duchesse de Duras et sœur de Félicie de La Rochejaquelein. En 1819, elle épousa le duc de Rauzan (cf. note 190 des Mémoires).

18. Épouse de sir Richard Bedingfeld. Née Charlotte Jerningham (1771-1854). Fille de sir William Jerningham et de Frances Dillon, laquelle était la sœur du comte Arthur Dillon, père de Mme de La Tour du Pin (cf. annexe I).

19. Edward Dillon (1763-1839), lointain parent de Mme de La Tour du Pin. Ayant une belle prestance, de grandes manières et beaucoup d'esprit, il fut connu, avant la Révolution, sous le nom de «beau Dillon». Il passe à tort pour avoir été l'amant de Marie-Antoinette. En émigration, il commanda un régiment anglais. À la Restauration, il fut nommé lieutenant-général et ministre de France à Dresde, puis à Florence. Il avait épousé une créole très fortunée dont il eut une fille, Georgine, qui, après avoir inspiré une grande passion au roi Frédéric-Guillaume III de Prusse, épousa le comte de Karoly.

20. Nommé lieutenant-général du royaume lors du retour d'Elbe, avait été abandonné par ses troupes et avait dû se rendre à Napoléon.

21. Dans le midi de la France (cf. note précédente).

22. Mathieu, vicomte puis duc de Montmorency (1767-1826).

23. La duchesse d'Angoulême.

24. Joseph, vicomte Laisné (1767-1835).

25. Alexis, comte de Noailles (1783-1835). On peut noter qu'avec le marquis de La Tour du Pin, il fut un des ministres plénipotentiaires de France au Congrès de Vienne, sous la direction du prince de Talleyrand.

26. La duc de Blacas d'Aulps (1770-1839). Il accompagna Louis XVIII lors de son retour en 1814 et séjourna avec le roi, sur le chemin de Paris, à la préfecture d'Amiens où il fut reçu par M. de La Tour du Pin, alors préfet de la Somme.

27. Eugène François d'Arnauld, baron de Vitrolles (1774-1834). Ardent royaliste, pendant les Cent-Jours, il tenta de soulever le Midi mais fut arrêté à Toulouse.

28. Charles-Henri, vicomte Dambray (1760-1829), chancelier de France et président de la Chambre des pairs.

29. La princesse d'Hénin.

30. La duchesse de Duras.

31. «Le jeune Browne» était le fils de lord Kenmare. Sa mère, née Dillon, était la cousine germaine de Mme de La Tour du Pin.

32. Henri, général comte Bertrand.

33. Edward, duc de Fitz-James (1776-1846). Il épousa en premières noces Élisabeth Alexandrine de La Touche, dont la mère était née Marie de Girardin. Cette dernière, devenue veuve du comte de La Touche, épousa en secondes noces le comte Dillon, père de Mme de La tour du Pin, dont elle eut notamment une fille, Fanny, épouse du général Bertrand.

34. Cette anecdote paraît inexacte. La fidélité de Bertrand à l'empereur fut toujours inébranlable. Au moment où il décidait de suivre Napoléon à l'île d'Elbe, le grand-maréchal dit au duc de Fitz-James: «J'acquitte la dette de la reconnaissance et de l'honneur. C'est l'empereur malheureux que j'accompagne.» Ces paroles furent mal rapportées (par Fitz-James lui-même) et mal interprétées. Il ne s'agissait certes pas d'un solde pour tout compte. Bertrand n'avait pas fini de se dévouer. L'avenir le prouva.

35. Cf. liste au début du volume et annexe III, récit de son duel et de sa mort.

36. En ce qui le concerne, cf. note consacrée à sa fiancée *in* liste au début du volume.

37. Félicie de Duras, comtesse de La Rochejaquelein.

38. Congrès de Laybach.

39. Comte de Mercy-Argenteau

40. Comtesse Auguste de Liedekerke Beaufort, sa fille.

41. Son dernier fils survivant (cf. liste au début du volume).
42. Le roi Victor-Emmanuel. (Piémont).
43. Le roi Charles-Félix. (Piémont).
44. Le roi Charles-Félix.
45. Le roi Ferdinand Ier (Deux-Siciles).
46. L'ex-roi du Piémont.
47. Comtesse Auguste de Liedekerke Beaufort, sa fille.
48. Comte de Mercy-Argenteau.
49. Son petit-fils, Hadelin de Liedekerke Beaufort (cf. liste au début du volume).
50. Achille-Jean-Marie, baron Rouen (1785-1855), premier secrétaire de l'ambassade de France à Turin.
51. La princesse d'Hénin.
52. La princesse de Poix (1750-1834), née Anne-Louise de Beauvau, était cousine germaine et grande amie de la princesse d'Hénin.
53. Paul Guth, *Histoire de la littérature française*, tome I.
54. G. Pailhès, *la Duchesse de Duras et Chateaubriand*.
55. Cécile de Liedekerke Beaufort, sa petite-fille (cf. liste au début du volume).
56. Chateaubriand, qui vient de représenter la France au Congrès de Vérone, passe par Turin avant de retourner à Paris pour se voir nommer ministre des Affaires étrangères.
57. Marie-Sylvie de Rohan-Chabot (1729-1808), épouse en premières noces du marquis de Renel, épouse en secondes noces (1764) de Charles-Juste. maréchal de Beauvau, lui-même veuf de Marie-Sophie-Charlotte de La Tour d'Auvergne.
58 Comte de Mercy-Argenteau.
59. La princesse d'Hénin.
60. Le Bouilh. Il est question pour la première fois de ce château de famille au chapitre III des Mémoires.
61. Aymar de La Tour du Pin, son dernier enfant en vie (cf. liste au début du volume).
62. Comtesse Auguste de Liedekerke Beaufort, sa fille, décédée.
63. Cécile de Liedekerke Beaufort, sa petite-fille.
64. La duchesse de Duras s'était mis en tête de vendre cette demeure à son ami Talleyrand qui, en fin de compte, lui écrivit le 16 août 1824 : «C'est fait. J'achète Andilly. Je me soumets à votre loi et cela me plaît.»
65. Anne-Hyacinthe, baron de Damas (1785-1862). Élevé à Saint-Pétershourg pendant l'Émigration. Lieutenant-général à la Restauration. Successivement commandant de la 8e divi

sion, ministre de la Guerre, des Affaires étrangères, gouverneur du duc de Bordeaux. Il suivit ce prince, futur comte de Chambord, en exil, et revint en France son éducation terminée.

66. Eugène de Montmorency-Laval (1773-1851), prince-duc de Laval, maréchal de camp, lieutenant-général.

67. Comte Charles de Mercy-Argenteau.

68. « Il y a cent intrigues nouvelles à Saint-Cloud. On est étonné de voir Madame se promener avec la princesse Esterhazy, aller à Saint-Germain avec la princesse Esterhazy, dîner avec la princesse Esterhazy. On ignorait que lorsque Madame arriva à Vienne, à la sortie du Temple, on lui donna pour grande maîtresse Mlle de Chanclos, qui avait une nièce, Mlle de Roisin, qui plut beaucoup à Madame et avec laquelle elle se lia intimement. C'était l'époque où l'on voulait faire épouser à Madame l'archiduc Charles, dont elle ne voulait pas. La confiance s'établit entre ces jeunes personnes et Madame avait continué d'écrire à Mlle Roisin qui avait épousé le prince Esterhazy. On disait à Saint-Cloud qu'elle allait devenir la rivale de M. du Cayla, parce qu'elle avait plu infiniment à Louis XVIII et que Madame la chérissait. Toutes les dames en meurent de jalousie. » (Lettre de Mme de Duras à Chateaubriand, en date du 28 juin 1822.)

69. Hector-Charles-Henri, comte Mortier, né en 1797, pair de France, neveu du maréchal Mortier, duc de Trévise.

70. En fin de compte, Charles de Mercy-Argenteau fut nommé à Munich et non à Paris.

71. Épouse et fille du comte Christian de Senft von Pilsach, né en 1774, en Thuringe. Il entra au service du roi de Saxe dont il fut le représentant à Paris (1808-1810) où il se lia avec Metternich qui lui confia en 1813 une mission en Suisse. Revenu à Paris, sous l'influence de Lamennais, il se convertit au catholicisme de même que son épouse, nièce du baron Stein. En 1827 il était ministre d'Autriche à Turin.

72. Mme de La Tour du Pin s'adresse non seulement à Félicie mais également à sa sœur Clara, duchesse de Rauzan.

73. Charles-Amédée-Antoine-Joseph, marquis de Montcalm-Gozon (1796-1859), alors deuxième secrétaire de l'ambassade de France à Turin. Il devint ultérieurement officier supérieur. En 1821 il avait épousé Zoé Alexandrine Auguste de Chastenet de Puységur (1802-1851). De ce mariage naquit une fille qui épousa son cousin le marquis de Montcalm.

74. Marie-Louis-Jean-André-Charles Demartin de Tyrac,

comte de Marcellus (1795-1865). Il participa au soulèvement que le duc d'Angoulême avait organisé dans le Midi en 1814 Après les Cent-Jours, il entra dans la carrière diplomatique En mission au Moyen-Orient, il enleva de Milo la célèbre Vénus et envoya cette statue en France. Il fut ensuite secrétaire d'ambassade à Londres, à Madrid, à Lucques. Il refusa sa nomination au poste de sous-secrétaire d'État aux Affaires étrangères sous le ministère Polignac et se retira dans la vie privée.

75. La fameuse robe dont il était question dans la lettre du 21 janvier 1827... enfin arrivée à Turin !

76. Auguste-Pierre-Marie Ferron, comte de La Ferronays (1777-1842). Après avoir émigré en Suisse et fait partie de l'armée de Condé, il devint, sous la Restauration, maréchal de camp et pair de France. Avant de devenir ministre des Affaires étrangères, il fut ambassadeur au Danemark, puis en Russie. Il termina sa carrière comme ambassadeur de France à Rome.

77. André-Jean, comte de Chabrol de Crouzol (1771-1836), pair de France ; après avoir été ministre de l'Intérieur, devint ministre de la Marine sous le ministère Martignac mais se retira dès le 3 mars 1828. C'est alors qu'il intrigua pour obtenir l'ambassade de France à Turin. Ministre des Finances dans le gouvernement Polignac, il rentra dans la vie privée avant les Ordonnances de 1830.

78. Aimé-Raoul, marquis de Couronnel, gentilhomme de la chambre du roi, fils de Charles-Honoré, marquis de Couronnel, et de Blanche de Chassepot de Pissy, épousa, en 1828, Marguerite-Pauline de Montmorency-Laval, fille d'Adrien, duc de Laval, et de Bonne de Montmorency-Luxembourg.

79. Élisabeth de Baylens de Poyanne qui avait épousé en 1778 Élie-Charles de Talleyrand, prince de Chalais, fut une grande amie de la princesse d'Hénin. À propos de ces dames, la comtesse de Boigne écrit : « Les personnes que j'ai nommées formaient la *coterie* proprement dite. D'ancienne date assurément car, longtemps avant la révolution, Mesdames les princesses de Poix, de Chalais, d'Hénin et de Bouillon étaient connues à la Cour sous le titre des *princesses combinées*. »

80. Auguste, comte de Liedekerke Beaufort, son gendre.

81. Cécile de Liedekerke Beaufort, sa petite-fille.

82 Charles X.

83. Concernant ce début de lettre et le commentaire qui le précède, on peut ajouter : Le 2 août 1830, à trois heures du matin, le marquis de La Tour du Pin quitta Versailles et se

dirigea sur Orléans, croyant que le roi, en se retirant par Rambouillet, prenait cette route pour aller à Tours s'assurer des dispositions du Midi et surtout de la Vendée, et que, là, il se réunirait à lui.

Dès le lendemain, apprenant l'abdication du roi et son départ pour Cherbourg, M. de La Tour du Pin décida de gagner le Bouilh où son fils — Aymar, à qui il faut donner la parole — le rejoignit.

«Mon père se résolut donc à donner sa démission de Pair et à perdre ainsi tout espoir bien fondé d'occuper un haut emploi dans la diplomatie, dont il était, à cette époque, le plus ancien membre. Mais sa modestie s'effarouchant du bruit, j'eus quelque peine à obtenir de lui qu'il envoyât officiellement cette démission en écrivant cette noble lettre qui fut lue à la Chambre des pairs infidèles le 21 août 1830.»

Voici le texte de cette lettre dont le contenu fut inséré dans le *Moniteur* du 22 août.

> *«St André de Cubzac, le 14 août 1830.*
>
> «*Monsieur le Chancelier,*
>
> «*J'ai l'honneur de vous prier de vouloir bien faire connaître officiellement à la Chambre des pairs, que ma conscience et ma raison se refusent également à admettre la vacance du trône dans la personne de Monseigneur le duc de Bordeaux, et qu'en conséquence, je ne prêterai pas le serment qu'on me demande, parce qu'il est directement contraire à celui que j'ai prêté.*»
>
> «*J'ai l'honneur...*»
>
> *Signé le marquis de La Tour du Pin, pair de France.*

Aymar de La Tour du Pin poursuit son récit: «Il fallait quelque énergie pour adopter ce rigoureux parti, car cette résolution nous réduisait à peu près à la misère.

«En envoyant sa démission, mon père perdait sa dotation de 12 000 francs qui était attachée à sa Pairie; la révolution venait de rompre les propositions avantageuses qui lui avaient été faites pour qu'il cédât son poste de Turin; il ne restait plus qu'avec sa simple retraite que le nouveau gouvernement devait réduire au chiffre le plus bas et qui, jointe au minime revenu de Tesson et du Bouilh (qui m'appartenait en propre), devait suffire à notre vie et au paiement des intérêts de plus de 300 000 francs de dettes. La position se présentait sous l'aspect le plus sombre: les impossibilités se dressaient partout devant nous, sans qu'aucune issue nous laissât prévenir comment nous en sortirions. Je ne sais vraiment pas comment mon pauvre père s'en tira : mais enfin, nous avons vécu et payé tout ce qui était dû.»

84. Du côté de la nouvelle famille royale, les Orléans.

85. Son petit-fils, Hadelin de Liedekerke Beaufort.

86. Bourbon-Vendée. Cette ville créée par Napoléon Ier portait le nom de Napoléon-Vendée. Elle s'appelle maintenant La Roche-sur-Yon.

87. La grossesse de la duchesse de Berry. D'autres lettres de Mme de La Tour du Pin qui n'ont pu être citées dans le cadre des présents extraits montrent l'évolution de ses sentiments par rapport à cet événement : incrédulité, stupéfaction, irritation, réprobation, puis, finalement, résignation par fidélité au principe de la légitimité et respect pour Henri V.

Après l'échec de son équipée vendéenne, la duchesse de Berry avait été arrêtée et enfermée à la forteresse de Blaye. En mars 1833, elle y accouchait d'une fille (cf. note 94 ci-dessous) qu'elle déclara le fruit d'un mariage secret avec le comte Lucchesi-Palli. L'événement, bassement exploité par le gouvernement de Louis-Philippe, fit scandale et discrédita la duchesse de Berry.

88. La duchesse de Berry.

89. Cf. note 76 de la Correspondance.

90. Guillamme-Isidore, baron de Montbel, dit le comte de Montbel, avocat, maire de Toulouse (1826), député de la Haute-Garonne (1827-1830), vice-président de la Chambre des députés, ministre de l'Instruction publique (1829), puis des Finances (1830). Né à Toulouse en 1787, il mourut à Fishdorff en 1861, s'étant marié trois fois.

91. Le roi Charles X et sa petite Cour sous la protection de l'empereur d'Autriche s'étaient retirés aux châteaux du Hradschin et de Butschie-RAD près de Prague.

Henri V (de Bordeaux-Chambord) s'y trouvait aussi, séparé de sa mère, sous la tutelle de son royal grand-père. Sa majorité, selon les traditions de la Maison de France, devait être proclamée.

La duchesse de Berry tenait à assister à cette cérémonie. Le roi Charles X s'opposait à ce vœu.

Chateaubriand s'efforça de convaincre le vieux souverain d'accéder au désir de la duchesse de Berry.

L'illustre écrivain n'obtint pas le succès qu'il souhaitait ; par contre Charles X consentit à rencontrer sa belle-fille en octobre à Leoben.

Une série d'épisodes tragi-comiques marquèrent les entre-
vues de Leober, où furent traitées diverses questions, notamment l'avenir d'Henri V et la situation de la duchesse de
Berry.

Le résultat pratique de ces conversations se résume dans
le simple fait que Marie-Caroline se trouvait définitivement
rayée de la Maison de France.

92. Cf. note 26 de la Correspondance.

93. Le comte de Lucchesi-Palli (cf. note 86 de la Correspondance).

94. La petite Anna, prétendument née de l'union de la
duchesse de Berry et du comte de Lucchesi-Palli.

95. Henri V, comte de Chambord.

96. La comtesse de Valence, prénommée Peky, était la fille
cadette de la célèbre Mme de Genlis. C'est en 1784 qu'elle
épousa Alexandre de Timbrune-Timbone, comte de Valence,
dont elle eut deux filles : Félicie, comtesse de Celles, et Rose-
Aimée, comtesse Gérard (cf. note suivante). Elle éleva aussi
Hermine (qui deviendra Mme Collard), fille naturelle de sa
mère et de Philippe-Égalité.

97. Louise-Rose-Aimée de Valence (1789-1860), mariée en
1816 à Maurice-Étienne, comte Gérard, pair et maréchal de
France.

98. Charles, deuxième earl of Middleton, fils aîné de John,
premier earl of Middleton et de Grizel Durham de Pitkerrow
et Luffness. Il fut ministre de Jacques II, roi d'Angleterre. Il
épousa lady Catherine Brudeneil, fille de Robert earl of Cardi-
gan dont il eut deux filles (cf. note 101 ci-dessous).

99. Jacques II (1633-1701) roi d'Angleterre, deuxième fils de
Charles Ier et de Henriette-Marie de France, fille d'Henri IV. Il
fut détrôné par son gendre Guillaume d'Orange. Pour le soutenir, Théobald, septième vicomte Dillon, leva sur ses terres
(1688) un régiment qui devint le régiment Dillon (cf. préface).

100. Charles-Edward (Stuart) dit le Prétendant, fils de
Jacques (III) (Stuart) dit aussi le Prétendant et petit-fils de
Jacques II, né en 1720, mort en 1788, prit le titre de roi à la
mort de son père. Épousa une princesse de Stolberg. À la fin
de sa vie avait pris le nom de comte d'Albany. À son sujet, dans
le cadre du présent ouvrage on ne peut pas ne pas ajouter
ceci : En 1745 a lieu l'événement connu sous le nom d'Expédition du Prétendant Charles-Edward, aventure à laquelle est
aussi lié le nom Dillon et d'ailleurs tous les noms des régiments irlandais au service de la France...

Que d'années passées, depuis le débarquement à Brest des Oies sauvages! Jacques II, roi d'Angleterre est mort... Jacques III, son fils qui d'ailleurs ne règne point, est mort! Le fils de ce dernier ne connaît rien ni de ceux qui ont jadis constitué l'armée de ses ancêtres ni des descendants de ceux-ci.

Cependant, dans la brigade irlandaise, l'espoir de la restauration des Stuarts est toujours vivace. Aussi, lorsqu'en 1745, Louis XV décide de favoriser le débarquement de Charles-Edward le Prétendant sur les côtes anglaises, un vent d'enthousiasme soulève les Irlandais. Tous veulent participer à l'expédition! Tous prétendent avoir les meilleures raisons pour être du nombre des élus! Pour ne mécontenter personne on tire au sort cinquante volontaires de chaque régiment irlandais.

Hélas! L'expédition joue de malheur. Une partie de la flottille est arraisonnée par la croisière anglaise et les détachements de Clare, Berwick et Bulkeley sont faits prisonniers avant même d'avoir débarqué.

Les autres — et, parmi eux, ceux de Dillon (commandés par Lally-Tollendal) arrivent à bon port et rejoignent le Prétendant à Montrose.

Charles-Edward n'est pas accueilli comme il l'espérait. Il se replie sur Glasgow et, de là, sur Culloden, où ses maigres troupes sont non seulement défaites et prises, mais où beaucoup d'hommes, blessés inclus, sont passés au fil de l'épée par les vainqueurs.

101. Elizabeth Middleton, fille aînée de Charles, deuxième earl of Middleton (voir note 98 ci-dessus) épousa Edward Drummond, plus tard sixième duc de Perth, dont elle n'eut pas d'enfants. Sa sœur, Catherine, épousa Michel comte de Rothe, arrière-grand-père de la marquise de La Tour du Pin.

102. Diplomate, fils de Joseph de Maistre, l'ardent défenseur de la légitimité.

103. Giuseppe Fieschi (1790-1836), conspirateur corse, né à Murato. À la suite de son attentat contre Louis-Philippe, il fut exécuté.

104. Aussitôt après son décès, son fils Aymar, dès cet instant marquis de La Tour du Pin de Gouvernet, va droit à l'essentiel. Il écrit de Lausanne, le 28 février 1837, au chancelier Pastoret, ancien vice-président de la Chambre des pairs demeuré fidèle à Charles X qu'il avait accompagné en exil.

«*Monsieur le chancelier,*

«*Les droits dont mon père jouissait depuis son élévation à la*

*pairie ne sont pas plus prescrits par une révolution que ceux de
la Monarchie dont il les tenait et c'est parce que vous êtes encore
pour les fidèles serviteurs le président de la Chambre des pairs
du roi de France que j'ai l'honneur de vous notifier la perte
cruelle que je viens de faire de mon père, le marquis de La Tour
du Pin de Gouvernet, retiré de la Chambre depuis son refus de
serment.*

«*J'attends que la Providence accorde à la France de plus heureux temps sous son roi Henri V pour réclamer mon admission
à l'héritage du titre de mon père.*

«*Agréez*», etc.

Le chancelier Pastoret lui répond:

«*Monsieur le comte,*

«*J'ai reçu la lettre que vous m'avez fait l'honneur de m'écrire
et la notification que vous avez bien voulu me faire de la mort de
Monsieur le marquis de La Tour du Pin de Gouvernet.*

«*Personne, vous voulez bien le croire je l'espère, ne s'associe
plus sincèrement aux regrets que cause la perte d'un homme si
recommandable sous tous les rapports, si digne d'estime dans sa
vie publique et privée et si cher aux fidèles amis de la Monarchie.*

«*Je reçois également, comme je le dois, la déclaration que
vous me faites de votre accession à la Pairie et j'en réserve le souvenir pour un autre temps.*

«*Je serai toujours heureux de pouvoir reconnaître le témoignage de fidélité et les nobles sentiments dont votre lettre
contient l'expression, et je mets bien du prix à vous assurer que
personne n'est avec une plus haute considération que moi, Monsieur le comte, votre très humble et obéissant serviteur.*»

Le marquis de La Tour du Pin est enterré en la basilique
abbatiale de Saint-Maurice, canton de Vaud. Le chanoine
Dupont-Lachenal donne une description de sa belle dalle funé-
raire. (*Annales valaisannes*, 1978.)

105. La conquête de l'Algérie, commencée sous Charles X,
continuait toujours sous Louis-Philippe. En 1839, Abd-El-
Kader, champion de l'Islam et de l'indépendance des Arabes,
réussit à mener ses forces jusque sous les murs mêmes d'Alger, ville conquise par les Français dès 1830.

106. Anniversaire de la révolution de 1830.

107. Affaire d'Égypte. Le Sultan turc, suzerain de ce pays,
est opposé à Mehemet-Ali, Pacha d'Égypte, très lié avec la

France. Pour ouvrir ses frontières, à la suite de l'aide qu'il lui apporta en Grèce, Mehemet-Ali avait réclamé la Syrie au Sultan. Celui-ci avait refusé, mais, battu par l'armée égyptienne, il dut céder (1833). Aidé par l'Angleterre, inquiète de la francophilie de Mehemet-Ali, le Sultan prit sa revanche en 1840 et malgré l'opposition de la France récupéra la Syrie. Ces événements faillirent déclencher une guerre générale.

108. Manuscrit des Mémoires. Il se trouve dans les archives de Noisy-Vêves, propriété familiale des Liedekerke Beaufort.

109. La famille de Blonay. «Dans le pays de Vaud, en Chablais et en Savoie. Citée 1090. Filiation prouvée depuis 1134. La plus ancienne famille subsistante de toute la Suisse.» (Baron de Woelmont de Brumagne, *la Noblesse française subsistante*, 1928.)

110. Il semble qu'il n'a été encore produit aucune pièce authentique établissant la filiation princière de John Freeman. C'est seulement sur la foi de souvenirs oraux que le tribunal de Thonon par jugement de décembre 1846 a reconnu cette filiation et autorisé ses descendants à porter le nom de Bourbon. Cf. A. Castelot, *le Duc de Berry et son double mariage*. Éd. Sfelt 1951.

111. Cf. note 69 de la Correspondance.

112. Propriété en Vendée de la comtesse de La Rochejaquelein. Elle en fit son quartier général pendant la petite guerre de Vendée. Aymar de La Tour du Pin, son compagnon d'armes, parle beaucoup de cette maison dans les fragments inédits de ses souvenirs (Archives de Noisy-Vêves).

113. Une campagne de restauration menée de 1969 à 1977 a permis non seulement de rendre Vêves habitable mais de l'ouvrir au public. Il renferme bien des souvenirs de Mme de La Tour du Pin.

À proximité des sombres forêts des Ardennes, le château de Vêves domine du haut de son donjon et de ses tours aiguës les vallées du Ry et de la Mirande ainsi que le hameau de Vêves, à Celles, près de Dinant.

Bâti sur le rocher, rocher lui-même, le château de Vêves se dresse impérissable, imprenable. Jusqu'à la création artificielle au xviiie siècle de jardins et d'une voie d'accès aisée pour les voitures à chevaux, le château était entièrement entouré de ravins profonds et raides qui subsistent d'ailleurs en grande partie. De plus il était protégé par des défenses extérieures, par un ensemble de tours et de remparts maintenant disparus.

Le plan du château forme un triangle irrégulier flanqué de

quatre grosses tours et de deux tours plus petites. Entre celles qui défendent la façade du Nord se trouve une horloge extrêmement ancienne.

À l'époque de la Renaissance, une restauration complète des bâtiments fut effectuée. Plus tard, sous Louis XV, nouvelles modifications suivant le goût du temps. Mais ces dernières transformations portèrent principalement sur l'aménagement intérieur, boiseries, alcôves, fenêtres.

On accède à la cour intérieure de forme pentagonale par une porte fortifiée que prolonge une allée voûtée et empierrée de gros pavés, têtes de mouton. Les chicanes ou coudes de ce sombre couloir permettaient aux archers de tirer tout en se protégeant derrière la muraille. Jusqu'au débouché sur la cour intérieure l'accès du château était interdit par plusieurs herses.

En se retournant dès l'arrivée dans la cour, le temps semble suspendu en découvrant une double galerie d'arcs surbaissés qui dessine sa charpente sur un fond de crépi rose et évoque la Bourgogne, l'Alsace ou même la Normandie.

Face à la beauté rustique et moyenâgeuse de ces galeries à colombages et faisant un contraste harmonieux avec elles, se dresse, dans toute son élégance et raffinement, un corps de bâtiment qui, vers l'année 1715, remplaça les lourds murs fortifiés du xve siècle. Ceux-ci, percés de fenêtres lorsque Vêves cessa de jouer son rôle de forteresse, continuent à enserrer le reste du périmètre de la cour.

Les appartements du château sont distribués autour de la cour intérieure. Ils portent les marques et les traces des modifications qu'y apportèrent les générations successives, selon le goût de leur époque. Alcôves Louis XIV y voisinent avec des trumeaux Louis XV et des cheminées Louis XVI.

La plupart des pièces ont repris vie grâce au beau mobilier du xviiie siècle confié à Vêves par la comtesse Athénaïs de Mortemart, maintenant Mme Bend'or Drummond. En outre y sont réunies d'intéressantes collections de livres, d'archives, de gravures et tableaux, de souvenirs historiques qui ont trait à l'histoire des comtes de Liedekerke Beaufort.

114. Lord George Gordon (1750-1793), fils du duc de Gordon, anglican fanatique, connu pour la violence de son caractère, s'opposa avec une extrême fermeté au « bill » présenté par le gouvernement en 1780 pour la réforme des lois oppressives dont pâtissaient les catholiques. Sous ses ordres, plus de 100 000 émeutiers mirent toute une partie de Londres à sac,

pour empêcher l'adoption du «bill». Au bout de trois jours de désordres sanglants. le roi George III fit donner la troupe. La répression fut impitoyable mais, dès les premiers signes de danger, lord Gordon avait fui.

115. Auguste-Frédéric-Louis Viesse de Marmont, duc de Raguse (1774-1852), maréchal de France. En 1814, avec l'autorisation de Joseph Bonaparte, ayant négocié la capitulation de Paris. il fut à tort considéré comme traître par Napoléon. Il commanda la garnison de Paris pendant les Trois-Glorieuses et accompagna Charles X en exil. Il ne revint jamais en France. Ses *Mémoires* (9 volumes) furent publiés en 1856-1857. Il était très lié avec Mme de La Tour du Pin.

116. Jules-Auguste-Armand, prince de Polignac (1780-1847). Dernier président du Conseil de Charles X, c'est lui qui fit entreprendre l'expédition d'Algérie et qui signa les fameuses ordonnances, causes de la révolution de Juillet 1830. Condamné par le régime de Louis-Philippe à la prison perpétuelle, il fut amnistié en 1836.

117. Ferdinand-Philippe-Louis-Charles-Henri, duc d'Orléans (1810-1842). Il fit notamment la guerre en Algérie avec courage. Il décéda à la suite d'une chute causée par les chevaux de sa voiture qui s'étaient emballés porte Maillot, à Paris.

118. Hélène-Louise-Elisabeth de Mecklembourg-Schwerin (1814-1858), duchesse d'Orléans, princesse protestante. Elle ne se convertit pas au catholicisme mais faillit tout de même devenir régente en 1848 lors de l'abdication de Louis-Philippe.

119. Les quatre fils survivants de Louis-Philippe étaient: le duc de Nemours, le prince de Joinville, le duc d'Aumale, le duc de Montpensier.

120. En 1815, le duché de Lucques avait été cédé au grand-duc de Parme dont les possessions avaient été attribuées à l'impératrice Marie-Louise. Mais il avait été en outre convenu qu'à la mort de celle-ci les Parme retrouveraient leurs biens, Lucques serait rattaché à la Toscane. C'est ce qui arriva en 1847.

121. À l'époque, ville de l'empire d'Autriche en Illyrie. Lieu d'exil de Charles X et de sa famille.

122. La duchesse d'Angoulême.

123. Le «ménage» Lucchesi-Palli (duchesse de Berry) et leur fille aînée.

124. La facile expédition de 1823 en Espagne conduite par le duc d'Angoulême en vue de rétablir la monarchie absolue et qui se termina par la prise du Trocadéro, bourg fortifié dans la baie de Cadix.

125. François, prince de Joinville (1818-1900), troisième fils de Louis-Philippe. Le 1er mai 1843, à Rio de Janeiro, il épousa la princesse Francesca de Bragance, sœur de Dom Pedro II, empereur du Brésil.

126. Mme de La Tour du Pin fait allusion à Isabelle II (1830-1904), reine d'Espagne depuis 1833, en 1843 âgée de treize ans et qui épousa l'infant François d'Assise. Le duc d'Aumale (1822-1897), quatrième fils de Louis-Philippe, épousa en 1844 la princesse Marie-Caroline-Auguste de Bourbon, fille du prince de Salerne.

127. Léopold Ier, roi des Belges (1790-1865).

128. *La Vie de Rancé*, œuvre de Chateaubriand parue en 1844.

129. Paix faite à la suite du bombardement de Tanger et de Mogador pour punir le Maroc de l'aide accordée à Abd-El-Kader.

130. Cf. note 126 de la Correspondance.

131. Œuvre de Louis Blanc (1811-1882), historien et homme politique français, socialiste.

132. La reine Marie-Antoinette.

133. Une robe offerte par les légitimistes en exil.

134. Comment, lorsqu'elle écrivait ces lignes, la marquise de La Tour du Pin aurait-elle pu imaginer que moins de dix ans plus tard cette «charmante petite madame», devenue veuve, épouserait son cher Aymar? Concernant celui-ci et son épouse, cf. liste au début du volume.

135. Son soixante-dix-septième anniversaire

136. En 1846, le comte de Chambord épousa Marie-Thérèse, princesse de Modène dont il n'eut pas, comme chacun sait, de postérité. Elle était de trois ans plus âgée que lui.

137. Concernant Fanny Dillon et son mari, cf. notes 12 et 183 des Mémoires.

INDEX

ANNEXES

ANNEXE I

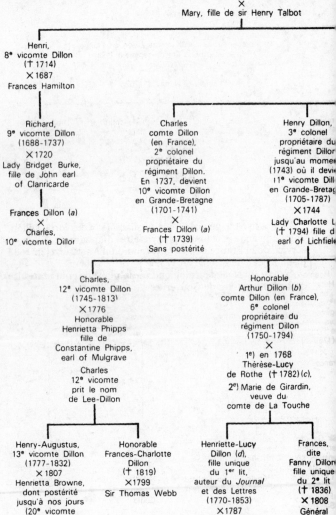

Théobald, 7ᵉ vicomte Dillon († 1691)
×
Mary, fille de sir Henry Talbot

Henri,
8ᵉ vicomte Dillon
(† 1714)
×1687
Frances Hamilton

Richard,
9ᵉ vicomte Dillon
(1688-1737)
×1720
Lady Bridget Burke,
fille de John earl
of Clanricarde

Frances Dillon (a)
×
Charles,
10ᵉ vicomte Dillor

Charles
comte Dillon
(en France),
2ᵉ colonel
propriétaire du
régiment Dillon.
En 1737, devient
10ᵉ vicomte Dillon
en Grande-Bretagne
(1701-1741)
×
Frances Dillon (a)
(† 1739)
Sans postérité

Henry Dillon,
3ᵉ colonel
propriétaire du
régiment Dillon
jusqu'au moment
(1743) où il devie
11ᵉ vicomte Dill
en Grande-Bretag
(1705-1787)
×1744
Lady Charlotte L
(† 1794) fille d
earl of Lichfield

Charles,
12ᵉ vicomte Dillon
(1745-1813)
×1776
Honorable
Henrietta Phipps
fille de
Constantine Phipps,
earl of Mulgrave

Charles
12ᵉ vicomte
prit le nom
de Lee-Dillon

Honorable
Arthur Dillon (b)
comte Dillon (en France),
6ᵉ colonel
propriétaire du
régiment Dillon
(1750-1794)
×
1ᵉ) en 1768
Thérèse-Lucy
de Rothe († 1782) (c),
2ᵉ) Marie de Girardin,
veuve du
comte de La Touche

Henry-Augustus,
13ᵉ vicomte Dillon
(1777-1832)
×1807
Henrietta Browne,
dont postérité
jusqu'à nos jours
(20ᵉ vicomte
Dillon)

Honorable
Frances-Charlotte
Dillon
(† 1819)
×1799
Sir Thomas Webb

Henriette-Lucy
Dillon (d),
fille unique
du 1ᵉʳ lit,
auteur du Journal
et des Lettres
(1770-1853)
×1787
Comte de
Gouvernet,
ensuite marquis
de La Tour
du Pin (e)
(1759-1837)

Frances,
dite
Fanny Dillon
fille unique
du 2ᵉ lit
(† 1836)
×1808
Général
comte Bertra

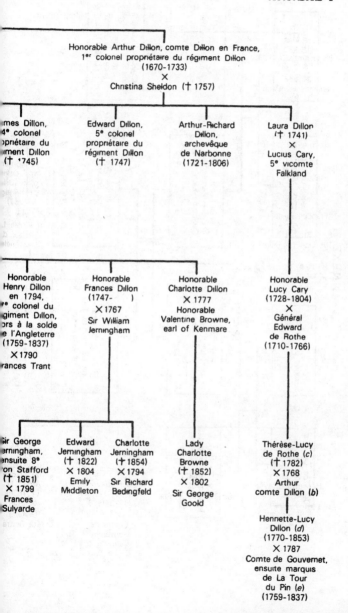

Honorable Arthur Dillon, comte Dillon en France,
1er colonel propriétaire du régiment Dillon
(1670-1733)
×
Christina Sheldon († 1757)

mes Dillon,
4e colonel
opriétaire du
iment Dillon
(† 1745)

Edward Dillon,
5e colonel
propriétaire du
régiment Dillon
(† 1747)

Arthur-Richard
Dillon,
archevêque
de Narbonne
(1721-1806)

Laura Dillon
(† 1741)
×
Lucius Cary,
5e vicomte
Falkland

Honorable
Henry Dillon
en 1794,
e colonel du
giment Dillon,
ors à la solde
e l'Angleterre
(1759-1837)
×1790
rances Trant

Honorable
Frances Dillon
(1747-   )
×1767
Sir William
Jerningham

Honorable
Charlotte Dillon
×1777
Honorable
Valentine Browne,
earl of Kenmare

Honorable
Lucy Cary
(1728-1804)
×
Général
Edward
de Rothe
(1710-1766)

ir George
erningham,
ensuite 8e
on Stafford
(† 1851)
×1799
Frances
Sulyarde

Edward
Jerningham
(† 1822)
×1804
Emily
Middleton

Charlotte
Jerningham
(† 1854)
×1794
Sir Richard
Bedingfeld

Lady
Charlotte
Browne
(† 1852)
×1802
Sir George
Goold

Thérèse-Lucy
de Rothe (c)
(† 1782)
×1768
Arthur
comte Dillon (b)

Henriette-Lucy
Dillon (d)
(1770-1853)
×1787
Comte de Gouvernet,
ensuite marquis
de La Tour
du Pin (e)
(1759-1837)

ANNEXE II

```
Jean de La Tour                    Suzanne de La Tour        Étienne Guinot              Cécile-Thérèse
de Gouvernet                       La Cluse                  marquis de Monconseil       de Rioult de Curzay
comte de Paulin,                                             (1695-1782)                 (1707-1787)
etc. † 1731
        │                                  │                         │                          │
        └──────── X ───────────────────────┘                         └───────── X ──────────────┘
               1724                                                            1725
                         │                                                              │
        ┌────────────────┴────────────────┐                         ┌─────────────────┴──────────────────┐
        │                                  │                         │                                    │
Trois autres enfants,          Jean-Frédéric                  Cécile-Marguerite          Adélaïde-
dont                           de La Tour de Gouvernet,       Guinot de Monconseil       Félicité-Henriette
l'abbé de Gouvernet            comte de La Tour du Pin,       (1733-1821)                Guinot de Monconseil
                               comte de Paulin, etc.                                     (1750-1825)
                               (1727-1794)                                                      │
                                        │        X        │                              ┌──────┴──────┐
                                        │      1755       │                                     X
                                        └────────┬────────┘                                   1765
                                                 │                                      Charles-Alexandre
                        ┌────────────────────────┴──────────────────────┐              d'Hénin d'Alsace
                        │                                                │              de Chimay,
                Frédéric-Séraphin                                 Cécile Suzanne        prince de Hénin
                comte de Gouvernet,                               de La Tour du Pin     (1748-1794)
                comte de La Tour du Pin,                          de Gouvernet
                marquis de La Tour                                       │
                du Pin de Gouvernet                                      │
                (1759-1837)                                             X
                        │                                             1777
                       X                                      Augustin-Louis-Charles
                     1787                                     marquis de Lameth
                Henriette-Lucy Dillon,
                auteur des Mémoires
```

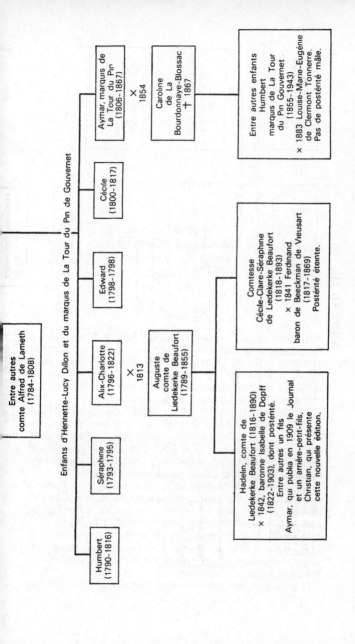

Entre autres
comte Alfred de Lameth
(1784-1808)

Enfants d'Henriette-Lucy Dillon et du marquis de La Tour du Pin de Gouvernet

Humbert
(1790-1816)

Séraphine
(1793-1795)

Alix-Charlotte
(1796-1822)
×
1813
Auguste
comte de
Liedekerke Beaufort
(1789-1855)

Edward
(1798-1798)

Cécile
(1800-1817)

Aymar, marquis de
La Tour du Pin
(1806-1867)
×
1854
Caroline
de La
Bourdonnaye-Blossac
† 1867

Hadelin, comte de
Liedekerke Beaufort (1816-1890)
× 1842, baronne Isabelle de Dopff
(1822-1903), dont postérité.
Entre autres un fils
Aymar, qui publia en 1909 le Journal
et un arrière-petit-fils,
Christian, qui présente
cette nouvelle édition.

Comtesse
Cécile-Claire-Séraphine
de Liedekerke Beaufort
(1818-1893)
× 1841 Ferdinand
baron de Beeckman de Vieusart
(1817-1869)
Postérité éteinte.

Entre autres enfants
Humbert
marquis de La Tour
du Pin Gouvernet
(1855-1943)
× 1883 Louise-Marie-Eugénie
de Clermont Tonnerre.
Pas de postérité mâle.

ANNEXE III

DUEL ET MORT
DU COMTE HUMBERT
DE LA TOUR DU PIN
DE GOUVERNET
(1790-1816)

Humbert de La Tour du Pin naquit à Paris le 19 mai 1790. Il fut sous-préfet de Florence, puis de Sens pendant les dernières années de l'Empire. À l'époque de la Restauration, on le nomma officier au corps des Mousquetaires Noirs, et il devint, dans la suite, aide de camp du maréchal Victor, duc de Bellune.

Il mourut d'une façon très dramatique.

Au moment de sa nomination auprès du duc de Bellune, parmi les aides de camp du maréchal se trouvait le commandant Malandin, officier sorti du rang, rude et sans éducation, audacieux et courageux, cœur franc et loyal, mais chatouilleux sur le point d'honneur, et qui avait conquis sur les différents champs de bataille de l'Empire chacun de ses grades.

Le jour même où Humbert de La Tour du Pin, venant pour la première fois prendre son service auprès du maréchal, pénétra dans la salle des aides de camp, il rencontra, au milieu des autres officiers de l'état-major, le commandant Malandin.

Ce dernier, aussitôt après l'arrivée de son nouveau camarade, le jeune Humbert de La Tour du Pin, l'apostropha, en guise de plaisanterie, sur un détail sans importance de son uniforme, en termes grossiers et inconvenants.

Pour la suite de l'aventure, nous reproduirons un extrait du

*récit qu'en a fait un des descendants du duc de Bellune, tel qu'il
le tenait lui-même du fils aîné du maréchal* :*

« M. de La Tour du Pin, ainsi apostrophé, rougit jusqu'au
blanc des yeux, et il allait inévitablement répliquer, quand
le maréchal se présenta pour examiner le travail ; il chargea le
commandant d'une mission à remplir auprès du ministre de la
guerre, et le commandant s'éloigna avec la hâte d'un homme
familier avec la prompte exécution d'une consigne.

« Quelques instants après, le maréchal se retira, et M. de La
Tour du Pin ne tarda pas, lui non plus, à sortir.

« Il se rendit immédiatement à l'hôtel occupé par sa famille et,
maîtrisant autant qu'il lui était possible l'émotion qui l'oppressait, il gagna le cabinet de son père.

« "Mon père, lui dit-il, voici l'incident dont un jeune officier,
placé dans une situation identique à la mienne, vient d'être victime", et il raconta, sans omettre le moindre détail, et avec un
sang-froid propre à détourner tout soupçon de l'esprit du vieux
gentilhomme, la scène qui venait de se passer dans la salle des
aides de camp. "Cet officier, ajouta-t-il, est sinon de mes amis,
du moins de mes pairs, et ce qui touche à son honneur affecte le
mien... Que doit-il faire ?

« — Provoquer l'agresseur, répondit le vieillard.

« — Et si des excuses lui sont adressées ?

« — Les repousser... Ton camarade doit se montrer d'autant
plus soigneux de sa bonne renommée, en présence de l'homme
qui l'a bafoué, qu'il n'a point payé de son sang, comme lui, les
insignes du grade dont il est revêtu.

« — Merci, mon père...", et le jeune officier s'éloigna.

« Le soir même, il faisait demander au commandant Malandin réparation par les armes.

« Un grand émoi s'ensuivit dans l'entourage du maréchal.
Celui-ci chargea son propre fils d'intervenir dans le règlement
des conditions mises à la rencontre. C'est alors que les qualités
rares qui se cachaient au fond de l'âme du brave commandant
se dévoilèrent. Il proposa sans fausse honte de reconnaître ses
torts et la légèreté de son propos.

« Refus de la part de l'offensé d'accueillir l'expression d'un
regret en quelque terme qu'il fût formulé. Alors, comme l'habileté de Malandin dans le maniement du pistolet était notoire, les

* Extrait du *Supplément littéraire du Petit Journal*, n° du 4 janvier
1880.

témoins proposèrent pour arme le sabre... Nouveau refus.. Ils se rabattirent sur l'épée sans obtenir plus de succès. Enfin, devant l'opiniâtreté que mettait l'offensé à réclamer l'emploi du pistolet, force leur fut de céder et d'arrêter que le duel aurait lieu le lendemain matin, au bois de Boulogne, et qu'à la distance de vingt-cinq pas, les adversaires échangeraient une ou plusieurs balles, jusqu'à ce que l'un d'eux fût sérieusement hors de combat.

« Ce soir-là, une profonde tristesse régna à l'hôtel du maréchal, qui, comprenant toute la délicatesse de l'affaire, n'avait plus pour devoir que de fermer les yeux, les camarades du commandant Malandin lui témoignèrent, par leur silence, leur regret de la fâcheuse extrémité qu'il avait imprudemment créée, et lui-même, pour la première fois — depuis longtemps — oublia de boire, après son dîner, la demi-bouteille de rhum qui, disait-il, était seule capable de régulariser sa digestion.

« Quant à M. de La Tour du Pin, il passa cette soirée au milieu de sa famille, calme, enjoué et formulant, du ton le plus naturel, en présence de tous, les ordres nécessaires pour qu'on tînt son cheval sellé à la première heure le lendemain, sous prétexte d'une promenade concertée avec des amis.

« C'est à peine si, en donnant à sa mère le baiser d'adieu avant de regagner son appartement, il laissa échapper un frémissement involontaire et vite comprimé de ses lèvres, qui auraient voulu cependant livrer passage à toute son âme.

« Le lendemain, par une matinée calme et riante, quoique un peu froide, deux groupes, l'un de trois, l'autre de quatre cavaliers, se dirigeaient séparément vers la porte Maillot, qui servait en ce temps de principale entrée au bois de Boulogne. Quatre de ces promeneurs portaient la petite tenue militaire, un les insignes des chirurgiens de l'armée, les deux autres des vêtements civils ; mais, à leur tournure, on devinait sans peine qu'ils avaient l'habitude de l'uniforme.

« Quand ils furent arrivés à proximité d'une clairière qui avait été désignée comme se prêtant aux convenances d'un duel, les cavaliers mirent pied à terre et les chevaux furent attachés par la bride aux arbres qui faisaient bordure. Les deux groupes se rapprochèrent l'un de l'autre et quelques paroles furent échangées entre les témoins, tandis que les adversaires se saluaient courtoisement.

« Les témoins avaient apporté dans les fontes suspendues à l'arçon de leur selle les armes appartenant à l'un et à l'autre des combattants ; le choix des armes, tiré au sort, désigna les pisto-

lets de M. de La Tour du Pin comme devant servir au duel. On les chargea et on les remit en main des adversaires, qui avaient pris place à la distance mesurée.

«*Alors, et avant que le signal n'eût été donné, le commandant Malandin, qui, depuis son arrivée sur le terrain, tourmentait fiévreusement sa moustache, fit signe qu'il voulait parler, et, la voix haute, quoique un peu tremblante, le regard fixe, mais le teint livide, il prononça ces paroles :*

«*— Monsieur de La Tour du Pin, en présence de ces messieurs, je crois devoir encore une fois vous déclarer que je regrette ma mauvaise plaisanterie. Deux braves garçons ne sauraient s'égorger pour cela.*

«*M. de La Tour du Pin hésita un moment, puis il se dirigea lentement vers le commandant. Tous les cœurs battaient et chacun ressentait un soulagement secret à voir ce temps d'arrêt dans le drame. Mais lorsque le jeune homme fut arrivé près de son adversaire, au lieu de lui tendre la main, il releva le bras et frappant de la crosse de son pistolet le front de Malandin :*

«*— Monsieur, lui dit-il, la parole sifflante, je pense que, maintenant, vous ne refuserez plus de vous battre.*

«*Et il retourna à sa place.*

«*La figure du commandant était décomposée ; il passa dans ses yeux comme un éclair de folie ; ce n'était pas de la colère, mais de l'effarement d'un lion à la face duquel une gazelle aurait craché...*

«*— C'est un homme mort, fit-il en se raidissant.*

«*A une pareille scène, un seul dénouement, le plus prompt possible, était obligatoire. Le signal fut donné. M. de La Tour du Pin tira le premier... Alors son adversaire déplia le bras, et on l'entendit murmurer distinctement : "Pauvre enfant ! Pauvre mère !"*

«*Le coup partit et le jeune homme, tournoyant sur lui-même, tomba le visage contre terre. La balle l'avait frappé en plein cœur.*»

DANS LA MÊME COLLECTION

EQUIANO, *Ma véridique histoire*.

AUGUSTE ESCOFFIER, *Souvenirs culinaires*.

FERDINAND FEDERICI, *Flagrants délits sur les Champs-Élysées*.

VERA FIGNER, *Mémoires d'une révolutionnaire*

ESPRIT FLÉCHIER, *Mémoires sur les Grands Jours d'Auvergne*.

COMTE DE FORBIN, *Mémoires (1686-1733)*.

LOUISE DE PRUSSE, *Mémoires*.

MADAME DE GENLIS, *Mémoires*.

MADAME DE GIRARDIN, *Lettres parisiennes du vicomte de Launay*, I.

MADAME DE GIRARDIN, *Lettres parisiennes du vicomte de Launay*, II.

CARLO GOLDONI, *Mémoires*.

GRANDE MADEMOISELLE, *Mémoires*.

MADAME DU HAUSSET, *Mémoires sur Louis XV et Madame de Pompadour*.

REINE HORTENSE, *Mémoires*.

REGINALD F. JOHNSTON, *Au cœur de la cité interdite*.

MADAME DE LA FAYETTE, *Histoire de Madame Henriette d'Angleterre*.

PRINCE DE JOINVILLE, *Vieux souvenirs (1818-1848)*.

PAUL-ÉMILE LAFONTAINE, *Campagne des mers du Sud*.

MADAME DE LA GUETTE, *Mémoires (1613-1676)*.

MARQUIS DE LA MAISONFORT, *Mémoires d'un agent royaliste*

sous la Révolution, l'Empire et la Restauration (1763-1827).

DUCHESSE DE LA ROCHEFOUCAULD, *Lettres à William Short*.

MARQUISE DE LA ROCHEJAQUELEIN, *Mémoires (1772-1857)*.

Composition Interligne
Impression Novoprint
à Barcelone, le 20 décembre 2017
Dépôt légal : décembre 2017
1er dépôt légal : février 2002

ISBN 978-2-7152-4716.1./Imprimé en Espagne.